国际法治视角下的全球治理体系变革

李 猛／著

GUOJI FAZHI SHIJIAO XIA DE
QUANQIU ZHILI TIXI BIANGE

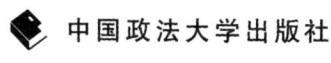

中国政法大学出版社

2025·北京

图书在版编目（CIP）数据

国际法治视角下的全球治理体系变革 / 李猛著. --北京 ： 中国政法大学出版社，2025.
10. -- ISBN 978-7-5764-2173-6

Ⅰ. D5；D99

中国国家版本馆 CIP 数据核字第 2025TY3956 号

出　版　者　　中国政法大学出版社

地　　　址　　北京市海淀区西土城路 25 号

邮寄地址　　北京 100088 信箱 8034 分箱　　邮编 100088

网　　　址　　http://www.cuplpress.com (网络实名：中国政法大学出版社)

电　　　话　　010-58908285(总编室) 58908433 （编辑部） 58908334(邮购部)

承　　　印　　固安华明印业有限公司

开　　　本　　720mm×960mm　1/16

印　　　张　　19.5

字　　　数　　310 千字

版　　　次　　2025 年 10 月第 1 版

印　　　次　　2025 年 10 月第 1 次印刷

定　　　价　　89.00 元

目　录

第一章

全球治理变革视角下人类命运共同体理念的国际法渊源及其法治化路径探究

人类命运共同体理念蕴含丰富的国际法渊源，以推进全球治理体系变革为视角，其既是对传统国际法理论学说和当代国际法原则的继承、弘扬和发展，同时也深化了现代国际法治的精神内涵，促进了国际法律体系的建立与完善，为全球治理体系变革提供了相应法治保障。人类命运共同体理念、国际法与全球治理体系之间相互促进，共同引领重塑公正合理的世界政治经济新秩序。国际法不仅是人类命运共同体理念的具体表现形式，更是将其纳入法治化轨道的主要载体，通过国际法能够帮助确立人类命运共同体倡议的国际法律地位，推动人类命运共同体理念的规范化、制度化、体系化，从而以法的形式切实保障人类命运共同体理念在国际社会中的推广适用，为联合世界各国人民"共商共建共享"良好国际法治环境和新型全球治理体系奠定制度基础、创设有效路径。

2018 年，第十三届全国人大一次会议通过的《中华人民共和国宪法修正案》第 35 条将"推动构建人类命运共同体"明确载入《中华人民共和国宪法》（以下简称《宪法》），通过宪法明确"坚持和平发展道路，坚持互利共赢开放战略，发展同各国的外交关系和经济、文化交流，推动构建人类命运共同体"，这标志着人类命运共同体理念现已全面纳入中国法治体系建设，成为新时代中国对外交往和参与全球治理的根本性指导思想。在国际法领域，构建人类命运共同体则是对"国际社会""世界联邦""真正共同体"等国际法理论学说以及国际法原则的补充、超越和发展，开创了建设现代国际法治、转变全球治理模式、构建新型国际关系的新道路和新范式。这样一项跨国界、跨种族、跨领域的重大国际性倡议未来无疑也需要国际法的规范引领和制度保障。

一、人类命运共同体理念、国际法、全球治理体系间的内在关系

人类命运共同体理念意蕴丰富，其核心内容是建设一个"持久和平、普遍安全、共同繁荣、开放包容、清洁美丽"的世界，追求实现人类对美好生活的共同期待和向往，[1]这不仅具有鲜明的中国特色，是对"与人为善""以和为贵""美美与共""天下大同"等中华优秀传统文化的继承和发扬，更是蕴含全人类寻求世界和平、可持续发展的理想和追求，具备深厚的世界人文底蕴和全人类共有的世界观、价值观。人类命运共同体理念既尊重独立的个人和国家利益，又超越单个的个人和国家范畴，从人类整体利益出发，为人类未来生存发展描绘蓝图、指明方向。如此伟大目标的实现迫切需要世界各国人民携起手来共同应对关乎人类生存发展的全球性问题，同心协力化解影响世界稳定的国际争端和地区冲突，以合力之势助推全球治理体系变革、维护国际社会和谐稳定：一是在政治领域要相互尊重、相互信任、以和平方式化解分歧和解决争议；二是在经济领域要诚实守信、合作共赢、共同发展；三是在文化领域既要对自身文化充满自信，又要开放包容、互学互鉴，尊重世界文明的多样性；四是在安全领域各国要积极应对传统和非传统安全威胁，坚决反对一切形式的恐怖主义；五是在生态领域要崇敬自然、善待自然，走绿色发展的生态文明道路，共同面对全球能源与环境挑战。[2]

然而，这些构成人类命运共同体理念的核心价值观念、科学内涵、法治精神实际上早已在国际法的传统理论学说、基本原则、主要规则、通行惯例中得到充分体现，人类命运共同体理念自身即蕴藏着深厚的国际法渊源，例如：在传统国际法理论学说当中，康德对国际关系的思考可概括为国际共同体理想，其认为全人类具有共同的利益，虽然国家间利益时常冲突，但这只是短暂的表面现象，人类基于共同利益终会实现永久的和平；在国际法基本

---

〔1〕 参见习近平：《决胜全面建成小康社会 夺取新时代中国特色社会主义伟大胜利——在中国共产党第十九次全国代表大会上的报告（2017年10月18日）》，人民出版社2017年版，第58页。

〔2〕 参见习近平：《携手构建合作共赢新伙伴 同心打造人类命运共同体——在第七十届联合国大会一般性辩论时的讲话》，载《人民日报》2015年9月29日，第2版。

原则当中，国家主权平等、善意履行国际义务、和平解决国际争端、平等互利、和平共处等原则均与人类命运共同体理念所倡导的世界各国相互依存、休戚与共的价值理念相符；在现行国际条约当中，《联合国海洋法公约》第140条"全人类共同利益"条款、《外层空间条约》中的第1条"整体利益"条款、《巴黎协定》第2条"共同但有区别的责任"条款均是为保护地球自然生态环境而制定的国际规则，其共同目的是创建绿色地球家园，实现人与自然和谐共生，这些规则条款一致体现了全人类共同利益，同为人类命运共同体理念法治化的当代国际法实践。可以说，人类命运共同体理念所包含的各种要素现已普遍存在于国际社会当中，其中构成国际法渊源的理论学说、基本原则、规则条款既是人类命运共同体理念的主要法律表现形式，又是对人类命运共同体理念进行推广实施的主要法律载体，现已成为构建人类命运共同体倡议的重要法理来源和实践基础。

现代国际法治要求在国际社会的不同层面推进实现"良法善治"，通过公平正义的国际法捍卫世界人民的基本权利和人身自由，反对强权政治、独裁暴政和恐怖主义，并主张联合制裁跨国犯罪以实现良好的国际社会秩序。[1]人类命运共同体理念则是站在全球人类命运的高度，以"共商共建共享"为原则，包容互鉴、合作共赢为方式，和谐共存、共同利益为目标，不断增进各国之间相互理解、相互尊重、相互信任，与各国人民携手共筑包容开放、共同安全、可持续发展的新型全球治理体系。人类命运共同体法治理念与现代国际法治所遵循的"良法善治"在价值内涵上具有一致性，同是对"尊重主权、平等互利、和平共处"等传统国际法原则的继承、弘扬和发展，人类命运共同体价值理念的法治化由此成为推动全球治理体系变革和构建公平正义国际新秩序的有效方式：一方面，在法治化进程中世界各国依靠国际法可以公平地享有国际权利，平等地承担国际义务，各国人民的正当权益也能够得到平等、充分、有效的保护，公平正义的法治理念在现代国际法治框架下更易趋于实现，世界上不同国家、地区、民族之间通过平等协商共同参与全球治理的愿望将由此成为现实；另一方面，人类命运共同体理念的法治化是

---

〔1〕　参见西北政法大学国际法青年学术创新团队编：《国际法治：前沿理论与实践》，法律出版社2016年版，第6~7页。

人类命运共同体意识从感性到理性、由模糊到鲜明、从抽象到具体的演变过程，以国际原则、国际条约、国际惯例为法律载体将人类命运共同体理念充分融入世界秩序重构，使其成为构建新型国际关系的强大思想武器和行动指南，这不仅有助于世界各国由传统的通过战争、殖民、划分势力范围等手段争夺利益和霸权逐渐向以谈判协商、签订条约、构建制度、完善机制等和平方式协调彼此间利益和关系演进，同时还有利于以全世界人民利益为中心探索构建开放、包容、普惠、均衡、共赢的全球治理新模式。

综上所述，人类命运共同体理念是基础，国际法是载体，法治化是路径，全球治理体系变革是目的。以国际法为法律载体将人类命运共同体理念进行法治化，完善与之相关的国际法原则和国际规则，以蕴含人类命运共同体理念的现代国际法治推进全球治理体系变革，最终建立起"共商共建共享"的新型全球治理体系，这即是人类命运共同体理念、国际法与全球治理体系三者紧密联系、互为一体的内在逻辑关系，三者之间以"法治化"为动力和纽带相互影响、相互作用、共同发展。由此可见，人类命运共同体理念完全可借助国际法话语生动表达其本有的思想意涵，但这需要归纳梳理包含人类命运共同体理念的国际法理论学说、国际法原则和国际条约，揭示能够集中体现人类命运共同体理念的主要国际法渊源，唯有如此才能更好地为论证人类命运共同体理念的重大价值意义提供充分理论和事实依据，才能真正为探索人类命运共同体理念的法治化路径以及推进全球治理体系变革铺垫法律基石和创设有利前提。

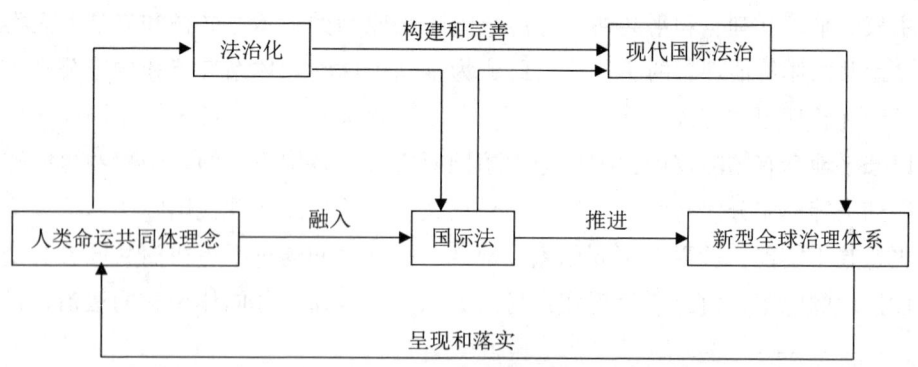

图 1　人类命运共同体理念、国际法与全球治理体系间的内在关系示意图

二、人类命运共同体理念与传统国际法理论学说

国际法作为调整国际关系的基本法律制度，在保障国际交往中的当事国利益、和平解决国际争端、维护公平正义国际秩序、促进国家间对话与合作等方面与人类命运共同体理念的精神内涵高度契合，现行国际法中蕴含和渗透着人类命运共同体理念，而人类命运共同体理念是当代国际法的精神信念之魂。纵观国际法理论学说发展史，尽管派别林立、视角不同、观点各异，但最终都是以谋求人与自然和谐发展、维护国际社会共同利益、实现世界永久和平为理想目标而展开的学术研究和理论探讨。

（一）人类命运共同体理念与古典自然法学派的国际法学说

1. 人类命运共同体理念与格劳秀斯国际法学说。格劳秀斯继承了亚里士多德《伦理学》中的利益观，认为法律有自然法与意志法之分。他将自然法定义为"一种正当理性的命令"，认为自然法主要体现了人的性格。与其他动物不同，人是社会性、智慧、理性的动物，从本性上有着追求和平社会生活的美好愿望。除了"社会性"，人类还具有一种"识别力"，能够根据内心渴望对利弊得失作出价值判断，而不受外来因素左右，一旦违反了这种源自内心的判断即是违逆了人性，也就是违反了自然法。[1]由此可见，与一般古典自然法学家一样，格劳秀斯也是从人的本性和理性出发解释自然法，但与霍布斯不同的是，他所讲的人性首先是社会性，是寻求和平的、有组织的、有道德的社会生活的本能，而非斗争的、矛盾的、利己的人的本性。基于人类的社会性和人们对美好生活的共同向往，后来格劳秀斯更是将自然法的基本原则延伸至尊重他人财产、归还他人之物、信守条约承诺、赔偿过错损害、承担法律责任等社会生活中的众多领域。

在国际法原理方面，格劳秀斯认为国际法是支配国家间相互交际的法律，是维护各国共同利益的法律，其目的在于保障国际社会的集体安全，而国际社会安全的实现需要通过和平方式解决国家间争端，即使采取非和平的方式，

---

〔1〕　参见张云雷：《为战争立法：格劳秀斯国际关系哲理研究》，中央编译出版社 2017 年版，第118~123 页。

比如战争，也应当严格遵循国际法的基本原则。[1]在其著作《战争与和平法》（第一卷）中，格劳秀斯指出人本质上是社会性的群居动物，具有共同生活的本性，而国家是由个人组成的，处理和协调人与人之间争端的法则同样也适用于国与国之间，在解决国家间争端时有必要制定一定的规则对国家行为进行规范和约束，从而在法律框架下以和平方式解决国际争端并以此获得公平公正的结果。同时，书中还提到"所谓主权，就是说它的行为不受另外一个权力的限制，所以它的行为不是其他任何人类意志可以任意视为无效的"，[2]格劳秀斯由此坚信国家主权是独立、平等、不受干涉、神圣不可侵犯的，国家主权平等是国际法存在的基本前提，只有在国家主权平等的基础上国与国之间才可能通过谈判协商、签订协议、拟定条约等非战争方式和平解决争端，真正实现国际争端解决的实体正义与程序正义。格劳秀斯的国家主权学说为此后的国际关系、国际法的发展奠定了理论基础，成为协调和处理国家间关系的基本准则。

构建人类命运共同体的目的并非推翻国家治理体制，建立一个"无政府"状态的世界体系，而是要在相互尊重国家主权的前提下创建一个具有前瞻性、开放性、平等性、互利性的国际合作框架，共同寻找人类和平与发展，世界和谐与繁荣、文明进步与创新的最佳路径。人类命运共同体理念与格劳秀斯所言的在国家主权平等状态下，通过共同的法则和制度将国际争端限制在一定范围以内，以法律形式约束国家行为并以此追求实现世界和平的理念有着密切的关联性。因此，格劳秀斯的"国际社会"学说成为后来"国际共同体"思想产生的重要渊源，为"国际共同体"理论的开创和发展奠定了坚实的国际法基础。[3]

2. 人类命运共同体理念与康德国际法学说。康德对于法律的认识仅是借用了自然法学派的某些概念术语，更多的是从理性哲学范畴解析法律，晚年的康德将目光由哲理法学进一步转向以人的权利和自由为主干的政治法律哲

---

[1] 参见［荷］格劳秀斯：《战争与和平法》（第一卷），马呈元译，中国政法大学出版社2015年版，第13~22页。

[2] ［荷］格劳秀斯：《战争与和平法》（第一卷），马呈元译，中国政法大学出版社2015年版。

[3] 参见［英］齐格蒙特·鲍曼：《共同体》，欧阳景根译，江苏人民出版社2007年版，第8~12页。

学，这尤其体现在他的国际法学说之中：

（1）关于国家主权。康德认为与公民所拥有的"主体性"一样，国际法首先应当维护国家的独立自主，无论国家大小都将其看作不可侵犯的独立实体。国家主权独立应体现在两个方面：一是任何国家不得以武力干涉他国的国内事务和国家政权；二是主权国家应立足于本国实际来解决各种国内危机，而不可依靠对外战争来维系自身的发展。[1]同时，康德还主张建立用以维护国家主权独立的世界联邦，该联邦的主要职责在于保证各成员国主权自由、人民平等并以此维持国与国之间的和平状态。[2]

（2）关于战争。康德坚信能够实现世界永久和平，但也承认在构建和平世界的过程中也存在着战争状态。康德一方面认为战争的存在具有客观性，这是由于不存在能够有效制约战争爆发的国际公权力，国家间关系呈现为一种自然状态，各国出于自身利益的考虑，往往会与其他国家争夺利益，甚至爆发战争。[3]另一方面，康德认定和平并不是狭义的完全没有武力战争的状态，是否存在战争并非衡量世界和平的唯一标准，而是应将永久和平视为国际战争的政治自然状态的终结。[4]但是，根据理性并遵循权利只能建立在法制基础之上的判断标准，康德否认发动战争是国家天赋的权力，更谴责恃强凌弱的国际不公正行为，特别是欧洲对世界其他地区的殖民行为，强调国家绝不是恣意妄为的"利维坦"，即使在战争中也要具备理想，也要遵守国际法律制度。[5]

（3）关于和平。康德在《论永久和平》一书中描绘了和平世界的美好图景。《论永久和平》的理论宿主是其道德哲学，康德用其道德哲学中的诸项原

---

〔1〕　参见赵明：《实践理性的政治立法：康德〈论永久和平〉的法哲学诠释》，法律出版社2009年版，第114~122页。

〔2〕　参见赵明：《康德〈论永久和平〉的法哲学基础》，华东师范大学出版社2006年版，第65~71页。

〔3〕　参见［英］H. S. 赖斯编：《康德政治著作选》，金威译，中国政法大学出版社2013年版，第4~8页。

〔4〕　参见［英］H. S. 赖斯编：《康德政治著作选》，金威译，中国政法大学出版社2013年版，第54~61页。

〔5〕　参见［英］理查德·塔克：《战争与和平的权利：从格劳秀斯到康德的政治思想与国际秩序》，罗炯等译，译林出版社2009年版，第104~113页。

则在国际政治哲学层面推演出世界永久和平的宏伟远景，他认为遵照人类社会趋于完善的发展规律，世界政府的建立将是自然而然的过程，普遍的世界公民状态终有一日会成为现实。《论永久和平》是仿照条约形式书写而成的，书中详细列举了签订条约、谈判协商、尊重主权、废除常备军、禁止对外战争、不干涉他国内政等实现永久和平的原则性条款，特别是将签订条约置于篇首，提倡用法律方式和平解决国际争端，通过《论永久和平》可以看出，康德试图将国际法作为维护世界和平的主要手段。

康德相信永久和平终会实现，但要以缔结联盟、推行法制、遏制战争为基础，特别需要通过世界联邦保障世界人民权利，在友好基础之上形成世界公民状态，将各国各民族紧密团结成崇尚和平发展的"万民之国"。康德对国际关系的描述可归纳为"共同体理想"，这也被学界认为是世界主义和理想主义的代表，是和平主义的光辉旗帜。康德的永久和平思想在西方世界得到认可、继承和发展，最终使得现代欧洲摒弃战争，走向联合，为当代欧洲联盟的形成提供了强大理论支持和方向指引。然而遗憾的是，受制于时代的局限性，康德并未对"世界联邦"概念进行准确定义，也未对其进行全面的法律阐释，但这并不妨碍"世界联邦"中的永久和平思想为后世构建国际共同体、国家利益共同体提供了理论和实践上的启示，并由此成为当代人类命运共同体理念的重要国际法渊源。

（二）人类命运共同体理念与分析实证主义法学派国际法学说

分析实证主义法学派的代表人物边沁在《道德与立法原理导论》一书中首次将"international law"作为国际法名称，他认为先前一贯使用的"law of nations"词义更接近"国内法"，未能充分反映国际法调整国家间关系的特征，与之相比，"international law"更能准确表述归入"万国法"名义下的诸多法律，"万国法"更宜称为国际法。[1]对于制定国际法的目的，边沁也在《国际法的目标》一文中进行了解释，其认为国际法立法者的目的是追求国家平等和共同功利，最终实现所有国家和人民的最大幸福，例如"在国际交往中不侵犯他国、保证他国利益、接受他国利益、不成为他国受害者、减少战

---

〔1〕 参见［英］边沁：《道德与立法原理导论》，时殷弘译，商务印书馆 2000 年版，第 356~367 页。

争的残暴行为等。"[1]一言以蔽之，边沁希望所有国家能够作出"达到最大善"的行为，可以牺牲自身的部分利益联合建立起一个永久和平的世界。[2]根据国际法要实现的目标，边沁就如何完善国际法、建立和平世界提出了具体建议，并详细阐述于《普遍、永久和平计划》一文当中，边沁认为完善的国际法不仅仅是一种习惯，而是需要通过书写以法典或条约的形式予以具体体现，他建议在编纂国际法法典过程中要尤为注意"组织公开公布不成文的国际习惯、列明可能使国家间利益陷入冲突的条约、明确区分国家实施的善意侵害与恶意侵害等涉及国际秩序安全的关键性问题"。显然，边沁的国际法法典编纂思想不仅停留在技术层面，更多的是将其视为一种有效避免战争冲突、维护世界和平的重要方式。

"国际安全、世界和平"被边沁视为保障人类幸福的首要条件，他所设想的国际法目标虽然带有些许功利主义色彩，但也为促进世界永久和平提出了一些具有理论价值和实践意义的对策建议，并且随着时代变迁，他的大部分建议，例如"放弃殖民主义、成立国际法院、编纂国际法法典、裁减军备"等措施，都在现实中得到了印证并取得了进步发展。可以说，边沁是理想主义者、功利主义者，也是推动国际法发展的改革者，他的国际法法治思想时至今日仍具价值，不仅表现在他的永久和平计划与人类命运共同体理念下的"建设一个持久和平、普遍安全、共同繁荣的世界"的宏伟目标具有高度的内在一致性，而且他的通过国际法保障国际安全、维持世界和平的国际法治理念和诸多具体措施对于实现人类命运共同体理念法治化，以及以国际法为法律载体推进全球治理体系变革也有着重要的启示及借鉴意义。

（三）人类命运共同体理念与马克思主义"真正共同体"学说

马克思主义视野中的国际法同时具有国家和国际属性，其以调整国际关系、稳定国际秩序和实现世界和平为目标，并具有推动经济全球化进程的内在特征。国际法制定实施的本质意义是为世界人民利益服务的，这集中体现在马克思主义的"真正的共同体"学说之中。1846 年，马克思恩格斯在唯物

---

[1]　See Jeremy Bentham, "Principles of International Law", in John Bowring ed. , *The Works of Jeremy Bentham*, Vol. Ⅱ, 1843, pp. 538-539.

[2]　参见 [英] 边沁：《立法理论》，李贵方等译，中国人民公安大学出版社 2004 年版，第 3~7 页。

主义历史观奠基之作《德意志意识形态》中批判了资产阶级国家的"虚幻共同体",首次论证了集体和个人自由的真实内在关系,提出需要建立"各个个人在自己的联合中并通过这种联合获得自由的真正共同体",[1]从而把人类从被奴役、被统治的社会关系中解放出来。在马克思主义的世界观中,每个个人都是共同体的重要组成部分,也只有在共同体中个人方能获得全面发展,每个人才能够实现真正的个人自由。1848年,马克思恩格斯在《共产党宣言》中再次强调"在自由人联合体中,消除了个人与共同体之间的对立和异化关系,人的个性与自由将在共同体中得到充分全面的发展",马克思恩格斯相信自由人联合体必将替代旧的社会形态,为每个人的自由发展创造有利条件,而每个人的自由发展又是实现一切人自由发展理想的基础和前提。[2]虽然马克思恩格斯在其著作中没有对共同体概念作出准确定义,但根据不同时期的著述可将马克思恩格斯的共同体思想概括为"'现实的人'基于共同利益和共同解放诉求而形成的一种共同关系模式",[3]这种人类和谐共存的方式揭示了"人的本质不是单个人所固有的抽象物,在其现实性上,它是一切社会关系的总和"的本质,[4]这让人们意识到人类只有通过"真正的共同体"——自由人联合体才能实现全面自由的发展。

马克思主义的"真正的共同体"国际法思想激励着全世界人民联合起来勇敢追求平等、自由、进步、发展,人类命运共同体理念正是中国在全球化时代对马克思"真正的共同体"理论学说的继承和发展,是将"真正的共同体"思想全面融入全球治理体系之中,通过"共商共建共享"推进全球治理体系变革,让世界朝着更加开放、包容、普惠、平衡、共赢的方向发展。总体而言,人类命运共同体理念是在马克思"真正的共同体"理论学说基础上取得的进步发展,有着深厚的马克思主义国际法理论渊源及实践基础,人类

---

〔1〕 参见［日］岩佐茂等编著:《〈德意志意识形态〉的世界》,梁海峰、王广译,北京师范大学出版社2014年版,第44~46页。

〔2〕 参见李光灿、吕世伦主编:《马克思恩格斯法律思想史》,法律出版社1991年版,第50~62页。

〔3〕 刘伟:《马克思主义共同体思想发展的新境界》,载《学习时报》2018年1月3日,第A2版。

〔4〕 《马克思恩格斯选集》(第一卷),人民出版社1995年版,第60页。

命运共同体理念的提出不仅深化和丰富了马克思主义对人类社会发展规律的认识，更是打破了"修昔底德陷阱"的魔咒，开辟了世界各国对话合作、互利共赢、共享共治的全球治理新道路。

三、人类命运共同体理念与国际法基本原则

构建人类命运共同体倡议以遵循国际法原则为前提和基础，其所追寻的公平正义、民主自由、平等和平的世界政治经济发展模式与现代国际法治的核心思想理念相一致，其所谋求的共商共建、对话合作、互利共赢的全球治理新体系与当代国际法的立法宗旨及目标相同。人类命运共同体理念既符合国际法原则的基本价值和内在要求，又通过国际实践丰富了国际法原则的时代蕴涵。

（一）人类命运共同体理念与《联合国宪章》中的国际法基本原则

构建人类命运共同体是在现有国际法框架下进行的，人类命运共同体倡议中的现代国际法治理念是对当前国际法体系的深化和发展，是将以《联合国宪章》为代表的国际法原则视为人类命运共同体构建过程中所应当遵循的最高原则——"宪法原则"，其意在在遵循国际法原则的前提下以国际法为法律载体稳步推进现代国际法治建设和全球治理体系变革，是对既有国际法律制度的运用和发展，而不是对传统国际法秩序的颠覆和挑战。目前，被国际社会普遍认可的国际法原则主要集中在《联合国宪章》第一章"宗旨及原则"之中。

1. 国家主权平等原则。该原则强调无论国家大小、经济强弱、人口多少，所有主权国家在国际法上的地位一律平等，每一个主权国家只要符合国际法的基本原则和一般准则，以及与其他国家所签订的国际条约，都能够自主地行使从国家主权和国际社会成员资格中派生出来的所有权利，而不受任何外来干涉。国家主权平等原则作为各国实现国际合作、国际安全、民族自决等其他国际法原则的基础和前提，其蕴含的国际法治精神在传统国际法理论学说的传承与流变中得到延伸和发展，并已规定在多部国际法律文件之中。

中国基于人类命运共同体理念所提出的国家不分大小、强弱、贫富一律

平等，尊重各国人民自主选择发展道路的权利[1]，绝不以大压小、以强凌弱、以富欺贫的国际倡议[2]，是在遵循国家主权平等原则的前提下，把世界理解成为一个不可分割且相互依存的共同体，将相互尊重、平等协商作为处理国家间关系的主要方式。该倡议从宏观视角对全人类共同的价值、利益、责任进行了重新定义，充分体现国与国之间的主权地位平等。所以说，人类命运共同体理念不仅向世人展示了有意构建以平等互利、合作共赢为核心价值理念的新型国际关系，同时也是对《联合国宪章》中"国家主权平等"原则的一贯坚守和创新发展。

2. 和平解决国际争端原则。和平解决国际争端是爱好和平的国家和人民的共同夙愿，其能够成为国际法基本原则是因为其对于维护国际社会政治经济秩序，以及建立和睦友好的国际关系起到至关重要的推动作用，这尤其体现在和平解决国际争端原则反对人类历史遗留的弱肉强食、强者生存的丛林法则，是对抗帝国主义、殖民主义、霸权主义的有力武器和重要手段，对于破除东西方对峙的两极格局以及遏制"政治集团""势力范围"的恶性膨胀都具有积极的引领示范作用。和平解决国际争端现已成为正确处理国与国、地区与地区之间纷争的主要方式，对于平抑动荡的世界局势具有十分重要的现实意义，如果和平解决国际争端原则无法得到有效实施，则很可能会带来严重后果，甚至引发武装冲突或战争。与之对应，人类命运共同体思想中的"营造公道正义、共建共享的安全格局，摒弃一方独霸的思维，和平解决争端，为合作创造前提"外交理念正是对和平解决国际争端原则作出的深刻诠释。[3]遵循人类命运共同体下的和平发展理念，中国一贯坚持以和平方式解决国家间纠纷和国际热点问题，反对动辄诉诸武力或以武力相威胁，主张做世界和亚太地区和平稳定之锚，走对话而不对抗、结伴而不结盟的和平外交之路。[4]

---

[1] 参见习近平：《决胜全面建成小康社会　夺取新时代中国特色社会主义伟大胜利——在中国共产党第十九次全国代表大会上的报告（2017年10月18日）》，人民出版社2017年版，第60~62页。

[2] 参见习近平：《携手构建合作共赢新伙伴　同心打造人类命运共同体——在第七十届联合国大会一般性辩论时的讲话（2015年9月28日，纽约）》，载《人民日报》2015年9月29日，第2版。

[3] 参见习近平：《弘扬和平共处五项原则　建设合作共赢美好世界——在和平共处五项原则发表60周年纪念大会上的讲话（2014年6月28日）》，载《人民日报》2014年6月29日，第2版。

[4] 参见习近平：《抓住世界经济转型机遇　谋求亚太更大发展——在亚太经合组织工商领导人峰会上的主旨演讲（2017年11月10日，岘港）》，载《人民日报》2017年11月11日，第2版。

3. 互不干涉内政原则。该原则强调每个国家主权独立，在相互尊重主权和领土完整的前提下，各国主权范围内的事务不受到任何形式的外来干涉，这是国际社会公认的国际法调整国家间权利义务关系的一项基本原则。[1]根据《联合国宪章》要求，中国坚持奉行独立自主的和平外交政策，在 1955 年万隆会议发表的《关于促进世界和平与合作的宣言》中提出了"互相尊重主权和领土完整、互不侵犯、互不干涉内政、平等互利、和平共处"的和平共处五项原则。如今，在人类命运共同体理念指引下，中国的外交政策与时俱进，对互不干涉内政原则再次进行了全新阐释，党的十九大报告提出"尊重各国人民自主选择发展道路的权利，维护国际公平正义，反对把自己的意志强加于人，反对干涉别国内政，反对以强凌弱"，这一方面宣示了中国将会携手世界各国人民共同努力建设文明多样、兼容并蓄、开放包容的新型国际秩序；另一方面也说明了世界各国虽然在社会发展、政治经济、思想文化等方面存在较大差异，但这并不能成为对他国内政指手画脚、横加干涉的正当理由，而是应当彼此之间尊重、包容、理解、互爱，通过求同存异、错位发展、加强合作以实现互利共赢。人类命运共同体理念将互不干涉内政原则作为国家间和平共处的基础和前提，并在理论与实践中与时偕行，赋予了其新的时代内涵。

（二）人类命运共同体理念与尊重和保障人权原则

根据近代史上的三次革命运动，捷克著名法学家卢莱尔·瓦萨克提出了"三代人权理论"，基于该理论，国际范围内人权观念的发展可分为三代：第一代人权观念强调维护公民个人人权，侧重对公民言论自由、信仰自由、宗教自由、生命安全、财产权利等权利的保护，为公民政治权利的出现奠定了基础；第二代人权观念可概括为集体人权，具体表现为公民的社会、经济、政治、文化权利，例如健康权、工作权、教育权、休息权等。这一代人权的理论依据是自由平等思想，希望人们能够获得实质平等的社会利益、公共服务和发展机遇，第二代人权由此也被称为"积极权利"，[2]该权利需要国家

---

〔1〕　参见潘亚玲：《从捍卫式倡导到参与式倡导——试析中国互不干涉内政外交的新发展》，载《世界经济与政治》2012 年第 9 期。

〔2〕　参见罗玉中等：《人权与法制》，北京大学出版社 2001 年版，第 27~30 页。

采取相关措施保障实现,是对第一代人权概念的补充和拓展;第三代人权以共同发展为本位,其与人类生存发展所依赖的自决权、发展权、和平权、环境权、人道主义援助权等内容密切相关,所以又被称为"连带权利",[1]该权利的实现需要通过国家间的平等对话与协商,并在国际社会中建立起保障人权的长效合作机制。与尊重和保障人权原则相对应,人类命运共同体理念准确把握和反映了人权事业的历史发展趋势,强调以政府间对话与合作的方式协力推动国际人权治理体系变革,是在新形势下对国际人权事业提出的新的更高要求,具体表现在以下方面:

1. 尊重人权保护意识的多样性。人类命运共同体理念将人类文明多样性视为世界的基本特征和社会进步发展的动力源泉,从国际视角辩证理性地看待人权保护的个性与共性、普遍性与特殊性问题,既对各国因其社会制度、宗教信仰、历史文化差异而产生的对人权保护的不同认识表示理解,尊重他国的人权发展道路,同时,也提倡不同文明之间包容互鉴、平等互信、取长补短、共同进步,坚持平等对话和协商、和平处理矛盾与分歧,为促进人权保护的国际合作寻求更加有效的实现路径。人类命运共同体理念对平抑、融合、化解人权保护的个性与共性、普遍性与特殊性问题具有重要指导意义。

2. 加强人权事业的国际合作。基于国际社会中各国对于人权保护的不同认识,需要进一步加强人权保护的国际对话与合作,共同推动国际人权事业发展。国际社会中对于人权保护的认识差异由来已久,这源于各国的社会制度、历史文化、意识形态迥异,是人类社会发展到一定阶段的正常现象。对此,只有通过对话与合作方能消除误解、增进了解,逐渐化解彼此在人权保护问题上的矛盾与分歧。在人类命运共同体理念指引下,中国在联合国人权理事会第37届会议上正式提出"在人权领域促进合作共赢"决议,强调坚持多边主义,致力于推动人权领域的国际对话与合作,以实现人权保障的互利共赢为目标。[2]该决议以构建相互尊重、公平正义、合作共赢的新型国际关系为基础,为推动国际人权事业发展提供了中国方案,展现了中国的世界情

---

〔1〕 参见〔美〕A. 格维尔茨:《人权的认识论》,沈宗灵译,载沈宗灵、黄枬森主编:《西方人权学说》(下),四川人民出版社 1994 年版,第 117 页。

〔2〕《综述:中国对全球人权治理作出的最新贡献》,载 http://www.chinanews.com.cn/gj/2018/03-24/8475293.shtml,最后访问日期:2023 年 3 月 24 日。

怀和大国担当，最终获得联合国人权理事会高票通过。由此可以看出，在人权保护领域，国际对话与合作方式现已得到世界各国人民的广泛拥护和支持，反映出国际社会的共同愿望，是新时代人类命运共同体理念对国际人权事业作出的杰出贡献。

（三）人类命运共同体理念与可持续发展原则

在国际环境保护领域，可持续发展问题是全球生态文明建设中的主要内容，面对可持续发展中的诸多现实难题，人类命运共同体理念遵循"天人合一、道法自然"理念，积极寻求实现可持续发展的可行之路，倡导世界各国尝试改变以牺牲自然资源为代价的传统社会发展模式，转而采取绿色的发展道路和生活方式。人类命运共同体理念将自然生态环境的全球治理视为推进实现可持续发展原则的有效路径，强调发挥国际合作与制度建设的核心作用，希望在国际规则重构中充分融入绿色发展理念，在国际对话与协商中逐渐形成加强生态环境保护的全球共识，基于此，我国采取了以下举措。

1. 积极参加并落实《变革我们的世界：2030 年可持续发展议程》。2015 年联合国大会审议通过了《变革我们的世界：2030 年可持续发展议程》的决议。[1] 该决议包括 17 项人类可持续发展计划以及 169 项与上述计划相关的具体措施，展现了人类应对可持续发展危机的坚定信心，其总体目标是在国际社会中尽快形成较为统一的可持续发展评判标准和实施方案，通过国际对话与合作建立起真实、客观、公正的第三方评价监督体制和争端解决机制，以多边互助方式逐步取代以往的单边保护措施，从而保障人类社会的未来发展道路切实符合可持续发展原则的基本理念和要求。[2]

构建人类命运共同体与《变革我们的世界：2030 年可持续发展议程》在世界格局、价值观念、推进路径等方面具有天然的内在一致性，两者均是站在人类生存发展高度而提出的宏伟倡议，同是以建设一个"绿色低碳"和"清洁美丽"的世界为目标。作为全球最大的发展中国家，中国始终是《变革我们的世界：2030 年可持续发展议程》的坚定倡议者、支持者和拥护者。为

---

〔1〕　参见《人类发展的升级版，如何落实？专访——访联合国副秘书长吴红波》，载《人民日报》2015 年 9 月 22 日，第 21 版。

〔2〕　参见孙新章：《中国参与 2030 年可持续发展议程的战略思考》，载《中国人口·资源与环境》2016 年第 1 期。

有效落实《变革我们的世界：2030 年可持续发展议程》，在 2016 年 4 月，中国政府正式发布《落实 2030 年可持续发展议程中方立场文件》，该文件具体包括总体原则、重点领域和优先方向、落实途径、中国的政策四个部分，阐明了中国落实《变革我们的世界：2030 年可持续发展议程》的基本原则和立场，并详细介绍了中国对可持续发展问题的基本理念、推行政策和计划实施的各项措施。[1]以《落实 2030 年可持续发展议程中方立场文件》为指导，中国政府在 2016 年至 2017 年间又相继发布了《中国落实 2030 年可持续发展议程国别方案》《中国落实 2030 年可持续发展议程进展报告（2017 年）》，对中国在落实《变革我们的世界：2030 年可持续发展议程》中面临的实际问题、已采取的措施、已取得的成效等事项进行阶段性总结，并通过多国语言向国际社会进行了汇报。[2]中国稳步推进《变革我们的世界：2030 年可持续发展议程》，以实际行动切实履行在联合国大会中作出的庄严承诺，为人类可持续发展事业争取贡献更多中国力量。

2. 为实现可持续发展兑现国际援助承诺。虽然中国是一个发展中国家，但是多年来在致力于自身发展的同时，也一直坚持在力所能及范围内对其他贫穷落后的发展中国家施以援助，勇于承担与自身发展水平相适应的国际责任和国际义务，这正是人类命运共同体理念所倡导的"义利相兼、先义后利"正确世界观、价值观、义利观的集中体现。[3]中国对外援助的宗旨是帮助受援国改善民生并增强其自主发展能力，促进受援国社会经济的可持续发展。特别是近年来，中国量力而行积极向其他发展中国家提供国际援助，其中包

---

〔1〕 参见《中国发布〈落实 2030 年可持续发展议程中方立场文件〉》，载 https：//www. fmprc. gov. cn/wjbxw_673019/201604/t20160418_382097. shtml，最后访问日期：2023 年 10 月 2 日。

〔2〕 参见张海燕：《实现转型性变革的政策创新——落实"2030 可持续发展议程"》，载《国际社会科学杂志（中文版）》2018 年第 1 期。

〔3〕 21 世纪以来，中国在海外影响力不断提升，中国在各类国际事务中积极承担着与自身能力相称的国际责任和国际义务，但由此引发的种种非议层出不穷，特别是涉及中国政府的对外援助和国际扶贫等善意善举，常被西方国家鼓吹为"破坏环境论""掠夺资源论"等谬论。对此，需要更强大的理念学说作为理论支撑，而人类命运共同体理念的出现恰逢其时，在关键之际为中国推进"一带一路"倡议以及开展国际援助、国际扶贫行动奠定了道德基石、提供了智慧源泉，赋予了这些对外活动本应具有的正义性、正当性、公正性、合理性，为新时代推进中国的外交事业指明了方向、增添了动力。

括：设立灾害援助基金、开展国际扶贫、开办发展学院、提供医疗援助、加强农业合作、实施妇幼健康工程等一系列博施济众的善举。这些不胜枚举的国际援助行动展示了中国政府愿与广大发展中国家人民一道争取公平发展机遇以实现共同进步、共同发展的国际主义奉献精神，通过国际援助这一"桥梁"，人类命运共同体理念与可持续发展原则在理论与实践层面实现了深度融合与对接，同时也将中华民族千百年来一以贯之的"协和万邦、万国咸宁"的对外交往价值观、义利观赋予了新的时代意义。

四、人类命运共同体理念与现行国际条约

国际条约是人类共同利益需求法律化的最直接表现形式，明确反映了人类的利益价值追求，人类命运共同体理念强调的也是全人类的整体利益，与国际条约追求实现的目标相符，本质上与现代国际条约坚持和倡导的"全球治理""可持续发展""人类共同利益"等理念在价值取向上是一致的。《巴黎协定》《联合国海洋法公约》《外层空间条约》等国际条约都考虑到人类的整体安全和利益，其目的都是促进世界和平发展和保护人类共同的生存环境，均在一定程度上体现了构建人类命运共同体倡议的精神内涵。

（一）构建人类命运共同体与《巴黎协定》

气候变化是典型的全球性问题，需要世界各国加强国际合作以共同应对，《巴黎协定》第一次将气候公正、扶贫减贫、妇女权利、食物安全、代际公平等关乎人类未来生存发展的重大议题纳入其中，协定中应对全球气候问题的各项举措完全符合全人类共同利益，例如减排条款、阳光条款、普遍适用条款、共同但有区别的责任条款等规则充分诠释了"人类只有一个地球，各国共处一个世界，地球是人类共有的家园"的理念，这让人们清晰地意识到国际社会日益成为一个你中有我、我中有你的"命运共同体"，在面对气候环境等形势复杂的全球性问题时，任何国家都不可能独善其身，只有通过对话合作才能共同寻求解决之道。对于全球气候变化治理而言，《巴黎协定》无疑是人类命运共同体理念在当代国际法领域的伟大实践。

中国是全球气候治理的积极推动者，在国际气候谈判舞台上，一直致力于构建一个由世界各国共同参与的全球气候变化治理机制，是多边气候公约

《巴黎协定》的坚定倡导者、维护者和实施者。[1]中国希望通过《巴黎协定》是基于两方面的考量：一是让世界各国摒弃零和博弈的狭隘思维，推动各国尤其是发达国家多一点共享、多一点担当，共同打造"合作共赢、各尽所能、公平治理"的全球气候变化治理新模式；二是建立起"奉行法治、公平正义"的全球应对气候变化机制，提升国际法在全球气候变化治理中的作用和地位，促进形成稳定、公平、透明、可预期的气候变化国际法治环境；三是创建"包容互鉴、共同发展"的国际合作平台，以便于各国加强对话，彼此之间"相互借鉴、取长补短"共同面对全球性问题和挑战。[2]《巴黎协定》的生效不仅开启了国际社会应对全球气候变化的新起点，也是全世界人民共商共建人类命运共同体的生动体现。在《巴黎协定》"共同但有区别的责任"的基本原则的指导下，各缔约国应主动承担与自身能力相称的国际责任，联袂推进实现能够有效控制全球温升的气候变化治理目标。

（二）构建人类命运共同体与《联合国海洋法公约》

1982年《联合国海洋法公约》涉及海洋管理的方方面面，是迄今为止法律层级最高、最具权威性、内容最为全面的调整世界海洋关系的根本大法，被世界各国誉为"海洋宪章"，公约的生效实施标志着国际海洋法律制度的基本确立和人类和平利用海洋时代的到来。[3]《联合国海洋法公约》既顾及世界各国的国家主权和国家利益，又考虑到全人类的共同利益，具体包括人类对海洋资源的现实利益和发展利益。《联合国海洋法公约》的全人类共同利益观集中体现在第11章开发利用国际海底"区域"的相关条款之中，其中包括第136条"'区域'及其资源是人类的共同继承财产"，第137条第2款中的"对'区域'内资源的一切权利属于全人类，由管理局代表全人类行使"，第140条第1款中的"'区域'内活动应依本部分的明确规定为全人类的利益而进行"等具体规定。这些国际规则是为防止个别国家、自然人、法人擅自对

---

〔1〕 参见杨永清、李志：《"人类命运共同体"理念下全球气候治理的国家责任》，载《哈尔滨师范大学社会科学学报》2018年第4期。

〔2〕 参见王伟光、郑国光主编：《应对气候变化报告（2016）：〈巴黎协定〉重在落实》，社会科学文献出版社2016年版，第53~65页。

〔3〕 参见国家海洋局海洋发展战略研究所编：《联合国海洋法公约》，海洋出版社2014年版，第1~3页。

国际海底"区域"中的海洋资源主张权利或据为己有，从而损害全人类的共同利益。但是，公约"全人类利益条款"允许在资源特定以及具备完善的海洋环境保护措施的前提下，从人类整体利益出发由各国共同开发利用。《联合国海洋法公约》将人类的海洋价值需求法治化，直接、准确、全面地反映了人类海洋文明的核心价值观，与构建人类命运共同体倡议一样强调维护全人类的整体利益，与其所倡导的可持续发展观、正确义利观、全球治理观等价值理念具有高度的内在一致性。

（三）构建人类命运共同体与《外层空间条约》

1966 年联合国大会通过了《外层空间条约》，该条约是国际空间法的基础，被国际社会称为"空间宪法"。[1]《外层空间条约》确立了人类和平探索、开发和利用外层空间的基本原则。2018 年 6 月 20 日，纪念联合国外空会议 50 周年高级别会议采纳了中国提议，将"在和平利用外空领域加强国际合作，以实现命运共同体愿景，为全人类谋福利与利益"的建议方案写入会议成果文件之中，并由联合国大会决议加以确认。[2]近年来，中国一直呼吁建设和平、发展、合作、法治的外层空间，在此次外空会议中由中国提出的"外空命运共同体"理念不仅是人类命运共同体思想体系的重要组成部分，也是新时代下对《外层空间条约》所包含的共同利益、和平利用、环境保护、国际合作等精神原则的继承弘扬和创新发展。"外空命运共同体"理念既和《外层空间条约》所确立的"探测及使用外空，包括月球与其他天体应为所有各国之福利及利益"的目标和宗旨一脉相承，又十分契合外层空间全球治理体系变革的当代需求，其蕴含的保护外空环境、促进外空探索、保障外空安全、可持续发展等和平利用太空的思想更是反映了当前国际社会的普遍诉求，为新时代加强外太空国际合作以及有效应对各类复杂的外层空间威胁与挑战贡献了中国智慧。

五、人类命运共同体理念法治化的国际法意义及其实现路径

公平正义的现代国际法治不仅是全人类的共同追求，还是世界和平与可

---

〔1〕　参见李寿平、赵云：《外层空间法专论》，光明日报出版社 2009 年版，第 4 页。

〔2〕　参见《命运共同体理念写入联合国外空会议成果文件》，载《经济日报》2018 年 6 月 22 日，第 15 版。

持续发展的重要议题，更是世界各国共同参与和推动全球治理体系变革的主要途径。人类命运共同体倡议秉持公正合理的现代法治理念，就是要在国际交往中践行法治，推动国际关系的法治化和民主化，通过现代国际法治维护国际和平与安全，促进国际对话与合作，建立起以法治为基础的新型国际秩序。未来应当深入挖掘人类命运共同体理念的国际法内涵，确立其对当代国际法发展的引领作用，并在对外交往中树立以人类命运共同体理念为基础的国际法意识、国际法思维，充分利用国际法这一"国际通用的语言"推进人类命运共同体理念的法治化，使其由一种国际倡议、国际共识逐步向具体的国际法律制度转化，以蕴含人类命运共同体理念的现代国际法治驱动全球治理体系变革与发展。

（一）人类命运共同体理念法治化的重要国际法意义

1. 构筑公平正义的现代国际法治，推进全球治理体系变革。"法治"一词包含着人类对公平正义的孜孜不倦追求，是人类理性的产物，其目的是实现社会和人类交往的善良公正，古罗马法学家乌尔比安引用杰尔苏斯的话说"法乃公平正义之术"，一旦缺乏法治保障，公平正义也将难以实现。[1]法治是我们这个时代的主旋律，构建公平正义的现代国际法治现已成为多数国家的共识，这集中体现在全球治理法治化趋势的不断加强。各国人民更愿通过法治方式应对关乎人类生存发展的重大挑战，例如对于人权保障、粮食危机、能源安全、气候治理、扶贫减灾、国际反恐、疾病治理等世界性难题，许多国家愿意通过合作携手共建开放包容的全球治理新格局，并在规范有序的法治框架下共同参与治理。在全球治理背景下，越来越多的国家之间、区域之间、甚至世界范围内的国际事务逐渐纳入法治轨道，国际关系也日益民主化和法治化，公平正义的国际法治环境正在不断趋于完善。构筑公平正义的现代国际法治不仅有利于维护国际和平与安全、减少和避免国际冲突与战争、实现国际争端解决的程序正义与实体正义，同时也能够有效提升国际法在全球治理体系中的地位和作用，在保证各国遵守和执行国际法的前提下加快建立起公正合理的国际政治经济新秩序。

---

〔1〕 参见［意］桑德罗·斯奇巴尼选编：《民法大全选译·正义和法》，黄风译，中国政法大学出版社1992年版，第38页。

中国正视全球性危机的严峻挑战，深刻把握全球治理体系变革的时代趋势，提出了构建人类命运共同体的国际倡议，但同时强调构建人类命运共同体不是要"另起炉灶"，再造一个新的国际体系，而是要充分适应人类社会发展的新趋势、新动态、新变化，促进世界各国共商国际规则、共担国际责任、共建国际秩序。[1]人类命运共同体理念所包含的"秉持公道正义，坚持平等相待"的外交理念、"奉行法治、公平正义"的法治观念，以及"和平、发展、民主、自由"的人类理想与现代国际法治精神相得益彰，两者有着一致的法治意蕴、法治源流、法治目标，完全可以将人类命运共同体法治理念充分融入当代国际法体系的建构与革新之中，以此丰富国际法内涵、提升国际法理念、优化国际法构造、完善国际法规则，逐步建立起结构合理、内容完善、意识超前的现代国际法体系，推动国际法律制度的全面升级与优化重构。人类命运共同体理念是建立和完善国际法体系的方向指引和内在动力，而通过蕴含人类共同利益、共同价值的现代国际法治又将有助于增进全球治理体系和治理能力的现代化。这种良性互动的内在关系使得以国际法为载体的人类命运共同体理念法治化终将成为构筑公平正义国际法治环境以及推进全球治理体系变革的必然路径。

2. 促进现代法治理念的国际社会"趋同化"。法律的趋同化不仅是发展中国家对发达国家法律制度的学习、借鉴、吸收、移植过程，以及各国对国际规则和通行惯例的国内法转化过程，同时这也是现代法治理念的深入对接和相互融合的过程。[2]现代法治理念所包含的公平正义、自由平等、保障人权、法律权威、监督制约等法治精神原则是从人类共同利益、共同价值出发，基于人类共同命运所确立的，具有民主性、普适性、先进性、科学性，更易突破传统社会制度和历史文化差异上的局限性而被世界人民所普遍认可和接受。

人类命运共同体理念对公平正义、人权保障、可持续发展等问题的理论阐释充分体现了现代法治理念的本质意涵，让世界各国人民更深刻意识到现

---

〔1〕 参见杨洁勉：《全球治理的中国智慧：共商共建共享》，载《光明日报》2016 年 6 月 16 日，第 16 版。

〔2〕 参见古祖雪：《治国之法中的国际法：中国主张和制度实践》，载《中国社会科学》2015 年第 10 期。

代法治对于保障人类共同利益以及本国社会发展的重要性。在人类命运共同体思想体系中，现代法治理念所蕴含的"人类共同价值"是保障人类共同利益、推动人类社会进步的重要力量，现代法治理念的趋同化对于全人类和谐共存与共同发展具有重要意义。[1]人类命运共同体理念的法治化过程不仅是宣传推广现代法治理念的有效路径，更是能够将现代法治理念所包含的精神原则充分融入国际法与各国国内法之中的有效方式，通过立法使其更加具体化、规范化、制度化，从而在推进全球治理体系变革和维护国际秩序的同时，也能让世界各国人民在良法善治中真切感受到公平正义。例如在 2017 年，人类命运共同体理念被正式载入联合国人权理事会决议，该决议既实现了人类命运共同体理念在国际法层面的法治化，又对国际人权事业起到了积极推动作用，使得"尊重和保障人权"这一现代法治理念所倡导的国际法基本原则在国际社会中引起广泛共鸣，受到世界各国的普遍认同和支持。可以看到，人类命运共同体理念能够有效促进现代法治理念的国际社会趋同化，并以此竭力满足各国人民对公平正义世界的共同追求与美好向往。

3. 帮助确立国际社会本位理念。国际社会本位理念的演变发展是以承认国际社会共同利益为基础的，国际社会本位理念一旦确立将意味着用以平衡国际关系和国家间利益的国际法将从国家中心主义逐步向关注国际社会整体的方向发展。当今世界，随着经济全球化与区域经济一体化程度的不断加深，任何一个国家，无论其有多么强大，都不可能在人类共同面临的全球性问题前独善其身，无论是发达国家还是发展中国家，彼此间早已形成了唇齿相依、相互制约的关系，为了有效解决关乎人类生存发展的世界性难题，维护全人类共同的根本利益，迫切需要世界各国在国际法领域及时转变思维和观念，尽快由国家本位理念向国际社会本位理念转变，以维护国际社会共同利益为目标共建现代国际法治。

中国提出的人类命运共同体的本质是为实现国际社会共同利益而结成的责任共同体，这与国际社会本位理念相呼应，共同反映了维护国际社会共同利益的现实要求，而人类命运共同体理念的法治化进程同样也是国际法由国

---

[1] 参见李双元、李赞：《全球化进程中的法律发展理论评析——"法律全球化"和"法律趋同化"理论的比较》，载《法商研究》2005 年第 5 期。

家本位理念转变为国际社会本位理念的过程：一方面，人类命运共同体理念法治化以维护国际社会共同利益为原则。人类命运共同体理念的法治化秉持国际社会本位理念，既考虑国际社会共同利益，又兼顾各国切身利益，力求实现单个国家与国际社会整体间的利益关系平衡，例如近年来中国主张通过签订条约、建立制度、设立机制等方式为贫弱国家和地区争取更多发展机遇，以此推动实现国际社会与国内社会的共赢局面。人类命运共同体理念的法治化适应了国家利益多样性与各国之间相互依存性不断增强的国际关系发展新趋势，其在国际社会共同利益基础之上通过法律途径协调国家间利益和维护国际秩序，有效促进了国际社会本位理念的确立和发展。另一方面，人类命运共同体理念法治化以可持续发展为目标。当前，全球性问题突出反映出人与自然之间以及人类自身发展过程中所面临的重大危机，这也更加凸显了国际社会共同利益的真实存在，基于全球性问题所具有的跨国性、普遍性、扩散性等特点，世界各国只有通过国际合作才能有效遏制这些危机的滋生蔓延，这既关乎国际社会的当前利益，更决定着人类生存发展的未来利益。人类命运共同体理念倡导相互依存的共同利益观、可持续发展观和全球治理观，呼吁以合作方式由世界各国共同应对战争、贫困、污染、气候、资源等关乎可持续发展的全球性问题，坚持通过现代国际法治实现对全球性问题的有效治理，从而保证各国能够在一个公平公正的法治框架下共同参与并合理分担各自应尽的义务和责任，例如《巴黎协定》中的"共同但有区别的责任"条款即是人类命运共同体理念在可持续发展领域法治化的集中体现，[1]人类命运共同体理念的法治化现已成为解决全球性问题的有效路径，在促进化解人类可持续发展的发展难题的同时也能够进一步贯彻国际社会本位理念、维护国际社会共同利益。

4. 推动国际规则的等级化，加快构建现代国际法体系。在一般国内法体系中，上位法高于下位法、特别法优于一般法，法律体系自上而下呈现"金字塔型"，其中宪法位于体系顶端，是所有下位法规范制定、修改、实施的效力根源。[2]但与国内法律体系不同，国际法效力的等级化划分并不明显，国

---

〔1〕 参见廖奕：《人类命运共同体的法理阐释——"构建人类命运共同体理论研讨会"综述》，载《法学评论》2017 年第 5 期。

〔2〕 参见顾建亚：《法律位阶划分标准探新》，载《浙江大学学报（人文社会科学版）》2006 年第 6 期。

际法更像是一种平行构造，多数国际条约与国际惯例位于同一法律位阶，因而无法构建起层级分明的法律体系。[1]国际法的非体系化特征主要基于两个方面的原因：一是在当今国际社会的组织架构中，尚不存在一个实质意义上能够超越所有国家权力的国际组织，国际组织的国际法律地位定位模糊；二是国际法涉及诸多国际问题与国际事务，同一个立法领域又包含多个分支，许多程序法与实体法都自成一体而单独存在，众多双边或多边国际条约未能形成相互联系的有机整体，国际规则协调机制的缺失最终导致国际法体系的分散。[2]不过，伴随现代国际法治的日益完善，国际法也越发专门化和专业化，原本受一般国际法管辖的国际事项现在细分为不同的"法律部门"，例如在人权保障、气候环境、战争与和平等领域协商制定的双边或多边国际条约即是国际法体系"部门化"的重要体现。[3]然而，由于不存在"超国家"的国际组织以及缺乏有效的国际规则协调机制，这些国际条约在立法价值、功能作用、规范内容等方面难免存在一定的差异、重复甚至抵触，导致近年来国际法律适用冲突状况日益增多。由于多数国际条约之间国际法律地位平等，不存在上位法与下位法关系，具有相同的国际法律效力，当不同的国际条约对于同一事项作出不一致规定时，往往就会产生国际条约的法律适用冲突。

作为国际法体系建立的基础和前提，国际法等级化的欠缺不仅会引起国际法的非体系化问题，影响国际法律适用的稳定性、确定性、可预见性，同时也不利于国际法调整国际社会关系这一基本功能价值的有效发挥。为了构建稳定、统一、协调的国际法体系，应对各类国际规则的法律适用效力在一定范围内进行适当区分，例如1969年的《维也纳条约法公约》首次加入国际强行法概念，该公约第64条规定："遇有新一般国际法强制规律产生时，任何现有条约之与该项规律抵触者即成为无效而终止。"这在一定程度上体现了国际法等级化的发展趋势，也使得国际法等级化由一种法学理念转化成为现

---

〔1〕 参见车丕照：《国际法规范等级化的趋势及其影响》，载《吉林大学社会科学学报》1991年第2期。

〔2〕 参见古祖雪：《国际法体系的结构分析》，载《政法论坛》2007年第6期。

〔3〕 See Report of the Study Group of International Law Commission, "Fragmentation of International Law: Difficulties Arising from Diversification and Expansion of International Law", 2006. UN Doc. A/CN. 4/ L. 682, pp. 8–12.

实制度。然而，公约并未对"强行法"概念进行准确定义，也未对其范围作出明确划分，加之各国对自身利益的考量，国际社会至今也未能对国际"强行法"达成一致的认定和判断标准，这导致体现"强行法"优先适用于一般性国际规则的现实案例至今仍然有限。[1]毫无疑问，在国际法等级化进程中，"强行法"的权威认定至关重要，既然无法在平权的国际社会中根据立法者地位或法律渊源确定国际法等级，那么就只能根据各类国际规则的实质内容划分其等级，而这些内容上的价值也只有依据其对于人类可持续发展和国际社会共同利益的重要性进行客观评价才会具备现实意义。

人类命运共同体理念将解决和平、人权、气候、环境、资源等全球性问题作为奋斗目标，这些全球性问题直接关系全人类生存发展和国际社会共同利益，有关该类问题的国际规则理应具有更高的法律等级和法律效力，并在同等条件下优先适用于一般性国际规则。而人类命运共同体理念中的可持续发展与国际社会共同利益原则为评判各类国际规则的价值和意义奠定了相应理论基础，为国际法等级化提供了重要的划分标准和事实依据，同时也论证了国际法等级化是建立在人类自身需求和国际社会基础之上的理论学说，这与国际法学家菲德罗斯"那些一致认同的法律秩序产生于共同的一般的人类天性"的观点相合。[2]人类命运共同体理念将会成为新时代推进国际法等级化以及构建现代国际法体系的内在驱动力量。

（二）人类命运共同体理念法治化的主要国际法路径

1. 共同维护以《联合国宪章》为核心的国际秩序和国际体系。二战后，《联合国宪章》奠定了现代国际秩序基石，确立了当代国际关系的基本准则。[3]时至今日，联合国依然是推进全球治理变革和国际关系重建的重要平台，在应对全球性问题和挑战中发挥着不可替代的作用。《联合国宪章》内的各项宗旨和基本原则真正符合世界人民共同利益，是保障国际社会稳定和谐发展的内在要求，唯有坚持奉行《联合国宪章》的各项宗旨和原则才能建立起更加公正合理的国际秩序。中国作为联合国创始成员国，应当坚决捍卫《联合国

---

〔1〕　参见李浩：《国际法上的"强行法"规范初探》，载《现代法学》2009 年第 1 期。

〔2〕　［奥］阿·菲德罗斯等：《国际法》（上册），李浩培译，商务印书馆 1981 年版，第 16 页。

〔3〕　参见黄进：《习近平全球治理与国际法治思想研究》，载《中国法学》2017 年第 5 期。

宪章》在国际社会中的权威和地位，坚决维护以《联合国宪章》为基础的国际关系和国际秩序，坚决发挥《联合国宪章》在解决国际问题争端中的核心功能和作用。首先，应落实《联合国宪章》与国内法的平等统一适用。法律的生命在于实践，各国不仅享有《联合国宪章》中规定的各项国际权利，也有责任善意履行相应的国际义务，各国法律机构应确保《联合国宪章》内的各项宗旨、基本原则能够与国内法一样得到贯彻落实，推进《联合国宪章》在国内的平等统一适用，切不可"合则用，不合则弃"。其次，应根据《联合国宪章》构筑"平等互谅、共商共建共享"的新型国际关系。在国际社会中每个国家都是独立自主的，所有国家主权平等且不享有除主权以外的任何特权，国家不分大小、贫富、强弱都应得到尊重和善待。特别在当前全球性问题日益突出的情况下，国际社会更应开放包容、坚持多边主义，摒弃冷战与零和思维，秉持"共商共建共享"的新型全球治理观，以《联合国宪章》为基础推动国际关系的民主化和法治化，由世界各国平等参与、共同解决全球性问题。再次，应坚持和平解决国际争端，寻求建设持久和平、普遍安全的世界。和平解决国际争端是《联合国宪章》的基本原则之一，也是人类命运共同体理念的主要内容，世界各国应当秉承自主、和平、友好的外交理念，共同探索建立普遍适用的多元化国际争端解决机制，并赋予该机制一定的独立性、权威性和强制性，以在化解国际争端并解决"碎片化"问题的同时，能够有效应对各类传统和非传统安全威胁以及和平解决各类国际争端，最终建立起普遍安全的和谐世界。最后，应借助联合国这一国际平台阐发中国方案、展现中国担当。一方面，利用该平台向国际社会阐明关于维护世界和平与发展、改善南北关系、强化南南合作、打击国际恐怖组织、合作治理地球生态环境等全球性问题的中国主张和中国方案，借此有力提升中国在全球治理体系中的话语权，让中国声音熠熠生辉赢得世界回响；另一方面，通过该平台向世人展现中国作为当今世界负责任大国的良好形象：作为世界上最大的发展中国家，中国长期以来严格遵循国际承诺，忠实履行国际义务，坚定恪守联合国宪章的各项宗旨和原则，以此对甚嚣尘上的"中国威胁论"作出有力回击。

2. 借力"一带一路"推进人类命运共同体理念法治化。"一带一路"倡议不仅是构建人类命运共同体的伟大实践，同样也是一个以自由贸易区网络为现实载体的国际经济合作框架。截至 2023 年 8 月 24 日，中国已经与 152 个国家、32 个国际组织签署了 200 余份共建"一带一路"合作文件，一个覆盖"一带一路"、面向全球的高标准自由贸易网络正在形成。该贸易网络为支持世界贸易组织规则、维护"开放、透明、包容、非歧视性"的多边贸易体制以及构建开放型世界经济提供了有力支撑。建设"一带一路"自由贸易区网络是以沿线区域各国之间对话合作和签订高标准自由贸易协定为基础的，但这些自由贸易协定并不只是"一带一路"沿线各国进行区域经济合作的国际法律文件，其本质上更是推进人类命运共同体理念法治化的重要法律载体。利用自由贸易协定，可将构建人类命运共同体中的反对贸易保护主义、促进经济全球化、平衡贸易双方当事人利益、保护自然环境可持续发展等一系列有关国际经贸合作的新理念、新倡议、新举措进行宣传推广并付诸实践。新理念的融入，使现行自由贸易协定转型升级为符合国际社会共同利益的"可持续发展友好型"协定范本。[1] 在此基础之上，可以构建自由、开放、公平、公正的"一带一路"自由贸易区法律制度，并逐步建立起稳定、公平、透明、可预期的"一带一路"良好法治营商环境。另外，可依托中国自由贸易试验区，为"一带一路"法治保障体系建设提供制度样本。作为新时代中国重要的对外开放窗口，自由贸易试验区自设立以来"先行先试"了包括负面清单、一口受理、单一窗口、FT 自由贸易账户、证照分离、临时仲裁"在内的一系列富有成效的制度创新，而这些有助于构建开放型经济、加快经济全球化、保障可持续发展的制度创新，恰恰是人类命运共同体自由贸易理念的集中体现。[2] 鉴于中国自由贸易试验区（FTZ）与跨境自由贸易区（FTA）均以促进国际投资自由化、贸易便利化、金融国际化为目标，两者在制度设计上存在一定的关联和共性，可将在中国自由贸易试验区成功试验的制度创新通过"可持续发展友好型"自由贸易协定在"一带一路"沿线进行复制推广，以此实现

---

〔1〕　不同于单方面强调对外开放的传统自由贸易协定，"可持续发展友好型"自由贸易协定是在增进贸易的同时，还关注自由贸易对东道国社会经济的可持续发展作用，避免以牺牲东道国环境资源为代价的"过度开发"，其既注重保护东道国自然生态环境，又考虑到维护当事人的正当利益，是一种以和谐发展为目标、追求贸易双方利益关系均衡的新型自由贸易协定。具体可参见联合国贸发会"协定要素"2012 年版 A 部分——UNCTAD, World Investment Report 2012: Towards a New Generation of Investment Policies, pp. 3–12.

〔2〕　参见李猛：《中国自贸区法律制度建立与完善研究》，人民出版社 2017 年版，第 78~87 页。

"制度创新红利"的国际共享，在助力"一带一路"法治保障体系建设的同时也为人类命运共同体理念法治化注入强劲动力。

3. 积极参与国际规则制定，增强中国在国际社会中的制度性话语权。当今世界已进入一个全球化的新时代，国与国之间相互依赖程度不断加深，国际规则的制定对国际关系和全球治理都发挥着基础性作用。不同于近代以来的威斯特伐利亚秩序、维也纳秩序、凡尔赛—华盛顿秩序，如今的国际秩序建构更趋向于依赖非武力性质的国际规则，国际规则不仅左右国家间利益分配，更决定一国的国际地位以及其所能扮演的国际角色，本质意义上，各国对国际话语权的争夺即是对制定国际规则话语权的竞争。[1]虽然在全球治理中中国正由规则的接受者逐步向规则的参与者、引领者转变，但国际话语权不足仍是中国参与全球治理的最大短板。[2]这主要是历史遗留问题：许多现行国际规则早已由西方国家主导完成，中国作为后来者只能参与或认同此类规则，这致使中国在许多国际规则制定过程中未能获得主动权和主导权，制定国际规则的话语权至今仍亟待提升。今后，如果中国想要提升自身在全球治理中的制度性话语权，联合更多国家共同构建人类命运共同体，首先应当加强本国在国际规则制定中的话语权。

针对国际话语权相对薄弱的现实问题，今后中国在国际规则的制定与重构中应当：（1）争取制定国际规则的平等权利。中国不能甘愿做国际规则的被动接受者、追随者，而是应当团结广大发展中国家争取参与制定国际规则的"平等权利"，努力改变传统的国际规则制定模式，通过国家间平等协商、对话合作、广泛参与等方式共同制定国际规则。（2）全面参与国际规则制定。除经济、政治、安全、卫生、环境等传统国际法领域以外，中国还应积极参与网络、反恐、深海、气候、资源、极地、太空等新领域的国际规则制定，并在适当时机争取修订现有的不公平、不合理的国际条款，通过主动参与国际规则制定把中国提出的主张建议、利益诉求、价值理念注入当代国际法体系，推进全球治理的良法善治。（3）注重国际规则与国内法的互动衔接。人

---

〔1〕 See Alan Boyle, Christine Chinkin, *The Making of International Law*, Oxford University Press, 2007, pp. 266-268.

〔2〕 参见张文显：《推进全球治理变革，构建世界新秩序——习近平治国理政的全球思维》，载《环球法律评论》2017 年第 4 期。

类命运共同体理念是为维护国际社会共同利益而提出的一项具有正义性、公正性、正当性的国际倡议，其目的是解决全人类共同面临的全球性问题。人类命运共同体理念应当成为国际规则与国内法制定实施的理论基础和重要渊源，当前对于一些包含人类命运共同体理念的现行国际规则需要及时通过国内立法的方式加以转化或适用，借助国际规则与国内立法的互动实践与相互对接促进国内法治建设的现代化与国际化，进而保障人类命运共同体理念能够在国际与国内两个层面得以全面实现。

4. 与世界各国"共商共建共享"公正合理的现代国际法治。自威斯特伐利亚体系形成始，世界治理体系便以国家和民族为基石，现代国际法治也自此获得了与之相适应的成长环境和制度土壤，进而实现了迅速发展，现已形成了较为系统的国际规则体系。[1]但同时要认识到，现代国际法治并非国际规则的简单堆砌，而是一种具备"良法善治"内在品质的国际法律体系和集中体现民主精神、人权精神、公正精神、和谐精神的现代治理体系，其自身具有丰富的法治内涵与广阔的精神外延。这与人类命运共同体理念中建立民主法治、公正合理世界新秩序的理想和目标完全契合，建设现代国际法治由此成为推进人类命运共同体倡议的可行路径。

现代国际法治是全人类的共同追求，单靠一个或几个国家根本无法实现，需要国际社会加强合作、共同建设。首先，将人类共同利益作为现代国际法治的主要依据。伴随科学技术的迅速发展，人类的探索活动越加广泛和深入，各国间的依赖程度也更加紧密，世界日益成为相互依存的"地球村"。与此同时，为适应人类在新领域的活动，国际法的结构和内容也都发生了实质性变化，从全球气候变化应对到地球自然环境保护，从外层空间利用到国际海底区域勘探，从南极的国际法律地位到北极的资源维护与合作开发，这些全球性问题都真切关系到人类的未来生存发展，牵涉所有国家和每个个体，迫切需要国际社会协商制定符合人类共同利益的确定性、统一性国际规则，以在可持续发展前提下保证人类在各领域的活动均能依法有序进行。其次，应探索构建现代国际法治的民主参与机制。在国际法领域，不管是制定多边国际公约还是双边国际条约，如果不能从根本上解决立法的民主参与机制和公开

---

〔1〕　参见〔美〕亨利·基辛格：《世界秩序》，胡利平等译，中信出版社 2015 年版，序言。

透明度问题，就无法保障所制定的国际规则是建立在人类共同利益基础之上的，构建人类命运共同体的目标也就难以实现。所以，只有通过国际民主法治才能真正确立国际法的合法性与正当性，提升国际法的权威性和有效性，从而促进国际关系的民主化，并在最大程度上维护全人类的共同利益。令人振奋的是，在现代国际法治中出现了一些体现民主立法精神的新趋势：一是通过新的缔约机制推动国际规则制定的民主化，其中较为典型的是《联合国海洋法公约》和乌拉圭回合谈判中达成的多边投资贸易协定，两者均是采用"协商一致"的原则推动缔约进程；二是国际社会中日益增多的政府间国际组织也为世界各国广泛参与现代国际法治提供了有利时机和必要场所，这些国际组织现已成为国际法上推行多边治理机制的主要工具，有力推动了国际规则制定的多边化和民主化。[1]新兴的政府间国际组织为成员国平等参与国际规则制定创造了良好环境，不仅扩大了国际规则制定的议题范围，还激发了现代国际法治的新思想，创建了许多体现民主法治精神的国际规则制定新机制。最后，应充分发挥"国际软法"的制度空间和拓展性。由于各国制度差异和认识不同，一些蕴含人类命运共同体法治理念的高标准国际规则难以在短时间内制定出台，对此不妨利用"国际软法"所具有的多样性、灵活性、协调性等优势，先从"国际软法"切入，借助国际倡议、谅解备忘录、国际标准和国际行动等"国际软法"，赋予现代国际法治建设更多制度创新空间，使一些国际法律议题能够在较短时间内达成一致，从而有效兼容不同国家的规制差异，并妥善化解各国间的矛盾与分歧。待条件成熟时，可将共识再由"国际软法"逐步转化为统一适用的国际规则，使之具有国际法的普遍约束力和执行力。"国际软法"与国际规则并非竞争关系，两者能够在全球治理体系中功能互济、配合适用，未来应当探索建立起"国际软法"与国际规则之间的良性转化机制和良性共存机制，借助两种立法模式各自优势，合力推进现代国际法治的构建与完善。

---

〔1〕 参见〔美〕何塞·E.阿尔瓦雷斯：《作为造法者的国际组织》，蔡从燕等译，法律出版社2011年版，第924~926页。

小结

人类命运共同体是以国际社会共同利益为基础，以共同体为本位，以人类共同的情感、共同的理性、共同的期待为纽带连接而成的，超越血缘、地域、民族、国家、意识形态等狭义范畴的全球性人类合作共同体。人类命运共同体理念秉持"共商共建共享"的全球治理观，倡导国际关系民主化与法治化，旨在推进全球治理的理念创新、制度创新、机制创新，在新的国际多边合作治理框架中推动国际体系的完善与发展，建设公平正义、相互尊重、合作共赢的新型国际关系。今后，中国作为人类命运共同体理念的倡议国，应在统筹国内与国际两个大局背景下，坚决维护以《联合国宪章》为基石的世界秩序、积极参与国际事务、主动参与国际规则的制定与修改，以"一带一路"为实践载体推进国际合作机制创新，争取由全球治理的参与者、接受者变成全球治理变革的引领者、推动者，全力塑造以人类命运共同体理念为核心的现代国际法治，为新时代构建更具包容性、开放性、公正性的新型全球治理体系贡献更多中国智慧和中国方案。

第二章

中国对接 CPTPP 国际高标准经贸规则

——建设更高水平开放型经济新体制

目前，中国主动对接和申请加入《全面与进步跨太平洋伙伴关系协定》（CPTPP），是新形势下坚持统筹国内国际两个大局的重大抉择，该举措为中国加强国际经贸合作、扩大更高水平对外开放提供了契机和助力。对标 CPTPP 国际高标准经贸规则，中国可从国内国际两方面积极作为，在关键环节和重点领域全面深化改革，包括完善自由开放的现代贸易治理体系、打造安全高效的外商投资管理体系、建设公平竞争的现代市场治理体系、构建面向美丽中国的现代环境治理体系、共筑更高水平对外开放平台等，从而在缩减与 CPTPP 规则差距的同时，加快建设更高水平开放型经济新体制，推动形成全面开放新格局。

2022 年党的二十大报告再次强调要稳步扩大规则、规制、管理、标准等制度型开放，展现出中国对国际高标准经贸规则和法律制度的重视，标志着中国对外开放迈向了更加全面、深入和系统的新阶段。2021 年 9 月中国正式提交加入 CPTPP 的申请，[1]此举以积极主动的姿态顺应了国际形势变化，契合了中国以制度型开放建设更高水平开放型经济新体制的战略部署，彰显了中国深化改革、完善营商环境的决心，并为中国加强国际合作、参与和引领国际规则体系创造了有利条件和新的机遇。然而，当前中国加入 CPTPP 也面临着一些问题和挑战，对此需要对标 CPTPP 规则条款内容，加快完善相关法

---

〔1〕 2021 年 9 月 16 日，中国商务部部长王文涛向《全面与进步跨太平洋伙伴关系协定》（CPT-PP）保存方新西兰贸易与出口增长部长奥康纳提交了中国正式申请加入 CPTPP 的书面信函。参见《中方正式提出申请加入〈全面与进步跨太平洋伙伴关系协定〉（CPTPP）》，载 http://www.mofcom.gov.cn/article/news/202109/20210903199707.shtml，最后访问日期：2023 年 11 月 3 日。

律法规，加快政府职能转变，深化体制机制改革，从而使国内相关规定尽早实现与 CPTPP 国际高标准经贸规则的充分衔接、融合发展。

一、对接 CPTPP 建设更高水平开放型经济新体制的重要意义

从目前规则条款来看，CPTPP 要求的很多内容与中国建设更高水平开放型经济新体制的基本方向是一致的，两者均追求实现更高水平对外开放与国际合作，例如推动服务贸易创新发展、提升货物进出口通关效率、扩大金融服务业对外开放、加强知识产权保护、构建数据安全合规有序跨境流通机制、建立公平竞争的高标准市场体系等。可以说，CPTPP 建构的高标准规则体系对于中国实施更高水平开放提供了有益参照，可以通过对接 CPTPP 倒逼国内经济体制改革，以主动开放、自主开放将外部压力转化为内生动力，加快建立起更高水平开放型经济新体制。

（一）打造国际一流营商环境，推动形成全面开放新格局

CPTPP 将推进实施"零关税零壁垒零补贴"（即"三零"规则）作为其核心内容和主要目标，"三零"规则能够最大限度地消除国际贸易壁垒，现已成为国际贸易自由化便利化的最高标准。[1]对于中国而言，将对外贸易体制改革朝着"三零"规则的方向发展，不仅有助于补齐全面开放新格局的制度短板，还能增强中国对外贸易综合竞争力，在新发展格局中重塑国际合作竞争新优势。所以，"三零"规则与中国改革开放总体目标方向一致，是中国加快实现更高水平对外开放的"助推器"。除"三零"规则以外，CPTPP 还包括国企改革、竞争中性、政府采购、劳工标准、环境保护、财政补贴、透明度等边境后规则，通过对接这些国际高标准经贸规则能够促进中国完善相关立法、转变政府职能、加强市场监管，进而打造国际一流营商环境，助力建设更高水平开放型经济新体制，推动形成全面开放新格局。

（二）打通国内国际双循环堵点，加快建设全国统一大市场

对接 CPTPP 国际高标准经贸规则，能够加快建设更高水平开放型经济新体制，在要素开放的基础上推动更高层次的制度型开放。在循环经济中，除

---

〔1〕　参见刘世锦：《国内大循环不是闭关自守，必要时可实行零关税、零壁垒、零补贴政策》，载 https：//www.sohu.com/a/415306965_100160903，最后访问日期：2023 年 11 月 16 日。

硬件基础设施以外，以规则对接为桥梁的"制度融通"是实现中国市场与国际市场联通的前提要件。[1]具体而言，一是打通阻碍中国与国际市场接轨的制度障碍，助力畅通国内国际双循环，为中国实施更高水平对外开放奠定基础。二是破除阻碍市场要素自由流动的规制壁垒，在"走出去"的同时，吸引海外优质资本、技术、人才、数据等高端生产要素聚集，从整体上提升中国市场的国际竞争力和吸引力，利用优质外资推动产业结构升级，助力高质量发展。三是加强与 CPTPP 缔约方之间的合作，建立更加紧密的经贸伙伴关系，与协定缔约方一道发挥各自产业和技术优势，共建稳定畅通的产业链供应链创新链体系。同时，通过对接 CPTPP 国际高标准经贸规则，能够协助国内统一大市场经济制度体系建设，包括协调统一的市场准入制度、市场交易制度、产权保护制度、反垄断制度、反不正当竞争制度等，从而有利于营造公平竞争的市场环境，为建设全国统一大市场提供有力制度保障。

（三）积极参与国际经贸规则制定，构建公正合理的国际经济新秩序

CPTPP 作为目前全球最高标准的多边自由贸易协定，在投资贸易、竞争政策、电子商务、知识产权、争端解决等议题方面构建起高标准规则体系，成为新一代国际经贸协定的模板范例。在经济全球化和贸易一体化的大背景下，谁掌握经贸规则和标准制定的话语权，谁就站在了新一轮全球产业与国际经贸竞争领域的制高点。[2]所以，对接和加入 CPTPP 有利于增强中国参与国际经贸规则制定的话语权和影响力。并且，中国作为世界上最大的发展中国家，通过对接和加入 CPTPP，能够在全球经济治理体系变革中更多地为广大发展中国家发声，更好地维护广大发展中国家利益，推动实现发达国家与发展中国家之间的利益平衡，[3]为世界经济均衡发展以及构建公正合理的国际经济新秩序贡献更多力量。

---

〔1〕 参见范欣、蔡孟玉：《"双循环"新发展格局的内在逻辑与实现路径》，载《福建师范大学学报（哲学社会科学版）》2021 年第 3 期。

〔2〕 参见李巍、罗仪馥：《从规则到秩序——国际制度竞争的逻辑》，载《世界经济与政治》2019 年第 4 期。

〔3〕 See Amitendu Palit, "Mega-Regional Trade Agreements and Non-Participating Developing Countries: Differential Impacts, Challenges and Policy Options", *Competition & Change*, Vol. 21, No. 5, 2017, pp. 418-421.

（四）以更大力度维护和践行多边主义，提升参与和引领全球经济治理的能力

中国作为负责任的大国，主动对接 CPTPP 国际高标准经贸规则有利于在改革和重塑全球经济治理体系中展现大国担当。近年来传统国际货物贸易和国际服务贸易虽遭到一定冲击，然而以数字贸易、数字经济、共享经济为代表的新经济新业态却逆势而上，展现出巨大的潜能和活力。[1] CPTPP 作为全球最高标准多边自由经贸协定，对于数字经济、数字贸易、跨境服务、生态经济、离岸经济等新经济新业态均已作出特别规定。在此情况下，中国通过对接 CPTPP 规则条款，一方面能够加强多边区域合作，全面深化与协定缔约方之间的经贸伙伴关系，共同回应贸易保护主义，携手跨越"贸易鸿沟""数字鸿沟""发展鸿沟"，助力世界经济复苏发展；另一方面，引入和适用 CPT-PP 国际高标准经贸规则，构建与国际接轨亦具有中国特色的经贸制度体系，能够增强中国在全球经济治理体系变革中的制度性话语权，提升中国参与和引领全球经济治理体系变革的能力。

二、CPTPP 国际高标准经贸规则之核心条款解析

CPTPP 在对外投资贸易上体现了高度自由化便利化，在国内规则体系上体现了高度市场化法治化国际化，在开放标准上体现了对不同发展程度国家和地区的包容性，在推动国际合作上体现了多边开放原则。因此，CPTPP 是具有引领未来国际经贸规则创新变革趋势的高标准自由贸易协定，其在投资贸易、市场竞争、数字经济、法治保障、知识产权保护、劳工保护、环境保护等领域的规则条款内容对于中国建设更高水平开放型经济新体制，推进国家治理体系和治理能力现代化具有积极的借鉴意义。

（一）自由开放的服务贸易规则

CPTPP 在服务贸易领域制定了严格、全面、务实的标准和规定，扩大了缔约方之间的服务贸易开放程度，为其服务贸易发展提供了广阔空间。[2]

---

〔1〕参见马述忠、潘钢健：《从跨境电子商务到全球数字贸易——新冠肺炎疫情全球大流行下的再审视》，载《湖北大学学报（哲学社会科学版）》2020 年第 5 期。

〔2〕See Jiangyu Wang, "Between Power Politics and International Economic Law: Asian Regionalism, the Trans-Pacific Partnership and U. S. -China Trade Relations", *Pace International Law Review*, Vol. 30, No. 2, 2018, pp. 389-390.

（1）适用棘轮机制。CPTPP 通过设置棘轮机制促进缔约方服务贸易创新发展和开放合作，从而在更多领域、更宽范围、更深层次实现对外开放，保证开放水平和开放程度"只进不退"。[1]（2）采取负面清单制度。凡在清单之外的服务贸易领域，CPTPP 要求缔约方严格遵循"法无禁止皆可为"的原则，对服务提供者一视同仁、平等准入，以此提高服务贸易的开放度、透明度、可预见度，这将有助于提升缔约方之间的服务贸易整体开放水平。[2]（3）放宽市场准入。CPTPP 要求缔约方扩大服务贸易市场准入，给予跨境服务提供者市场准入自由，允许缔约方企业在符合市场监管的前提下自由进入市场，同时取消了企业所提供服务产品的数量、配额、形式等方面的限制性要求。（4）减少限制性规定。CPTPP 取消了在缔约方从事服务贸易的外资企业在持股比例、高管和董事会成员国籍等方面的限制，以吸引更多优秀外资企业入驻缔约方开展跨境服务贸易，激发缔约方服务贸易市场活力。

（二）开放便利的货物贸易规则

CPTPP 货物贸易规则较为成熟完备，主要涉及零关税承诺、市场准入、货物原产地要求等方面，目标是实现缔约方之间的货物贸易自由化和便利化。[3]（1）奉行全面零关税承诺。CPTPP 货物贸易开放的主要规制创新在于大幅度下调缔约方关税，显著提升货物贸易零关税比重，其第 2 章第 2.4 条"关税取消"规定："缔约国应依照其减让表，逐步取消对原产地货物的关税。"截至目前，CPTPP 缔约方之间除农产品以外的货物贸易都已基本实现零关税，彼此间的货物贸易成本大幅度降低，这反映出零关税和供应链重塑的国际贸

---

〔1〕 RCEP（《区域全面经济伙伴关系协定》，以下简称 RCEP）和 CPTPP 均适用棘轮机制，投资附件包括两部分内容：一是现行不符措施保留清单；二是未来不符措施保留清单，为棘轮机制的例外情况。中国在 RCEP 项下的负面清单与国内版《外商投资准入特别管理措施（负面清单）》相比，义务更加全面，除了股权要求、高管要求，将非服务业相比国外的任何歧视性措施都一一列出。值得注意的是，在 RCEP 未来不符措施保留清单中，中国保留对新部门和新行业采取或维持任何措施的权利。从投资自由化水平来看，在 RCEP 协定中，日本、澳大利亚和新西兰除了少数敏感领域，基本全面开放，大体与 CPTPP 的承诺水平一致。

〔2〕 RCEP 使用了"正面引导+负面清单"的规定模式，而 CPTPP 只采用负面清单的模式，这主要归因于 RCEP 的成员国主要是发展中国家。

〔3〕 Kati Suominen, *CPTPP as a Global "Docking Station" for Free Traders?*: *Prospective Members and Potential Gains*, Center for Strategic and International Studies（CSTS），2021，pp. 1-15.

易发展新格局、新趋势。（2）更加开放的货物贸易市场准入。除了减免和降低普通货物关税外，CPTPP 还要求缔约方不得对再制造或修理改制后的货物征收关税，这将有效降低缔约方之间的货物贸易成本，使货物贸易越加自由便利。（3）灵活的货物原产地区域价值成分标准认定。CPTPP 规定货物必须满足原产地规则才能享受关税优惠，CPTPP 将货物原产地区域价值成分规定在 40%—55% 区间，并采取了较为灵活的计算方法，允许企业根据其产品特点选取不同的计算方法，[1]以便能够有效利用 CPTPP 区域内优惠税率，促进缔约方之间的货物贸易。[2]

（三）公平竞争的国际投资规则

CPTPP 意在打造一个稳定、透明、可预见、非歧视的投资保护框架，以大幅度减少和降低投资壁垒，有效提升投资规模和效率。[3]（1）实行准入前国民待遇和最惠国待遇原则。CPTPP 要求缔约方给予另一缔约方投资者（涵盖投资）以国民待遇和最惠国待遇，并将其适用阶段提前到准入前。准入前国民待遇和最惠国待遇将能够最大限度地约束东道国通过行政审批等方式限制外资进入，进而促进外商投资的自由化便利化，打造公开、透明、可预期的外资营商环境。（2）负面清单外资管理模式。CPTPP 对投资和跨境服务贸易采用一体化负面清单形式，这意味着除负面清单列明的领域和产业以外，缔约方须给予外来投资者以国民待遇和最惠国待遇并取消其在当地的存在要求。CPTPP 负面清单中的外资管理模式大幅度放宽了外资市场准入限制，缔约方之间的投资自由化水平得以显著提高。（3）重视保护投资者权益。CPTPP 增加了投资者可以绕过东道国法律程序直接将争端诉诸第三方或国际仲裁的规则条款，其中引入 ISDS（投资者—东道国间争端解决机制），并对投资者申请和适用 ISDS 的程序事项作出规定，用以防范和化解包括战争、内乱、

---

〔1〕　在区域价值成分要件方面，CPTPP 提供 RVC 计算的四个公式，并且未对 RVC 设置统一标准，CPTPP 在 RVC 的计算方面为缔约方提供了更大的灵活性与自主性。

〔2〕　在货物贸易领域，RCEP 大部分内容已经达到 CPTPP 的水平，原产地规则已经与国际主流接轨，但对原产地自主声明赋予了较长过渡期。RCEP 的贸易便利化规则较为领先，但在透明度和海关合作等方面仍有一定差距。

〔3〕　参见余淼杰、蒋海威：《从 RCEP 到 CPTPP：差异、挑战及对策》，载《国际经济评论》2021年第 2 期。

国有化及征收等在内的重大地缘政治风险。[1]与此同时，CPTPP 还允许投资者在东道国提起诉讼以后仍可申请国际投资仲裁，并给予其自主选择仲裁机构、仲裁规则的权利，从而在最大限度上保护投资者合法权益，但这也对东道国独立司法权带来了一定挑战。

（四）创新与安全并重的电子商务规则

CPTPP 延续了传统的"美式模板"电子商务规则，皆在消除电子商务发展中的障碍，降低数字贸易壁垒，促进数据跨境自由流动，加强网络基础设施的互联互通，实现网络系统的互操作性。[2]在规则条款内容上，CPTPP 相比 WTO 和其他自由贸易协定更加全面、标准更高。（1）减少数字贸易壁垒。CPTPP 要求缔约方对数字产品采取零关税和非歧视待遇，减少数字贸易壁垒，加快数字贸易发展。（2）促进数据跨境自由流动。CPTPP 强调缔约方应采取措施促进数据跨境自由流动并逐步取消本地化存储限制，让缔约方共享数据开放红利。[3]（3）重视网络信息安全。CPTPP 敦促缔约方加强源代码保护、在线消费者权益保护、个人信息保护、网络安全维护，以在实现数字经济创新发展的同时，防控好各类潜在风险。（4）便利数字贸易。CPTPP 要求缔约方推进无纸化贸易、加强国际商务合作、构建电子交易框架、实施电子签名和电子认证，使跨境数字贸易更加自由化、便利化、规范化。

（五）严格实施高标准的知识产权保护规则

CPTPP 拥有目前国际最高标准的知识产权保护规则。（1）知识产权保护

---

〔1〕 CPTPP 包含 ISDS 机制，而 RCEP 提出妥善解决投资活动中产生的投诉，但尚未启动 ISDS 机制。

〔2〕 RCEP 和 CPTPP 电子商务规则都主张促进无纸化贸易，推广电子认证和电子签名，保护线上消费者权益，保护电子商务用户个人信息等。但是，RCEP 在开放力度方面仍有一定差距。RCEP 未规定数字产品的非歧视待遇，未规定自由接入和使用互联网开展电子商务，未涉及源代码，而这些内容在 CPTPP 中均有涉及。在减少数据贸易壁垒方面，RCEP 规定不强制要求计算设施本地化，不得阻止通过电子方式跨境传输信息等，但设置了实现公共政策目标的例外条款，CPTPP 虽然也有此例外条款，但限制性条件更少。参见王蕊等：《从 CPTPP 与 RCEP 差异看我国应对数字贸易规则竞争的思路》，载《国际贸易》2022 年第 3 期。

〔3〕 RCEP 在计算设施的位置管理等方面有了一定突破，但与 CPTPP 相比，在跨境数据流动的开放度、电子商务网络的访问等深层次领域监管更加严格，自由度更低。See Roxana Vatanparast, "Data Governance and the Elasticity of Sovereignty", *Brooklyn Journal of International Law*, Vol. 46, No. 1, 2020, pp. 2-28.

客体较为广泛。一是在商标权方面，将声音、气味等非视觉商标纳入保护范围，将驰名商标由同类保护扩大到跨类保护，明确了地理标志应尊重在先商标的规则。二是在专利权方面，新增对生物药品、生物制剂、药品数据等新型专利的保护。三是在著作权方面，新增对网络或电子版权的保护，明确了复制权包括"以任何形式和方式进行的"复制行为，并将临时或短暂的复制行为纳入复制权规制范畴。（2）具有严格的法律规则和执法力度。一是将著作权保护期限延长至 70 年，给予著作权更长的有效保护期间。二是将国名、域名纳入保护范围，以此强化对国名、域名的知识产权保护。三是重视数字环境下的知识产权保护和侵权执法，将强化数字知识产权保护作为主要任务。四是要求缔约方对严重侵犯著作权行为适用刑事程序，并且新增了对商业秘密实施刑事保护的相关规定，从而降低了侵犯知识产权行为适用刑事程序和刑事处罚的门槛。[1]

（六）公平可预期的市场竞争规则

CPTPP 第 16 章"竞争政策"和第 17 章"国有企业和指定垄断"主要从竞争立法、执法公正、透明度、非商业援助等方面作出规定，主要强调缔约方应当遵循竞争中立和非歧视待遇原则，以此打造公平竞争的市场环境。[2]（1）国有企业竞争法律条款。一方面，CPTPP 要求缔约方完善企业竞争立法，使企业市场竞争可在完备的法律制度框架下规范有序进行。另一方面，CPTPP 强调缔约方要保证对市场违规行为严格公正执法，并切实保障私人诉权。（2）国有企业竞争透明度条款。CPTPP 要求缔约方及时公开企业竞争政策法规和执法活动，竞争执法活动应当符合公正司法程序。（3）国有企业竞争中立条款。要求缔约方国有企业不得因其公有的所有权地位而享有私营企业无法获得的竞争优势，强调国有企业与私营企业之间享有平等的市场地位和待遇，敦促缔约方完善国有企业竞争中立法律法规。（4）国有企业非商业

---

〔1〕　对比 RCEP，CPTPP 加大了知识产权保护的司法和执法力度，提高了对于著作权和商标权的民事损害赔偿标准，将更多侵权行为列入刑事程序和处罚范围，例如著作权犯罪无需主观要件，影院偷拍偷录入刑等。

〔2〕　CPTPP 和 RCEP 均包含竞争政策章节，对竞争立法、竞争执法、主管机关协调合作、信息保密、消费者保护等重点内容作出详实规定。不过，CPTPP 还包括保护私人诉权义务、维护政策透明度义务等内容，且对竞争执法中的程序公正规定更加具体细致，可操作性更强。

援助条款。CPTPP 要求缔约方不可向国有企业提供包括直接或潜在的转移资金、减免债务、更优惠的货物或服务等在内的非商业援助，使竞争性国有企业在遵循市场规律的前提下依法独立自主开展生产经营活动。（5）国有企业非歧视待遇条款。CPTPP 要求缔约方对其境内各类企业实行公平统一监管，在国有企业根据商业考虑进行采购或销售货物及服务时，应对境内市场的所有企业一视同仁，不得歧视他国企业、产品或服务。[1]（6）国有企业信息披露条款。CPTPP 要求缔约方应定期公示国有企业与指定垄断企业名单，如果缔约方认为其权益受到损害，可以要求另一缔约方提供相关国有企业的详细信息[2]。

（七）规范透明的政府补贴规则

CPTPP 与 WTO 政府补贴规则相比更加严格：（1）扩大了补贴认定范围。CPTPP 将"公共机构"认定范围由政府部门扩展至国有企业和国有商业银行，对接受补贴的主体范围同样也作出扩大解释，由以往境内的国有企业扩展至其海外分支机构，并且认定"公共机构"向下游企业或其他企业提供货物、服务、贷款或参股的行为都将构成补贴。（2）对补贴透明度提出更高要求。CPTPP 要求缔约方应主动或根据其他缔约方要求公开国有企业内部重要信息或商业援助的详细信息，且规定一般情况下缔约方的国有企业信息披露责任不可豁免。（3）简化了补贴损害结果认定程序。在补贴认定程序上，CPTPP 借鉴了 WTO《SCM 协定》（SCM Agreement）的反补贴条款内容，简化了补贴损害认定规则。[3]在判断补贴损害时，CPTPP 不再对涉及的同一市场、同类产品、价格变化等因素进行量化分析，而只是对该项补贴作出定性判断，同时排除了关于利益授权的初步判断，这极大地简化了补贴专向性认定，即只要某项援助倾向于为国有企业提供，则满足专项性要求。

---

[1] 在政府采购方面，RCEP 没有规定政府采购开放清单，RCEP 协定中仅有软性合作条款，没有实质性的政府采购出价。CPTPP 要求相互合理开放政府采购市场，给予他国政府采购产品和服务国民待遇，给予投标者公平待遇。

[2] CPTPP 借鉴了 WTO《关于争端解决规则与程序的谅解》（DSU）的信息披露机制，提高了透明度条款的执行力，在缔约方之间就国有企业信息公开或交换无法达成一致时，申诉方有权要求专家小组介入调查并收集信息，如果应诉方拒不配合，专家小组有权作出对其不利的推定结果。

[3] 参见陈瑶、应力：《非商业援助条款对国企补贴规制与中国因应策略》，载《经济纵横》2022年第 3 期。

（八）高标准的劳工保护规则

CPTPP 第 19 章对劳工权利保护作出规定，试图通过共同的劳工条款督促缔约方加强劳工权益保护，建立现代劳工治理体系。（1）劳工权利保护框架。在 1998 年《国际劳工组织关于工作中的基本原则和权利宣言》确定的四项核心劳工标准基础上，CPTPP 首次将工作时间、最低工资、工作条件等事项纳入规则条款之中，形成了"4+1"的基本劳工权利保护框架，并要求缔约方将其转化为国内法之规定。（2）劳工权利保护条款。CPTPP 要求缔约方将结社自由、承认集体谈判权、废除童工、消除强迫或强制劳动、消除就业歧视等基本劳工权利通过法律方式予以明确规定。（3）不减损规则条款。CPTPP 规定缔约方不得以削弱或减少劳工保护的方式来增进投资贸易，不减损规则的适用范围不仅覆盖全部劳工权利，同样适用于缔约方领土内所有区域，其中包括特殊贸易和关税区。（4）强迫或强制劳动条款。CPTPP 要求缔约方对于强迫或强制劳动生产的货物予以限制进口，致力于消除一切形式的强迫或强制劳动。（5）企业社会责任条款。CPTPP 要求缔约方企业承担其应尽的社会责任，重视和加强劳工权利保护。（6）劳工磋商条款。CPTPP 要求缔约方秉持相互尊重原则通过磋商解决劳工纠纷，同时允许将劳工纠纷诉诸争端解决机制。根据条款规定，缔约方一旦违反协定义务将被采取赔偿损失、货币评估、终止福利待遇等制裁措施，从而保证协定在劳工保护领域的强制性约束力。

（九）体系完备的环境保护规则

CPTPP 专设环境章节，体现了新一代国际经贸协定对环境保护议题的重视，以及实现环境保护目标范式上的转变。CPTPP 第 20 章"环境"内容丰富，既有环境保护的一般和特殊规定，也提供了相应的磋商和争端解决机制。（1）针对特殊领域专门拟制条款。CPTPP 不仅规定了一般性环境保护承诺，同时涵盖多个特定领域的环境保护责任与义务，例如臭氧层保护（第 20.5 条）、保护海洋环境免于船舶污染（第 20.6 条）、贸易和生物多样性（第 20.13 条）、向低排放和具有韧性的经济转变（第 20.15 条）、保护和贸易（第 20.17 条）等，使环境保护协定内容更加科学化、专业化、精细化。（2）强调公众参与和多方合作。一方面，CPTPP 强调公众对环境保护的认知、参与、提议，重视保护公民的基本环境权利，鼓励和支持公民采取自愿灵活的方式参与环境治理。另一方面，CPTPP 要求缔约方建立环境保护合作机制，包括国家间合作、政府与非政府组织间合作、区域性合作等多种形式的合作，通过加强合作共同应对环境问题，处理好贸易与环境保护之间的关系。（3）完善的环境争端解决机制。协定条款规定缔约方可就环境问题向其他缔约方提出磋商请求，磋商应在请求发出后的 30 天内进行。如果磋商未能解决问题，可请求磋商方的委员会代表召开会议审议该事项。如果磋商方的委员会代表未能解决问题可提交部长级磋商，部长级磋商应秘密进行。在经历所有磋商程序还是无法解决问题时，请求方可依据该协定第 28 章确立的争端解决机制，再请求磋商或申请成立专家小组审理争端。CPTPP 创建的四级磋商机制和双重争端解决机制，为缔约方之间的环境争端提供了有效解决路径。[1]

三、对接 CPTPP 建设更高水平开放型经济新体制的主要问题

中国自制度型开放战略提出以来，其开放标的正在由传统的商品和劳务转向新型的制度和标准，开放措施正在由边境措施向境内措施拓展延伸，致力打造国际一流营商环境，构筑全面开放新格局，以集聚全球的高端生产要素。然而，目前中国除面临着服务贸易自由化、货物贸易零关税、数字贸易便利化、数据跨境自由流动等挑战以外，还涉及政府补贴、竞争中性、国企改革、劳工保护、知识产权保护等边境后规则改革，这些都对中国扩大开放和深化改革提出了更高要求。对标 CPTPP 国际高标准经贸规则，加快建设更高水平开放型经济新体制，当前中国的主要问题在于现代贸易治理体系、外商投资管理体系、现代市场治理体系、现代环境治理体系等仍有待进一步完善。

（一）现代贸易治理体系亟待建立和完善

1. 现代服务贸易体制尚未建立。一是金融服务市场准入限制。近年来，虽然中国已经放宽了金融业外资市场准入，但是外资银行在中国境内的经营范围仍主要限于证券、存贷款、支付结算、外汇买卖等基础性业务，其设立

---

〔1〕 在争端解决领域，RCEP 不包含劳动或环境章节，连投资者与东道国争端解决机制的效力也受时间约束。相较于 CPTPP，RCEP 中不受争端解决机制约束的条款更多，给各国提供的政策空间更大，强制性相对更弱。RCEP 里包含较多的软性义务，而 CPTPP 更多为约束性义务。

分支机构的程序通常在半年左右，也未对外资金融机构经营范围进行明确界定，实际监管中的显性和隐性限制措施依然较多。[1]另外，中国出于对金融市场安全的考量，对于外资金融机构资本账户开放、资金跨境支付和流动依然采取较为严格的规定。二是物流服务市场准入限制。中国对于交通运输、仓储和邮政业领域的外资限制依然较多，其中针对公司股权控股、法定代表人国籍、合资要求、投资领域等事项均作出限制性规定。[2]三是教育服务市场准入限制。首先，中国对于外资教育投资限制较为严格，主要集中在中外合作办学准入限制、形式限制、范围限制、国籍限制等方面。[3]其次，中国还未与 CPTPP 多数缔约方之间实现高等教育学历学位互认，在一定程度上影响了中国教育的对外开放与国际合作。[4]四是医疗服务市场准入限制。中国在外资医疗机构市场准入、医生职业资格互认、医疗人员国籍等方面还存在诸多限制。首先，在市场准入方面，现仅允许外资以合资形式在中国境内设立医疗机构，且规定外资比例不得高于 70%。其次，在医生职业资格互认方面，中国还未与国外建立起成熟的互认和考评机制。再次，中国对于外资医院评级、医师职称评定、科研课题申请等方面均还未作出规定。最后，中国尚未将外资医院纳入医保，高昂的医疗费用直接影响外资医疗服务的推广与发展。[5]五

---

〔1〕　参见刘振中：《金融业放宽外资准入的逻辑路径研究》，载《宏观经济管理》2020 年第 7 期。

〔2〕　《外商投资准入特别管理措施（负面清单）（2021 年版）》第 11 条规定："公共航空运输公司须由中方控股，且一家外商及其关联企业投资比例不得超过 25%，法定代表人须由中国籍公民担任。通用航空公司的法定代表人须由中国籍公民担任，其中农、林、渔业通用航空公司限于合资，其他通用航空公司限于中方控股。民用机场的建设、经营须由中方相对控股。外方不得参与建设、运营机场塔台。禁止投资邮政公司、信件的国内快递业务。"

〔3〕　《外商投资准入特别管理措施（负面清单）（2021 年版）》第 11 条规定："学前、普通高中和高等教育机构限于中外合作办学，须由中方主导（校长或者主要行政负责人应当具有中国国籍，理事会、董事会或者联合管理委员会的中方组成人员不得少于 1/2）。"《中外合作职业技能培训办学管理办法》（2015 修订）第 58 条规定："外国教育机构、其他组织或者个人不得在中国境内单独设立以中国公民为主要招生对象的职业技能培训机构。"《中华人民共和国中外合作办学条例实施办法》第 7 条规定："中外合作办学机构不得设立分支机构，不得举办其他中外合作办学机构。"

〔4〕　参见唐海涛、陈功：《"一带一路"沿线国家教育服务外资准入规制及我国法规完善》，载《重庆社会科学》2018 年第 10 期。

〔5〕　参见刘畅、郭思遥：《新时期我国外资医疗政策变迁及对策思考》，载《中国卫生政策研究》2017 年第 9 期。

是文化服务市场准入限制。中国对于文化内容提供者（部门）存在较多的禁止准入限制，其中包括国外广播电视媒体、新闻机构、院线公司、电影制作公司、文物拍卖公司、文艺表演团体等。[1]同时，中国文化服务业市场准入审批程序较为严格，包括内容审查、业务审查、机构审批等在内的诸多环节。六是电信服务市场准入限制。目前，中国在新闻信息服务、网络出版服务、网络视听服务等领域仍多是禁止或限制外资准入，基础电信业务须由中方控股，且规定外资股比不得超过50%。[2]

2. 现代货物贸易体制仍需完善。中国现代货物贸易体制的不完善，主要体现在货物贸易零关税实施水平依然较低。一是在地域分配政策上，目前除海南自由贸易港实施"零关税、低税率、简税制"的特殊税收制度以外，中国国内其他地区大多尚未采取零关税的优惠税收政策；二是在产品适用范围上，中国零关税产品的税目比例依然较低，与CPTPP要求差距较大；三是从行业细分来看，出于发展国内生产、保护国内工业的考量，工业产品面临较大的降税压力，短期内中国尚无法将工业产品进口降低到零关税水平；[3]四是从现有自由贸易协定分析，虽然中国已经与多数CPTPP成员签署了双边或多边自由贸易协定，明确了可享受优惠税率的适用条件和范围，进一步缩小了与CPTPP的税收规则差距，但总体来看，立即实施零关税的产品比重依然较低，而且中国还未与加拿大、墨西哥等国签署自由贸易协定，彼此间的货物贸易零关税待遇面临着较大压力。总之，零关税实施水平较低直接影响中国与CPTPP缔约方之间的货物贸易自由化、便利化，也是未来中国对接和加入CPTPP的主要障碍之一。

3. 数字贸易治理体系亟待构建。一是数据跨境自由流动规则缺失。基于对国家安全和个人信息保护的考量，《中华人民共和国数据安全法》（以下简称《数据安全法》）、《中华人民共和国网络安全法》（以下简称《网络安全

---

[1] 参见祁述裕、陆筱璐：《论放宽文化市场准入——扩大文化市场开放的若干思考》，载《山东大学学报（哲学社会科学版）》2018年第3期。

[2] 参见方瑞安：《CPTPP电信服务贸易规则对中国的挑战》，载《对外经贸实务》2019年第10期。

[3] 参见李钢、叶欣：《中国入世廿周年：进口贸易与关税政策的调整与不断完善》，载《国际贸易》2021年第12期。

法》）、《中华人民共和国个人信息保护法》（以下简称《个人信息保护法》）等法律法规要求数据应在境内储存，其中限制性条款较多，而缺少关于数据跨境自由流动的规定。同时，由于中国尚未针对数据资产确权、跨境数据监管、数据安全评估、数据分级分类、对外安全合作等事项在法律层面出台相关措施，导致无法为数据跨境自由流动提供安全可靠的法律保障，数据泄露等潜在风险依然较为突出，难以在数据跨境流动与风险防控之间实现最佳平衡。二是数字知识产权保护有待加强。首先，数字产品缺乏有效市场监管。中国还未对网络音乐、娱乐、文学等数字产品建立起较为完善的市场监管制度，数字产品侵权盗版现象依然较为严重。其次，在计算机源代码公开方面，中国要求金融机构提供的软件必须将源代码备案，这与 CPTPP 的源代码非强制本地化规则存在冲突。最后，数字资产保护存在法律空白。在数字经济时代，企业商业秘密、用户隐私数据、公司经营管理数据等数据资产的价值正在不断攀升，但是中国至今还未针对数据资产的属性、权利、管理、处置、保护等问题制定出台相应的法律法规。三是在线消费者权益和个人信息保护方面缺乏具体措施。虽然《网络安全法》《个人信息保护法》对在线消费者权益和个人信息已作出规定，但在条款内容上多是原则性表述且缺乏严厉的惩治措施，个人信息泄露、电商平台消费欺诈、销售假冒伪劣商品、网络诈骗等现象依然存在。四是中国现有的网络安全信息系统和制度框架与 CPTPP 缔约方之间还存在兼容性和互操作性等方面的问题，尚难以实现有效对接。

（二）外商投资管理体系仍需改革和完善

1. 外资市场准入限制有待进一步放宽。从《外商投资准入特别管理措施（负面清单）（2021 年版）》来看，外资进入意愿最为强烈的物流运输、教育医疗、数字服务、电信服务、文化传播等领域的市场准入限制仍然较多，中国的各大产业对外开放依然任重道远。从限制措施来看，最新的负面清单对于上述关键领域大多作出禁止准入或合资要求，这类硬约束措施直接影响到外商投资贸易的积极性。反观 CPTPP 协定，对于较为敏感的外资市场准入领域，采取了行政许可、对等开放、特别程序、特定企业等灵活的表述方式，为其规则适用提供了一定弹性缓冲空间。

2. 跨境资本流动与风险监管需实现平衡。对比 CPTPP 下资本自由流动现状，[1]中国目前只是开放经常账户，资本项目开放程度差距仍较为明显，中国外资市场依然存在投资渠道偏窄、资本剩余较大、自由流动限制较多等问题。究其原因，一是中国还未建立起统一全口径的跨境资本流动统计监测预警系统，相关数据分析的准确性、及时性和前瞻性有待进一步加强；二是在跨境资本流动管理中，中国还未由重行政审批转为重监测预警、重微观管制转为重宏观审慎管理、"正面清单"转为"负面清单"，尚未采用事前、事中、事后相结合的高效监管模式。

3. 投资争端解决机制仍需完善。CPTPP 对 ISDS 程序作出详细规定，其制度设计更加成熟，超过了目前中国已签署的其他自由贸易协定，特别是在投资争端解决程序的透明度、严密性、规范性等方面，中国还存在一定差距。此外，缺乏实践经验、在专业机构任职的人才数量匮乏、对争端解决程序的掌握程度不足、缺少对该领域专业人才的培养等原因，均影响到中国应对国际投资争端的总体水平和能力。特别需要注意的是，近年来国际投资争端解决的关注范围已经由传统的投资贸易扩展至人权、法治、环境、知识产权等公共领域，这对于中国相关法律法规的制定和完善，以及行政执法的公平性与公正性提出了新的更高要求。[2]

（三）现代市场治理体系有待健全和完善

1. 市场公平竞争制度亟需完善。一是国有企业竞争中立规则存在差距。近年来，中国不断深化国有企业改革，在国有企业混合所有制改革、资本运营体制改革等方面取得一定积极成效。但是，国有企业在市场竞争中依然享有较多的隐性或显性优惠政策，包括政府给予的各类财政补贴，这显然与 CPTPP 中的国有企业竞争中立、禁止商业援助等规则存在矛盾冲突。一些欧美发达国家经常指责中国政府赋予国有企业过多特权，与其他类型企业之间享有不平等的市场待遇，在很大程度上造成了不对等的竞争优势，这已成为中国对接 CPTPP 市场竞争规则中的难点、痛点。[3]二是市场主体非歧视待遇

---

〔1〕 参见《〈全面与进步跨太平洋伙伴关系协定〉（CPTPP）中英对照文本》，载 https://gjs. mofcom. gov. cn/wjzl/zymyq/art/2021/art_ d730af75744a4a30901c9812bdef2ab6. html，最后访问日期：2025 年 3 月 10 日。

〔2〕 参见张建：《国际投资争端全球治理体系的变革与中国因应》，载《理论视野》2021 年第 11 期。

〔3〕 参见鲁桐：《竞争中立：政策应用及启示》，载《国际经济评论》2019 年第 5 期。

仍未落实。一方面，中国在电力、石油、航空、铁路等领域依然限制民营企业和外资企业市场准入，国有企业在这些行业领域客观上形成了一定的垄断地位。另一方面，中国在市场监管、政府采购、特惠融资、重大工程招标等方面，国家政策整体向国有企业倾斜，在一些情况下国有企业相较于其他市场主体享有特殊待遇和优先权。[1]三是国有企业信息披露机制缺失。CPTPP第 17.10 条对国有企业透明度作出规定，要求缔约方定期披露国有企业名录及指定垄断信息，并公开国有企业或指定垄断企业的股权结构、总资产、年收入、非商业援助等信息。但是，目前中国尚未有针对国有企业透明度出台相关法律规定，国有企业信息披露机制尚未建立。四是市场公平竞争法律制度亟待建立。《中华人民共和国反不正当竞争法》（以下简称《反不正当竞争法》）所采用的综合立法模式尚无法全面覆盖纷繁复杂的各种反竞争行为，尤其是新型不正当竞争行为，一些规定在内涵界定上不够准确、在表述上缺乏规范性，行政强制手段也较为单一。[2]另外，虽然《中华人民共和国反垄断法》（以下简称《反垄断法》）已于 2022 年 6 月修正，但是该法的法律条文规定仍较为宽泛和笼统，整体上惩处力度依然较轻，相关配套实施措施仍亟待制定和完善。[3]

2. 政府补贴制度尚缺乏透明度和公正性。目前，中国产业补贴政策的内容和方式与 CPTPP 规定存在一定冲突，很多措施还未能与 CPTPP 补贴规则条款实现有效对接。一是补贴主要面向国有企业。长期以来，中国给予上市公司央属企业和地方国有企业的补贴较多，用以保证其具有较强的市场竞争力，而给予民营企业和其他类型企业的补贴相对较少。[4]二是专项性补贴和禁止性补贴问题依然存在。中国对于金融、钢铁、煤炭等行业的上市公司补贴最多，然而此类补贴并未有效增强企业的活力和竞争力，反而导致过度投资、

---

〔1〕　参见应品广：《从贸易政策到竞争政策：国有企业国际造法的路径选择》，载《世界经济研究》2022 年第 3 期。

〔2〕　参见宁立志：《继往开来：变迁中的中国反不正当竞争法》，载《郑州大学学报（哲学社会科学版）》2018 年第 6 期。

〔3〕　参见王晓晔：《〈反垄断法（修正草案）〉的评析》，载《当代法学》2022 年第 3 期。

〔4〕　根据 CSMAR 数据统计，2020 年获政府补助前 50 名上市公司中国有企业 36 家、民营企业 8 家，外资企业未有获得补贴，前 100 名企业获得补贴总金额的 50%，其中多数是国有企业。参见《政府补助数据统计》，载 https://cn.gtadata.com/，最后访问日期：2023 年 9 月 10 日。

产能过剩、产业结构升级变缓等问题。[1]虽然，近年来中国正在逐渐减少专项性补贴，然而新兴产业补贴、外贸进出口补贴的项目数量和资金规模依然较大，[2]在提供补贴的范围、类型、方式、标准等方面仍未符合 CPTPP 的规则要求。

3. 知识产权保护有待进一步加强。一是知识产权保护力度存在差距。对比 CPTPP 知识产权保护规则，中国还未将气味商标纳入保护范围，著作权尚未采用 CPTPP 的 70 年保护期限规定，专利申请的新颖性宽限期间较短且覆盖面较窄。二是知识产权边境保护存在法律空白。目前，中国知识产权边境保护既未涵盖过境货物（现仅规定了进口货物），也没有对原产地标记、商业秘密以及一些新兴知识产权进行规定，所以权利保护的客体范围依然较窄。[3]三是知识产权法治保障亟需加强。近年来，中国坚持完善知识产权保护法律制度，但是在数据创新、数字服务、金融科技、人工智能等新兴领域，知识产权保护立法尚不完善，个别地方仍然存在地方保护主义，知识产权执法监督力度不强、保护不到位等情况时有发生。[4]而在司法领域，相较于 CPTPP 知识产权保护的刑法规定，中国仍将性质恶劣、数额较大、后果严重等条件，作为侵犯知识产权行为定罪的必要前提和法定标准，这与 CPTPP 中放宽知识产权侵权行为定罪入刑的标准和要求仍有一些差距，尚难以对知识产权不法侵权行为产生足够的法律威慑力。[5]

4. 劳工权益保护仍有不足。一是工会制度差异。目前，中国尚未通过国际劳工组织《组织权利和集体谈判权利公约》《结社自由和保护组织权利公

---

〔1〕 参见颜晓畅、黄桂田：《政府财政补贴、企业经济及创新绩效与产能过剩——基于战略性新兴产业的实证研究》，载《南开经济研究》2020 年第 1 期。

〔2〕 根据 CSMAR 数据统计，2020 年中国新兴产业补贴项目达 2711 项，资金数额 88.8 亿元。2020 年外贸进出口补贴项目达 792 项，资金数额 45 亿元。参见《政府补助数据统计》，载 https://cn.gtdata.com/，最后访问日期：2023 年 9 月 10 日。

〔3〕 参见朱秋沅：《中国视角下对 TPP/CPTPP 知识产权边境保护条款的考量及相应建议》，载《电子知识产权》2018 年第 3 期。

〔4〕 参见冯晓青：《关于中国知识产权保护体系几个重要问题的思考——以中美贸易摩擦中的知识产权问题为考察对象》，载《人民论坛·学术前沿》2018 年第 17 期。

〔5〕 参见刘湘廉：《我国知识产权刑法的最新修正及其适用》，载《重庆大学学报（社会科学版）》2022 年第 2 期。

约》的相关条款，国内法律还未针对结社自由和集体谈判权出台相关规定，现行工会制度与国际劳工组织公约和 CPTPP 劳工保护规则仍存在一定差异。CPTPP 希望通过工会代表雇工与政府、投资方进行谈判以保障工人合法权益。但在现实中，中国国内一些工会组织"重合同、轻协商"，在劳资谈判中还未能充分发挥其组织协调作用。[1]二是劳工权利保护规定体系化程度的差距。CPTPP 第 19.1 条对废除童工、消除强迫或强制劳动、职业安全和卫生等问题作出规定，要求缔约方完善相关法律法规，切实保护劳工的基本权利。与之相比，中国有关劳动者权利保护的规定分散在不同的法律法规或规章之中，存在分散化、碎片化、片面化现象，缺乏统一立法和完善的法律制度体系。[2]三是就业歧视问题。CPTPP 第 19.1 条（d）项明确要求"消除就业与职业歧视"。虽然现行《中华人民共和国劳动法》（以下简称《劳动法》）已对就业歧视问题进行了规定，[3]但是随着社会发展，就业歧视情况也在发生变化，户籍、性别、年龄、学历、婚姻状况等条件都有可能成为就业障碍。与此同时，中国也未规定企业就业歧视行为所应当承担的法律责任，企业就业歧视现象缺少必要的强制性法律约束。

（四）现代环境治理体系亟需建立和完善

CPTPP 对环境保护问题的关注点不再局限于环境质量和环境标准，而是将缔约方履行环境保护义务、完善环境保护法律法规、加强环境保护执法力度、建立环境争端解决机制等要求作为其核心内容。目前，虽然在多数已签订的中外自由贸易协定中都规定了环境保护规则条款，但是这些自由贸易协定中的环境保护标准与 CPTPP 相比还存在一些差距：一是环境保护的领域和范围不及 CPTPP。二是协定承诺的环境保护义务原则性条款较多，缺少关于解决环境保护问题的具体措施。[4]三是相较于 CPTPP 采用的四级磋商机制和

---

〔1〕参见查萱琪等：《基于制度逻辑视角的中国工会改革路径分析研究》，载《管理学报》2022 年第 1 期。

〔2〕参见郑尚元：《劳动法的现实挑战与瞻望》，载《中国劳动关系学院学报》2022 年第 1 期。

〔3〕《劳动法》第 12 条规定："劳动者就业，不因民族、种族、性别、宗教信仰不同而受歧视。"

〔4〕参见林灿铃、魏林耀：《自由贸易协定中的环境义务及其应对》，载《经贸法律评论》2022 年第 1 期。

双重争端解决机制，在环境争端解决的程序规则和执行效率等方面存在明显差距。四是在环境保护国际合作方面，也没有包含 CPTPP 设置的固定联络点等长效合作机制。不过，CPTPP 所涉及的环境保护规则条款多是弹性条款，并非强制缔约方在短期内必须执行的硬性条款，这为中国实现规则对接提供了一定的适应和缓冲空间。况且，近年来中国环境法律法规密集落地，环境保护法律制度体系的逐渐完善以及执法力度的不断加强，也为中国将来对接 CPTPP 环境保护规则创造了有利条件。

四、对接 CPTPP 建设更高水平开放型经济新体制之路径探索

对标 CPTPP 这一国际高标准经贸规则，更高水平开放型经济新体制的基本特征是大幅削减关税和非关税壁垒，营造公平竞争市场环境，规则措施由"边境"向"边境内"转移。因此，建设更高水平开放型经济新体制主要体现在自由开放的现代贸易治理体系、安全高效的外商投资管理体系、公平竞争的现代市场治理体系、制度完善的现代环境治理体系、高水平的对外开放平台建设等一系列体制机制改革创新的系统集成。

（一）构建自由开放的现代贸易治理体系

1. 加强服务贸易重点领域开放，全面深化服务贸易创新发展。一是扩大金融服务业对外开放。首先，扩大外资金融机构经营范围、引入更多风险管理产品、丰富金融产品服务，以满足不同类型和不同阶段实体企业的差异化需求。其次，在风险可控前提下，逐步扩大金融衍生品市场开放，增强中国金融服务创新发展活力。再次，促进资本项下跨境资金自由流动，支持上海浦东新区利用政策优势率先探索资本项目可兑换的实施路径，提升跨境投融资自由化便利化水平。最后，可以自由贸易试验区、海南自由贸易港为有力支点和开放平台，创新人民币国际化金融产品，扩大人民币境外使用范围，加快实现人民币资金跨境双向均衡流动。二是扩大物流运输业对外开放。首先，减少交通运输服务业对外资的股比限制，并适时取消合资要求，吸引更多外国企业投资国内交通运输市场。其次，取消公共和通用航空企业法定代表人的国籍限制，面向全球招聘优秀管理者，提升航空公司的国际市场竞争力和管理服务水平。最后，以便利航空服务为目标，推动航空电子服务系统的兼容性和互操作性，加强航空服务领域的国际合作。三是扩大教育对外开

放。首先，取消合作办学与教学管理人员的国籍限制，逐步放开除义务教育、宗教教育以外的其他教育行业的市场准入，可在海南自由贸易港内"先行先试"，率先放开外资开办学前教育、职业教育、高等教育的限制。其次，加强教育国际合作，推动与 CPTPP 缔约方的学历学位互认、教育互学互鉴。四是扩大医疗卫生服务业对外开放。首先，可以借鉴《中欧全面投资协定》（CAI）承诺，在经济较为发达的城市或地区试行取消外商独资医疗机构限制，并参照民营医疗机构监管方式制定相关规章制度。其次，完善外资医疗机构及其医护人员管理办法，在医院等级评定、医生职称评定、科研项目申请等方面给予其与内资医院同等的待遇。最后，规定在外资医疗机构就医同样可享有医保待遇，吸引更多患者到外资医疗机构就医，优化社会医疗资源配置。五是扩大文化领域对外开放。首先，鉴于文化服务贸易关乎国家文化安全并涉及意识形态和信仰等敏感问题，所以在对外开放中应采取分级分类管理，在开放中坚守国家安全和利益，对不宜开放领域需作出例外安排。其次，充分利用自由贸易试验区等平台，在风险安全可控前提下试行开放院线服务、电视节目、团体演出等文化服务内容，作为中国与国际文化接轨的先行窗口，并在内容审查等方面对内外资一视同仁、平等对待。最后，需要完善文化领域立法，强化事中事后监管，引导外资依法合规经营。六是扩大电信行业对外开放。首先，推广上海自由贸易试验区对外开放增值电信业务的成功实践经验，全面提高中国数据中心、云计算服务等增值电信业务的对外开放水平。其次，逐步取消外商投资经营电信业务的股比限制、合资要求，争取内外资企业在电信经营服务方面享有同等待遇。最后，借助海南自由贸易港"一线放开，二线管住""封关运作"等政策创新与市场监管优势，率先大幅度放宽电信服务业外资市场准入限制，为中国扩大电信服务业开放积累有益实践经验。

2. 探索实行货物贸易零关税，构建现代货物贸易治理体制。一是实施关税减免优惠税制。零关税能够有效降低货物贸易成本，使国际贸易更加自由化、便利化，进而促进外向型企业创新转型，推进供给侧结构性改革。因此，中国应积极落实 RCEP 等自由贸易协定减免关税的国际义务，适时在全国范围内推广自由贸易试验区与海南自由贸易港减免关税的有益经验做法，针对 CPTPP 提升零关税产品税目数比例的要求，持续加大国内整体关税减让力度，进一步降低包括工业产品在内的关税水平。同时，制定出价策略和减税清单，尽量使零关税比重向 CPTPP 缔约方水平靠拢。二是创新货物贸易监管方式。首先，制定进口料件正面清单，根据清单目录减免进口料件关税，以降低企业生产成本。其次，取消维修产品进口限制，减免再制造产品进口关税，对于短缺产品生产企业给予设备进口关税减免优惠。最后，打造"智慧协同"海关监管体系，依托数据搭建海关监管服务创新平台，加快实现跨部门协作、信息资源共享、执法监督互助的高效海关监管新模式。三是促进货物贸易便利化。首先，推进国际贸易"单一窗口"全流程无纸化建设。其次，依托5G、大数据、云计算、人工智能等数字化集成创新优势，将前沿数字化信息技术应用于货物通关、港口运输、海关监管，搭建数字化信息资源共享平台，打造全球领先的数字化智慧港口。最后，深化海关国际合作。在货物通关方面加强与 CPTPP 缔约方合作，增强各国间货物通关信息系统的兼容性和互操作性，提升以电子方式提交的贸易管理文件接受度。

3. 完善数字贸易治理体系，增强数字贸易治理能力。一是优化数字贸易顶层制度设计。首先，制定出台《中华人民共和国数字贸易创新发展促进法》，作为国家层面立法改变中国数字贸易法律法规的分散化、碎片化现状，突出数字贸易立法的系统集成与规制创新，为中国数字贸易健康可持续发展提供顶层法治保障。其次，加强数字贸易重点领域立法。需尽快完善跨境数据自由流动、个人信息保护、在线消费者权益保护、网络数据安全等数字贸易重点领域立法，构建全领域覆盖的数字贸易法律制度体系。最后，在市场监管方面成立国家数字贸易发展与监管委员会，综合运用经济、法律以及必要的行政手段对国内数字贸易市场进行全局统筹，在完善的监管制度框架下稳步推进中国数字贸易创新发展。二是全国范围内大力发展跨境数字贸易。在现有的《海南自由贸易港跨境服务贸易特别管理措施（负面清单）（2021年版）》的基础上，适时制定出台全国版跨境服务贸易负面清单，助力中国跨境数字贸易高质量发展。三是加强数据分级分类管理。首先，针对数据跨境流动探索实行"分级分类+负面清单"的监管模式，通过负面清单列明涉及国家安全、经济安全、个人信息安全以及高风险领域的数据，在此基础上推动数据跨境自由流动，力求实现数据跨境流动与有效风险防控间的利益平衡。其次，制定敏感数据目录清单，对关乎国家安全、公共利益、个人隐私等数据要求本地化存储，同时整合数据本地化储存现有法律法规，为数据本地化储存提供相应法律依据。[1]四是增进数字贸易区域国际合作。中国应在数字技术、数字人才、网络安全、信息保护等方面进一步加强与 CPTPP 缔约方的交流与合作，推动彼此间数字贸易规则对接和标准互认，提升中国参与数字贸易国际规则制定的能力，与其他国家和地区一道为完善亚太数字贸易治理体系贡献智慧和力量。

（二）打造安全高效的外商投资管理体系

1. 放宽外资市场准入，合理缩减负面清单。一是制定更加开放透明的负面清单。可以借鉴 CPTPP 的弹性规则条款及其表述方式，大幅度减少本国负面清单中的禁止准入、股比限制、高管要求等硬约束规则条款，进一步提高负面清单的灵活性、适用性、开放度和透明度。二是进一步减少对教育、医疗、文化、电信、交通运输等行业领域的限制性壁垒措施，吸引更多外资进驻中国市场。三是将市场开放与风险管控并重，采取分级分类办法，对不同行业领域的市场准入风险进行科学评估，风险相对较高的行业领域可在自由贸易试验区、海南自由贸易港内"先行先试"，实践成熟后再逐步推广。

2. 强化事中事后监管制度，完善外商投资法律制度。一是坚持监管一致性原则，加强和改进事中事后监管，建立与外商投资自由化和便利化相适应的市场监管制度，同时贯彻执行《中华人民共和国外商投资法》（以下简称《外商投资法》）及其实施条例，落实"负面清单+准入前国民待遇"外资管理制度。二是要修订和完善《反垄断法》《反不正当竞争法》《中华人民共和国国家安全法》《中华人民共和国公司法》《中华人民共和国企业破产法》等基础性法律法规及其配套措施，特别要将外商投资"安全审查"由一般性原则逐步予以规范化、制度化、法治化，使其更具系统性和可执行性，建立起接轨国际、公开透明、安全稳定可预期的外商投资法律制度。

3. 构建公正高效的投资争端解决机制。一是完善外资企业投诉机制，以及有关投资争议解决的行政复议、行政诉讼制度，并且支持通过仲裁、调解、

---

〔1〕　目前，中国的《网络安全法》《个人信息保护法》《数据出境安全评估办法》等都对数据本地化存储进行了规定，但是相关法律法规过于分散化、碎片化，且规定较为笼统，可操作性尚显不足。另外，在处罚依据和力度的判定上，不同法律条文间也存在一定的竞合与冲突。

和解等非诉讼方式解决纠纷，以有效维护外资合法权益，力争将投资纠纷在国内予以化解。二是提升涉外商事仲裁国际化水平，通过引入国际商事仲裁机构和仲裁规则、邀请境外专家担任仲裁委员会委员、规范涉外商事仲裁司法审查等方式，增强中国涉外商事仲裁的国际影响力和竞争力，加快建设"一站式"国际商事争议解决平台，为国际商事争议解决提供公正高效的法律服务和制度保障。三是借鉴 CPTPP 规则条款内容，以中国参与和主导的自由贸易协定为主要载体，设立包含合作、磋商、斡旋、调解、专家小组等程序在内的国际投资争端解决机制，同时积极参与联合国贸发会 ISDS 改革，提升中国在 ISDS 改革中的话语权和影响力。四是加快《中华人民共和国仲裁法》（以下简称《仲裁法》）的修法进程。近 60 年来，中国涉外仲裁的实践主要通过中国贸仲委展开。尤其近些年来，中国贸仲委仲裁的国际化水平不断提高，从仲裁规则修订的内容、仲裁案件国际化因素、机构管理机制等诸多方面，努力与国际惯例保持一致，不断学习借鉴先进的国际仲裁理念，推进国际仲裁在中国的发展。例如中国贸仲委 2012 年修订的仲裁规则在约定仲裁协议的适用方法、仲裁语言、仲裁地点等方面更加尊重当事人的意思自治，允许仲裁庭采取临时措施的规定也体现了国际仲裁机构的通常做法，走在了中国仲裁立法的前面。但是，目前中国各地仲裁机构发展水平整体仍不均衡，国内多数仲裁机构与国际著名仲裁机构相比，在案件审理质量等方面仍然存在一定差距。对此，中国应当加快国内《仲裁法》的修订和完善工作，通过完善立法为本国涉外商事仲裁创新发展提供坚实有效的法治保障。

（三）建设公平竞争的现代市场治理体系

1. 建立健全市场监管机制，构建现代市场监管体系。一是完善市场竞争政策法律法规。首先，完善《反垄断法》配套实施措施。2022 年 6 月 24 日，第十三届全国人大常委会第三十五次会议通过了修改《反垄断法》的决定，将数据、算法、算力、技术、资本元素纳入反垄断法律规制体系，同时补充了网络交易监管、平台经济反垄断、线上消费者权益保护等方面的条款内容。今后在此基础上，应加紧完善《反垄断法》配套实施措施、反垄断执法实施细则、反垄断调查和审查程序，切实保障《反垄断法》的贯彻落实。其次，探索建立竞争中立法律制度。秉持"保证各类企业公平竞争"的核心理念，结合 CPTPP 中的国有企业和竞争中立规则条款，中国应当加快完善竞争中立法律法规，构建既与国际接轨又符合中国国情的竞争中立法律制度，为国内各类企业平等参与市场竞争提供相应法治保障。二是加强市场公平竞争执法监督。首先，要加强对垄断协议、经营者集中、滥用市场支配地位、滥用行政权力排除和限制竞争等市场垄断行为的执法力度，奉行公正严格的反垄断执法监督，深入推进公平竞争政策实施。其次，遵循 CPTPP 非歧视待遇原则，努力消除市场中的所有制歧视，通过完善负面清单市场准入制度、建立健全企业破产制度、改革工业产品生产许可证制度等方式，确保在市场准入、市场竞争、市场监管、产权保护等方面各类企业享有同等待遇。最后，增强竞争执法监督透明度。根据 CPTPP 透明度规则要求，中国需要建立健全国有企业信息披露机制，强化反垄断与反不正当竞争执法的信息公开，营造公开、透明、可预期的市场环境。三是持续深化国有企业改革。一方面，实施国有企业分类改革。目前，结合国有企业的业务属性和经营范围，中国将国有企业主要划分为商业类和公益类。[1]今后，对于公益类国有企业应通过法律确定其所承担的公共服务类型和范围，并遵照 CPTPP 透明度要求明确其可以接受非商业援助的例外情形。对于具有双重属性的国有企业应将其商业属性和公共属性进行分离，在符合 CPTPP 商业考虑、非商业援助等规则的前提下，可对其满足公众需求的非商业性活动给予一定补偿。另一方面，深化国有企业混合所有制改革。应加快制定出台国有企业混合所有制改革的总体方案和实施路线，同时完善所有制改革评估制度和国有产权保护制度，分层分类深化国有企业混合所有制改革，增强国有企业的市场活力和竞争力。

2. 推进政府补贴制度改革，营建公平竞争市场环境。一是增强政府补贴的规范性、透明性、公正性。首先，制定出台政府补贴"正面清单"制度，明确补贴的范围、方式、标准、期限等事项，对清单以外的行业、领域、业务不再给予补贴。其次，完善政府补贴监管制度，由专门监管机构对补贴的发放主体、接受对象、使用去向等信息进行监督，并通过专项审计报告、财务报告等方式定期公开补贴的使用情况。最后，确保政府补贴的公正性、合理性，除给予国有企业必要的补贴以外，还应根据本国经济社会发展的实际

---

〔1〕　2015 年 12 月 7 日，国资委、财政部和发展改革委印发《关于国有企业功能界定与分类的指导意见》，将国有企业界定为商业类和公益类，规定对国有企业实施分类改革、分类发展、分类监管。

需要，适当增加对民营企业、中小企业、高新技术企业等其他类型企业的补贴支持力度。二是建立健全国有企业补贴机制。首先，完善国有企业补贴法律法规，借助法律规范国有企业补贴行为，依法解决国有企业补贴问题。其次，按照国有企业分类改革要求，对商业类和公益类国有企业采取不同的补贴政策，以符合 CPTPP 的非商业援助例外豁免规定。最后，对标 CPTPP 这一高标准规则条款，并结合自身实际国情，逐步建立起较为完善的政府补贴政策法规体系，使各类补贴活动依法规范有序进行。三是完善政府补贴退出机制。一方面，及时清理清退地方政府给予企业的出口补贴、进口替代补贴等禁止性补贴，并限制违背市场规律的补贴政策出台。另一方面，对于不符合市场规律和法律规定的补贴要做到应退尽退。四是建立政府补贴评估机制。为保证补贴措施制定实施的科学性、有效性，需尽快设立补贴评估机制，除政府评估以外，可以考虑引入第三方评估，同时为确保评估结果的客观公正，还应赋予评估机构和评估过程一定的相对独立性。

3. 加大知识产权保护力度，增强知识产权治理效能。一是深入实施知识产权强国战略。2021 年 9 月中共中央、国务院印发了《知识产权强国建设纲要（2021-2035 年）》（以下简称《建设纲要》），今后一段时期内，中国应以《建设纲要》为基础，加快实施高标准知识产权保护，包括构建协调统一的知识产权法律法规体系、权责一致的知识产权管理体系、公正合理的知识产权评估体系、公开透明的知识产权行政执法体系、协同高效的知识产权公共服务体系等，统筹推进知识产权强国战略建设。二是完善知识产权法治保障体系。虽然近年来中国陆续修正了《中华人民共和国著作权法》（以下简称《著作权法》）、《中华人民共和国专利法》（以下简称《专利法》）、《中华人民共和国商标法》（以下简称《商标法》）等知识产权法律法规，符合中国建设创新型国家的整体需要，许多规则条款已与国际惯例、国际规则相接轨，但是与 CPTPP 相比还存在一些现实差距。[1] 对此，首先，在立法层面，应当合理延长著作权保护期限，给予专利申请更久的新颖性宽限期，将声音、气味等非传统商标纳入保护范畴，加大对地理标志的保护力度，完善数据知识产权保护法律法规。其次，在行政执法方面，应当畅通知识产权法律救济

---

[1] 参见管育鹰：《CPTPP 知识产权条款及我国法律制度的应对》，载《法学杂志》2022 年第 2 期。

渠道，加大对盗版、窃取商业机密、恶意商标注册、网络剽窃等知识产权侵权行为的执法打击力度。最后，在司法领域，适当降低侵犯知识产权犯罪的入刑和定罪量刑标准，对于性质恶劣、造成严重后果的侵权行为适用刑法，增强对知识产权侵权行为的法律威慑力。三是加强知识产权保护的国际合作。在全球数字经济蓬勃发展的背景下，知识产权跨境保护问题日益突出，为此中国需要加强知识产权保护国际合作，联合其他国家和地区建立知识产权保护跨境协作机制，共同打击知识产权侵权行为，筑牢知识产权保护国际防线。

4. 加强劳工正当权益保护，建立现代劳工权益保障制度。一是对接劳工保护国际规则。当前，中国在已经对《中欧全面投资协定》（CAI）强迫劳动议题作出承诺的基础上，应继续向国际劳工组织相关规则看齐，尽快批准国际劳工组织基本公约中的四个未批准项，并以国际劳工组织基本公约和 CPT-PP 中的劳工保护规则为标准，完善国内劳工保护制度和相关法律法规，建立与国际接轨并具有中国特色的现代劳工权益保障制度。另外，由于国际贸易竞争的复杂性，劳工标准是中国加入 CPTPP 谈判的一个敏感领域。为此，在方式方法上不仅需要提高国内劳工保护水平，同时还应当加强国际沟通与协作，通过技术援助与合作开发、争取过渡改革期限等逐步对接 CPTPP 国际劳工保护标准。二是加强劳工权益法治保障。首先，加强立法，将新就业形态劳动关系纳入法律保护框架，对于不完全符合确立劳动关系情形但是由企业对劳动者进行管理的新就业形态，应尽快在法律层面制定出台更加具体的认定细则和标准。同时，修订和完善《劳动合同法》《劳动法》《中华人民共和国工会法》等劳工权益保护法律法规，从而进一步明确平台用工法律关系、明确界定强迫或强制劳动范围、确定就业歧视单位应当承担的法律责任等，加快建立起较为完善的劳工权益保护法律制度。其次，在行政执法方面，针对社会关注的就业歧视、拖欠农民工报酬、使用童工、强迫加班、大规模裁员等问题加大行政执法监督力度，给予相关市场主体更加严厉的惩戒措施，切实保护劳动者正当合法权益。最后，在司法领域，要克服诉讼成本较高、诉讼程序繁杂、劳动仲裁强制前置、调解作用受限等困境。[1]可以设立劳动

---

〔1〕　参见侯海军：《劳动争议案件司法处理程序存在的若干问题及其解决》，载《中国劳动》2017
年第 10 期。

调解委员会，发挥调解的灵活、高效、便捷、经济等优势，降低劳动纠纷解决的司法成本，在高效化解劳动纠纷的同时维护经济社会秩序安全稳定。逐步取消劳动仲裁前置的强制性规定，给予劳动者在纠纷解决程序上更多的自主选择权。专设劳动诉讼特别程序和劳动法庭，全面提高劳动案件的整体审判效率和专业化水平，尤其要加强对弱势群体劳动者的司法保护，切实维护社会公平正义。三是健全社会保障制度。一方面，针对新就业形态从业者参保难和参保意愿低等问题，可借鉴国际劳工组织通行的三方性原则，建立由政府、平台企业、从业人员三方共同参与的新就业形态社会保障基金。[1]另一方面，探索构建多元化职业伤害保险制度，在推动将新就业形态劳动者纳入工伤保险范围的基础上，鼓励各类保险公司开发创新针对新就业形态劳动者的职业伤害商业保险。四是发挥工会在劳工维权中的积极作用。通过加强基层工会组织建设，建立健全企业工会维权机制，使工会在劳工维权中发挥积极作用，尽可能将事后维权转为事前维权，探索构建由行业协会牵头、行业工会参与的劳动纠纷调解机制，畅通新就业形态劳动者权益诉求的反映和表达渠道。

（四）构筑面向美丽中国的现代环境治理体系

1. 完善生态环境保护立法。一是以构建现代环境治理体系为目标，紧密围绕生态、资源、能源、海洋等重点领域，以及生物多样性、碳达峰碳中和、应对气候变化等新兴议题完善相关国内立法，发挥法律在环境保护中的基础性作用，为构建现代环境治理体系奠定法律基石。二是积极开展生态环境法典化立法工作，集中解决目前国内的环境资源保护立法空白、立法滞后、法律条文分散化和碎片化等问题，建立和完善生态环境保护法律制度体系。

2. 加强生态环境保护执法。针对现行《中华人民共和国环境保护法》缺少具体执行和处罚措施的情况，建议借鉴 CPTPP 环境保护规则中的执行条款，及时完善相关法律规定，明晰环境执法的透明度以及公众参与制度，持续加强环境执法力度，着力提升环境执法水平。

3. 在新一代中外自由贸易协定中设立环境保护专章。中国可以借鉴 CPT-

---

〔1〕 参见王利军、涂永前：《论灵活就业人员社会保障制度的完善》，载《广东社会科学》2022年第6期。

PP 中的环境保护规则经验，在将来中外自由贸易协定中，尽快设计并制定环境保护章节的示范文本，使中国掌握自由贸易协定环境保护规则制定的主动权。[1]

4. 构建环境争端解决机制。借鉴 CPTPP 争端解决规则条款，在将来中外自由贸易协定中设立包括磋商、调解、专家小组、国际仲裁等程序在内的环境争端解决机制，为缔约方之间的环境纠纷提供切实有效的解决路径。

（五）建设更高水平对外开放平台提高中国参与全球经济治理的能力

1. 加强与国际高标准经贸协定利益相关方的国际合作。一是推动中美关系正常化。目前世界经济面临严峻挑战与考验，中国如能顺利加入 CPTPP，将会为世界经济注入新的活力，与其他缔约方一道共建开放型世界经济与新发展格局，助力世界经济复苏发展。所以，中国申请加入 CPTPP 得到了多数国家的支持。与此同时，美国也需要与中国在全球气候治理、数字贸易、粮食安全、碳中和等领域加强合作。2021 年以来，中美共同签署了《中美关于在 21 世纪 20 年代强化气候行动的格拉斯哥联合宣言》《关于完成服务贸易国内规制谈判的宣言》等文件，在此基础上双方可就共同关切的气候变化、低碳排放、服务贸易、数字贸易、技术创新等领域加强合作，推动两国之间产业链、供应链、创新链更加紧密融合，促进中美关系走向正常化。二是改善和发展中日关系。近年来，虽然中日之间在外交层面时有波动，但两国经贸关系始终相对稳定，中日之间的产业链、供应链、创新链关系密切，具有较强的互补性。[2]所以，中国需要充分利用庞大市场规模优势，吸引更多日企来华投资贸易，同时深化两国在电子商务、数字贸易、货物贸易、高新技术等领域的国际合作，建立起更加紧密的中日经贸关系，以此推动两国关系持续改善和稳定发展。三是与 CPTPP 缔约方建立更加紧密的经贸伙伴关系。长期以来，中国一直与 CPTPP 缔约方保持良好的经贸关系，其中新加坡、马来西亚、墨西哥已表示欢迎中国加入 CPTPP，中国同时也是新西兰、秘鲁、智利等国的

---

〔1〕 在具体操作层面，可以在《中日韩自由贸易协定》《中国—以色列自由贸易协定》《中国—挪威自由贸易协定》等正在谈判的自由贸易协定中进行规则尝试，率先设置由中国主导设计并制定的环境保护章节。

〔2〕 参见张季风：《中日经贸关系："危""机"并存，前景可期》，载《东北亚学刊》2022 年第 2 期。

第一大贸易伙伴。[1]最为重要的是，中国已经与CPTPP所有缔约方签订了双边或多边自由贸易协定，[2]今后履行或升级这些自由贸易协定，将会进一步加强中国与CPTPP缔约方之间的经贸关系，同时也能够有效缩减中国经贸制度与CPTPP规则之间的现实差距，加快建立起更高水平开放型经济新体制，推进CPTPP谈判进程。

2. 以自由贸易协定为有力抓手加快国际高标准经贸规则对接。一是高质量实施RCEP。中国作为RCEP成员方，应严格履行RCEP承诺，加快落实RCEP生效实施相关举措，对其中的规则条款进行国内法转化，完善涉外经贸法律法规体系，并借此缩小与以CPTPP为代表的国际高标准经贸协定之间的差距。二是推进中日韩自由贸易区协定谈判。在RCEP生效后，中国应联合日本和韩国，充分利用RCEP中的关税减免措施和投资贸易便利化安排，推动三方在货物贸易、数字经济、现代服务业、高新技术产业、绿色低碳发展等领域建立起更加紧密的经贸伙伴关系，尽快建立中日韩自由贸易区，为中国对接和加入CPTPP提供强大助力。三是升级现有的双边或多边自由贸易协定。目前，中国已经与CPTPP所有缔约方签署了双边或多边自由贸易协定，但是其中一些自由贸易协定的规则条款现已不能满足新形势下的投资贸易自由化、便利化需求，并且与CPTPP存在一定的规则差异。[3]对此，应当及早升级中国参与和主导的双边或多边自由贸易协定。一方面，深化中国与协定缔约方之间的经贸伙伴关系，更加深入地参与亚太地区经济合作与治理。另一方面，以升级中外自由贸易协定为契机，在现有协定中尝试引入国际高标准经贸规则，为中国加入CPTPP积累实践经验、奠定制度基础。

3. 将自由贸易试验区（港）打造成为新时代改革开放新高地。虽然中国市场规模庞大，但是对于CPTPP涉及的金融服务创新、跨境服务贸易、数据跨

---

〔1〕 参见全毅、高军行：《CPTPP与RCEP的竞争及中国的应对策略》，载《东南亚研究》2022年第2期。

〔2〕 截至2025年6月，中国和澳大利亚、智利、新西兰、秘鲁、新加坡、文莱、马来西亚、越南等八个国家已签订FTA协定，与日本、澳大利亚、加拿大、智利、马来西亚、新西兰、秘鲁、越南等八个国家已签订BIT协定，并与东盟四国（新加坡、文莱、马来西亚、越南）、日本建立了"10+3"合作机制。

〔3〕 参见苏庆义：《中国为什么要加入CPTPP》，载《世界知识》2022年第9期。

境流动等领域却缺乏相关实践经验，还未涉及形成与之相适应的法律制度。[1]所以，中国在对接 CPTPP 这一国际高标准经贸规则中，应当充分发挥自由贸易试验区和海南自由贸易港的改革开放"试验田"作用，利用其"一线放开，二线管住"以及"封关运作"等特殊监管政策优势，在规则对接上"先行先试"，率先建立起更高水平开放型经济新体制、加速形成全面开放新格局，例如：率先开放医疗、教育、文化、电信等服务行业的外资市场准入，营建国际一流营商环境，吸引更多外资进驻中国市场；促进人才、资本、数据等各类市场要素自由流动，提高要素配置效率，增强中国市场的竞争力和活力，引领中国经济社会高质量发展；推动数字经济、数字贸易、数据共享、数据流动等前沿领域创新发展，寻求实现规则对接、制度创新与风险可控之间的利益关系平衡；探索国有企业改革、竞争中性原则、知识产权保护、劳工权益保护、投资争端解决等领域的边境后规则改革，并在成功实践基础上再复制推广至全国，"以点带面"促进国家治理体系和治理能力的现代化，为中国加入 CPTPP 创造有利条件。

4. 加快完善"一带一路"海外投资权益保障机制。为了更好地推动实施"一带一路"倡议，深化与沿线国家多层次经贸合作，带动中国沿边、内陆地区发展，助力建设更高水平开放型经济新体制，中国政府需要以保障企业在"一带一路"中的海外投资权益为出发点。一是借鉴 CPTPP 中的争端解决机制经验，探索设立适用于"一带一路"倡议的多元化商事争端解决机制，创建"一站式"国际商事纠纷解决平台，为妥善解决沿线投资企业涉外商事争端提供多元化、一站式服务。二是承认沿线不同国家立法、司法和法律文化的差异，尊重当事人之间遵循意思自治原则而采取不同的争议解决方案，通过国际条约和国际惯例加强对海外投资者权益的保护，为"一带一路"中的海外投资企业提供优质高效的法律服务。[2]尤其要充分利用 ISDS（投资者与国家间争端解决机制）来保护企业海外投资利益，并以"一带一路"倡议为

---

〔1〕　参见彭磊、姜悦：《中国加入 CPTPP 可行性及替代方案的实证研究》，载《国际经贸探索》2021 年第 8 期。

〔2〕　参见张建：《国际投资争端全球治理体系的变革与中国因应》，载《理论视野》2021 年第 11 期。

契机推动 ISDS 机制的改革与完善，以有效应对形势敏感、复杂多变的"一带一路"地缘政治风险，让各类企业更好地"走出去"，助力"一带一路"倡议高质量发展。

小结

中国申请加入 CPTPP 国际高标准经贸协定的过程，是主动对接国际高标准经贸规则，以开放倒逼国内深层次改革和体制创新，建设更高水平开放型经济新体制，推动经济社会高质量发展的过程。这一过程对于建设高标准市场经济体系，构建国内国际双循环新发展格局，建设全国统一大市场等具有重要的现实意义，是中国推动实现更高水平对外开放，以及推进国家治理体系和治理能力现代化的有效路径。特别是近年来中国在知识产权、劳工标准、国企待遇、环境保护、数据跨境流动等关键领域的改革举措和政策措施已经使自身具备了对接 CPTPP 的实力和能力，RCEP 的签署也为中国加入 CPTPP 奠定了良好基础。从国际社会上看，中国对接和加入 CPTPP，主动参与国际经贸规则制定，建设更高水平开放型经济新体制，能够重塑参与国际经济合作与竞争新优势，这将对维护亚太经济繁荣与和平发展，以及推动全球经济治理体系变革产生重要而深远的影响。

第三章

中国对接 DEPA 国际高标准数字经济规则

——参与和引领全球数字经济治理

《数字经济伙伴关系协定》（Digital Economy Partnership Agreement，DEPA）是世界上第一个多国参与的专门数字经济协定，其倡导的开放、合作、普惠的数字经济发展取向与中国秉承的理念基本一致。与 CPTPP、USMCA、RCEP、UJDTA 等其他区域贸易协定比较研究发现，DEPA 在协定形式、框架、内容、语言等方面具有鲜明的优势特点，在规则适用上更具灵活性、开放性、包容性，为全球数字经济制度安排提供了模板范例。对接 DEPA 国际高标准数字经济规则，能够帮助中国完善数字经济政策法规，激发数字经济创新发展活力。未来，中国应立足于本国国情，从国内国际两方面积极作为，加快推进与 DEPA 协定的规则对接，积极抢占全球数字经济规则制高点，构建与国际接轨亦具有中国特色的数字经济政策制度体系，全面提高数字经济治理水平和治理能力，增强自身在数字经济领域的国际话语权和竞争力。

DEPA 由新加坡、新西兰、智利三国于 2020 年 6 月 12 日线上签署，是旨在加强三国之间数字经济合作并建立相关规范的区域性多边协定，数字经济是本协定的全部调整内容。DEPA 不同于《全面与进步跨太平洋伙伴关系协定》（CPTPP）、《美墨加协定》（USMCA）、《区域全面经济伙伴关系协定》（RCEP）、《美日数字贸易协定》（UJDTA）等其他区域贸易协定（RTAs），其通过采用"模块（Module）"而非传统的"章节"形式来构建数字经济规则，以便于有意愿加入 DEPA 的国家和地区选择最适合自身情况的协定条款进行谈判，促进缔约方之间尽快在关键领域达成共识，避免漫长的谈判和协商过程，实现各方利益的最大化。虽然 DEPA 在一定程度上借鉴了 CPTPP 的数字经济规则条款，与以 CPTPP 和 USMCA 为代表的"美式模板"较为接近，但是在促进全球数字经济创新发展方面，其更倾向于体现新加坡、新西兰、智利等中小发达国家的利益诉求，表现出参与全球数字经济治理的目标和雄心。相较于 CPTPP 和 USMCA 协定，DEPA 更加关注中小企业合作、个人信息保护、在线消费者权益、数字服务贸易便利化等新兴议题，特别将数据安全作为其核心内容。整体而言，DEPA 虽与"美式模板"数字经济规则存在交叉，但亦具有鲜明的个性，代表了数字经济国际规则的最新发展趋势。

一、中国对接与加入 DEPA 协定的重要意义

（一）完善全球数字经济治理体系，助力世界经济社会恢复发展

2020 年至今，传统国际货物贸易和国际服务贸易整体形势不佳，然而在此背景下数字贸易却逆势而上，展现出巨大的潜能和活力，新技术、新业态、新产品、新模式层出不穷，数字经济现已成为全球经济增长的新动能，并在一定程度上抑制了全球经济的衰退。[1]未来，数字经济规则是保障数字经济健康可持续发展的必要前提和基础要件，数字经济领域的竞争归根结底是标准和规则体系的竞争，谁能够引领数字经济规则创新发展、占据数字经济规则制高点，谁就能在全球数字经济领域掌握话语权，并在数字化转型中占得先机。[2]因此，DEPA 作为全球最为专业、全面、先进的数字经济多边协定，必然会有越来越多的国家和地区申请加入，中国亦应尽快加入并积极对接协定中的国际高标准数字经济规则。一方面，更好地与 DEPA 缔约方加强数字经济合作，共同回应贸易保护主义，携手跨越"数字鸿沟"，助力世界经济社会恢复发展。另一方面，我国通过融入国际高标准数字经济规则，加快推进制度型开放步伐，不仅能为本国数字经济创新发展提供安全可靠的制度保障，同时通过积极参与全球数字经济规则制定，也能为完善全球数字经济治理贡献智慧和力量。

---

〔1〕 参见汪阳洁等：《新冠肺炎疫情下我国数字经济产业发展机遇及应对策略》，载《科研管理》2020 年第 6 期。

〔2〕 参见王晓文、马梦娟：《美国对华数字竞争战略：驱动因素、实现路径与影响限度》，载《国际论坛》2022 年第 1 期。

（二）搭建共识性治理框架，避免各自形成"数字孤岛"

近年来，随着全球产业的数字化转型加速，数据已然成为重要生产力，是社会运行、生产和发展的主体性要素，人类正在迎来一个"全数据"时代，中国和美国都站在了这个时代的最前端。根据国际数据公司（IDC）的最新预测，2025 年中国的"数据圈"将达到 48.6 泽字节（ZB），占全球数据圈的 27.8%，跃居世界首位。[1]可以预见，未来数据将成为整个社会运行和治理的基本要素，无论是中国还是其他国家都需要营造一个公正合理的全球数字经济竞争秩序。因此，世界各国需要共同搭建一个数字经济治理框架来避免各个国家和地区形成"数字孤岛"，而 DEPA 作为国际高标准多边数字经济协定，无疑为全球共识性框架的建立树立了样板，无论是数据跨境自由流动、数字税收、电子支付、电子发票等新兴数字贸易议题，还是网络安全、金融科技、监管沙盒、争端解决等数字监管制度都已涵盖其中。今后，随着越来越多的国家和地区申请加入，DEPA 不仅有助于打造公平正义的数字化国际竞争环境，还可以有效防止各国在各自为战中陷入割裂和无效的内卷。

（三）扩大更高水平对外开放，应对美国数字经济全球计划

2021 年 1 月，美国信息技术与创新基金会（ITIF）发布的《美国全球数字经济大战略》报告指出"面对中国的竞争，美国需要一个宏大、全面的战略指导，保持美国在全球科技领域的领导地位"。[2]2021 年 7 月 15 日，美国战略与国际问题研究中心（CSIS）发布了题为《数字经济伙伴协定与 TPP 的返回路径》的报告，该报告力促美国政府尽早采取措施，使 DEPA 成为美国在亚太地区经济战略的核心，帮助美国巩固其在亚太地区的主导地位。[3]2021 年 6 月美国将 59 家中国企业列入禁止美国机构和个人投资的黑名单；2021 年 10 月美国以"国家安全"考虑为由，吊销了中国电信美国子公司在

---

〔1〕 See SUN Ke, "Problems and Reflections on the Development of Value of Data Elements", *Information and Communications Technology and Policy*, Vol. 47, No. 6, 2021, pp. 63-64.

〔2〕 RQBERT D. ATKINSON, U. S, "Grand Strategy for the Global Digital Economy", 载 https://www 2. itif. org/2021-us-grand-strategy-global-digital-economy. pdf. Last Visiteddate：2023.05.11.

〔3〕 参见王瑛等：《〈数字经济伙伴关系协定（DEPA）〉的特点、影响及应对策略》，载《广西财经学院学报》2022 年第 2 期。

美国的运营权。[1]特朗普政府坚持"美国优先",就职后发布首份贸易政策文件《美国优先贸易政策》,其中重点提到中美贸易方面的审查、调查和评估工作。同时,签署 TikTok 禁令,宣布"星际之门"人工智能计划在该领域和中国竞争全球领导地位。[2]特朗普新政府计划组建一个由关键合作伙伴构成的技术经济联盟(类似"经济北约"),采用防御性与进攻性策略并重的措施,限制中国的技术经济优势。美国共和党控制之下的新一届国会推动相关法案,例如试图撤销对中国的最惠国待遇。[3]凸显了中国加入 DEPA 的重要性和紧迫性。

在中美数字经济竞争日益加剧的背景下,中国应持续推进加入 DEPA 的谈判,[4]并以此为有利契机:一是通过对接 DEPA 中的国际高标准规则,倒逼国内数字经济政策体系的变革与完善,补齐数字经济的法治和监管短板,营建良好的数字经济营商环境,实现数字经济健康持续发展。二是以 DEPA 为参照和样板,推动中国与其他国家和地区之间的数字经济协定谈判和签订,积极参与全球数字经济规则制定,抢占数字经济国际新高地和制高点,在全球数字经济治理中展现中国负责任大国的担当与作为,构建人类数字命运共同体。三是以 DEPA 为有利平台和载体,在数字经济领域与更多国家和地区建立协商合作机制,及时化解矛盾和分歧、共享技术和信息、促进数据跨境自由流动,通过深化合作实现互利共赢,有效应对美国围堵中国数字经济发展的全球计划。

---

〔1〕 参见周念利、孟克:《美国拜登政府的数字贸易治理政策趋向及我国应对策略》,载《太平洋学报》2021 年第 10 期。

〔2〕 参见朱锋、凌邦皓:《从特朗普 1.0 到 2.0:美国对华战略竞争政策透视》,载《国际展望》2025 年第 2 期。

〔3〕 参见唐新华:《特朗普第二任期美国科技外交战略展望》,载《中国信息安全》2024 年第 12 期。

〔4〕 2021 年 11 月 1 日,中国商务部部长王文涛致信新西兰贸易与出口增长部长奥康纳,代表中方向《数字经济伙伴关系协定》(DEPA)保存方新西兰正式提出申请加入 DEPA。2022 年 8 月 18 日,根据《数字经济伙伴关系协定》(DEPA)联合委员会的决定,中国加入 DEPA 工作组正式成立,全面推进中国加入 DEPA 的谈判。目前,中国与新加坡、新西兰、智利的贸易往来密切,RCEP、《中国—新加坡自由贸易协定》等区域性贸易协定已经提供了一定的商谈经验和区域数字贸易规则制定的基础,尽早加入 DEPA 能够制定出更多符合双方利益的规则内容,也能扩大中国在数字经济治理领域中的国际话语权。

二、DEPA 的主要内容和全球数字经济治理发展趋势

（一）DEPA 主要规则条款解析

DEPA 作为一部"模块化"的多边数字经济协定，共包含 16 个模块，其中有 10 个实体性规则模块，涵盖 36 项条款；另有 6 个程序性规则模块，涵盖 36 项条款。DEPA 以电子商务便利化、数据转移自由化、个人信息安全化为主要内容，并就加强人工智能、金融科技等前沿领域合作进行了规定。

1. 提倡无纸化贸易。[1]一是敦促缔约方更多地使用电子版贸易管理文件以促进无纸化贸易，且规定电子版贸易管理文件具有与纸质版文件相同的法律效力。二是允许缔约方通过单一窗口和跨境网络履行 WTO《贸易便利化协定》项下义务。三是强调缔约方应促进电子原产地证书、电子卫生和植物检疫证书等海关清关贸易文件的电子化，以及区块链电子提单的广泛使用。

2. 扩大电子发票使用范围。[2]DEPA 鼓励缔约方采用基于 PEPPOL（Pan-European Public Procurement On-Line）等国际标准的电子发票系统，并在电子发票系统内加强互认合作，以便于国际贸易企业可以通过相互认可的跨境操作系统更加便捷地进行交易，利用数字化大幅度缩减发票处理时间，简化交易双方处理付款请求的程序。

3. 推广电子化支付方式。[3]一是要求缔约方参照国际公认的电子支付标准，制定出台有关电子支付的法律法规，确保电子支付的交易安全。二是敦促缔约方共商拟定公平、透明、非歧视的电子支付规则（包括开放应用程序接口 API 等），为金融科技在国际商事领域的应用和推广创设有利环境。

4. 推动数字产品创新发展。[4]DEPA 在处理数字产品和相关问题方面承袭了 CPTPP 的主要内容，并进一步明确了缔约方的承诺水平，包括承诺电子传输和对以电子传输的内容不予征收关税等。同时，DEPA 缔约方认识到坚持

---

[1] See DEPA MODULE 2 BUSINESS AND TRADE FACILITATION & Article 2.2: Paperless Trading.

[2] See DEPA MODULE 2 BUSINESS AND TRADE FACILITATION & Article 2.5: Electronic Invoicing.

[3] See DEPA MODULE 2 BUSINESS AND TRADE FACILITATION & Article 2.7: Electronic Payments.

[4] See DEPA MODULE 3 TREATMENT OF DIGITAL PRODUCTS AND RELATED ISSUES.

数字产品非歧视原则对于企业生存发展至关重要，因此 DEPA 承诺保障数字产品享有国民待遇和最惠国待遇，以有效避免和解决数字产品歧视问题。

5. 注重数据信息安全保护。[1]一是确定了个人信息保护的基本原则，例如数据信息安全、信息透明度、信息使用和收集限制等。二是要求缔约方在个人信息保护原则基础上完善相关法律法规，为个人信息保护提供相应法治保障。三是提出缔约方之间应建立合作机制，促进各国之间保护个人信息法律的兼容性和互操作性，便利个人信息跨境处理活动。四是敦促缔约方遵循现有的 CPTPP 协定承诺，允许数据跨境自由流动以及企业信息跨境自由传输。

6. 创建广泛信任的网络环境。[2]一是要求缔约方注意防范恶意代码的传播或入侵，提升计算机网络应急技术处理能力，促进网络劳动力健康发展。二是希望缔约方通过建立协作机制以加强网络安全领域合作，共筑安全可信的国际网络环境。

7. 倡导商业和消费者信任。[3]一是要求缔约方尽快完善有关在线消费的法律法规，在促进在线商业活动的同时，减少和避免对在线消费者可能造成的伤害。二是敦促缔约方加强跨境合作，共同建立起能够有效保护在线消费者权益的长效合作机制。

8. 完善数字身份机制。[4]DEPA 将数字身份视为数字经济发展的重要基础，要求缔约方尽快完善有关数字身份的政策法规，并在数字身份的安全标准、技术规范、制定实施等方面加强合作，以推动数字身份的跨境互认，加速资金、技术、数据等市场要素的自由流动。

9. 重视人工智能科技创新。[5]DEPA 倡导人工智能（AI）应具有可解释性、可问责性、透明性、公平性，希望缔约方共建以道德规范为底层的"AI 治理框架"以及具有互操作性的 AI 跨境系统，从而更加科学规范合理地使用 AI 技术。

---

〔1〕 See DEPA MODULE 4 DATA ISSUES.

〔2〕 See DEPA MODULE 5 WIDER TRUST ENVIRONMENT.

〔3〕 See DEPA MODULE 6 BUSINESS AND CONSUMER TRUST.

〔4〕 See DEPA MODULE 7 DIGITAL IDENTITIES.

〔5〕 See DEPA MODULE 8 EMERGING TRENDS AND TECHNOLOGIES.

10. 营建数字安全环境。[1]DEPA 缔约方意识到数据跨境流动和数据共享能够实现数据驱动创新，为此敦促缔约方就数据共享项目和监管机制加强合作，联合制定监管沙盒计划，[2]为数据驱动型创新营建安全稳定的环境。另外，DEPA 还要求缔约方努力实现政府数据开放，鼓励基于数据开放的新产品和服务开发，并允许所有人在法律规定范围内自由访问、使用、共享开放数据。

11. 加强数字中小企业合作。[3]一是致力于帮助中小企业利用新的数字工具和技术改善自身经营与管理。二是出台政策便利数字中小企业信贷融资，并在政府采购上给予数字中小企业公平参与的机会。三是协助数字中小企业与国际供应商、买家和其他潜在商业伙伴建立联系。四是定期组织召开数字中小企业对话会议，加强数字中小企业之间的交流对话与信息共享，增加数字中小企业参与国际投资贸易的机会。

12. 倡导数字包容性。[4]DEPA 承认包容性对于数字经济创新发展具有重要意义，致力于让妇女、儿童、穷人、残疾人等弱势群体都能共享数字经济发展机遇并从中受益。DEPA 通过制定多方参与的联合计划，以及分享最佳实践与成功经验，改善和消除各类主体参与数字经济的障碍，加强各地民间往来、文化交流与国际合作，以期各国携手跨越"数字鸿沟"，[5]构建更具包容性的数字经济规则体系。

13. 完备的争端解决条款。[6]DEPA 争端解决条款主要包括斡旋、调解、

---

〔1〕 See DEPA MODULE 9 INNOVATION AND THE DIGITAL ECONOMY.

〔2〕 数据监管沙盒作为一种政府与行业间的合作机制，将在其监管范围内依法分享企业数据信息（也包括个人信息），从而支持私营部门数据创新并保持与最新的技术和商业模式同步发展。金融科技监管沙盒使金融机构能够在可信的数据共享环境中开展金融产品和服务创新，促进形成高效规范、公平竞争、充分开放的统一大市场。

〔3〕 See DEPA MODULE 10 SMALL AND MEDIUM ENTERPRISES COOPERATION.

〔4〕 See DEPA MODULE 11 DIGITAL INCLUSION.

〔5〕 2021 年 10 月 30 日，国家主席习近平出席二十国集团领导人第十六次峰会第一阶段会议并发表重要讲话。习近平主席提出："二十国集团要共担数字时代的责任，加快新型数字基础设施建设，促进数字技术同实体经济深度融合，帮助发展中国家消除'数字鸿沟'。"这是中国正式申请加入 DEPA 的主要原因之一。

〔6〕 See DEPA MODULE 14 DISPUTE SETTLEMENT.

调停、磋商、仲裁等程序，并针对各个争端解决方式制定了详细的程序规则，例如仲裁庭人员组成、仲裁员资格、专家小组建议、仲裁报告执行等，在一定程度上克服了数字贸易领域争端解决程序规则缺失的问题。

14. 设定例外规则条款。[1]DEPA 对缔约方适用本协定的例外进行了规定，其中包括安全例外、《怀唐伊条约》、审慎例外、货币和汇率政策例外、税收措施以及国际收支保障措施。[2]DEPA 意在通过例外条款在规则的实施适用与缔约方的利益维护之间实现平衡。于我国而言，在申请加入 DEPA 等数字贸易协定的谈判中，需要充分运用一般例外、安全例外、审慎例外等例外条款，从而在开放和安全之间取得平衡。

（二）DEPA 下的全球数字经济治理发展趋势

DEPA 在广度和深度两个维度上进一步扩展了全球数字经济治理规则。一是从协定内容的广泛程度分析，DEPA 涉及很多新的数字经济议题。例如：DEPA 中的人工智能、数字包容、数据创新、争端解决、数字中小企业合作等议题紧跟时代发展步伐，填补了之前区域贸易协定中的空白；DEPA 开创性地引入数字身份、电子支付、电子发票等规则条款，对于提升贸易效率、减少中间成本、扩大贸易供给有着积极的促进作用；DEPA 在拓展数字经济应用领域的同时，其新加入的保护在线消费者权益、增进网络安全合作、促进金融科技合作、完善金融沙盒监管等规则条款，有利于创建安全可信的网络环境，为数字经济持续健康发展提供了安全保障。二是从协定条款的松紧程度来看，DEPA 更加强调缔约方的责任承担和履约义务，同时强化了协定文本的言语措辞、缩减了协定条款适用的例外规定，这对于缔约方而言无疑是提出了更高的要求，同时也是数字经济协定文本更趋专业、成熟、规范的体现。由此看来，今后全球数字经济治理将会在广度和深度上继续深化和拓展，数字经济

---

〔1〕 See DEPA MODULE 15 EXCEPTIONS.

〔2〕 DEPA 第 15.3 条《怀唐伊条约》（Treaty of Waitangi，又译《威坦哲条约》）是指该协定中任何条款不得阻止新西兰对于该协定所涵盖事项，采取其认为必要的措施以给予毛利人更优惠待遇，包括在履行其在《怀唐伊条约》项下义务的过程中，只要此类措施未用作针对其他缔约方的人的任意或不合理歧视的手段，或用作对货物贸易、服务贸易和投资的变相限制；DEPA 第 15.4 条审慎例外条款是指缔约方可以为了维护国内金融的稳定，不受该协定条款或已作出承诺的束缚，采取审慎的金融监管措施。

全球治理也会纳入更多新议题，涉及越来越多的新兴技术领域，世界各国也将会在合作发展中共建公正合理的全球数字经济规则体系。目前，中国与美国都对 DEPA 表现出极大的关注，这背后反映的是全球数字经济治理领导权之争，可以预见在数字经济领域将会形成以中美两国为主导的竞争格局。与此同时，鉴于 DEPA 的发起国均为中小发达经济体，这也反映出在数字经济领域有着共同利益的中小经济体也有可能联合起来参与规则制定，积极抢占全球数字经济治理主导权，因此未来全球数字经济治理将会竞争与合作并存，呈现出更加多元化的特点。

三、DEPA 与其他区域贸易协定比较研究及其优势

（一）DEPA 与 CPTPP "电子商务" 章之比较

DEPA 缔约方均为 CPTPP 的成员，DEPA 深度借鉴了 CPTPP "电子商务" 章的相关内容，进一步分类和细化了 CPTPP 中的数字经济条款。首先，DE-PA 模块 3 "数字产品及相关问题的处理" 和模块 4 "数据问题" 涵盖了 CPT-PP "电子商务" 章节下的主要承诺，其中包括电子传输不予征收关税的承诺、国民待遇和最惠国待遇承诺、保护个人信息的承诺、允许数据跨境自由流动的承诺等。不仅如此，DEPA 还在 CPTPP 的基础上细化了消费者权益保护、个人信息隐私保护、数据安全和问责制度等条款内容，增强了数字经济相关法律法规的规范性、合理性、精准性、透明性。其次，DEPA 基于 CPT-PP 对金融科技、人工智能、政府采购、竞争政策等新兴议题和前沿技术进行了补充规定，将调整适用范围由传统的数字贸易扩展到数字经济领域的多个方面。最后，DEPA 对比 CPTPP 还增加了《怀唐伊条约》例外、税收例外、审慎例外、保障国际收支例外、货币和汇率政策例外等多项例外规定，以此平衡规则条款适用与缔约方自身利益，增进了缔约方在数字经济领域的更广泛合作。

（二）DEPA 与 USMCA "数字贸易" 章之比较

USMCA 中的 "数字贸易" 章深化和扩展了 CPTPP "电子商务" 章的对应条款，进一步提升了协定文本的可预测性，条款内容更趋于完善、严格和高标准。虽然 DEPA 与 USMCA 在内容上存在交叉，但两者亦有不同之处，体现了不同协定缔约方在数字经济领域的利益诉求。首先，DEPA 监管范围更加

广泛。虽然 DEPA 未涵盖 UCMCA 中承诺的源代码转让与交互式计算机服务，但是 DEPA 突破了 UCMCA 中的数字贸易监管规则的约束，创建了涵盖数字经济细分领域的监管制度框架，在监管范围上相比 UCMCA 更加广泛。其次，DEPA 约束力较 USMCA 稍弱。DEPA 与 USMCA 均支持禁止计算机设施本地化，但是 DEPA 将"实现合法公共政策目标"作为例外，而 USMCA 并没有设置任何例外条款。另外，DEPA 未涉及源代码以及移动支付服务的国民待遇和市场准入，而 USMCA 制定了较高标准的承诺。最后，两者的主要服务利益对象不同。虽然新加坡、新西兰在以政府为主导的数字贸易模式上目前处于全球前列（例如智慧交通、智慧医疗、智慧社区、电子政务等数字贸易基础设施领域），[1]但是由于国内缺少大型数字贸易企业，所以相较于 USMCA 将其服务利益对象主要定位于大型 ICT 企业，[2]DEPA 的服务利益对象更加侧重于数字中小企业和初创企业。

（三）DEPA 与 RCEP "电子商务"章之比较

RCEP 中的数字经济规则主要集中在第十二章"电子商务"之中，通过对比 DEPA 与 RCEP 的协定文本可以看出，虽然两大协定在内容上有部分重合，但 DEPA 在数字经济治理方面明显表现出更高水平和更强雄心。DEPA 不仅对 RCEP 中的数字经济规则进行了深化和扩展，并且还结合缔约方数字经济发展的优势特点纳入了 RCEP 未涉及的新规则：一是 DEPA 强调缔约方电子发票系统、电子支付系统、电子贸易管理文件系统的兼容性和互操作性，借此有效提升数字贸易便利化程度。二是 DEPA 不仅要求缔约方对数字产品采取非歧视性待遇，同时还引入了数字知识产权保护的最新国际规则，重在加强数字知识产权保护。三是 DEPA 规定了数字身份、金融科技、人工智能等新兴前沿技术条款，希望缔约方能够将本国数字经济发展与金融科技前沿技术相结合并从中受益。四是基于 DEPA 缔约方在智慧交通、智慧医疗、智慧社区等数字基础设施建设方面处于世界领先水平，因此 DEPA 中包含了服务创新、数字包容、数据创新、政府数据开放等 RCEP 未涉及的数字经济规

---

〔1〕 参见吴希贤：《亚太区域数字贸易规则的最新进展与发展趋向》，载《国际商务研究》2022年第 4 期。

〔2〕 ICT, information and communications technology, ICT 企业一般指信息与通信技术企业。

则条款。五是 DEPA 除了提出缔约方承担推进数据跨境自由流动和数据存储非强制本地化的义务外，还明确将个人信息纳入以电子方式传输信息的范畴。六是 DEPA 将电子传输免关税确立为一项"永久性义务"，不同于 RCEP 将电子传输免关税视为一项可调整的"临时性义务"的规定，这有利于为企业和消费者创建更具确定性、可预见性的贸易环境。七是 DEPA 在 RCEP 基础上对线上消费者权益保护、个人信息保护等内容进行了细化，特别是规定了保护个人信息和线上消费者权益所应当遵循的基本原则。八是 DEPA 重视数字中小企业发展，将 RCEP 中概括性的中小企业合作细化为数字经济领域的中小企业合作，并明确了缔约方促进数字中小企业间对话交流与信息共享的责任和义务。

（四）DEPA 与 UJDTA 之比较

2019 年 10 月美国与日本就数字贸易问题正式签署《美日数字贸易协定》（U. S. -Japan Digital Trade Agreement，UJDTA），《美日数字贸易协定》是在 USMCA "数字贸易" 章基础上达成的一部高标准、全面性、专业性数字贸易协定，其雄心介于 CPTPP 与 USMCA 之间。[1]《美日数字贸易协定》细化了 USMCA "数字贸易" 章内容并完善了相关定义，特别是增设了数字知识产权保护条款、数字贸易税收条款、多项例外规定条款、金融服务计算机设施位置的特别规定、使用在线密码技术和通信技术的特别规定等，UJDTA 在符合 USMCA 数字贸易规则一般标准的同时，扩大了美国在亚太地区数字贸易领域的领先优势。UJDTA 表明了数字贸易 "美式模板" 在亚太地区的渗透，亦应引起充分重视。

DEPA 与 UJDTA 均设置了一般例外条款和安全例外条款，但是 DEPA 既未对金融服务、计算机设施、通讯技术产品、加密技术和信息技术、数字贸易税收等问题进行规定，也没有对电子签名、电子认证、源代码转让、互联网交互式服务等事项作出安排。与 UJDTA 相比较，DEPA 的关键优势在于其开放性、合作性、包容性，致力于为缔约方解决数字经济发展困境，并为其参与全球数字经济规则制定提供便利和帮助。DEPA "模块化" 的协定结构和规则条款更便于各国自主选择适合自身特定情况的协定元素，从而为世界各

---

〔1〕　参见张永涛：《21 世纪美日贸易谈判及其对华影响》，载《国际展望》2021 年第 2 期。

国塑造了有利于数字经济创新发展的和谐规则框架，为全球范围内更多国家采用"模块化"的协定模式提供了参鉴和机遇。此外，DEPA 更加注重企业与政府保持联系，以确保未来纳入协定文本的新规则、新条款具有充分的适用性、有效性和前瞻性。总之，与其他主要区域贸易协定相比较，DEPA 更具现实可操作性，也最为契合中国数字经济创新发展的诉求，其倡导的开放、公平、普惠、非歧视的数字经济发展价值取向与中国秉承的理念基本一致。

（五）比较视野下 DEPA 的主要优势

1. 设立了全球数字经济治理新标杆。DEPA 不仅涵盖新兴技术领域议题、国际高标准数字贸易规则，同时聚焦人工智能、数字包容、数据治理、数据开放等前沿数字创新领域。由此，DEPA 成为全球数字经济治理的新标杆。[1]DE-PA 无论是形式、内容、结构还是影响力都超越了 RCEP，无不展现出其所具有的全面性、先进性、前瞻性等优势，标志着亚太数字经济治理迈上了新的台阶。DEPA 不同于其他区域贸易协定，是全球首个专门针对数字经济创新发展与合作的国际协定，它将涉及数字经济与数字贸易的议题单独形成一个协定，并开创性地采用"主题模块"的协定形式，说明亚太数字经济治理越发专业化、系统化、成熟化，也预示着数字经济治理体系将朝着多元共建、立体共治、公平共享的方向发展。

2. 制定了政府间规范数字经济的框架标准。DEPA 涵盖当今世界数字经济发展的主要议题，几乎涉及数字经济创新发展的所有领域，这些国际高标准的规则条款将能够有效地推动数字贸易。[2]DEPA 通过设定消费者权益保护规则、个人信息保护规则、数据跨境流动规则、人工智能伦理道德规则等条款建构起较为完善的数字经济监管框架，在数字经济创新发展与风险防控之间取得了良好平衡，为其他国家的数字经济规则制定以及监管框架标准的设立提供了现实范例。

3. 采取了更加灵活开放包容的协定形式。DEPA 采用"模块化"协定框架，具有极高的开放性，更便于企业通过电子商务、跨境货物运输等多种方

---

〔1〕 参见孙晓：《DEPA 与全球数字经济治理》，载《中国金融》2021 年第 23 期。

〔2〕 参见裴莹等：《DEPA 数字贸易规则创新促进中国数字价值链构建与演进研究》，载《国际贸易》2021 年第 12 期。

式参与数字经济、从事数字贸易。对缔约国以外的其他国家和地区而言，"主题模块"的协定形式也更便于规则对接，其既可以选择加入成为 DEPA 新成员，直接对接 DEPA 的全部内容，也可以选择和使用模块的部分条款，在保留部分条款的情况下申请加入 DEPA，或是将 DEPA 的全部或部分条款纳入其他数字经济协定，或是选择调整国内相关政策法规以保持与 DEPA 协定内容的一致性。一言以蔽之，DEPA 为世界各国参与全球数字经济规则的谈判和制定提供了多种选择，增强了全球数字经济规则制定的灵活性、开放性、包容性，在一定程度上打破了传统数字经济大国的规则垄断。

　　4. 致力于推动数字经济国际合作。DEPA 中的大部分模块都规定了国际合作与互操作性条款，由此可见，缔约方希望通过 DEPA 促进更多国家和地区参与数字经济创新、共享数字经济发展新机遇。通过国际合作与互操作性条款，一方面，DEPA 希望缔约方共商共议数字经济规则制定，携手跨越"数字鸿沟"，共同完善数字经济治理体系。另一方面，DEPA 意在推动数字经济治理规则的统一性、一致性，减少数字经济规则实施适用中的矛盾与冲突，同时避免单边规则对数字经济前景的破坏以及对中小国家利益的损害，从而加快区域双边或多边数字经济规则谈判，在协调统一的治理框架下推动数字经济在不同区域间的平衡发展，实现数字经济红利的普惠共享。

表 1　DEPA 与其他区域贸易协定的文本框架对比

DEPA	CPTPP（"电子商务"章）	USMCA（"数字贸易"章）	UJDTA	RCEP（"电子商务"章）
2020 年 6 月 12 日线上签署	2018 年 12 月 30 日起生效	2020 年 7 月 1 日起生效	2020 年 1 月 1 日起生效	2022 年 1 月 1 日起生效
模块 1——初步规定和一般定义	第 14.1 条——定义	第 19.1 条——定义	第 1 条——定义	第 12.1 条——定义
模块 2——商业和贸易便利化	第 14.2 条——范围和一般规定	第 19.2 条——范围和一般规则	第 2 条——适用范围	第 12.2 条——原则和目标
模块 3——数字产品及相关问题的处理	第 14.3 条——关税	第 19.3 条——关税	第 3 条——一般例外	第 12.3 条——范围
模块 4——数据问题	第 14.4 条——数字产品的非歧视待遇	第 19.4 条——电子产品的非歧视待遇	第 4 条——安全例外	第 12.4 条——合作

续表

DEPA	CPTPP（"电子商务"章）	USMCA（"数字贸易"章）	UJDTA	RCEP（"电子商务"章）
模块 5——广泛的信任环境	第 14.5 条——国内电子交易框架	第 19.5 条——国内电子交易框架	第 5 条——审慎例外及货币和汇率政策例外	第 12.5 条——无纸化贸易
模块 6——商业和消费者信任	第 14.6 条——电子认证和电子签名	第 19.6 条——电子验证和电子签名	第 6 条——税收	第 12.6 条——电子认证和签名
模块 7——数字身份	第 14.7 条——在线消费者保护	第 19.7 条——在线消费者保护	第 7 条——关税	第 12.7 条——线上消费者保护
模块 8——新兴趋势和技术	第 14.8 条——个人信息保护	第 19.8 条——个人信息保护	第 8 条——数字产品的非歧视性待遇	第 12.8 条——线上个人信息保护
模块 9——创新与数字经济	第 14.9 条——无纸化贸易	第 19.9 条——无纸化贸易	第 9 条——国内电子交易框架	第 12.9 条——非应邀商业电子信息
模块 10——中小企业合作	第 14.10 条——电子商务访问和使用互联网的原则	第 19.10 条——数字贸易访问和使用互联网的原则	第 10 条——电子认证和电子签名	第 12.10 条——国内监管框架
模块 11——数字包容	第 14.11 条——通过电子手段进行的信息跨境转移	第 19.11 条——电子方式的信息跨境转移	第 11 条——通过电子手段进行信息的跨境转移	第 12.11 条——海关关税
模块 12——联合委员会和联络点	第 14.12 条——互联网互连费用分担	第 19.12 条——计算机设施的位置	第 12 条——计算机设施的位置	第 12.12 条——透明度
模块 13——透明度	第 14.13 条——计算机设施的位置	第 19.13 条——未经邀请的商业电子通讯	第 13 条——涵盖金融服务提供商的金融服务计算设施的位置	第 12.13 条——网络安全
模块 14——争端解决	第 14.14 条——未经请求的商业电子消息	第 19.14 条——合作条款	第 14 条——在线消费者保护	第 12.14 条——计算设施的位置
模块 15——例外规则	第 14.15 条——合作条款	第 19.15 条——网络安全	第 15 条——个人信息保护	第 12.15 条——通过电子方式跨境传输信息

DEPA	CPTPP（"电子商务"章）	USMCA（"数字贸易"章）	UJDTA	RCEP（"电子商务"章）
模块 16——最后条款	第 14.16 条——关于网络安全事项的合作	第 19.16 条——源代码	第 16 条——不请自来的商业电子消息	第 12.16 条——电子商务对话
附件 I	第 14.17 条——源代码	第 19.17 条——交互式电脑服务	第 17 条——源代码	第 12.17 条——争端解决
	第 14.18 条——争端解决	第 19.18 条——开放政府数据	第 18 条——交互式计算机服务	
		附件 19-A	第 19 条——网络安全	

表 2　DEPA 与其他区域贸易协定的核心规则条款对比

主要数字经济条款	DEPA	CPTPP	USMCA	RCEP	UJDTA
取消数字产品关税	是	是	是	是	是
数字产品非歧视性待遇	是	是	是	无	是
电子认证和签名	无	是	是	是	是
无纸化贸易	是	是	是	是	无
国内电子交易框架	是	是	是	无	是
线上消费者保护	是	是	是	是	是
个人信息保护	是	是	是	是	是
反对恶意电子商业广告措施	是	是	是	是	是
网络安全	是	是	是	是	是
跨境信息转移	是	是	是	是	是
禁止数据本地化	是	是	是	是	是
禁止金融服务数据本地化	无	否	是	无	是
中介服务提供者责任	无	否	是	无	是
软件源代码和算法保密	无	部分	是	无	是
开放政府数据	是	无	是	无	无

四、中国对接 DEPA 国际高标准数字经济规则之路径探索

(一) 现代数字贸易规则对接

1. 无纸化贸易规则对接。对比 DEPA 的无纸化贸易要求，中国虽然已广泛采用电子版本的贸易管理文件，但其中多以中文为主，无纸化贸易规则散见于各类指导性文件，应用范围也主要局限于"单一窗口"。[1]对此，一是继续推广电子贸易管理文件的使用范围，并尽可能符合 DEPA 的语言要求。二是加快完善电子贸易管理文件系统，加强企业无纸化办公业务培训，使更多企业尽快实现贸易管理文件的电子化。三是加强与 DEPA 缔约方的无纸化贸易经验交流，着重提升中国与其他国家和地区之间的贸易管理文件系统的互操作性。

2. 电子发票系统对接。近年来，中国也致力于建立和完善电子发票系统，而 DEPA 对中国的挑战主要在于构建符合国际通用标准且与其他国家和地区具有互操作性的电子发票系统。因此，一是应在现有的区块链电子发票系统上及时修改实施标准以符合国际通用标准。二是扩展电子发票的实施范围，尤其是在国际贸易领域，推动电子发票的普及和应用。三是不断强化电子发票系统的互认性和互操作性，以实现中国与其他国家和地区电子发票系统的互联与对接。

3. 电子支付系统对接。目前，中国使用的电子支付系统是 CNAPS（China National Advanced Payment System，中国现代化支付系统），与 DEPA 对接的最大难点在于如何实现不同电子支付系统的互操作性。对此，一是梳理中国现行支付系统实施标准，通过对标电子支付系统国际公认标准，对于其中不符合国际公认标准的部分及时作出调整，破除系统对接中的规制障碍。二是鉴于中国电子支付多是通过第三方平台完成，在线交易纠纷时有发生，将来在对接 DEPA 电子支付系统过程中，亦应重视防范电子支付风险，加快完善电子支付相关法律法规，增强电子支付系统监管能力，营建安全可靠的电子支付环境。

4. 争端解决机制对接。针对数字贸易领域争端解决条款普遍不适用的问

---

[1] 参见毕莹、王蔚：《"一带一路"倡议下无纸贸易便利化国际法律规制动向及其对我国的启示》，载《海关与经贸研究》2019 年第 5 期。

题，中国可以借鉴 DEPA 经验，[1]通过谈判协商，在中国参与和主导的区域自由贸易协定中，设立包括斡旋、调解、调停、磋商、专家小组、仲裁等程序在内的争端解决机制，并通过附件的形式制定详细的程序规则，这不仅可以为自由贸易协定缔约方之间的纠纷提供切实有效的解决路径，也可以为中国对接 DEPA 积累有益实践经验。

（二）数据跨境流动与本地存储规则对接

1. 数据跨境流动规则对接。中国数据跨境流动立法工作不断加强，《网络安全法》《数据安全法》《个人信息保护法》陆续颁布实施，重点对数据出入境权责进行了规范，但是数据跨境流动中的国际协调问题依然存在，这主要体现在上述法律对于数据跨境流动仍主要采取限制性措施，与 DEPA 中鼓励数据跨境自由流动的规定和原则存在一定差距。[2]因此，一是要加强跨境流动数据的层级分类保护，对于涉及国家利益、经济安全、核心科技、个人隐私等方面的数据资源实行分级、分类、分国别的监管方式，以提升跨境流动数据监管的科学性、精准性、有效性。在层级分类标准上可以根据跨境流动数据的敏感程度、重要程度、关键程度以及司法管辖要求等要素进行综合衡量。[3]二是需继续深化国际合作，主动与不同国家、不同区域集团签署不同层次的数据跨境流动双边或多边协定，通过强化国际合作筑牢数据跨境流动的安全防线。三是应充分发挥自由贸易试验区和海南自由贸易港的制度创新"先行先试"作用，清理阻碍数据跨境流动的政策法律法规限制，率先对接 DEPA 中的数据跨境流动规则，将其打造成为国际领先的数据跨境流通枢纽港。

---

〔1〕　See DEPA MODULE 14 DISPUTE SETTLEMENT & Article 14.1—14.7.

〔2〕　例如《网络安全法》第 37 条规定："关键信息基础设施的运营者在中华人民共和国境内运营中收集和产生的个人信息和重要数据应当在境内存储。因业务需要，确需向境外提供的，应当按照国家网信部门会同国务院有关部门制定的办法进行安全评估……"《数据安全法》第 31 条规定："关键信息基础设施的运营者在中华人民共和国境内运营中收集和产生的重要数据的出境安全管理，适用《中华人民共和国网络安全法》的规定；其他数据处理者在中华人民共和国境内运营中收集和产生的重要数据的出境安全管理办法，由国家网信部门会同国务院有关部门制定。"《个人信息保护法》第三章"个人信息跨境提供的规则"对于个人信息处理者因业务等需要，确需向中华人民共和国境外提供个人信息的，规定了跨境提供个人信息所需具备的约束性条件。

〔3〕　参见马其家、李晓楠：《国际数字贸易背景下数据跨境流动监管规则研究》，载《国际贸易》2021 年第 3 期。

2. 数据本地化存储规则对接。目前，《网络安全法》《个人信息保护法》均是以国家安全或个人信息安全为出发点，强制部分数据在境内进行储存。总体而言，中国数据本地化要求主要涉及关键信息基础设施生成的数据、特定行业数据以及个人信息数据三类，其中前两类数据本地化要求易于适用 DEPA 的例外条款规定，但个人信息数据的本地化要求在很多情况下较难证明其适用例外条款的必要性，所以其与 DEPA 的禁止数据本地化储存规则存在一定冲突。[1]另外，DEPA 允许将数据处理器设置于境外，这样一来如果发生争端将容易出现数据管辖权冲突（例如数据跨境调取），不仅会增加数据泄露风险，还可能给云端储存企业带来重大经济损失。因此，将来中国需要根据 DEPA 规则及时完善强制数据本地化储存的相关规定，在对接规则时作出必要性调整，加快推进数据治理、数据确权、数据交易等工作，尤其要进一步明晰数据管辖权，尽力减少和避免数据管辖权冲突等情形发生；

3. 电子传输免征关税规则对接。DEPA 第 3.2.2 条规定不得对以电子方式传输的内容征收关税，并将其确定为一项永久性义务。不过，适用该项规定可能会对本国税收造成巨额损失，中国国内相关数字产业的生存和发展空间也会因此受到挤压。所以，建议结合中国数字服务产业发展现状，加强对代表性数字产业和数字企业的市场调研，尽快完成国内电子传输信息规模的摸底工作，对于规则对接后的税收损失作出科学预判，从而预留足够的缓冲空间。在对接方法上可以采取循序渐进的策略，事先在国内部分行业、领域、区域"先行先试"电子传输免征关税的规定，将来在实践成熟的基础上再逐步扩展和推广。另外，需要通过完善相关立法对电子传输产品进行明确定义和分类，以立法的形式确定电子传输产品免征关税的范围和类型。

（三）数据信息安全规则对接

1. 数据监管规则对接。目前，北京、上海、重庆、深圳、成都等城市已相继开展监管沙盒试点。未来我国需要明确监管沙盒的监管主体及其监管职

---

〔1〕 例如《网络安全法》第 37 条规定："关键信息基础设施的运营者在中华人民共和国境内运营中收集和产生的个人信息和重要数据应当在境内存储……"《个人信息保护法》第 36 条规定："国家机关处理的个人信息应当在中华人民共和国境内存储……"《个人信息保护法》第 40 条规定："关键信息基础设施运营者和处理个人信息达到国家网信部门规定数量的个人信息处理者，应当将在中华人民共和国境内收集和产生的个人信息存储在境内……"

责，例如可以借鉴相关国际经验，专设监管沙盒创新发展和安全审查部门，具体负责监管沙盒的规划设计、市场监管、风险审查、国际对接等工作。[1]另外，基于不同国家宏观背景和监管目标的不同，在对接 DEPA 监管沙盒规则时，还要制定符合自身国情的监管沙盒长期规则，例如加强监管沙盒顶层制度设计，建立健全监管沙盒法律法规，明确监管沙盒准入制度、退出机制、评估反馈机制、消费者权益保护机制、风险防范与补偿机制；培育监管沙盒协同发展生态圈，提升中国金融科技的国际竞争力等。

2. 数字身份规则对接。数字身份是将个人真实身份信息浓缩为数字代码形式的密钥，以便对个人的实时行为信息进行绑定、查询和验证。[2]目前，中国数字身份制度的建立尚处于起步和探索阶段，对接 DEPA 中的数字身份规则既是机遇也是挑战。因此，一方面要积极参与数字身份的国际标准制定。可以参照既有的国际公认标准制定出台符合自身国情的数字身份技术、标准和办法，同时也要注意与 DEPA 缔约方的数字身份制度保持良好的兼容性和互操作性。另一方面，要及时完善数字身份相关法律法规。基于国内关于数字身份的法律空白现状，需要尽快完善数字身份相关法律法规，加强数字身份安全监管，明确数字身份各方责任，为数字身份提供明确的法律指引和坚实的法治保障。

3. 政府数据开放规则对接。对中国而言，开放政府数据主要面临三方面难题：一是缺少利用开放数据开发新产品和新服务的经验。二是在缺少必要监管措施的情况下，开放政府数据将带来危害国家安全、侵害个人利益等潜在风险。三是还未制定出台有关政府数据开放的法律法规。对此，一是要完善政府数据开放法律法规，使政府数据开放依法规范有序进行。二是要构建政府数据开放监管体制机制，明确政府部门对数据开放的监管职能，加强防范可能出现的各类潜在风险。三是要做好政府数据确权工作，避免对数据所有权主体合法利益的侵害。[3]四是要与 DEPA 缔约方加强政府数据开放跨境

---

〔1〕 参见宋科、傅晓骏：《监管沙盒的国际经验与中国应用——兼论我国"监管试点"与"监管沙盒"的异同》，载《金融监管研究》2021 年第 9 期。

〔2〕 参见葛秋萍、王珏：《大数据技术应用中个人数字身份的伦理规制》，载《中州学刊》2020年第 10 期。

〔3〕 参见韩旭至：《数据确权的困境及破解之道》，载《东方法学》2020 年第 1 期。

合作，特别是要汲取缔约方便利公众访问和使用数据、利用开放数据集开发新产品和新服务等方面的经验，可以通过双边或多边协定的形式确定各国政府之间数据开放和互访的具体内容及范围。

（四）创新数字经济规则对接

1. 数字产品非歧视待遇规则对接。数字产品非歧视待遇原则不仅会加剧缔约方国内数字企业的市场竞争，同时也会对缔约方市场准入带来挑战，给缔约方市场对外开放造成较大压力。[1]对此，中国政府应对开放数字产品的市场意愿进行摸底调研，做好数字产品市场开放的科学评估和风险预测，并选取特定区域（例如自由贸易试验区和海南自由贸易港）进行压力测试，针对可能发生的风险制定出台预防措施，为非歧视待遇规则对接预留足够的弹性空间。

2. 数字中小企业规则对接。在促进数字中小企业对话与合作方面，中国已经积累了一定的实践经验，但是今后在对接 DEPA 中仍有两点需要注意。一是应继续为数字中小企业提供优惠便利的政策支持，例如更加开放的投融资政策、更加优惠的税收政策、更加宽松的市场准入政策等，以增强数字中小企业的市场活力和竞争力。二是加强与 DEPA 缔约方合作，共建数字中小企业信息共享机制与长效合作机制，促进各国数字中小企业共同发展。

3. 数字包容规则对接。借鉴 DEPA 数字包容规则，中国可以从以下几个方面加强数字包容治理体系建设：一是针对本国数字包容法律空白的情况，需尽快完善数字包容法律法规，构建数字包容法律制度框架，为更多主体能够参与数字经济创建良好的法治环境。二是加强数字基础设施建设，为民众享受数字经济红利提供最大便利，通过补贴等方式减轻弱势群体的数字负担，在发展数字经济中注重维护社会公平正义。三是对老年人、残疾人等数字弱势群体加强数字教育和技能培训，帮助老年人、残疾人更好地运用智能技术改善生活，助力老年人、残疾人跨越"数字鸿沟"，创建更具包容性的数字化社会。[2]四是在政府引导下创建智慧城市、智慧乡村，打造智慧医疗、智慧

---

〔1〕 参见谭观福：《论数字贸易的自由化义务》，载《国际经济法学刊》2021 年第 2 期。

〔2〕 参见徐倩：《老龄数字鸿沟根源剖判与数字包容社会构建方略》，载《河海大学学报（哲学社会科学版）》2022 年第 2 期。

家居、智慧出行、智慧社区等应用场景，将数字技术发展与人民群众的生产生活相结合，让各类社会群体都能更好地融入数字经济时代，使数字经济赋能经济社会高质量发展。

（五）新兴趋势和技术规则对接

1. 金融科技规则对接。目前，对比 DEPA 中的国际高标准金融科技规则，中国的相关规则尚有一定差距，这对中国金融科技创新发展提出了新的更高要求。对此，一是要加大核心技术攻关力度，探索金融科技发展新模式。针对中国金融科技发展中亟待解决的关键核心技术"卡脖子"问题，应充分发挥新型举国体制优势，加快推动以大数据、区块链、云计算、人工智能、5G等为代表的金融科技核心技术研发攻关，化解中国金融科技发展中的技术瓶颈，助推金融科技高质量发展。二是加强与 DEPA 缔约方的金融科技合作。在对接 DEPA 金融科技规则的过程中，要认真汲取 DEPA 缔约方金融科技创新发展的有益经验，特别是创新与监管并举的总体发展思路，以及实施金融科技监管沙盒等措施的成功实践经验。今后，中国在推动金融科技创新发展的同时，需要注重完善金融科技监管体系和相关法律法规，防范金融科技市场潜在风险，从而规范金融科技创新、营造金融科技安全环境，力求实现金融科技创新与市场风险监管之间的利益平衡。[1]三是加快培育金融科技人才。2021 年 12 月，中国人民银行印发的《金融科技发展规划（2022-2025 年）》明确提出要"做好金融科技人才培养"工作，在此基础上可以自由贸易试验区、海南自由贸易港、粤港澳大湾区等经济体制改革区域为有利平台，通过人才政策创新构筑金融科技人才高地，形成金融科技人才聚集效应，进而抢占全球金融科技人才制高点，借助人才优势推动中国金融科技创新发展。

2. 人工智能规则对接。当前，中国对接 DEPA 人工智能规则的主要挑战在于，如何与 DEPA 缔约方共同构建协调统一的人工智能治理框架，以及在安全稳定的前提下推动人工智能技术的广泛应用及其相关产业的创新发展。2020 年 7 月，国家标准化管理委员会等五部门印发《国家新一代人工智能标准体系建设指南》，为本国人工智能技术和产业发展指明了方向，在此规范性文件基础上中国应加快建立和完善人工智能治理体系，其中包括强化人工智

---

〔1〕参见徐璐等：《金融科技产业创新发展与建议研究》，载《中国软科学》2022 年第 1 期。

能制度设计、完善人工智能法律法规、制定人工智能技术研发和标准等。而在人工智能伦理道德层面，除了确立企业的人工智能伦理道德主体责任外，还应及时出台人工智能伦理道德行业规范、成立人工智能伦理道德委员会、设立人工智能伦理道德信息披露机制等。

五、中国以对接 DEPA 为契机参与和引领全球数字经济治理

（一）提升"中式模板"数字经济协定的国际影响力

通过对接 DEPA 协定，中国可在今后的双边或多边数字经济协定谈判中，借鉴采用"主题模块"的协定文本结构，并协商加入数字创新、数字包容、透明度、政府数据开放、数字中小企业合作等最新的规则条款，进一步提升"中式模板"数字经济协定的包容性、灵活性、开放性、创新性。这不仅能够增加"中式模板"数字经济协定的吸引力并扩大其使用范围，增强中国在全球数字经济中的话语权和影响力，同时也能与其他国家和地区共享国际高标准数字经济规则带来的制度红利，打破中国与其他国家和地区之间的"数字制度围墙"，推动建立协调统一的数字经济治理框架和规则体系。

（二）营建良好的数字经济法治营商环境

中国应当以对接 DEPA 为有利契机，加快完善国内数字经济法律法规，适时在国家层面制定出台"数字经济法"，突出数字经济法律法规的系统集成与协调统一，探索建立接轨国际且具有中国特色的数字经济法律法规政策体系，在提升本国数字经济治理水平的同时，给予数字经济创新发展更加稳定可靠的法治保障。同时，还应借助 DEPA 的规则优势推动数字经济与营商环境融合发展，打造数字经济营商环境新高地（例如借助自由贸易试验区、海南自由贸易港、粤港澳大湾区等优势平台），促进数字经济向制度型开放转变，在更大范围、更宽领域、更深层次实现数字经济高水平对外开放，吸引更多优质外商来华投资并与中国开展数字贸易，借此扩大中国数字经济市场规模，增强中国数字经济的国际影响力和竞争力。

（三）夯实数字经济创新发展的基础能力

先进的数字技术与完善的数字基础设施是中国成功对接 DEPA 的必要条件。虽然目前中国数字经济发展迅速，但在数字技术创新、数字基础设施建设、数字人才培养与引进等方面与发达国家相比还存在不小差距。对此，一

是要加强本国数字技术研发能力，特别是要增加对算法、计算理论、人工智能等基础技术和前沿领域的投入力度。二是对标 DEPA 缔约方，科学布局支持数字经济创新发展的基础网络体系，加快建设安全、移动、高速的新一代数字经济基础设施，提升对 5G、AR 技术、云计算、人工智能等应用场景的支撑能力。[1]同时，加速传统基础设施数字化升级改造，大力发展智慧交通、智慧社区、智慧医疗等智慧民生设施，为中国加入 DEPA 和对接国际高标准数字经济规则夯实硬件基础。三是培育和引进数字领域的优秀人才。在国内，鼓励数字企业与高校、科研院所、职业院校等机构加强合作，贯通数字基础研究与实际应用，校内开设数字经济、数字技术、数字法治等专业课程，培育一批数字领域领军人才，打造多层次、多类型数字化人才队伍。在国际上，加快制定并落实海外数字人才引进政策，吸引更多海外高层次数字人才来华发展，为今后中国参与和引领全球数字经济治理提供强大智力支持。

（四）将自由贸易试验区（港）打造成为数字经济新高地

虽然中国数字经济市场规模庞大，但在数据跨境自由流动等一些数字经济中的关键领域缺乏实践经验，还未形成与之相适应的规范制度。所以，在中国对接 DEPA 规则的过程中，应充分发挥自由贸易试验区和海南自由贸易港的改革开放"试验田"作用，利用其"一线放开，二线管住"以及"封关运作"等特殊政策优势，在数字经济治理领域"大胆闯、大胆试、自主改"，率先对接 DEPA 中的国际高标准数字经济规则，在数据跨境流动、政府数据开放、数据管理创新、监管沙盒制度等领域"先行先试"，搭建起接轨国际的数字经济制度框架。一方面，通过对接 DEPA 规则将自由贸易试验区和海南自由贸易港打造成为数字经济创新发展新高地，使之成为中国在数字经济领域深度对接和融入世界的有利平台和重要窗口。另一方面，通过对接 DEPA 规则对本国国内数字经济制度进行改革试验，将规则对接的风险控制在可控范围以内，并在成功实践基础上再复制推广至全国，进而引领中国数字经济治理体系的变革和完善，最终实现规则对接制度红利共享与市场风险可控之间的平衡。

---

[1] 参见马荣等：《新时代我国新型基础设施建设模式及路径研究》，载《经济学家》2019 年第 10 期。

（五）借力 DEPA 加快推进"数字丝绸之路"建设

自 2013 年"一带一路"倡议提出至今，中国与沿线国家一道共同修建和完善了许多基础设施，为建设"数字丝绸之路"提供了坚实的硬件支撑。目前，中国与"一带一路"国家和地区对发展数字经济有着共同的目标和利益诉求，数字经济已经成为共建"一带一路"的重要推动力量。然而，要将"一带一路"建设成为"数字丝绸之路"，除了基础设施互联互通外，还需要加强"一带一路"数字经济政策、规则、标准的"软联通"，构建协调统一的"一带一路"数字经济规则体系。[1]与之对应，DEPA 作为国际高标准数字经济协定的典型代表，为"一带一路"数字经济规则体系的建立和完善提供了基本框架，特别是其采用的"模块化"文本结构和规则条款，更便于"一带一路"沿线各国和地区申请加入或开展规则对接。由此可见，DEPA 可为"数字丝绸之路"建设提供了有力的制度支撑。反之亦然，"一带一路"同样是 DEPA 推广适用的最佳实践平台，为实现 DEPA "通过加强国际合作营造公平包容、开放灵活的数字经济治理体系"的协定目标提供了有利载体和重要机遇，两者之间具有优势互补、相互促进、共同发展的良性互动关系。

（六）借鉴 DEPA 助力 WTO 数字经济治理体系改革

DEPA 作为一份专门针对数字经济、数字贸易合作的国际协定，有很多经验值得 WTO 学习借鉴。相较于 DEPA，WTO 考虑到发达国家与发展中国家不同的利益诉求，遵循"逐步自由化"的数字经济发展原则。[2]未来，在 WTO 数字经济治理体系改革中，可以对 DEPA 相关条款进行借鉴或批判性引入，使 WTO 数字经济规则更具时代性、创新性、开放性、包容性。而中国作为 WTO 多边贸易体制的坚定维护者，更应支持并推进 WTO 对 DEPA 规则的引入和对接。例如，在电子商务领域，WTO 可以借鉴 DEPA 相关条款用以改进其在物流运输、电子支付、电子发票等方面的规定，进一步提升各成员之间的贸易便利化程度。在数据跨境自由流动方面，目前 WTO 考虑到各成员的数据监管能力存在较大差异，对于数字基础设施落后的国家会带来较大风险，基

---

〔1〕 参见王文等：《数字"一带一路"：进展、挑战与实践方案》，载《社会科学战线》2019 年第 6 期。

〔2〕 参见潘晓明、郑冰：《全球数字经济发展背景下的国际治理机制构建》，载《国际展望》2021 年第 5 期。

于对各成员安全和利益的考量，WTO 内部对于该项制度的改革仍存在较大分歧。在此情况下，WTO 可以援引、借鉴 DEPA "模块化" 的处理方式，引导和吸引各成员协商制定有关数据跨境自由流动的 "逐步自由化" 条款，其他争议领域也可参照实施，以实现各方利益平衡，加快推进 WTO 数字经济治理体系改革。

第四章

《全球人工智能治理倡议》：国际法框架下完善人工智能全球治理的中国方案

2023 年 10 月中国发布的《全球人工智能治理倡议》以构建人类命运共同体为视角，提议各国加强信息交流与技术合作、共同做好风险防范、促进人工智能技术向善，开启了人工智能全球治理的新篇章。鉴于人工智能技术所呈现出的跨国家、跨领域、跨文化等全球化属性，作为维护全球和平与稳定基石的国际法由此成为推进人工智能全球治理、防范人工智能国际风险和伦理风险的重要力量。然而，目前国际法在人工智能全球治理中依然面临着较为严峻的风险和挑战，其中主要包括：国际战略博弈加剧、人工智能算法独裁、人工智能技术垄断、人工智能规则霸权等国际政治安全风险，国际贸易摩擦加剧、全球结构性失业、数据跨境流动规则冲突等国际经济安全风险，人工智能军事伦理困境、人工智能战争人权侵犯、人工智能武器技术扩散等国际军事安全风险等。对此，需要通过国际软法与国际硬法协同共治、建立和完善数字经济国际规则、加强人工智能武器领域人权保护等方式，构建全方位、多层次、立体化的人工智能国际法体系，为人工智能全球治理提供坚实有效的国际法治保障，在安全稳定的前提下促进人工智能健康可持续发展。

一、《全球人工智能治理倡议》对人工智能全球治理的重要意义

（一）《全球人工智能治理倡议》关于人工智能全球治理的核心理念

2023 年 10 月 18 日，习近平主席在第三届"一带一路"国际合作高峰论

坛开幕式主旨演讲中提出《全球人工智能治理倡议》，[1]倡导以团结精神适应处于深刻变化调整中的人工智能全球治理格局，以共赢思维应对复杂交织的人工智能国际安全挑战，旨在建立和完善人工智能全球治理体系，携手各国为人工智能时代的变革发展注入更多的稳定性和确定性，让人工智能技术更好地造福人类。首先，秉持"以人为本、智能向善"理念，遵循相互尊重、平等互利、和平共处的国际法基本原则，引导人工智能朝着有利于人类文明进步方向发展。其次，主张建立人工智能风险等级测试评估体系，增进人工智能技术的透明性、安全性、可控性、公平性，防范人工智能重大潜在风险。再次，倡议通过对话协商解决人工智能领域的矛盾与分歧，反对以意识形态划分和构建排他性集团，加快形成具有广泛共识的全球人工智能治理框架和规范标准体系，由各国共同应对人工智能全球发展、安全与治理等重大问题。最后，呼吁加强对于发展中国家人工智能的合作与援助，弥合全球人工智能技术鸿沟和治理差距，确保各国人工智能发展与治理的权利平等、机会平等、规则平等。

整体而言，《全球人工智能治理倡议》强调各国无论大小、强弱，都有平等发展人工智能的权利，呼吁各国共筑安全稳定、开放包容、互利共赢的人工智能全球治理体系，这对于保障人工智能技术规范有序发展、防范人工智能国际安全风险和科技伦理风险，以及实现人工智能"科技向善、造福人类"具有重要的推动作用。可以说，《全球人工智能治理倡议》的发布是积极践行人类命运共同体理念以及落实全球发展倡议、全球安全倡议、全球文明倡议的具体行动，彰显了中国在人工智能治理领域负责任的大国形象和使命担当。

（二）《全球人工智能治理倡议》关于人工智能全球治理的基本原则

近年来，中国作为人工智能先发国家，在人工智能发展的战略规划中，一贯坚持以人为本的价值取向，积极引领人工智能技术向善，在综合考虑各方利益的基础上，推动人工智能国际交流与合作，为实现人工智能全球治理贡献智慧和力量。[2]此次发布的《全球人工智能治理倡议》主要就防范人工

---

〔1〕　参见习近平：《建设开放包容、互联互通、共同发展的世界——在第三届"一带一路"国际合作高峰论坛开幕式上的主旨演讲（2023 年 10 月 18 日，北京）》，载《人民日报》2023 年 10 月 19 日，第 2 版。

〔2〕　参见高奇琦：《智能革命与国家治理现代化初探》，载《中国社会科学》2020 年第 7 期。

智能国际安全风险以及构筑人工智能全球治理框架等议题提出了中国方案，并初步确立了共建人工智能全球治理体系所应当遵循的基本原则。

1. 统筹国际安全与国内安全。《全球人工智能治理倡议》明确阐释了人工智能国际安全与国内安全相互依存的内在逻辑关系。一方面，《全球人工智能治理倡议》坚持共同、合作、可持续的人工智能安全观，在人工智能领域注重统筹好发展与安全的关系，协调推进人工智能技术发展和风险治理，为此提出了构建人工智能国际安全规则体系、加强人工智能风险防范国际合作、共同拟订应对人工智能安全挑战的双多边协定等具体举措。另一方面，《全球人工智能治理倡议》强调维护国内信息、数据、技术、隐私等方面的安全是实现人工智能国际安全和全球治理的基础，阐明了人工智能的国内安全与国际安全是人工智能全球治理体系建设的两个方面，彼此既相对独立、各有侧重，又紧密联系、深度融合，是一个互为依托、相互促进、内在统一的有机整体，共同推动着人工智能全球治理体系不断完善。

2. 平衡协调各方利益和关切。在国内治理层面，《全球人工智能治理倡议》兼顾政府、企业、社会组织及个人等各方利益，提倡采取多种形式广泛听取公众意见，增加人工智能治理的社会参与和监督，畅通公众参与人工智能重大行政决策的渠道，以此建立人工智能治理沟通协商机制，提升人工智能治理的合法性和公信力，切实保障公民、法人和其他组织的合法权益。在国际治理层面，《全球人工智能治理倡议》重视世界各国对于人工智能的共同关切，积极寻求利益契合点与合作最大公约数，鼓励利益攸关方参与人工智能全球治理，倡导人工智能的发展权利与安全义务不可分割、开发利用与风险防范不可分割、国内安全与国际安全不可分割，意在构建利益均衡、安全有效、健康可持续的人工智能全球治理框架，保证人工智能技术在全球范围内的合理运用、安全向善。一言以蔽之，《全球人工智能治理倡议》秉持对话合作、协商一致、循序渐进的原则，通过广泛的利益平衡和构建多元化参与机制，推动多元主体共同参与人工智能全球治理，确保人工智能全球治理的合法、公正、包容、透明与可持续性。

3. 践行共商共建共享全球治理观。在全球化日益深入的今天，人工智能的快速发展也带来了一系列新的挑战。例如，战争机器人的自主决策能力可能会导致错误判断，引发误解和冲突；人工智能如果被错误地使用，可能会导致核武器的误启动，对全球安全造成威胁等。[1]当前，随着人工智能技术的快速迭代和不断进步，人工智能全球治理的内涵和外延愈加丰富，人工智能安全风险往往超越国界，具有全球性的特点，呈现出明显的跨国性、联动性、多样性。[2]可以说，人工智能国际安全风险已成为人类未来生存和发展面临的主要挑战之一。在此情况下，《全球人工智能治理倡议》明确提出通过开展国际合作研究，组织国际会议和论坛，完善人工智能国际规则，制定共同的原则、规范和标准等方式，加强人工智能治理国际合作，构建人工智能伦理规范和技术标准的全球性框架，寻求化解人工智能风险和挑战的可行道路，使全人类共享人工智能发展时代红利。由此可以看出，《全球人工智能治理倡议》践行共商共建共享的人工智能全球治理观，针对人工智能发展的潜在风险防范，中国愿意积极分享经验，学习借鉴国际最佳实践，推动世界各国人工智能治理的共同进步，以期构建开放、包容、安全、合作的人工智能全球治理体系。

4. 兼顾国家治理与国际治理。人工智能属于知识密集型和资本密集型产业，目前人工智能技术的开发者大多分布在企业、研究机构当中，构建多方主体参与的国家人工智能治理体系成为国家治理现代化的必然选择。因此，《全球人工智能治理倡议》不仅提倡世界各国加强人工智能国际合作，同时还强调将公民、企业、社会组织等多元主体纳入国家人工智能治理体系当中，让其更多地参与国内人工智能技术标准、产业政策、法律法规的制定与实施，形成以多元主体协同共治为基础的人工智能安全治理机制。具体来说，《全球人工智能治理倡议》结合人工智能的技术特点及其潜在风险，建议国家可以从提升人工智能社会风险防范意识、加强人工智能风险防范措施、完善人工智能法律法规等方面来帮助多元主体更加深刻地理解人工智能领域的安全风险，避免由知识和政策之间的鸿沟影响政府与其他主体之间的沟通协作，从而保障各项人工智能治理举措得到有效实施，有力提升国家人工智能治理的能力和韧性。

---

〔1〕 See Joanna Bryson, Alan Winfield, "Standardizing Ethical Design for Artificial Intelligence and Autonomous Systems", *Computer*, Vol. 50, No. 5, 2017.

〔2〕 参见张成岗：《人工智能时代：技术发展、风险挑战与秩序重构》，载《南京社会科学》2018 年第 5 期。

综上分析，《全球人工智能治理倡议》深刻阐释了人工智能国家治理与国际治理本是相互影响、相互促进、共同发展的统一整体，完善人工智能国家治理是实现人工智能全球治理的基础和前提，构建人工智能全球治理体系必须统筹考虑和综合运用国内国际两个市场、国内国际两种资源、国内国际两类规则，促进人工智能国家治理与国际治理的有效衔接、良性互动。

（三）《全球人工智能治理倡议》视域下人工智能国际法规制的重要性

近年来，人工智能技术呈现出跨国家、跨领域、跨文化的全球化属性，世界各国意识到以单一国家主体为核心的治理范式已无法适应人工智能技术迅速发展的趋势和需求，应对人工智能技术所带来的风险和挑战必将更多地依赖于全球治理。[1] 在人工智能演化为全球性问题的情况下，国际社会亟需借助国际法这一人类交流的共同语言，根据全球治理理念和框架加强人工智能国际法规制。

1. 人工智能规制整合的有效方式。近年来，世界主要国家和一些国际组织相继制定出台了人工智能战略规划，例如美国的"国家人工智能研发战略计划"、欧盟的"人工智能伦理准则"、经济合作与发展组织（OECD）的"负责任地管理可信 AI 的原则"等，为人工智能全球治理提供了重要基础条件。虽然这些战略规划有助于各国防范因人工智能技术扩散所可能造成的风险和威胁，但从全球化角度来看，当前国际社会上人工智能治理呈现出明显的分散化、碎片化现象，难以形成统一的治理框架体系。[2] 因此，亟需借助国际法这一全球治理的重要载体对各国的人工智能规制进行有效整合，构建系统完备的人工智能国际规则体系，助力提升人工智能全球治理效率。

2. 人工智能协同治理的现实需要。随着人工智能技术应用范围的不断拓展，其所带来的潜在风险也随之迅速扩散和蔓延，现已呈现出明显的跨国界外溢特征。[3] 与之相适应，在全球范围内普遍适用的国际法成为应对人工智能技术风险外溢的有效方式。事实上，在全球化背景下，世界各国已然形成了你中有我、我中有你、休戚与共的命运共同体，面对人工智能可能导致的

---

〔1〕 参见傅莹：《人工智能对国际关系的影响初析》，载《国际政治科学》2019 年第 1 期。

〔2〕 参见董汀、黄智尧：《人工智能国际治理与"不确定性"》，载《信息安全与通信保密》2023 年第 8 期。

〔3〕 参见邓子纲：《人工智能的全球治理与中国的战略选择》，载《求索》2020 年第 3 期。

全球性危机，世界上任何一个国家、组织和个人都无法置身事外，单凭一己之力难以有效应对。[1]目前，传统的以国家为边界的封闭式治理已不再适应人工智能技术风险外溢的特点，亟需借助国际法构建人工智能跨境规则与国际合作机制，推进人工智能由单一国家治理向全球共同治理转变。

3. 人工智能全球治理的制度基础。在《全球人工智能治理倡议》下，以实现人工智能全球治理为目标，不仅需要在国际社会形成共同认可的价值理念，更需要通过统一的国际规则确保相关国际承诺履行实施。但是，源于理念文化上的差异，世界各国对于人工智能治理存在不同的关切，所采取的人工智能治理方式不尽相同，特别是各国不同的人工智能伦理规范和法律要求形成了规制壁垒，在一定程度上阻碍了人工智能全球治理体系的建立。对此，需要以国际法为基础和载体构建协调统一的人工智能全球治理规则体系，以便世界各国联合起来共同应对人工智能技术带来的风险和挑战。这不仅是人工智能全球治理体系建设的制度基础，更是人工智能全球治理由理念转化为行动、由愿景转化为现实的必然要求与可行路径。

二、人工智能全球治理的国际法理论渊源

（一）构建人类命运共同体理念下的人工智能全球治理

2013年3月23日，习近平主席在莫斯科国际关系学院发表重要演讲，首次提出构建人类命运共同体重大理念。[2]目前，构建人类命运共同体理念已被国际社会所广泛认同，成为建立新型国际关系、引领国际秩序重塑和推动全球治理体系变革的共同价值规范，为破解人工智能全球发展困局和构筑公平正义的人工智能全球治理秩序奠定了理论基础、创设了可行路径。

1. 为人工智能全球治理奠定理论基础。构建人类命运共同体的主体是全人类，体现的是和平发展、公平正义、民主自由的全人类共同价值。[3]在构

---

〔1〕 参见魏斌：《法律人工智能：科学内涵、演化逻辑与趋势前瞻》，载《浙江大学学报（人文社会科学版）》2022年第7期。

〔2〕 参见习近平：《顺应时代前进潮流 促进世界和平发展——在莫斯科国际关系学院的演讲（2013年3月23日，莫斯科）》，载《人民日报》2013年3月24日，第2版。

〔3〕 参见李猛：《全球治理变革视角下人类命运共同体理念的国际法渊源及其法治化路径研究》，载《社会科学研究》2019年第4期。

建人类命运共同体理念引领下：一是从规则层面，人工智能全球治理应突出人类命运休戚与共、相互依存、不可分割的关系，世界各国既要考虑自身的集体角色和未来命运，也要在国际法框架下加强合作，形成符合各方利益的规范共识，构建协调统一的人工智能国际规则体系，推动人工智能全球治理的制度化、规范化、法治化。二是从主体层面，人工智能全球治理应以构建人类命运共同体理念所奉行的开放包容原则为核心，充分调动各利益攸关方积极性，形成多元主体协同共治的治理格局，通过多方共商人工智能治理方案、共建人工智能合作机制、共享人工智能技术成果等，加快实现人工智能全球治理。

2. 为人工智能全球治理提供中国方案。构建人类命运共同体理念坚持共商共建共享的全球治理观，因此在国际实践中，中国始终秉持合作共赢理念，将推动全球范围内多层次合作作为完善人工智能全球治理体系的重要内容，明确反对人工智能领域技术垄断、单边强制措施等恶意限制竞争和发展的行为，强调人工智能全球共治共享。与之相对应，中国发布的《全球人工智能治理倡议》呼吁各方主体通过加强对话与合作，推动形成具有广泛共识的人工智能治理框架和标准规范，不断提升人工智能技术的安全性和可靠性，促进人工智能的向善治理和持续健康发展。

3. 为人工智能全球治理指明前进方向。

一是多利益攸关方协同治理。随着人工智能在全球范围内的蓬勃兴起，其作为一种新兴战略技术，现已成为推动全球治理体系变革的重要力量。在此情况下，传统意义上以国家为主导的纵向治理模式已然无法适应人工智能全球化的发展趋势，亟需在构建人类命运共同体理念框架下，采取多利益攸关方协同共治的横向治理模式，共建协调统一的人工智能国际规则体系与国际合作框架，以适应人工智能全球发展的复杂环境和动态走向，在各方利益相对均衡的状态下推进实现人工智能的全球治理。以构建人类命运共同体为目标，站在全人类立场上的多利益攸关方协同共治模式，以开放合作超越了国家利益的局限，不仅充分适应了人工智能全球发展趋势，更是集中体现了人工智能时代万物互联、命运与共、共享共治的本质特征。

二是"软法"与"硬法"多元协调适用。在人工智能技术动态变化发展的背景下，人工智能治理也需要从以传统的硬性规则为中心转向更加多元包容的治理方式，通过"软法"与"硬法"的协调适用来应对当前所面临的风险和挑战。具体而言，既要借助国家立法、国际法原则和规则等"硬法"营造公平公正有序的人工智能竞争环境，同时也要充分利用决议、倡议、宣言、章程、行动纲领等"软法"提升治理的灵活性、时效性和适应性，以符合人工智能全球发展及广泛应用的特征和趋势。与之相适应，构建人类命运共同体理念下的多元治理范式超越了单一的硬法治理模式，满足了人工智能"软法"与"硬法"协调适用的现实需求，为世界各国共同参与人工智能全球治理提供了方法论。

三是遵循全球治理体系变革趋势和规律。构建人类命运共同体理念注重在国家利益与全球责任之间寻求平衡，其本质是一种利益相对均衡状态下的全球治理模式。以构建人类命运共同体为视角，全球治理体系经历了由单一国家治理到超国家全球治理，再到多层次构建人类命运共同体治理的变革趋势。[1]构建人类命运共同体理念深刻阐释了独立个人、主权国家、世界民族等主体之间相互依存、休戚相关、命运与共的内在关系，这与人工智能发展的全球性、开放性、合作性相适应，为建构包容互鉴、安全有序、合作共赢的人工智能全球治理体系提供了基本遵循。可以预见，构建人类命运共同体理念下的全球治理体系变革为中国推动人工智能全球治理指明了方向和路径，人工智能全球治理体系建设也将经历由国家命运共同体到多边命运共同体，再到人类命运共同体的渐进式发展道路。

4. 为人工智能全球治理凝聚价值共识。构建人类命运共同体理念是多元价值观与共同价值观的和谐统一，可为人工智能全球治理凝聚价值共识：一方面，需要与拥有不同历史文化背景的国家通力合作，确保人工智能始终朝着有利于人类文明进步的方向发展，在此过程中应最大程度上体现公平、正义、平等、责任等全人类共有的价值观，避免出现价值歧视和偏见。另一方面，人工智能全球治理还要兼顾不同国家间的历史文化差异，注重融合不同国家各自独特的文化价值观，只有保持这种文化价值上的包容性，人工智能全球治理才能跨越不同国家之间的文化鸿沟。正如习近平总书记指出的，"文

---

〔1〕 参见刘宏松：《人类命运共同体与全球治理体系改革》，载《上海交通大学学报（哲学社会科学版）》2023年第1期。

明是包容的，人类文明因包容才有交流互鉴的动力。"〔1〕可以说，构建人类命运共同体理念所涵盖的不同层面的价值观和地域文化，体现了全人类共同的价值追求，其包容发展的价值理念具有现代文明转型意义，为人工智能全球治理注入了新内涵。

（二）人工智能全球治理的国际软法渊源

1. 人工智能全球治理的国际软法作用。国际软法主要是指内容中含有标准、规范、原则或其他行为规则，但不具有严格的法律约束力的宣言、声明、决议、建议、指南等非条约式国际性法律文件。〔2〕国际软法虽然原则上不具有强制法律效力，但在国际实践中能够产生实际效果，〔3〕特别是在人工智能领域，国际软法的制定实施经验对于完善人工智能国际法治具有积极的推动作用。近年来，由于人工智能技术的不断革新与快速发展，跟随技术更迭的精准治理模式尚难以实现，借助国际硬法对人工智能技术进行精准规制存在一定现实困难。在此情况下，联合国教科文组织陆续出台人工智能报告、建议等"软法"，为人工智能国际软法的制定实施提供了样本参考，也为借助国际软法加强人工智能风险治理起到了良好示范作用。例如，2021 年 11 月联合国教科文组织大会通过的《人工智能伦理问题建议书》，是首个关于"以符合伦理要求的方式运用人工智能"的全球性框架，旨在促进人工智能为人类、社会、环境以及生态系统服务，并预防其潜在重大风险。

目前来看，人工智能领域的国际软法主要是在联合国框架下由联合国教科文组织以及一些其他国际组织制定的，这些国际性法律文件皆在强调发展负责任的人工智能，通过建立和完善人工智能原则、准则、规则和标准，确保人工智能技术发展和使用是负责任和符合道德的。

---

〔1〕 习近平：《文明交流互鉴是推动人类文明进步和世界和平发展的重要动力》，载《求是》2019 年第 9 期。

〔2〕 参见何志鹏、申天娇：《国际软法在全球治理中的效力探究》，载《学术月刊》2021 年第 1 期。

〔3〕 在全球化时代，违反国际软法可能会在全球范围内遭到其他国家、政府组织、跨国非政府组织等各个层面的谴责，这种"群起的羞辱"将让违法者付出极高的信誉成本，并极大地损伤其经济和商业利益，这种制裁效果甚至超过司法裁决和仲裁裁决，这是"软法硬效果"的集中体现。此外，一些国际软法会产生"网络效应"，不接受这些统一规则的国家会逐渐被边缘化，接受的国家会获得越来越多的收益，由此推动各国接受国际软法。

表 3　人工智能领域的主要国际软法

发布机构	文件名称	发布时间	主要内容
联合国教科文组织第 41 届大会	《人工智能伦理问题建议书》	2021 年 11 月	包含规范人工智能发展应遵循的原则，促进人工智能为人类、社会、环境以及生态系统服务，并预防其潜在风险
中华人民共和国国家互联网信息办公室	《全球人工智能治理倡议》	2023 年 10 月	就各方普遍关切的人工智能发展与治理问题提出了建设性解决思路，为相关国际讨论和规则制定提供了蓝本
经济合作与发展组织（OECD）	《人工智能发展建议书》	2019 年 5 月	确立了包容性增长、可持续发展和福祉，以人为本的价值观和公平，透明度和可解释性，稳健性、安全性和安全性，问责制等发展人工智能的五项原则
电气与电子工程师协会（IEEE）	《关于自主/智能系统伦理的全球倡议》	2016 年 12 月	将"人类福祉"作为核心准则，旨在将机器人技术和人工智能重新定位为改善人类境况的技术，而非单纯的经济增长工具
生命未来研究所（FLI）	《阿西洛马人工智能原则》	2017 年 1 月	列出了 23 条准则，呼吁全世界在发展人工智能的同时严格遵守这些原则，共同保障人类未来的伦理、利益和安全

2. 人工智能全球治理的国际软法优势。一是具有较强的灵活性和适应性。软法不必经历传统意义上较为严格且繁复的法律制定程序，因而能够较快地予以制定实施，与硬法相比往往更具时效性、灵活性、适应性。在这样一个人工智能领域国际竞争激烈的时代，大部分国家通常并不愿意通过先发制人的立法监管来阻碍人工智能技术创新与分享，世界各国更倾向于通过建议、指南、最佳实践、行为准则等国内软法尝试解决人工智能伦理风险等问题。在国际层面亦是如此，灵活高效的国际软法能够充分适应人工智能技术创新发展和国际共享的内在属性，避免因国际硬法的硬性、刚性等特征造成制度性技术壁垒，且其制定实施环节的成本低于国际硬法，该方式更易得到世界

各国的认可和接受。二是调整适用范围更广。相对于国际硬法，国际软法不受特定规则制定部门授权的约束，其调整适用范围能够涵盖大部分人工智能技术领域，并且不限于特定的法律管辖区域，因而更具国际普遍适用性。三是科学有效的治理方式。当前，人工智能技术的发展总体上仍处于弱人工智能阶段，大多数人工智能技术的使用风险仍在可控范围以内，国际软法所具有的非强制、重协商、灵活适用等特性更适于对人工智能技术伦理进行分级分类管理，有利于对人工智能技术风险的分层应对、区分治理。

3. 人工智能全球治理的国际软法挑战。一方面，人工智能国际软法缺乏法律约束力。当前在人工智能治理领域世界各国鲜有国际硬法的提议与协调，大部分国家仍主要依靠不具有强制法律效力的国际软法来维持合作，但是仅借助于国际软法无法有效保证各国所作承诺的可信性和有效性，使得人工智能全球治理与国际合作处于不稳定的状态。尤其当个体利益与集体利益相悖时，国际软法缺少约束力和执行力的弊端更为突出，一些国家很有可能会违反国际软法中的相关承诺以优先满足其自身需求。例如，虽然近年来联合国发布了《我们的共同议程》《全球数字契约》等具有指导意义的数字经济发展倡议或建议，但是仍无法阻止欧美一些国家在数字贸易领域滥用"安全例外"条款变相实施贸易保护主义，因此亟需通过国际硬法来抑制各国可能采取的背弃策略。

另一方面，人工智能国际软法执行适用困难。人工智能问责制度是指明确人工智能系统的设计者、运营者及用户等行为主体所应当承担的责任。然而人工智能系统所具有的自动性、复杂性、自适应性使得明确行为主体责任变得十分困难，面对人工智能运行程序中包括设计者、制造商、运营商、用户等在内的多方行为主体，难以建立起权责清晰的多层级责任划分制度。例如《人工智能伦理问题建议书》第42条"责任和问责"规定："……人工智能行为者根据其在人工智能系统生命周期中的作用来承担。"然而，该条款并未对各人工智能行为主体的具体作用进行明确区分和具体描述，使得人工智能行为主体责任划分不明，从而难以实现有效问责。另外，国际电信联盟（ITU）作为联合国框架下负责人工智能战略规划和路线图设计的常设机构，其主要职责是协调联合国各机构和世界各国在人工智能治理领域的共同参与，本质上仍是一个促进人工智能领域国际合作的组织协调机构，并不具有人工智能治理的监管权和执法权，所以其执行能力较为有限。

（三）人工智能全球治理的国际硬法渊源

1. 人工智能领域国际硬法的具体表现形式。传统意义上，国际硬法主要是指《国际法院规约》第 38 条规定的国际公约或条约、国际习惯和一般法律原则。[1] 目前，在国际法领域直接规制人工智能的国际规则较为稀缺，而间接规制人工智能的国际规则相对成熟，其中较为典型的是以数字治理为核心内容的数字经济规则，这主要包括两种形式。

一是专门数字经济协定中的人工智能规定。例如，DEPA 第 8 章 "新兴趋势和技术" 之第 8.2 条 "人工智能" 规定，明确提出缔约方应共建以道德规范为底层的 "人工智能治理框架"，倡导人工智能技术发展应当透明、公正、可解释，充分体现了 "以人为本" 的价值观；《新加坡–澳大利亚数字经济协定》（SADEA）第 31 条 "人工智能" 规定重申了人工智能在数字经济领域的广泛应用，要求缔约方共建安全、可信、负责任的人工智能伦理规范框架，并根据数字经济的跨境特性尽可能保证此类框架与国际接轨，为此提出了举办人工智能国际论坛、分享人工智能技术及其治理的有益实践、鼓励学界和工业界加强人工智能合作等具体措施。

二是纳入国际经贸协定的数字贸易规则条款。例如，CPTPP 第十四章 "电子商务"、RCEP 第十二章 "电子商务"、USMCA 第十九章 "数字贸易" 等与人工智能相关的数字贸易规则条款，体现了人工智能在国际贸易领域的最新发展。另外，虽然在国际法中缺少以人工智能为直接规制对象的多边条约，但是近些年来人工智能双边协议渐次出现。例如，2023 年 1 月美国国务院与欧盟委员会签署的《人工智能促进公共利益行政协议》，就人工智能技术在气候变化、健康医学、自然灾害、农业等领域的合理使用作出规定，希望通过加强人工智能领域的国际合作应对人类所面临的全球性风险和挑战。

---

〔1〕 See Kenneth W. Abbott, Duncan Snidal, "Hard and Soft Law in International Governance", *International Organization*, Vol. 54, No. 3., 2000.

表 4　人工智能领域的主要国际硬法

间接规制人工智能的国际规则	专门的数字经济协定	《数字经济伙伴关系协定》（DE-PA）第 8 章"新兴趋势和技术"之第 8.2 条"人工智能"规定		《新加坡—澳大利亚数字经济协定》（SADEA）第 31 条"人工智能"规定
	数字贸易规则条款	《全面与进步跨太平洋伙伴关系协定》（CPTPP）第十四章"电子商务"	《区域全面经济伙伴关系协定》（RCEP）第十二章"电子商务"	《美墨加协定》（USMCA）第十九章"数字贸易"
直接规制人工智能的国际规则	以人工智能为直接规制对象的多边条约	暂时位缺		
	人工智能双边协议	美国国务院与欧盟委员会签署的《人工智能促进公共利益行政协议》	美国与印度签署的《关键和新兴技术倡议》	日本与印度签署的《芯片制造合作协议》

2. 人工智能全球治理的国际硬法优势。法律内容和法律后果明确是国际硬法的主要优势，有约必守原则是国际硬法的基本准则。[1]尤其在以规则为基础的国际法体系中，相较于国际软法较为分散、松散的治理结构，国际硬法更有利于在人工智能领域构建诚信可靠的国际合作框架，联合各利益攸关方共同制定有关人工智能风险治理的全球契约。一是国际硬法具有强制法律约束力，在人工智能全球治理实践中会比只有事实效力的国际软法更具正当性、影响力和执行力，能够有效保证规则的实施适用效率。二是国际硬法具有较强的稳定性与可靠性。相较于由国际组织等非国家行为体拟制的国际软法，由国家间共同拟制的国际硬法其合作基础更加牢固，在权利义务的承诺与执行等方面具有更强的可信性、稳定性和可靠性。特别是在人工智能的透明度、问责制、关切人类福祉（人权保护）等普遍性技术议题领域，更需要通过国际硬法筑牢伦理规范基础，为人工智能技术的规范合理使用和持续健康发展提供坚实法律支撑。

---

〔1〕　参见徐崇利：《全球治理与跨国法律体系：硬法与软法的"中心—外围"之构造》，载《国外理论动态》2013 年第 8 期。

3. 人工智能全球治理的国际硬法作用。一般而言，国际软法的灵活性创制方式及其制度安排上的弹性较为适合事务性国际关系，而国际硬法的精准性、稳定性和强制性更加适合基础性国际关系。[1]对于一些进步和更新速度较快的人工智能技术领域，相较于传统国际法（国际硬法），国际软法实施起来更有弹性且便于修改，所以更加适合利用其进行规制。但是，对于各国之间建立长期稳定的人工智能"合作共存"关系，显然更加依赖稳定可靠的国际硬法。另外，对于一些与人类生产生活密切相关的人工智能技术领域，例如智能驾驶等，在时机成熟时也可考虑借助国际硬法加以规制，推动人工智能技术向善。可以说，国际硬法更加适合开发周期较长、适用场景一致、具有国际通行评价标准的人工智能关键技术领域。

（四）人工智能监管立法的国际实践经验

1. 欧盟人工智能监管立法经验。目前，部分国家和地区的人工智能监管国内法或域内法发展较为迅速，其中欧盟是典型代表。2018 年，欧盟相继出台《欧洲人工智能战略》和《人工智能协调计划》，勾勒出人工智能发展战略框架；2020 年 2 月，欧盟发布《塑造欧洲的数字未来》和《人工智能白皮书》两份文件，重点关注人工智能在公共领域的发展及其风险化解，并提出欧盟建设数据敏捷型经济体以及建立"数字单一市场"，以提升欧盟人工智能产业的国际竞争力；2023 年 6 月，欧洲议会批准《人工智能法案》，成为全球首部综合性人工智能监管法案，该法案针对人工智能风险进行了系统科学分类——从轻微风险、有限风险、高风险到不可接受的风险，为人工智能制定了一套覆盖全过程的风险规制体系，其主要目的是防范人工智能对人类健康和安全构成威胁，捍卫人的基本权利和尊严。对他国而言，《人工智能法案》提出的风险分类、负责任创新和实验主义治理等思路具有一定的借鉴意义。[2]

2. 美国人工智能监管立法经验。2022 年 10 月，美国白宫发布的《人工智能权利法案蓝图》可视为其人工智能治理的一个重要阶段性成果，《人工智能权利法案蓝图》提出了在人工智能技术开发和使用过程中所应当遵守的五

---

〔1〕　参见江河：《从大国政治到国际法治：以国际软法为视角》，载《政法论坛》2020 年第 1 期。

〔2〕　参见刘洋、李益斌：《愿景政治视角下人工智能规范的"欧洲方案"研究》，载《当代世界与社会主义》2023 年第 4 期。

项基本原则，目的是保护公民的自由、权利和隐私，使公众免受人工智能技术可能带来的伤害，后续美国政府拟在此基础上完善相关实施细则，加快建立起较为完备的人工智能法律规范体系。[1]2023年1月，美国国家标准与技术研究院（NIST）公布《人工智能风险管理框架》，旨在减少和避免人工智能系统安全风险，提高人工智能系统的安全性、可靠性和可信度，发挥人工智能巨大的潜在价值利益。2023年3月，美国商会人工智能委员会发布《人工智能委员会报告》，进一步提出应当基于效率、中立性、比例性、共治性、灵活性五大原则，构建协调统一、风险可控的人工智能监管治理框架，以加强防范人工智能技术风险和安全威胁。

三、人工智能全球治理的国际法风险挑战

（一）国际政治安全风险

1. 国际战略博弈加剧。在国际战略博弈中，参与者往往通过特定的外部环境分析来判断竞争对手的意图和心理，从而采取对其有利的博弈策略。人工智能技术进步所带来的科技鸿沟可能使得技术落后的国家在国际战略博弈中处于劣势而遭受国际政治安全风险。[2]由于当前国际战略博弈涉及领域广泛，各种要素相互叠加形成的系统效应（System Effect）远远超出了人类现有的思维范畴，仅依靠政治家的直觉和判断已然无法满足日益复杂多变的国际形势需求，这种不完全信息（Incomplete Information）博弈形态为以人工智能为代表的科技技术的介入创造了条件。[3]首先，人工智能系统借助数据分析、信息挖掘、情报检索等大模型运算，能够使国际战略决策由一种对事实的主观判断转换为精确的数据分析，实现更加精确的风险评估和预判，不断提升战略决策的科学性和准确性。其次，人工智能深度学习算法能够紧随国际战

---

〔1〕《人工智能权利法案蓝图》将保护公民权利和隐私视为核心宗旨，并提出了五项基本原则：（1）建立安全和有效的系统；（2）避免算法歧视，以公平的方式使用和设计系统；（3）保护数据隐私；（4）系统的通知和解释要清晰、及时和可访问；（5）设计自动系统失败时使用的替代方案、考虑因素和退出机制。

〔2〕参见余南平：《新一代通用人工智能对国际关系的影响探究》，载《国际问题研究》2023年第4期。

〔3〕参见封帅：《人工智能时代的国际关系：走向变革且不平等的世界》，载《外交评论（外交学院学报）》2018年第1期。

略博弈的发展态势，提供不同于人类惯常思维的战略选项，这种基于算法的战略决策更加系统科学，能够根据对方的战略决策倾向制定完备的应对方案，从而保证战略决策的针对性和有效性。最后，在国际战略博弈中，人工智能系统能够最大程度排除人为因素干扰，增强国际战略决策的稳定性和可靠性。可以预见，随着人工智能系统在国际战略博弈中的作用日益提升，世界各国不得不参与到人工智能技术国际竞争中来，但是资本和技术落后的国家与少数发达国家相比处于明显劣势，人工智能技术竞争可能会加速国际战略博弈的失衡，国家间的战略博弈能力差距将会进一步拉大，进而引发更加严重的国际政治安全风险。

2. 数据霸权和算法独裁。目前，数据和算法是人工智能的两大基石，国家治理对人工智能的依赖主要源于数据和算法两个方面，但是数据和算法现在主要由少数巨型企业掌控。[1]在国家对于数据和算法依赖程度日益增强的情况下，一旦巨型企业利用数据和算法优势实施数据霸权或算法独裁，势必会对由国家主导的全球治理秩序产生较大冲击。[2]

一方面，在大数据时代，伴随数据在各个行业领域应用程度的不断加深，其战略资源属性日渐凸显，掌握了数据资源优势的主体在全球治理中的影响力和话语权也由此显著提升。[3]特别是一些掌握了海量数据的大型互联网平台企业，随着其在国家治理中的影响力不断增强，导致权力不对称现象日益

---

[1]　近年来，伴随人工智能技术的快速发展和广泛应用，拥有人工智能技术优势的少数巨型企业在全球治理中的作用显著增强，逐渐成为人工智能全球治理体系的重要参与主体。从历史视角来看，1648 年欧洲《威斯特伐利亚和约》的签订，不仅结束了席卷欧洲长达三十年的战争，更是推动了威斯特伐利亚体系的形成，标志着民族国家开始登上历史舞台，从此确立了国家主权至上的国际法基本原则。此后，国家在国际社会中的影响力不断上升，逐渐成为国际社会中最为重要的行为主体，以国家为主体的全球治理体系日渐形成并处于不断变革之中。21 世纪以来，伴随互联网技术的成熟和大数据时代的到来，人工智能技术不断取得重大突破，人工智能在全球治理中的应用场景不断拓展、应用程度不断加深，现已成为推动全球治理体系变革的重要力量。人工智能在提升全球治理能力的同时，也使得数据和算法在全球治理中的重要性日渐凸显，那些拥有数据采集、存储、加工、分析和算法研发等技术优势的少数巨型企业在全球治理中的参与度、影响力和话语权不断提升，现已成为全球治理体系中的重要主体。

[2]　参见殷继国：《人工智能时代算法垄断行为的反垄断法规制》，载《比较法研究》2022 年第 5 期。

[3]　参见刘叶婷、唐斯斯：《大数据对政府治理的影响及挑战》，载《电子政务》2014 年第 6 期。

突出，或将对国家和社会治理构成挑战。[1]此外，目前已有一些巨型企业搭建完成人工智能底层模块，以此为基础设计和运行的应用程序能够收集来自全球的数据，从而可为企业自身或其本国政府带来巨大收益，这些巨型企业凭借数据霸权地位成为跨国界的隐形"超级政府"，显然会对由国家主导的全球治理秩序产生重大影响。

另一方面，人工智能技术进步主要源于算法技术的重大突破。随着人工智能算法在国家治理领域的深度应用，智能治理作为一种新型治理方式逐渐兴起，国家在利用这种新型治理方式提高治理效能的同时，也对人工智能算法产生了更多技术依赖。目前，人工智能算法的核心技术依然由少数巨型企业掌控，这些企业很可能会利用算法的不公开性、不透明性、不可解释性等特点，在技术开发外衣的掩饰下开展算法独裁，为其攫取巨额利益。而算法独裁中隐藏的不公平和不公正可能会对现有的全球治理秩序造成破坏，而实施算法独裁的主体一般是具有全球影响力的巨型跨国企业，这将严重影响国际政治安全形势。

3. 人工智能技术垄断。人工智能作为科技创新加速器，可以为技术领先的国家带来国际竞争优势，不过人工智能技术进步需要大量的前期投入，尤其是算力算法等方面的技术积累。然而，目前世界各国在人工智能领域的投入差距很大，全球范围内人工智能技术发展存在着严重的不平衡现象。人工智能所具有的创造力特性能够使率先使用该技术的国家缩短技术迭代周期、加快科技创新步伐，从而占据国际竞争的科技制高点。如果该循环增强的人工智能发展逻辑确实成立，那么少数大国很有可能会利用人工智能实行技术垄断、技术封锁、脱钩断链，以保证其持续获得大量的财富和利益，巩固其在全球经济中的主导和支配地位。该做法不仅会侵蚀国际合作根基，威胁全球产业链、创新链、供应链安全稳定，更会给世界经济带来巨大的风险和不确定性。[2]可以预见，人工智能技术垄断将会进一步加剧全球财富分配的两

---

[1] 参见梅立润：《技术置换权力：人工智能时代的国家治理权力结构变化》，载《武汉大学学报（哲学社会科学版）》2023年第1期。

[2] 例如2022年2月，欧盟委员会公布了《欧盟芯片法案》；2022年8月，美国总统拜登签署《2022年美国芯片与科学法案》。通过发布芯片法案，美欧不仅对芯片研发进行扶持，而且希望借此实现对抗中国的目的，这是以美欧为首的发达国家遏制中国科技发展的一个典例。

极化，引发更加严重的全球贫富分化与不平等问题，全球经济复苏和均衡发展也将面临更加严峻的考验。

4. 人工智能规则霸权。人工智能技术的快速发展和广泛应用给法律和监管带来新的挑战。由于人工智能技术的特殊性和复杂性，现有的法律法规和监管模式已无法完全适应人工智能带来的风险挑战，亟需制定和完善与人工智能特点相适合的伦理准则、技术标准、法律制度和监管体系，以切实维护社会公众利益，保障人工智能健康可持续发展。但是，在人工智能规则的制定上，技术领先的少数发达国家拥有绝对优势，技术和经济发展水平相对滞后的广大发展中国家处于不利地位，只能被动地接受少数发达国家制定的人工智能规则。特别是在数据保护、数据跨境流动、算法设计和运行等方面，欧美发达国家凭借强大的技术优势而拥有规则制定主导权，近年来由其设计和制定的人工智能规则体系逐渐完善，对技术落后国家实施规则霸权的可能性日渐增大。[1]例如，美国长期奉行"长臂管辖"原则，2018 年通过的"云法案"为其获取他国数据和境外执法能力扫清了制度障碍，体现了规则霸权的不公平和不公正，破坏了国际法和国际关系基本准则，给全球安全和稳定带来了负面影响。[2]

（二）国际经济安全风险

1. 新一轮国际贸易摩擦加剧。人工智能能够为国际贸易提供更加高效、便捷、精准的管理和服务，人工智能的智能化、自适应性、快速处理等特点深刻改变了传统的贸易方式和贸易格局。CPTPP、DEPA、USMCA 等新一代自由贸易协定建构的国际高标准数字经济规则体系，在无形中增加了跨境数字贸易的制度壁垒，当前谁能够在数字贸易规则制定中掌握话语权和主导权，谁就能在人工智能时代的国际贸易领域占得先机，而全球范围内不同经济发展水平国家之间的贸易鸿沟也将由此进一步拉大。[3]另外，跨境数字贸易的

---

〔1〕 参见张东冬：《转向"数字霸权"：美国国家人工智能战略及其国际影响》，载《当代世界与社会主义》2020 年第 5 期。

〔2〕 参见殷德生：《中国数字经济走向世界的隐忧，缺主导权和话语权》，载 https://www.thepaper.cn/newsDetail_forward_10267178，最后访问日期：2025 年 6 月 4 日。

〔3〕 参见韩永辉等：《秩序重构：人工智能冲击下的全球经济治理》，载《世界经济与政治》2023 年第 1 期。

兴起使得一些传统货物贸易的规制、规则、标准已不再适用，况且当前各国对于人工智能在国际贸易领域的应用存在着不同的技术标准和法律要求。总体上，由于缺少协调统一的国际规则，在国际贸易领域尤其是跨境数字贸易中可能会出现国家间规制壁垒和摩擦加剧的情况。

2. 全球结构性失业风险。以人工智能为底层技术的自动化生产会造成劳动力需求明显下降，不同于因生产规模下行导致的周期性失业，由人工智能技术进步引发的失业是一种全球结构性失业。人工智能技术领域资本的大量涌入将会加速现代科技替代劳动力需求的进程，结构性失业人群短期内很难获得新的工作，因为之前胜任的工作已被人工智能技术取代，而适应新的岗位需要较长的学习和培训周期。可以预见，劳动密集型行业和部分信息服务业将最先被人工智能技术取代，而随着人工智能技术应用领域的不断扩张，将来还会有更多工作岗位被人工智能技术取代，失业人口和规模将会越来越大，失业时间将会越来越长，这种全球结构性失业风险无疑会对国际经济社会稳定带来不利影响。

3. 数据跨境流动规制存在冲突。目前，国际社会对于数据跨境流动还未在治理理念和原则上达成共识，数据跨境流动规则制定也处于探索阶段，尤其在数据保护、境外管辖权、数字服务税等核心敏感领域仍存在着较大分歧。[1]由于当前各国采取了不同的数据保护措施或法律规定，这种制度差异在一定程度上形成了规制壁垒，不仅阻碍了数据跨境自由流动，也不利于跨境数字贸易持续健康发展。例如，美国、欧盟数字产业发达，所以一贯主张数据跨境自由流动，并积极构建由其主导的数据跨境流动"朋友圈"和规则体系。而多数发展中国家更多地考虑自身数字产业发展和国家安全利益，所以多是要求数据本地储存，或对数据跨境流动进行较为严格的限制。总体而言，各国之间关于数据跨境流动的规制差异使得数据跨境流动合作治理困难，甚至在规则制定上呈现出政治化和阵营化倾向。另外，跨境数据流动涉及大量隐私数据和敏感信息，特别是在跨境数字贸易中积累了海量数据，由此易引发用户隐私泄露、核心技术泄露、数据信息滥用、侵犯商业秘密等信息安全

---

〔1〕 参见李墨丝：《WTO 电子商务规则谈判：进展、分歧与进路》，载《武大国际法评论》2020年第 6 期。

问题。

（三）国际军事安全风险

1. 人工智能军事伦理道德问题。近年来，随着人工智能技术在军事领域的深度介入，无人作战武器广泛参与战争成为可能和趋势，完全自主的致命性武器现已能够做到主动和自动识别打击目标。但是自主武器能否在没有人为干涉的情况下自主决定打击和杀伤目标，至今仍是军事伦理领域亟待探讨和解决的问题。[1]我们知道，人类社会的运行建立在广泛的伦理规范共识基础之上，即使军事行动和战争也要在明确的国际法规制框架下进行。但是，目前的国际法仍主要立足于人类之间的军事战争，对于人工智能武器的应用还未在规范层面达成广泛共识，缺少具有普遍约束力的人工智能军事行动国际法原则和规则。一旦战场上出现人工智能武器自主对人类进行大规模杀伤的情况，这种军事行动的合法性界限究竟在哪里？人类社会伦理、科学技术伦理、军事行为道德、国际法律秩序都将面临重大考验。

2. 人工智能战争人权保护问题。纵观人类历史，但凡战争总避免不了伤亡，其中既有战斗人员伤亡，也有非战斗人员伤亡，随着人类社会文明进步，人们也越来越关注战争中的非战斗人员伤亡问题。[2]国际法领域开始对战争限度进行规定，并突出对战争中非战斗人员的人权保护，例如1977年的《日内瓦公约第一附加议定书》与《日内瓦公约第二附加议定书》以及之后的各类武装冲突法均对保护平民免受军事行动伤害进行了规定。但是，人工智能武器的出现使得军事行动中的人权保护问题变得复杂起来，人工智能武器不同于普通士兵，与传统意义上的常规武器也有着本质区别，当战场上的人工智能武器错误地对平民和非军事目标发动攻击并造成非战斗人员伤亡时，是否属于对国际法区分原则的破坏和对人权的侵害，[3]人工智能武器误伤无辜平民的袭击行为应由哪些主体承担责任以及如何赔偿，人工智能武器的使用是否应当严格遵循国际人道法和国际人权法的相关规定？这些战争中的残酷现实问题都亟待从国际法层面作出明确回应。

---

〔1〕 参见张卫华：《人工智能武器对国际人道法的新挑战》，载《政法论坛》2019年第4期。

〔2〕 参见周江：《论武装冲突法中的区分原则》，载《现代法学》2012年第3期。

〔3〕 See Kjølv Egeland, "Lethal Autonomous Weapon Systems under International Humanitarian Law", *Nordic Journal of International Law*, Vol. 85, No. 2. , 2016.

3. 人工智能武器技术安全风险。一方面，算法与数据是人工智能技术发展的两个关键要素，其中算法终究是由人编写完成的，所以并无法完全保证程序的安全、可控、可信。[1]另外，人工智能技术依赖大数据，数据质量也会影响算法判断。然而，在当前全球军事竞争博弈日益加剧的状况下，各国对于军事数据的获取、加工、储存和使用都存在着不同程度的质量风险。而数据是人工智能算法判断的关键要素，这将会影响军队运作的稳定性以及人工智能武器的可控性，并对人工智能时代下的全球军事安全带来较大风险。另一方面，伴随人工智能武器的开发应用，国际社会还面临着严峻的反扩散问题和挑战，一些极端组织和恐怖势力有可能通过各种途径获得人工智能武器，从而对国际和平与安全产生威胁。[2]概言之，人工智能是一种模拟人类智能的技术和方法，其运作依赖于特定的计算机程序和软件，而在万物互联的世界里，人工智能武器的扩散风险要远远大于常规武器。

四、人工智能全球治理的国际法规制路径

（一）"中心—外围"模式下国际硬法与国际软法协同共治

1. "中心—外围"模式下国际硬法与国际软法的运作机制。当前在以国际软法为主、国际硬法相对缺失的人工智能全球治理领域，为了促进人工智能全球倡议的可执行性、维护人工智能国际合作的稳定性以及构建以规则为基础的人工智能全球治理体系，可以探索建立人工智能国际软法与国际硬法协同共治的"中心—外围"模式。[3]"中心—外围"治理模式是指在人工智能国际法规制体系中：一方面，国际硬法居于体系构造的中心，充分发挥其所具有的造法性、正当性、稳定性和强制性等特点，确保参与人工智能全球治理体系建设的各方主体作出可信承诺，增加人工智能国际权利义务的可预见性和法律约束力，提高人工智能国际合作的稳定性和有效性，构建稳定、透明、非歧视的人工智能治理框架和标准规范；另一方面，国际软法位于体

---

〔1〕 参见高奇琦：《人工智能：驯服赛维坦》，上海交通大学出版社 2018 年版，第 8 页。

〔2〕 参见杨成铭、魏庆：《人工智能时代致命性自主武器的国际法规制》，载《政法论坛》2020 年第 4 期。

〔3〕 See Michael Byers ed., *The Role of Law in International Politics*：*Essays in International Relations and International Law*, Oxford University Press, 2000, p. 337.

系构造的外围，利用其所具有的事实效力以及灵活高效、适应性强、开放友好等治理功能上的优势，[1]补充国际硬法的不足和缺陷，辅助国际硬法平衡和维持人工智能全球治理体系的高效运转。

2. "中心—外围"模式下国际硬法与国际软法的内在关系。在协同共治的"中心—外围"模式下，国际硬法治理与国际软法治理并行不悖，国际硬法可为人工智能国际合作提供具体的权利、义务、责任、救济法律依据，将各国人工智能治理中的有益规制经验进行集中统一，改善当前分散化、松散化、碎片化的人工智能全球治理结构，使人工智能全球治理更具确定性、稳定性和保障性。由此，国际硬法可将国际软法中的一些倡议和理念转变为现实（软法硬化），保障实现国际软法的宣示、倡导、沟通、协调作用。而国际软法可以弥补国际硬法缺乏灵活性、适应性、互动性等弊端，对国际硬法规制中的不足进行必要补充，通过采取共同章程、共同愿景、共同行动、普惠协定、统一示范文本等方式化解不同国家间的规制壁垒，加强人工智能国际合作（硬法软化），推动构建由多元主体参与的人工智能全球治理体系。可以说，协同共治的"中心—外围"治理模式集中体现了国际硬法与国际软法之间相互协作、优势互补、共同发展的内在逻辑关系。

3. "中心—外围"模式下国际硬法与国际软法的实施路径。在"中心—外围"治理模式下，可采用对人工智能技术领域分层分类的办法以实现国际硬法和国际软法的协同共治。其中，对于人工智能全球治理中的透明度、问责制、关切人类福祉等普遍性技术议题，以及高层次、普适性较强的数据、算法、算力等重大核心技术问题，可由各国协商共同制定国际硬法来规制，对人工智能技术给予较强力度的底线约束，提高人工智能技术的安全性、稳定性、可控性和可靠性；而对于人工智能具体应用场景中的个性化问题，以及短期内难以形成统一国际规则或标准的复杂敏感技术领域（伦理规范原则等），可利用国际软法提供具有一定弹性空间和指导意义的韧性规范，在最大限度上凝聚国际共识并率先搭建起治理框架，为今后相关国际规则的制定和完善奠定基础、创设路径。

---

〔1〕　See Francis Snyder, "The Effectiveness of European Community Law: Institutions, Processes, Tools and Techniques", *The Modern Law Review*, Vol. 56, No. 1. , 1993.

4. "中心—外围"模式下多利益攸关方的人工智能国际合作。《全球人工智能治理倡议》希望各国加强沟通对话，促进多利益攸关方深入参与治理事宜，持续推动全球人工智能治理进程。在"中心—外围"模式的国际法框架下，多利益攸关方参与人工智能全球治理主要包括两大方面。

一是完善人工智能国际规则体系。基于各国社会历史文化、经济发展水平等方面的差异，以及对于人工智能技术发展在思路、方法、规制等方面的不同，现已形成了各具特色、水平不一的人工智能生态，相互间所采取的人工智能治理策略大相径庭。对此，各国需要加强沟通、对话与合作，分享彼此的最佳操作实践和立法经验，在全球范围内加快形成普适性、统一性、确定性的人工智能国际规则体系。特别是针对当前人工智能治理领域的技术垄断、规则霸权、结构性失业等亟待解决的全球性问题，需要在反映各方意愿、尊重各方利益的基础上由各国共同制定和完善相关国际规则，借此有效防范和应对人工智能全球性重大风险和挑战，提升人工智能全球治理水平和能力。

二是建立人工智能国际合作框架。为有效应对人工智能全球性挑战，需要以国际软法为沟通桥梁和有利载体，不断加强多利益攸关方之间的人工智能国际交流与合作，推动形成人工智能全球治理的广泛共识，并在此基础上建立人工智能全球治理合作框架，为实现人工智能多元主体协同共治奠定基础、创造条件。[1]此外，为保证以《全球人工智能治理倡议》为代表的人工智能国际软法的可信度和执行力，可在多利益攸关方共同商议下适时成立全球性的人工智能国际治理机构——人工智能全球治理委员会，并赋予其一定的监管职能和执法权力，确保相关人工智能国际承诺或国际义务的严格履行，助力人工智能全球治理体系建设。总之，多利益攸关方只有加强国际交流与合作，构建互利共赢的人工智能规则体系与合作框架，才能有效弥合人工智能领域的数字鸿沟、信息鸿沟、技术鸿沟，才能真正形成人工智能全球治理合力。

---

〔1〕 参见陈伟光：《关于人工智能治理问题的若干思考》，载《人民论坛·学术前沿》2017 年第20 期。

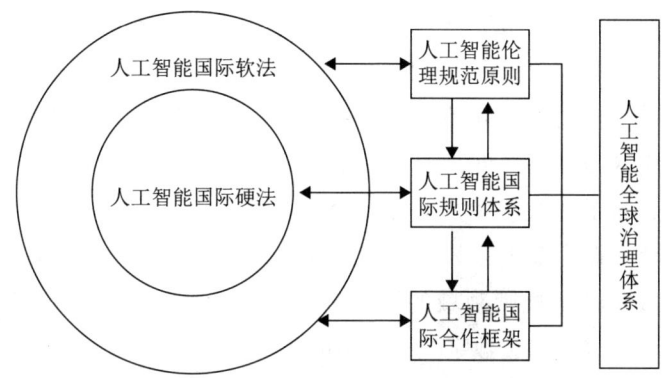

图 2　"中心—外围"国际法模式下人工智能全球治理体系构建逻辑框架

（二）积极参与和推动数字经济国际规则体系构建

1. 完善"一带一路"数字经济规则，扩大数字经济制度型开放。截至2022年底，中国已经与17个国家签署"数字丝绸之路"合作谅解备忘录，与23个国家建立"丝路电商"双边合作机制，数字经济现已成为"一带一路"建设的新动能。中国作为"数字丝绸之路"倡议的提出者和践行者，应在最新发布的《"一带一路"数字经济国际合作北京倡议》的指引下，以"数字丝绸之路"建设为契机，不断强化与沿线各国的数字经济规则共识，携手沿线各国共同制定和完善"一带一路"数字经济规则，这不仅能为"一带一路"数字经济合作发展提供坚实有效的法治保障，也能为构建全球数字经济规则体系发挥示范引领作用。同时，在国内须利用好自由贸易试验区、海南自由贸易港等对外开放新高地，在有条件的自由贸易试验区和海南自由贸易港先行对接 CPTPP、DEPA 等新一代自由贸易协定，"先行先试"国际高标准数字贸易规则，加大对数据跨境流动、数据知识产权保护等敏感核心数字领域的制度创新压力测试，稳步扩大数字经济规则、规制、管理、标准等制度型开放，从而增强中国参与数字经济国际规则制定的话语权和影响力，积极抢占全球数字经济规则制高点。

2. 推动区域数字经济协定谈判，提升数字治理的广度和深度。一是要加快推进 CPTPP、DEPA 等自由贸易协定谈判进程，通过主动对接国际高标准数字经济规则，形成更大范围、更宽领域、更深层次的数字经济开放格局。二是要借鉴"美式模板""欧式模板"等区域贸易协定的数字经济规则条款制定经验，对"中式模板"区域贸易协定进行必要的更新升级，进一步拓展其数字经济议题的覆盖范围，及时补充和完善源代码、数据保护、数字税收、数字产品非歧视待遇等新兴领域规则条款。三是可在"中式模板"区域贸易协定中尝试引入 DEPA 高度自由的模块化协定文本模式，增加数字经济规则条款的弹性，给予相关主体对数字经济规则条款一定的自主选择适用空间，从而形成灵活、循序渐进的数字经济规则谈判机制，提升"中式模板"区域贸易协定在数字经济规则领域的国际影响力和竞争力，力争早日形成全面、务实、开放、包容的多边数字经济合作框架。

3. 加强数字经济立法工作，完善数字经济法律法规。一是要推动国内立法与国际接轨。对标 CPTPP、DEPA 等国际高标准数字经济规则并借鉴国际有益实践经验，强化国内数字经济立法与国际规则的兼容性，构建与国际接轨且具有中国特色的数字经济法律制度体系。二是要重视新兴领域立法。应紧随数字经济最新发展趋势，完善国内信息网络和数据安全法律法规，为源代码、数据保护、数据跨境流动、政府数据公开、数字服务税等数字经济领域核心敏感议题提供相应法律依据，在法治轨道上推动数字经济健康可持续发展。三是要加强风险监管立法。面对日益严峻的数字经济市场风险，需要通过法律加强数字经济市场监管，严格规范企业特别是巨型互联网平台企业的数据采集、处理、分析和使用等行为，防止这些企业利用手中的大量数据从事不正当经营，尤其是凭借数据垄断地位实施数据霸权、算法独裁等侵害个人隐私和危害国家安全利益的行为。

(三) 加强人工智能武器领域人权保护国际法规制

1. 践行构建人类命运共同体理念。为了防止人工智能武器伤害甚至灭亡人类的风险，充分保障人的生命权、生存权、健康权等基本人权，决不能赋予机器自主攻击伤害人类的权利。与之相适应，构建人类命运共同体理念立足于"以人为本"的核心价值立场，要求以"人"为主体视域，以人类的共同价值作为主体行为选择的依归，寻求维护人类社会安全和谐与可持续发展的最佳制度和伦理规范，这为保护基本人权提供了理念、格局和规范意义上的指导。[1]

---

〔1〕 参见李寿平：《人类命运共同体理念引领国际法治变革：逻辑证成与现实路径》，载《法商研究》2020 年第 1 期。

所以，我们要把构建人类命运共同体理念作为规制人工智能武器作战以及完善相关国际规则的基本遵循，加强人工智能武器使用中的人权保护。在具体实践中，中国作为世界上唯一持续制定和实施四期国家人权行动计划的大国，应率先为人工智能武器系统创设人权底线，体现人类对人工智能武器的绝对控制。例如，可将"依附于人"的程序模块作为人工智能武器研发使用的硬性法律条件，通过法律规定任何不具有"依附于人"操控程序的人工智能武器都将被禁止研发和使用，通过建立和完善人工智能武器审查监督制度，减少和避免人工智能武器可能对人类造成的伤害，将构建人类命运共同体理念嵌入人工智能武器的研发使用及其人权保护之中。

2. 坚持"有意义的人类控制"原则。尽管当前国际社会对于人工智能武器使用尚未形成一致观点，但大部分国家、学者都已就人工智能武器"有意义的人类控制"达成共识。[1]"有意义的人类控制"原则主要包括"有意义的"与"人类控制"两项要素。[2]其中，"有意义的"是指人类能衡量各方面因素作出使用自主武器的决定，但应当符合国际人权法和国际人道法的规定；"人类控制"是指自主武器系统的非直接操作引发了更为抽象的控制关系，所以保持道德规范、明确人类责任非常重要。"有意义的人类控制"深刻阐释了人工智能武器的自主权与人类控制权之间的新型分配秩序问题，不仅强调人类必须保证对人工智能武器自主决策行为的控制，同时重申应重视人工智能武器使用中的伦理规范和人权保护。因此，未来应明确"有意义的人类控制"在人工智能武器领域应用的具体方式，需要将"有意义的人类控制"真正融入国际人权法、国际人道法等国际法之中，作为人工智能武器研发和使用必须遵守的基本法律准则。特别是要明确使用人工智能武器的人的责任，因为人工智能武器的使用终究体现的是人的意志，对于错误攻击伤害结果所应当承担的责任不应转嫁给机器，而是应根据武器系统的整个生命周期和具体使用情况明确相关责任人。

3. 完善人工智能武器领域人权保护国际规则。对于人工智能武器的研发和使用，有关国家与国际组织应加强交流、对话与合作，共同完善与人工智

---

〔1〕 参见冷新宇：《致命性自主武器系统议题下有意义的人类控制原则》，载《国际法学刊》2022年第2期。

〔2〕 "有意义的人类控制"是在2014年联合国《特定常规武器公约》大会上针对自主武器使用所形成的新规范。

能武器使用相关的人权保护国际规则。一是在联合国《特定常规武器公约》机制下达成有关人工智能武器使用以及人权保护的议定书，将人工智能武器确定为禁止或限制使用的武器。以此明确，当人工智能武器用于战争时也需要像其他特定常规武器一样受到法律管辖，应重视对人工智能武器使用的规范性约束。二是在现行国际法治体系下，通过国际人权法和国际人道法加强对人工智能武器使用的法律规制，完善国际人权法和国际人道法中关于人工智能武器使用的细则，以达到人权保护的目的，例如：对现行国际法相关规定作出解释性说明，凝聚国际社会对于人工智能武器合理使用的共识；制定规范人工智能武器使用的规则条款，具体规定人工智能武器使用的对象、条件、方式和范围等，以此约束人工智能武器的任意使用，减少和避免因人工智能武器滥用对无辜者带来的伤害；制定人工智能武器研发、制造和使用的国际统一标准，据此有效控制和避免人工智能武器因技术原因对无辜平民造成的伤害；明确人工智能武器袭击行为违反国际法的相关主体法律责任，并通过国际刑法予以规制，确保法律上的约束力和强制力等。

4. 为人工智能武器领域人权保护贡献中国力量。一方面，在国际社会层面，中国作为联合国安理会常任理事国之一，应遵循《联合国宪章》宗旨和原则，在坚持尊重他国国家主权、核心利益和重大关切基础上，协调各国达成防范人工智能武器风险和加强人权保护的一致理念原则，在具体方案上可以通过多边参与、多方参与、对话协商等方式加强国际交流与合作，携手各国共同完善与人工智能武器相关的人权保护国际规则，为人工智能武器使用中的人权保护提供相应国际法依据。另一方面，在国内监管层面，根据《日内瓦公约第一附加议定书》第 36 条规定："……缔约方有义务断定其所使用的新的武器、作战手段或方法是否符合本协定书或被其他国际规则所禁止。"中国可以以此为国际法依据构建具有自身特色的人工智能武器审查与问责机制，例如通过国家立法制定出台《人工智能武器研发和使用审查条例》，以加强对人工智能武器的法律监管。随着人工智能武器技术的快速发展，其所具有的破坏力、杀伤力越来越强，对人类生存的安全威胁也越来越大，亟需通过法律对其形成规范性约束。中国通过完善国内立法加强对人工智能武器研发和使用的审查监督，既体现了全方位维护和保障人权的原则立场，也彰显了负责任的大国风范，将在国际社会上起到示范作用。

第五章

"双碳"目标下中国完善碳中和立法之路径探索

——积极参与应对气候变化全球治理

2020年,中国提出"力争于2030年前达到峰值,努力争取2060年前实现碳中和"的目标,标志着中国向绿色低碳高质量发展迈出了关键一步。然而,"双碳"目标的实现触及多领域、多行业主体利益,利益的冲突和协调需要凭借法治手段,良好的法治环境是实现碳达峰碳中和的基础和前提。本章在梳理国内外有关应对气候变化的主要法理学说的基础上,创新性地提出将完善碳中和立法融入实现"双碳"目标的全过程,以完备的碳中和立法体系为实现"双碳"目标提供有力法治保障,并以此促进解决影响"双碳"目标实现的深层次矛盾和体制性障碍。但是,目前中国国内碳达峰碳中和法治保障体系建设依然较为滞后,存在着碳中和基本概念和适用范围界定不清、应对气候变化立法碎片化、碳排放管理制度法律缺位、碳排放行政执法管理缺乏协调统一机制、立法进程相对滞后导致政策实施缺乏法律支撑等问题。因此,在立足于本国国情的前提下,积极借鉴国际有益立法经验,以加快实现"双碳"目标为目的,建议尽早制定出台"应对气候变化法",建立系统科学的碳排放管理体制,通过协同立法减少碳中和法律适用冲突,完善配套措施确保碳中和法律的执行力,以逐步建立起接轨国际、协调统一且具有中国特色的碳中和法律制度体系。

完善碳中和立法是推进实现"双碳"目标的必然要求和主要路径,从理论角度分析,碳中和立法属于环境保护立法的广义范畴,传统意义上的环境正义论、法律正义论、社会控制论等理念学说为其建构起基本理论框架。在立法实践中,世界主要国家和地区的碳中和立法存在着一般规律、共性和趋势，这为中国提供了可供借鉴的现实范例。今后可将理论与实践相结合、国际经验与中国国情相结合，尽快通过立法明确应对气候变化的主要原则、管理体制及配套措施，及早建立起与"双碳"战略目标相适应的碳中和法律制度框架。

一、中国碳中和立法现状和主要问题

目前，虽然《中华人民共和国大气污染防治法》《中华人民共和国可再生能源法》《中华人民共和国循环经济促进法》《中华人民共和国森林法》《中华人民共和国建筑法》《中华人民共和国促进科技成果转化法》等有关环境资源保护和利用的法律法规已经制定出台。但是上述立法的主要目的是防治大气污染、保护森林资源、促进科技成果转化等，并非应对气候变化和加强对温室气体排放的控制。因此，中国现有的环境法律体系与应对气候变化的现实需要之间仍然存在一些矛盾。特别是在国家层面，中国还未针对碳达峰碳中和进行专门立法，未制定出台关于"双碳"战略实施的全国性法律。在缺少"总法"的引领、推动和保障的情况下，分散式立法既不利于从整体上规范国家部门、地方政府、企事业单位、公民个人等主体减少温室气体排放的职责，也无法进一步明确"双碳"战略的基本政策、方针和制度，有碍于2030年前碳达峰和2060年前碳中和目标的实现。

世界其他主要国家和地区大多通过立法为其碳中和战略提供相应法治保障。运用法治手段推动实现碳中和现已成为国际社会的普遍做法。[1]与之相比，中国碳中和法治保障体系建设相对滞后，存在着基本概念模糊不清、国家统一立法缺位、监管体制不健全、配套制度不完善、立法与实际相脱节等问题。

（一）碳中和基本概念和适用范围界定不清

根据政府间气候变化专门委员会（IPCC）发布的报告，碳中和是指在尽最大可能采取减排措施后，对于少量难以避免的二氧化碳排放，通过人为二氧化碳吸收实现等量平衡；净零排放是指一个组织一年内所有温室气体排放

---

[1] See Daniel Bodansky, et al., *International Climate Change Law*, Oxford University Press, 2017, pp. 7-11.

与人为吸收之间达到平衡；气候中性是指人类活动对气候系统不造成净影响的一种状态。也就是说，碳中和重在考虑二氧化碳，净零排放涵盖所有温室气体，气候中性除了考虑温室气体净零排放外，还考虑辐射效应等其他影响。不过，全球实践中无论是碳中和、净零排放还是气候中性均是强调所有温室气体的中和，而不仅限于二氧化碳的中和。参照全球达成的《巴黎协定》要求"到本世纪下半叶实现温室气体源的人为排放与汇的清除之间的平衡。"中国的碳中和目标同样需要对标《巴黎协定》，碳中和目标也将涵盖对所有温室气体的有效控制。[1]

对中国而言，从近年温室气体排放数据来看，除二氧化碳以外，包括甲烷在内的非碳温室气体排放量占全球温室气体排放总量的比例也较高，并且单位数量甲烷的全球增温潜势值（GWP 值）是二氧化碳的 25 倍以上。[2]而从应对全球气候变化、各国的碳排放控制措施、实现《巴黎协定》温控目标以及"双碳"目标的相关表述来看，碳中和应理解为温室气体中和，而不仅仅是二氧化碳的中和。然而，当前中国尚未对"双碳"目标所涵盖的温室气体范围进行明确界定，一些科研机构至今仍然主要使用二氧化碳来量化碳中和研究，所提出的路径和建议大多是关于二氧化碳的达峰和有效控制，由此形成的政策措施不免会遗漏非碳温室气体部分，易与"双碳"目标产生偏差。因此，应当尽快从国家层面出台文件确定碳中和的法律定义及其适用范围，以便指导相关减排政策措施的制定、实施与完善。

---

〔1〕　例如，欧盟在其《欧洲绿色协议》中提出了"在 1990 年基础上减少 50%—55%温室气体排放量，在 2050 年左右将欧洲建设成为全球首个'气候中和'的大洲"的目标，并通过《欧洲气候法案》将该目标纳入法律。由此看出，在欧盟的碳中和战略规划中，始终强调的是对包含二氧化碳在内的所有温室气体排放的有效控制。对中国而言，2021 年 4 月中美双方发表的《中美应对气候危机联合声明》中，明确提到双方将加强对甲烷等非二氧化碳温室气体排放领域的合作。同时，习近平主席在 2021 年 4 月 22 日召开的"领导人气候峰会"中指出："中国已决定接受《〈蒙特利尔议定书〉基加利修正案》，加强非二氧化碳温室气体管控……"

〔2〕　荷兰环境评估局（PBL）发布的《全球二氧化碳和温室气体总排放量的趋势报告（2020年）》显示，甲烷现已占到全球温室气体排放总量的 19%，其中在中国温室气体排放量中，近十年来二氧化碳和甲烷的占比分别为 82%和 12%。从中国最新官方公布的温室气体名单中，二氧化碳占比为 81.6%，非碳温室气体占比为 18.4%，其中甲烷的占比高达 10.4%。参见《城市空气质量状况月报》，载 https：//www.mee.gov.cn/hjzl/dqhj/cskqzlzkyb/，最后访问日期：2021 年 6 月 15 日。

（二）应对气候变化立法碎片化

中国现有的与温室气体减排相关的立法涉及污染防治法、能源法、资源法、科技法等多个领域，虽然这些立法都涉及温室气体减排的内容，但囿于各自的立法时机和立法目的，均缺乏对"双碳"目标的统筹考虑，且在内容上彼此分割，未能在节能减排方面实现有效的规则对接和制度协调。在缺少国家立法的统筹引领、总体规划的情况下，中国应对气候变化立法存在碎片化现象，法律适用冲突问题在所难免，必然影响"双碳"战略目标的推进实施效率。

（三）碳排放管理制度存在法律缺位

截至 2025 年 6 月 9 日，中国还未在法律层面针对碳排放管理进行规定，碳排放监管主体的法律地位、主要职能、事权划分、跨地区监管执行以及监管失职所应当承担的法律责任等事项均还未通过立法进行规范，监管体制机制不明已成为影响"双碳"目标实现的制度短板。可以说，中国在碳排放管理领域存在一定的法律空白，导致碳排放管理在现实中缺乏强制力和可操作性，直接影响到碳排放管理效率和"双碳"战略的实施。因此，中国亟需通过立法对碳排放管理予以明确和完善，在法律层面逐步建立起由碳减排计划、碳监测系统、碳预算制度、碳排放标准等要素共同构成的碳排放管理制度。

（四）碳排放行政执法管理缺乏协调统一机制

目前在中国，与温室气体减排相关的法律法规主要是以行业法为主，各监管部门之间存在着职权划分不清、权利义务不明等问题，缺乏协调统一的沟通协作机制，尚难以实现集中统一、全面覆盖、权威高效的碳排放行政管理模式。虽然国家层面成立了应对气候变化领导小组，但其职能还未通过法律予以明确，其协调管理功能尚未得到完全有效发挥。在应对气候变化行政执法方面，目前在应对气候变化问题上有的行政执法部门存在着职权冲突、部门割裂、监管松散、效率低下等问题。对此，需要加快构建跨部门的综合行政执法体制机制，并且通过法律明确各部门的职权边界和具体责任，逐步建立起权责清晰、信息共享、协调联动的综合行政执法新格局，以充分适应碳达峰碳中和的新形势和新要求。

（五）立法进程相对滞后，政策实施缺乏法律支撑

在应对气候变化和控制温室气体排放方面，中国现在主要依靠大量的政

策性文件和部门规章，由于缺乏明确的法律依据，使得这些政策措施大多缺乏法律上的强制约束力，现实中往往被"束之高阁"。应对气候变化立法相对滞后的现状，在一定程度上影响到法律在应对气候变化工作中的权威性、有效性、可预见性，并且在碳排放权交易中也很难为低碳投资者提供长期稳定的投资预期。

二、完善碳中和立法的理论基础

(一) 环境正义论

环境正义论作为一个新兴视域，究竟应当如何理解和界定，一直以来学界众说纷纭。纵观众多论述，分配正义与权利平等是被强调较多的理念和原则。作为正义论在环境领域的集中体现和表达，环境正义论学者关注的是人类在面临环境危机时如何处理好人与人、人与自然之间的关系，这既是环境领域的道德选择问题，也是人与自然和谐共处的内生逻辑问题。[1]质言之，环境问题总会涉及利益分配，环境正义论的出现并不限于调整人与自然的关系，而是为了解决环境利益社会分配的相对不均问题，即在气候环境变化背景下如何协调人与人之间的关系，以实现环境利益分配的公平公正，这是环境正义论的核心价值所在。

20世纪80年代的美国环境正义运动开启了人们对环境正义问题的探索和思考，它的出现不仅标志着西方环境伦理思潮的转向，同时也成为近些年来西方环境保护立法不断向纵深发展的根本动力。[2]1962年，《寂静的春天》一书唤醒了公民的环境质量意识，一系列环境保护立法活动随之产生。[3]1987年，《必由之路：为环境正义而战》一书首次将"环境正义"概念带入大众视野。此后，针对美国环境保护问题，特别是美国当地有色人种所面临的环境困境，一系列环境正义运动相继开展，涌现出了许多环境保护运动旗手人物和代表性著

---

[1] 参见刘湘溶、张斌：《论环境正义原则》，载《思想战线》2009年第3期。

[2] See Andrew Dobson, *Justice and the Environment: Conceptions of Environmental Sustainability and Theories of Distributive Justice*, Oxford University Press, 1998, pp. 20-21.

[3] 参见 [美] 蕾切尔·卡森：《寂静的春天》，吕瑞兰、李长生译，上海译文出版社2014年版，第2~3页。

作。[1]彼得·S. 温茨所著的《环境正义论》将环境正义的实质归结为分配正义,把实现环境正义的希望寄托于"同心圆"理论,认为只有在人与人之间以及人与其他自然物之间结成一张责任之网,环境正义才可能真正得到张扬和实现。[2]

虽然环境正义理论源自美国,但对其的研究并非局限于美国。比如,1997年墨尔本大学以环境正义为主题召开国际会议,来自33个国家和地区的数百位学者共同探讨环境正义理论在现代环境保护中的影响和作用。[3]发展中国家用户,印度学者拉姆昌德拉·古哈提出了发展中国家的国际环境正义问题,深刻阐述了发展中国家在实现环境正义中所面临的不公正待遇,倡议在发展中国家针对特殊贫困群体开展环境保护主义运动,以响应和实现环境正义的号召。[4]

总体而言,环境正义论学者大多将环境正义视为环境利益和环境负担的分配正义。从概念上讲,环境利益是社会群体对环境质量的客观评价以及对良好生态环境的现实需求。日本学者宇都宫深志将环境质量具体划分为关乎人类生存的环境安全、涉及环境污染问题的公共卫生、与美丽和宁静相关的环境舒适性、环境的历史性和文化性、环境的艺术性和文化美五个层次。其中,环境安全和公共卫生关乎人类生存和人们的日常生活,是最基本的环境利益。环境的艺术性和文化美是在物质生活基本满足的情况下更高层次的精神需求。环境正义所追求的则是每个人都能平等地享有良好环境,但并非所有人都能享有五个层次的所有环境。[5]美国哲学家约翰·罗尔斯提出了两个正义

---

〔1〕 例如班杨·布莱恩特组织并参加了一系列环境保护会议,并著有《环境正义:问题、政策与解决办法》一书,最先对环境正义的价值追求与其实现路径进行了探索;罗伯特·布勒德在《美国南部的垃圾倾卸:种族、阶级和环境质量》一书中,根据环境正义的性质,将其划分为程序正义、地理正义和社会正义,以期实现对环境利益的合理分配,被公认为是关于环境正义问题研究最有影响力的学术著作。参见高国荣:《美国环境正义运动的缘起、发展及其影响》,载《史学月刊》2011年第11期;高国荣:《20世纪90年代以前美国环境史研究的特点》,载《史学月刊》2006年第2期。

〔2〕 参见〔美〕彼得·S. 温茨:《环境正义论》,朱丹琼、宋正波译,上海人民出版社2007年版,第10~11页。

〔3〕 Na Ning, Research on Rural Ecological Community Construction from the Perspective of Environmental Justice.

〔4〕 参见刘旭:《印度历史学者拉姆昌德拉·古哈的环境史研究述评》,载《辽宁大学学报(哲学社会科学版)》2014年第4期。

〔5〕 参见〔日〕宇都宫深志:《城市的环境质量与阿美尼梯行政的开展》,肖贤富等译,载〔日〕加藤一郎、王家福主编:《民法和环境法的诸问题》,中国人民大学出版社1995年版,第122页。

原则：一是每一个人在平等自由的体制下均享有不可被剥夺的权利；二是经济社会的平等主要体现在能够维护社会之最不利成员的最大利益。[1]据此可知，首先，生存和生活是最基本的环境利益，需要通过制度给予保障。其次，在机会平等前提下，允许部分人通过个人能力率先满足其对环境舒适性、文化性和艺术性的需求，但是该体制不能损害"社会最不利成员"的环境利益。[2]也就是说，如果一个社会能够最大限度保障所有成员的基本环境利益需求，并给予所有人享有不同层次环境需求的公平机会，同时对"最不利成员"的切身利益予以最大程度上的保护，便可以说环境利益或负担在社会群体中基本实现了分配正义，在该社会生活中环境正义得到了有效实施和集中体现。总之，满足所有人基本环境利益需求、保证每个人追求不同层次环境利益的机会均等和对"最不利成员"的环境利益实行差别保护是环境正义理论成功实践的基本要素。

（二）法律正义论

1. 环境正义属于"基本公正"，应上升为法律正义。首先，现实中并非所有的正义都是法律正义，只有用以解决国家生活和社会生活基本问题的正义才能转化为法律正义，这不包括正义领域一些较高层次的伦理道德规范。[3]其次，法律正义是转化和上升为法律规范的正义，需要借助于成型的制度形式来表现，通过构建制度从而具备一定的成文形式或记录载体，以便于传递人们的意志，便于为世人所理解，便于为世人所遵循。所以，法律正义是一种能够获取实效的正义，是一种法定化的有形正义。[4]正义是否需要转化为法律正义一般取决于两个因素，一是该正义是否属于国家生活和社会生活中的基本公正，此命题关乎人民的生活条件和基本权利，需要通过法律形式予以确认和保护；二是客观上存在符合法律正义并能够发挥其价值的现实国情和社会环境。这里的"基本公正"也可理解为维持人们生存和生活的资源、条件、需求的分配公正，这与约翰·罗尔斯所指的"社会基本有用物品"基本一致。"社会基本有用物品"是人们日常生活不可或缺的东西，关系每个人的

---

〔1〕 参见［美］约翰·罗尔斯：《正义论》，何怀宏等译，中国社会科学出版社1988年版，第5~7页。

〔2〕 参见［美］约翰·罗尔斯：《正义论》，何怀宏等译，中国社会科学出版社1988年版，第8~9页。

〔3〕 参见张恒山：《论正义和法律正义》，载《法制与社会发展》2002年第1期。

〔4〕 参见周旺生：《论法律正义的成因和实现》，载《法学评论》2004年第1期。

基本生存和生活，代表了一种最为普遍的利益，例如"权利自由、人格尊严、财富收入等"。[1]

"环境利益、机会均等和差别保护"是环境正义的主要构成，同样属于国家生活和社会生活中的"基本公正"，反映了最基本的人民生活诉求和价值抉择，是人们所应当享有的基本权利和自由，该"社会基本有用物品"本应实现正义的分配，必须在公正与平等之间达成分配之"善"。所以，在法治中国建设的背景下，环境正义需要通过法律形式来确认和保障，只有将环境正义转化和上升为法律正义才能切实保障社会主体的基本环境权利，才能做到环境利益分配的公平公正。可以说，在全球气候变化背景下，及时完善碳中和立法、构建碳中和法律制度体系已成为推动中国经济社会高质量发展、保护人民生存环境基本利益、追求实现环境正义的必然路径。

2. 碳中和立法是环境正义的法律表达。就法律目的而言，博登海默认为"法律的目的是创设一种正义的社会秩序，正义是法律所追求的永恒目标"。[2]按照他的说法，公平正义是法律的核心价值理念，一个丧失公平正义的规范制度不配被称为法律。古希腊著名思想家亚里士多德认为"法律目的能否实现是衡量法律实施效果的基本准则"。[3]换言之，评价法律目的主要看立法者以法律调整的社会关系是否已达到预期结果。美国法学家罗斯科·庞德认为法律的目的是在资源稀缺的情况下，通过合理分配能够最大限度满足人类生存发展的基本利益需求。[4]

具体到碳达峰碳中和问题，中国"双碳"目标的制定实施是为了实现经济社会健康可持续发展，通过对气候资源的科学规划增加社会整体福利，本质上是对气候资源的合理使用与开发保护，事关经济社会发展全局。因此，"双碳"目标作为人民对美好生活的向往，实现这一目标亟需通过立法确保各

---

〔1〕 See John Rawls, *Justice as Fairness*, Harvard University Press, 2001, pp. 45~46.

〔2〕 ［美］E. 博登海默：《法理学：法律哲学与法律方法》，邓正来译，中国政法大学出版社2004年版，第262页。

〔3〕 ［古希腊］亚里士多德：《政治学》，颜一、秦典华译，中国人民大学出版社2003年版，第97~98页。

〔4〕 参见［美］罗斯科·庞德：《通过法律的社会控制》，沈宗灵译，商务印书馆2010年版，第69~70页。

类社会主体能够合理利用气候资源，以此有效控制温室气体排放、推进绿色低碳转型，在发展低碳经济中平衡好各方利益。与此同时，完善碳中和法律法规还要以公正性为前提，这也是社会成员自愿遵守的重要保障。如果在立法过程中忽视公平公正问题，一些低收入者可能会面临无法应对能源价格上涨、无法支付高价新能源产品等问题，这显然会影响到他们合作的意愿和积极性，不利于碳中和法律制度的应用和实施。所以，在完善碳中和立法的过程中，应当注重体现环境正义的价值理念，要以实现环境正义为其立法目的，因为只有蕴含环境正义理念的法律法规才能得到有效实施，这既是构建碳中和法律制度体系的主要内容，也是通过法律方式应对气候变化、加强自然生态环境保护的题中应有之义。

（三）社会控制论

罗斯科·庞德在其著作《通过法律的社会控制》中认为"文明是各门社会科学研究的出发点，是人类智慧及力量的不断完善和发展，是对外在的物质自然界和内在的人类本性的最大限度控制"。[1]所以，如果人类无法对其内在的本性进行有效控制，也就难以征服外在的自然界，而社会控制是实现对人的内在本性支配力的有效路径。罗斯科·庞德认为，道德、宗教和法律是实现社会控制的主要手段，在法律被创设初期，人们并没有将三者进行实质意义上的区分，相较于宗教在漫长的人类文明史中所担负的社会控制功能，只有当社会伦理发展到一定阶段，道德体系被逐步确立之时，人们才会将法律与道德等同起来，并意识到法律所具有的规范性和组织性特点，是一种可被用于调整社会关系的更加公平公正的手段。[2]对于法律的定义，罗斯科·庞德认为，国家需要通过权力实现对社会的有效控制，避免公共秩序的混乱，法律虽然不是权力本身，但可以使权力的运用更加合法化、程序化、体系化，使其在一个合理的框架下规范稳定有序进行，因此法律是一种能够有效调整社会利益关系，维护和促进人类文明进步的力量。[3]一言以蔽之，法律绝非

---

〔1〕　［美］罗斯科·庞德:《通过法律的社会控制》，沈宗灵译，商务印书馆2010年版，第10页。

〔2〕　参见［美］罗斯科·庞德:《通过法律的社会控制》，沈宗灵译，商务印书馆2010年版，第9~11页。

〔3〕　参见［美］罗斯科·庞德:《通过法律的社会控制》，沈宗灵译，商务印书馆2010年版，第45~47页。

权力本身，作为一种社会控制手段，强制力只是其外表，而保障权力受到合理约束、尊重社会公德和维护公共秩序、促进人类文明进步才是其精神实质内涵。对于法律的任务和价值，罗斯科·庞德认为，一方面，虽然法律并不创造利益，但是通过法律能够承认利益并确定其范围，并为该利益的实现提供强有力的制度保障；另一方面，法律对利益的承认和保护主要通过赋予主张该利益的人以合法权利来实现，以使得该项利益的享有与分担具有充分的法律依据——法律意义上的公平性和正义性。[1]所以，在罗斯科·庞德的社会控制理论中，法律的任务和价值主要在于合理分配社会利益和调整社会利益冲突，通过对利益的合理划分实现法律对社会的有效控制。

对"双碳"目标而言，其本质上属于对气候资源的合理使用与保护，涉及社会民生各个领域，涵盖个人利益、公共利益、社会利益的分配正义。其中，个人利益往往具有倾向个人扩张的自我主张性特点，有时为了满足自身需求会不惜损害他人利益，其本质是一种出于人类本能的、对欲望或要求得到满足的追求。特别是在科技迅速发展和经济规模化的年代，个人利益需求的不断扩张成为人类忽视环境容量和自然生态承载能力，大肆破坏地球气候环境与气候资源的主要动因之一。社会利益是全体社会成员的整体利益，亦被称作"社会整体利益"或"公众利益"，相对于个人利益，社会利益是为了满足社会整体生存和发展的需要而存在的，其需求范围也更加广泛。碳达峰碳中和与经济社会发展和人民健康幸福生活密切相关，属于典型的社会利益。因此，"双碳"目标作为一项符合个人利益、社会利益、公共利益需求的美好愿景，需要通过立法确保各类社会主体合理利用气候资源。对于滥用气候资源对他人利益带来损害的要及时给予补偿，必要时要求责任人承担相应的法律责任，以在"双碳"战略中形成合理的利益分配格局，保障经济快速发展、社会和谐稳定，最终实现气候治理、社会治理的公平正义。

（四）共同构建人与自然生命共同体理念

共同构建人与自然生命共同体理念作为习近平新时代中国特色社会主义思想的重要内容，其内涵是通过加强国际合作共同应对日益严峻的全球生态

---

〔1〕 参见［美］罗斯科·庞德：《通过法律的社会控制》，沈宗灵译，商务印书馆2010年版，第38~41页。

环境问题，以此重塑人与自然和谐共生的关系。其价值在于"以人与自然和谐相处为目标，实现世界的可持续发展和人的全面发展。"[1]健康可持续发展根植于自然界，源自人与自然的和谐共处，任何经济社会的发展都无法离开自然这个基础。所以，在社会主义现代化建设进程中，中国竭力避免"先污染、后治理"模式，坚持奉行绿色发展理念，正如习近平总书记所言，"要正确处理好经济发展同生态环境保护的关系，牢固树立保护生态环境就是保护生产力、改善生态环境就是发展生产力的理念，更加自觉地推动绿色发展、循环发展、低碳发展，决不以牺牲环境为代价去换取一时的经济增长。"[2]在2021年4月22日至23日举行的"领导人气候峰会"上，习近平总书记明确提出，在构建人与自然生命共同体历程中需要坚持人与自然和谐共生，坚持绿色发展，坚持系统治理，坚持以人为本，坚持多边主义，坚持共同但有区别的责任原则。[3]这六个坚持说明了气候治理是全人类共同的事业，是一个关乎全人类命运的重大国际议题，需要各国携起手来共同应对。所以，全球气候治理应当以国际社会普遍认可的国际法为基础，严格遵循《联合国气候变化框架公约》《巴黎协定》等应对全球气候变化国际公约所确立的宗旨、目标和原则，保证各国责任与利益分担的相对均衡，以在全球气候治理中实现环境正义和法律正义。对中国而言，需要将气候治理国际公约中的一般性规定和基本原则适时转化为国内立法，以此践行国际法义务。尤其在"双碳"目标被提上国家议程的今天，完善碳中和国内立法不仅有助于中国切实履行国际公约规定的责任和义务，为全球气候治理贡献更多中国力量，同时还能将人与自然生命共同体理念予以规范化、制度化、法治化，使之由理想转化为行动，由愿景转变为现实，助力中国生态环境治理体系和治理能力的全面提升。

---

〔1〕　习近平：《携手构建合作共赢新伙伴　同心打造人类命运共同体——在第七十届联合国大会一般性辩论时的讲话（2015年9月28日，纽约）》，载《人民日报》2015年9月29日，第2版。

〔2〕　《习近平总书记论生态文明建设》，载《人民日报》2017年8月4日，第1版。

〔3〕　参见黄敬文、李响：《习近平出席领导人气候峰会并发表重要讲话　强调要坚持绿色发展，坚持多边主义，坚持共同但有区别的责任原则，共同构建人与自然生命共同体》，载《人民日报》2021年4月23日，第1版。

三、完善碳中和立法的国际经验借鉴

（一）欧盟碳中和立法经验借鉴

作为《欧洲绿色协议》下的一项重要计划，2020年3月4日，欧盟委员会正式公布《欧洲气候法案》议案，[1]希望将欧洲在2050年实现碳中和的目标写入法律，以立法形式保障碳中和的实现。2021年6月28日，欧洲理事会正式表决通过《欧洲气候法案》，该法案规定："到2030年欧洲温室气体排放较1990年减少至少55%，到2050年实现气候中性，力争在2050年后实现负排放。"至此，《欧洲气候法案》被正式载入欧盟官方日志并产生法律效力。

《欧洲气候法案》创建了实现2050年碳中和目标的主要路径：一是提出了到2030年温室气体排放量要比1990年减少55%的新目标，注重减排计划实施的渐进性；二是要求定期对相关减排措施进行必要的评估和修订，以保证实现2030年的额外减排量；三是规定从2023年9月开始，每五年为一个周期对欧盟各成员国的减排措施进行评估，以保证各国减排措施与本法的2030年—2050年气候中性目标的一致性；四是要求各成员国制定实施关于温室气体减排的战略规划，以增强其抵御气候变化的能力，更好地保护气候资源环境；五是组建独立的欧洲气候变化科学咨询委员会，就欧盟的节能减排战略、应对气候变化计划、温室气体排放预算等事项提出建议和报告。

《欧洲气候法案》为欧洲绿色低碳转型战略提供全面有效的法律保障，欧盟借助该法案将原本零散的各成员国应对气候变化法律政策统一安置于其监督评估之下，实现了欧洲应对气候变化法律政策由碎片化到体系化的重大历史性转变，欧盟应对气候变化立法也从分散式立法转化为分散式立法与专门性立法相互结合、相互促进的新模式。[2]借鉴《欧洲气候法案》立法经验，为保障实现"双碳"目标，中国应当尽早将气候谈判的重心由"发展权"转向为"气候正义"，并致力于推动国内气候立法由分散到集中、由碎片到系统

---

〔1〕 COM（2020）80 final. Proposal for a regulation of the European Parliament and of the Council establishing the framework for achieving climate neutrality and amending Regulation（EU）2018/1999（European Climate Law）.

〔2〕 See Liz Fisher, "Challenges for the EU Climate Change Regime", *German Law Journal*, Vol. 21, Special Issue 1, 2020.

的演进与转变。

(二) 英国碳中和立法经验借鉴

英国虽为英美法系判例法国家,但在应对气候变化领域采用了成文法立法模式。英国相继制定了《能源法》《规划法》《气候变化法案》等法律法规,共同构筑起英国实施低碳发展战略和加速低碳经济转型的制度基石。其中,《气候变化法案》是英国应对气候变化法律政策体系的核心与支柱,其主要内容和特点主要包括如下方面。

1. 通过法律形式确立中长期温室气体减排目标,即以 1990 年为基准,到 2020 年二氧化碳排放量减少 34%,到 2050 年温室气体排放量至少减少 80%,总量控制的法律规定赋予减排目标以强制约束力。[1]

2. 创建每五年为一周期的碳预算体系,为英国低碳经济转型规划实施路线、设计整体框架。[2]碳预算实际上是一个特定时期内英国所有温室气体的排放上限,是从减排角度对财政政策进行整合,将经济社会活动全面纳入减排定量管理过程,使低碳发展能够切实融入经济社会发展和政府财政预算的总体规划之中。碳预算作为年度政府财政预算案的一部分,具有相应的法律效力,成为对各类经济主体具有 "硬约束" 效力的减排方案。

3. 设立气候变化委员会。气候变化委员会由 1 名主席和 5—8 名委员组成,为英国低碳经济战略转型提供智力支持[3],其主要职责包括:(1) 提出有关碳减排目标实现的相关建议;[4](2) 提出有关碳预算制定实施的建议;[5](3) 每年向议会递交一份减排进展报告,对减排目标能否完成做出评估和预判,[6]

---

〔1〕 See Climate Change Act 2008 PART 1 CARBON TARGET AND BUDGETING § 1 The target for 2050.

〔2〕 See Climate Change Act 2008 PART 1 CARBON TARGET AND BUDGETING § 4 Carbon budgets.

〔3〕 See Climate Change Act 2008 PART 2 THE COMMITTEE ON CLIMATE CHANGE § 32 The Committee on Climate Change.

〔4〕 See Climate Change Act 2008 PART 2 THE COMMITTEE ON CLIMATE CHANGE § 33 Advice on level of 2050 target.

〔5〕 See Climate Change Act 2008 PART 2 THE COMMITTEE ON CLIMATE CHANGE § 34 Advice in connection with carbon budgets.

〔6〕 See Climate Change Act 2008 PART 2 THE COMMITTEE ON CLIMATE CHANGE § 36 Reports on progress.

对于年度报告政府必须给予回应，以确保该年度报告制度的透明度和问责性；[1]
（4）有义务应国家机构要求，对《气候变化法案》中的国家部门职责、设定的减排目标和实现方式等事项提供建议、分析、信息或其他帮助。[2]

4. 建立碳交易制度框架。虽然英国《气候变化法案》未直接规定碳交易制度的具体内容，仅授权国家机构对碳交易进行"二次立法"，通过规章的形式对碳交易进行规范，但通过该特殊授权立法方式可以勾画出英国碳交易的制度框架。[3]

2019 年 6 月，由英国政府制定并提交的《2008 年气候变化法案（2050 年目标修正案）》获得议会通过，该修正案的核心内容是将 2050 年的温室气体减排目标从 80% 调整为 100%（与 1990 年水平相比），并同时对满足净零排放目标的政策和行动进行了规定。[4]总的来说，英国是全球首个将减排目标写入法律的国家，其试图通过一系列承诺和改革措施，促使本国早日达成碳中和目标，以在应对气候变化领域保持世界领先地位。

（三）德国碳中和立法经验借鉴

21 世纪初，德国联邦政府便制定了一系列温室气体减排行动计划，例如 2008 年《适应气候变化战略》、2011 年《适应行动计划》以及《2050 年气候

---

[1] See Climate Change Act 2008 PART 2 THE COMMITTEE ON CLIMATE CHANGE § 37 Response to Committee's reports on progress.

[2] See Climate Change Act 2008 PART 2 THE COMMITTEE ON CLIMATE CHANGE § 38 Duty to provide advice or other assistance on request.

[3] 英国碳交易的制度主要内容包括：（1）对碳交易活动的适用范围进行规定，例如活动的发生地、活动的类型、活动的测量单位等；（2）对碳交易参与者的合格标准进行界定；（3）制定能够有效控制温室气体排放的计划，在碳交易实施前需要对交易期内的容量限额进行分配，分配方式既可以是限制活动总数，也可以是限制容量总数；（4）实行证书制度，用以证明其已从事减少或消除温室气体排放的活动；（5）设立信用制度，参与者可以凭借其所获得的信用来抵消其活动中所消耗的容量；（6）设立补偿制度，碳交易期结束后，如果参与者未能持有或获得与其活动相匹配的容量、未能持有或获得证明其已履行碳交易义务的证书、未能持有或获得足以抵消其超出活动容量的信用，则应当支付一定数额的补偿；（7）碳交易程序制度，即对碳交易的程序要件和资格要件进行规定；（8）实行许可制度，只有在获得许可后，参与者才可从事直接或间接导致温室气体排放的活动，规章对于许可颁发、转让、变更和撤销的条件进行规定；（9）碳交易管理制度，相关规章应对碳交易中的管理者职责、碳交易信息的获取、登记系统的建立和维护、管理费用的缴纳和征收、违规者应当承担的责任和处罚等事项给予规定。See Climate Change Act 2008 PART 3 TRADING SCHEMES § 47 Relevant national authorities.

[4] See The Climate Change Act 2008 (2050 Target Amendment) Order 2019.

行动计划》等,并在此基础上又陆续颁布一系列法律法规,例如《联邦气候保护法》《国家氢能战略》《可再生能源法》等。特别是 2019 年通过的《联邦气候保护法》首次以法律形式确定了本国中长期温室气体减排目标,对每个产业部门的减排目标和措施分别进行了规定。可以说,德国现已构建起较为完善的碳中和法律制度体系,并且该体系具有较强的前瞻性、系统性、科学性。

1. 联邦政府与各州政府之间协同立法。在德国,联邦政府主要负责环境领域立法,但是由于环境保护与国内各地区经济社会发展关系密切,涉及内容范围较广、具体情况较为复杂,所以各州政府享有地方环境立法权,并且在一些特殊领域如建筑环保立法,由各州政府全权负责。一方面,地方先行的立法模式起到改革试验作用,为《联邦气候保护法》的制定实施创造了前提;另一方面,通过联邦政府与各州政府之间的协同立法,不仅保障了气候保护立法的权威性、稳定性、可预见性,同时还考虑到各州经济社会发展的不同状况,使得相关法规更具灵活性、时效性、可操作性。

2. 行动计划与立法相结合的气候治理模式。在联邦立法之前,德国根据《欧洲治理条例》《巴黎协定》等气候国际条约制定出台了《气候保护计划》,将温室气体减排纳入国家中长期战略规划。然而,这些行动计划执行力度有限,一些政策措施因缺乏强制力而无法顺利执行,预期减排目标也因此受到影响,使得德国联邦政府最终下定决心针对气候保护进行专门立法。2019 年 11 月 15 日,德国联邦议院通过《联邦气候保护法》[1],首次以法律形式确立了本国中长期温室气体减排目标。气候立法与气候行动计划相互配合、齐头并进现已成为德国气候保护立法的主要特点,这不仅增强了政策法规的行动力度和强制力,同时还彰显了软法所具有的公众性、参与性、自治性、开放性等优势特性,是一种政府主导与公众参与相结合的制度平衡供给模式。

3. 《联邦气候保护法》的主要内容与特点如下:

(1) 严格履行国际法义务。通过立法明确本国温室气体减排目标,即"到 2030 年温室气体排放相比 1990 年减少 65%,到 2050 年实现净零排

---

〔1〕 See Climate Change Act 2008 Bundes-Klimaschutzgesetz vom 12. December 2019(BGBl. I S. 2513).

放"。[1]德国联邦政府将气候国际条约中的重要条款转化为具有强制约束力的国内法律，一来有助于落实国际责任并建立温室气体减排目标责任制及倒逼机制，二来能够督促相关部门严格履行职责，确保温室气体减排目标的实现。

（2）实行灵活的减排目标部门分解策略及调整机制。《联邦气候保护法》不仅对德国联邦的减排目标进行了总量规定，同时还根据各行业、各部门的不同特点，制定了更加具体的减排目标，包括为能源、工业、建筑、运输、农业等部门制定了 2030 年行业减排目标，并积极引导公众进行参与和监督。[2]另外，在减排措施实施过程中，《联邦气候保护法》也赋予了各部门一定的灵活性，允许各部门根据国际碳市场变化、低碳技术发展情况对其减排目标予以适当调整[3]，并同意各部门之间进行减排目标的相互抵消。[4]

（3）执行年度报告制度，检查减排政策实施状况。根据《欧洲气候报告条例》要求，德国联邦政府需要每年 6 月 30 日前向联邦议院递交上一年度的气候保护报告，内容主要包括各部门温室气体排放量变化的新趋势、温室气体减排目标完成的最新进展、本国气候保护政策措施的实施情况等。[5]另外，根据《欧洲治理条例》规定，自 2021 年起，德国联邦政府还需要在征求气候问题专家委员会意见的基础上，每两年编写一份气候保护预测报告，主要用于对国家减排政策措施的修订和完善。[6]

（4）设立气候问题专家委员会，增强政策法规的科学性和专业性。德国《联邦气候保护法》专设跨学科的专家委员会，并以《联邦气候保护法》为依据独立开展工作。[7]气候问题专家委员会的主要职责包括：一是监督气候

---

〔1〕 See Climate Change Act 2008 Abschnitt 2 Klimaschutzziele und Jahresemissionsmengen § 3 Nationale Klimaschutzziele.

〔2〕 See Climate Change Act 2008 Anlage 2（zu § 4）Zulässige Jahresemissionsmengen.

〔3〕 See Climate Change Act 2008 Abschnitt 2 Klimaschutzziele und Jahresemissionsmengen § 5 Monitoring Jahresemissionsmengen，Verordnungsermächtigungen.

〔4〕 See Climate Change Act 2008 Abschnitt 2 Klimaschutzziele und Jahresemissionsmengen § 4 Jahresemissionsgesamtmengen，Verordnungsermächtigungen.

〔5〕 See Climate Change Act 2008 Abschnitt 3 Klimaschutzplanung § 10 Berichterstattung（1）.

〔6〕 See Climate Change Act 2008 Abschnitt 3 Klimaschutzplanung § 10 Berichterstattung（2）.

〔7〕 See Climate Change Act 2008 Abschnitt 4 Expertenrat für Klimafragen § 11 Unabhängiger Expertenrat für Klimafragen，Verordnungsermächtigung.

保护政策实施；二是对气候保护现状进行评估；三是负责向联邦议院提出气候保护政策的完善建议；四是独立开展气候保护研究项目，组织气候保护立法议案的起草、听证和询问等。[1]

（四）法国碳中和立法经验借鉴

法国是《巴黎协定》的缔约主办方和主要推动者，为落实《巴黎协定》中的 2050 年碳中和目标，2017 年法国政府正式提出"气候计划"，修订能源计划和启动国家低碳战略，制定规划未来 15 年实现温室气体减排目标的行动蓝图。为保障计划顺利实施，时任法国环保部长弗朗索瓦·德鲁吉于 2019 年 4 月在部长会议上递交了《能源与气候法案》提案，法国两院在 2019 年 9 月对该法案进行了审议和修订，后经法国宪法委员会审查通过后于 2019 年 11 月正式颁布实施。[2]《能源与气候法案》确立了法国应对气候变化法律制度的宗旨、框架和举措。[3]该法案旨在应对气候变化和加强生态资源的保护，并将实现 2050 年碳中和目标以法律形式予以固化。

---

〔1〕 See Climate Change Act 2008 Abschnitt 4 Expertenrat für Klimafragen § 12 Aufgaben des Expertenrats für Klimafragen.

〔2〕 LOI n° 2019-1147 du 8 novembre 2019 relative à l'énergie et au climat-Dossiers législatifs PROJET DE LOI RELATIF À L'ÉNERGIE ET AU CLIMAT（TREX1911204L）.

〔3〕 法国《能源与气候法案》内容共计六章八项条款。第一章"能源政策的目标"主要包括减排活动的事先协商程序、国家减排节能战略的分阶段目标、专门用于国际运输的碳排放计划等事项内容，明确了本法的基本宗旨、任务和目标。第二章"有利于气候的规定"第三项条款：一是确定了化石燃料发电厂温室气体排放的上限，并对燃煤发电厂关闭后支持雇员再就业的行政措施进行了规定；二是制定了关于房屋能源消耗的绩效管理条例和执法条例，要求对高能耗住房建筑进行渐进式、强制性减排改造，大幅度降低房屋建筑能源消耗；三是明确了气候高级委员会的管理职能和管理措施。第三章"有关环境评估的措施"确定了环境管理局所应承担的环境评估责任，对环境评估实施的程序、标准、内容等事项进行了规定。第四章"打击节能证书的欺诈行为"规定了参与者应当承担的减排义务和法律责任，严厉打击使用欺诈手段获取节能证书的行为。第五章"实施'欧洲清洁能源'计划"一是规定了全面履行《欧洲清洁能源计划》的具体措施；二是根据《欧洲清洁能源计划》要求，设定了推进实施可再生能源项目的步骤和程序；三是制定了开展沼气清洁工程和构建可再生能源网络的计划。第六章"能源监督"第七项条款：一是对能源管理委员会解决减排争端和执行裁定的程序性事项进行了规定；二是颁布了解决公共电力服务费用偿付争议的法令。第六章"能源监督"第八项条款：一是要求逐步结束天然气关税征收，减少对核电的依赖，力求实现电力结构多元化；二是设定了享受电价保护救济对象的适用范围；三是规定了国家能源行业消费调解员对能源供应商报价进行比价操作的具体办法。参见 PROJET DE LOI RELATIF À L'ÉNERGIE ET AU CLIMAT（TREX1911204L）：Chapitre Ier Article 1er—Chapitre VI Article 8.

2021 年 2 月 3 日，由"所有人的事业"、绿色和平组织法国分部、乐施会法国分部和尼古拉·于洛—人与自然基金会四家非政府组织提起的法国政府"在气候问题上不作为"诉讼一审胜诉，该诉讼自 2018 年启动以来得到超过 230 万民众的签名支持，也被法国媒体称为"世纪诉讼"。在该案中，法院认为法国政府未能严格依照国际条约和国内法律如期履行关于减少温室气体排放、加强环保评估与监测、提高能源利用效率等承诺，所以最终裁定"法国政府需象征性地向原告支付 1 欧元生态赔偿，并要求其在 2 个月内研究出台能够解决上述问题的措施"。该案揭示了法国气候法案的实施效果不仅有赖于法律条文的完备，同时还会受到部门分工协作、各方主体利益平衡、评估监督措施的落实、配套政策法规和相关制度的协调等关键要件的影响。

综上所述，法国《能源与气候法案》采取的是包含事前、事中、事后全过程的"三位一体"立法模式，这对他国通过立法途径实现碳中和目标具有积极的借鉴意义，但是《能源与气候法案》未能与其他制度实现有效衔接、内容上利益分配不均、缺少相关保障性措施等问题所导致的碳中和战略进度延缓、国家承诺落空、政府公信力受损等弊端，亦应引起重视。

（五）国际碳中和立法的一般规律、共性和趋势

1. 明确立法宗旨、目的和基本原则。以欧盟《欧洲气候法案》、德国《联邦气候保护法》、英国《气候变化法案》、法国《能源与气候法案》为例，上述法典均开宗明义，直接明确了立法的宗旨、目的和基本原则，有利于更好地履行国际法律义务、减少温室气体排放、促进低碳经济转型、实现碳中和目标。

2. 将温室气体减排目标和配套制度纳入法律。将温室气体减排目标和配套制度纳入国内立法是气候条约缔约国提升国家履约能力、落实国际法义务的重要体现。在法律中明确碳中和目标和配套制度，一是可为本国的碳预算制度、碳排放总量控制制度、碳目标分解制度的制定实施提供相应法律依据；二是在开展碳交易的国家或地区，减排目标与配套制度的法律化有利于公众对碳市场的法律确信以及对碳定价的合理预期；三是借助法律的强制约束力，能够切实保证碳减排措施的行动力和执行力。将温室气体减排目标及其配套制度纳入国内立法，现已成为世界主要国家和地区实施碳中和战略、完善碳中和立法的通行做法。

3. 确定各级政府主管部门和相关机构的监管职责。世界主要国家和地区为加强气候保护、提升气候治理效率，均以法律形式明确了各级政府主管部门和相关机构在应对气候变化上的监管职能，其中主要包括：一是设定减排目标和出台执行措施；二是监督减排目标的落实；三是推进减排目标的实施；四是参与制定和修改减排政策法规。

4. 注重碳中和立法的公开性、透明性、现实可操作性。以欧洲地区为例，一方面，为保障碳中和立法的民主性和科学性，多数国家设立了跨领域、跨学科、跨行业的气候专家委员会，并以法律条文形式确定了气候专家委员会的法律地位、性质与职能；另一方面，部分国家已建立起较为缜密的执行报告制度体系，并要求报告向民众公开，以便于博采众议，科学评估应对气候变化的法律、政策、措施及其成效，及时修订和完善相关制度，保证碳中和战略的顺利实施。

四、中国完善碳中和立法的实现路径

（一）为实现"双碳"目标进行专门立法

1. 适时制定出台"应对气候变化法"，为实施"双碳"战略提供顶层法治保障。随着经济社会迅速发展、综合国力不断提升，中国在温室气体减排中所采取的分散式立法模式已然无法满足应对气候变化的现实需要，尤其在"双碳"目标提出的背景下，为了实现对温室气体排放的有效控制，应当在国家层面制定出台一部以实现"双碳"目标为基本宗旨和主要内容的"应对气候变化法"。一方面为突出"双碳"目标的全局性、重要性、战略性，将"力争2030年前实现碳达峰、2060年前实现碳中和"明确写入法律，以法律形式将实现"双碳"目标确立为一项国家战略，进而从国家层面整体推动实现碳达峰碳中和，并作为"总法"为国内各类碳排放活动提供相应法律依据。另一方面，以本法统领中国应对气候变化的各项立法，打造协调统一的碳中和法律制度体系，为"双碳"战略的推进实施提供更加系统、全面、有效的法治保障，使"双碳"战略沿着法治轨道稳步前行。另外，为了保证本法的可行性和执行力，还可制定出台与之相对应的行政法规或实施条例，用以规定各项减排措施的具体实施办法，确保"应对气候变化法"的贯彻落实。

2. 将"双碳"目标纳入立法内容，制定分阶段的碳强度减排指标。在碳

中和目标的法治化方面，英国《气候变化法案》中的碳预算制度将碳减排长期目标与短期目标相结合，在长期目标既定的前提下，通过分阶段设定碳预算的方式稳步推进碳减排。德国《联邦气候保护法》实行碳减排目标部门分解策略，对不同主管部门在不同时期的碳减排任务进行了规定，并设置了较为灵活的碳减排目标调整机制，各主管部门可根据实际情况对不同时期的碳减排任务进行必要调整，由此可见，德国同样采取了分阶段推进实现碳中和目标的策略。除此以外，为了落实碳预算制度，英国还制定出台了包括评估报告、信息公开、民意调查在内的配套性保障措施，形成了较为完善的碳预算政策制度体系。借鉴英国和德国的立法经验，中国可以考虑在完善碳中和立法中设定分阶段的碳强度减排指标，为实现"双碳"目标进行科学合理的周期性规划，同时设立相对灵活的调整机制和配套保障措施。一方面，根据不同时期的经济社会发展状况和国际环境变化对各阶段碳减排目标进行必要性调整，另一方面，赋予各阶段碳减排目标和任务一定的法律约束力。

3. 通过立法确立中国应对气候变化的基本原则。完善碳中和立法的主要任务之一是要明确中国应对气候变化的基本原则，并以法律条文形式赋予其权威性、稳定性、可预见性。虽然在 2007 年由国务院印发的《中国应对气候变化国家方案》初步确立了中国应对气候变化的几大原则，但该方案制定出台时间较早且法律位阶较低，随着温室气体减排等相关工作的不断深入，中国在应对气候变化工作方面，尤其是在碳达峰碳中和活动领域应当遵循哪些基本原则，仍未在权威的法律层面予以明确。根据《联合国气候变化框架公约》的要求，中国应对气候变化的基本原则至少应符合以下几个标准：一是要将国际条约中的关键性原则及时转化为国内法基本原则，为加强国内法与国际法的规制衔接创造前提，全面落实中国在全球气候治理中的国际法义务；二是所确立的原则能够覆盖应对气候变化的各领域，且已被实践反复证明而获得了普遍认可；三是能够长期稳定且对中国未来应对气候变化工作具有根本性指导意义。所以，为紧随全球气候治理的新形势、新变化，建议在原有的可持续发展原则、共同但有区别责任的原则、减缓与适用并重原则、依靠科技创新和科技进步原则、积极参与和广泛合作原则的基础上，[1]将公正合

---

〔1〕 参见赵俊：《我国应对气候变化立法的基本原则研究》，载《政治与法律》2015 年第 7 期。

理原则、公众参与原则、政府推动原则、市场引导原则、风险防控原则等近年来国际普遍关注和认可的应对气候变化原则一并纳入碳中和立法，从方向上引领中国"双碳"战略目标的制定实施。另外，鉴于中国应对气候变化工作起步较晚，碳中和立法实践经验相对不足，一些制度现仅能进行框架性规定，所以建议将"应对气候变化基本原则"一章设定在"应对气候变化法"的"总则"部分，并以此对其他章节的制定实施进行"定调"。如果今后在执法过程中，执法人员对于一些特殊案例未能在法律条文中找到直接依据，也可从开篇"应对气候变化基本原则"章节中寻求相关法律指引。

（二）"双碳"战略初期宜采用统分结合的立法模式

从全球范围来看，按照立法技术标准划分，现主要存在三种应对气候变化的立法模式。

1. 分类立法模式。分类立法模式也被称作单行立法模式，即根据应对气候变化所涉及的内容、专业或部门，分门别类地通过制定单行法规的方式进行规范和调整，是较为典型的分散式立法模式。当前，中国有关应对气候变化的法律法规主要存在于各部门规章之中，这是分类立法模式的典型特点。[1]该立法模式的优势在于能够"短平快"地推进立法，一旦发现问题可以及时予以补充、修订或完善，有效避免了框架式立法中内容空泛、缺乏实用性的弊端，具有较强的灵活性与适用性，并在一定程度上保证了所立之法的时效性和可操作性。但是，该立法模式容易造成重复立法，引起立法结构上的"叠床架屋"，进而可能引起法律适用冲突等问题。

2. 统一立法模式，即法典化的立法模式。该立法模式的主要特点是将有关应对气候变化的事项内容均纳入法律的调整范畴，按照法典立法的技术标准和内在逻辑，通过抽象概括及合并同类项，将应对气候变化和实现"双碳"目标所涉及的法律概念、法律原则、法律条款进行统一分类和布局，并对总则、分则、附则加以区分，使之成为一部专门用于推进实现"双碳"目标的应对气候变化法典。[2]目前，欧盟、英国、德国、法国等主要国家和地区在

---

〔1〕 参见王灿发、刘哲：《论我国应对气候变化立法模式的选择》，载《中国政法大学学报》2015年第6期。

〔2〕 参见李艳芳等：《我国应对气候变化立法的若干思考》，载《上海大学学报（社会科学版）》2016年第1期。

应对气候变化和确立碳中和目标上均采取了统一立法模式，该立法模式现已成为全球碳中和立法的主流和趋势。统一立法模式的优势在于：一是有利于提升碳中和立法的法律位阶和效力层级，保证碳中和法律实施和适用的权威性、稳定性、可预见性；二是集中统一的立法模式有助于避免重复立法，减少法律适用冲突等情况的发生；三是通过该立法模式可以从国家层面对各碳排放主管部门的监管职能进行协调统一，建立起权威高效的"双碳"战略指挥系统，强化各主管部门之间的分工协作，在碳排放管理中集中分配和使用人、财、物、信息等各类资源。但是，统一立法模式相对于分类立法模式在规范调整的灵活性、立法程序的简易性、法律条款的时效性等方面存在些许不足。对于中国而言，目前存在着碳中和理论研究不够深入、实践检验不够充分、立法经验不够丰富等问题，采取单一法典化的碳中和立法模式尚需更多理论和实践上的积累。

3. 统分结合的立法模式。该立法模式将统一立法与分类立法有机结合，在统分结合的碳中和立法模式中。"统"是指在"双碳"目标的指引下制定一部全国统一适用的"应对气候变化法"，其法律性质属于由全国人大常委会制定的法律，较高的法律位阶能够保证其作为碳达峰碳中和"基本法"功能价值的有效发挥，"应对气候变化法"应当包括保障实现"双碳"目标的基本原则、战略规划、部门职能、管理监督、国际合作等事项，主要对"双碳"战略的推进实施进行全局性、基本性、方向性的谋划。考虑到中国现在处于"双碳"战略目标初期阶段，可以依照"宜宽不宜细"的立法原则对"应对气候变化法"采用框架式立法，重点发挥其规划引领作用。而"分"是指在"总法"的基础上分门别类地制定单行法规，以加强对温室气体排放的有效控制，同时保证条款内容具有一定的灵活性、适用性、可操作性。考虑到不同领域、行业、部门的温室气体排放情况不尽相同，应根据其各自特点科学分配碳减排任务并制定碳减排计划，以实现责任与利益分担的公平公正。总之，统分结合的立法模式是在对"双碳"目标进行专门立法的同时，注重完善与应对气候变化相关的单行法规，兼具集中统一与灵活自主的优势特性，较为符合中国温室气体排放管理的现状，是一种与当前中国国情相适应、稳步推进"双碳"目标实现的可行法律路径。

（三）通过立法建立系统科学的碳排放管理体制

根据域外立法经验，构建应对气候变化的高效管理体制是碳中和立法的主要任务与核心内容之一，无论是欧盟的《欧洲气候法案》、德国的《联邦气候保护法》、英国的《气候变化法案（2050年目标修正案）》，还是法国的《能源与气候法案》，均对政府部门、公司企业、公民个人减少温室气体排放的责任和义务进行了明确规定，且通过立法建立起由国家统一规划、统一管理与各主管部门、地方政府分工负责相结合的碳排放管理体制，借助系统科学的管理体制实现了对温室气体排放的有效控制。借鉴国际有益立法经验，中国应以碳中和立法为契机，逐步建立起能够统筹国内国际两个大局、协调统一各部门各行业、中央地方职权分工明确、各监管部门职权边界清晰的碳排放管理体制，具体可表现为以法律为基础，由国家"双碳"战略专门机构统一领导，国务院生态环境部、自然资源部、工业和信息化部、交通运输部等相关部委归口管理，各主管部门与地方政府分工负责，广大群众广泛参与的科学高效碳排放管理模式。

在具体的碳排放管理制度方面，可重点围绕与"双碳"战略实施密切相关的领域加强立法，以实现碳排放管理的规范化、制度化、法治化。

1. 清洁能源发展体制机制。中国需要充分发挥地理区位优势，通过立法完善清洁能源发展体制机制，重点开发天然气、风能、氢能、水能、潮汐能等新型清洁能源，将清洁能源资源更好地转化为电力资源，用以替代煤炭、石油等传统高碳、高耗能资源。

2. 新能源创新管理体制机制。要看到电气化是终端能源消费的重要方向，因此需要借助立法完善新能源创新管理体制机制，加大适应高比例、可再生能源的智能电网、储能技术的攻关力度，大力开发新能源电动汽车等相关产品，并以此带动国内新能源产业发展。

3. 数字经济市场监管体系。虽然近年来中国重工业比重有所下降，但重工业部门仍是最大的能源消耗部门，也是碳排放的主要部门，所以优化偏重的产业结构是实现"双碳"目标的重要抓手，对此可利用以数字化为代表的现代技术来改造传统产业，通过立法建立和完善数字经济市场监管体系从而有效保障数字产业化、产业数字化以及数字化治理的规范有序发展，进而助力中国低碳经济转型升级。

4. 碳交易管理制度。碳交易不仅通过市场机制实现控排单位碳排放外部成本的内部化，并且允许政府监管部门适时调整碳配额分配机制、清缴机制、惩罚机制等，通过具有适应性、机动性、灵活性的政策，实现减排措施的最优化，进而达到预期的减排成效。可以说，碳交易有助于中国加快清洁能源开发利用，优化调整能源产业结构，实现经济社会高质量发展。然而，相对于碳市场的迅速开放，中国碳交易立法相对滞后，碳交易市场运行缺乏国家层面的法律法规，还未建立起坚实有效的法治保障体系。[1]因此，建议尽快完善碳交易立法，以法的形式明确碳交易的法律性质，同时通过立法推动建立碳交易市场监管制度、碳交易实施评估制度、碳交易评价指标体系，切实保障碳交易依法规范有序进行。

5. 碳金融管理制度。"双碳"目标的实现离不开金融体系的有力支持，当前碳金融在中国面临的机遇和挑战并存，发展碳金融需要找到一条适合中国自身经济产业特点的行动路径。为此需要借助立法及时完善适应气候变化目标的碳金融管理制度、相关政策和市场机制，并在法治框架下规划建设"碳金融先行示范区"，通过法律平衡好碳金融开放创新与市场风险防范之间的关系，不仅可在安全前提下为中国低碳经济转型提供便利金融服务，同时也可为全球碳金融创新发展起到示范引领作用。

（四）在多个层面推进协同立法，构建碳中和法律制度体系

德国在其碳中和立法中采取了国家立法和地方立法协同推进的立法模式，英国也通过授权立法来协调国家立法与部门立法之间的关系。注重协调国家立法与部门立法、地方立法之间的关系，合理划分和界定各级各部门的职能和事权，现已成为各国碳中和立法的一般共性。究其原因，主要是碳中和涉及国家、部门、地方、企业、个人等相关主体的利益分配，需要通过协同立法保障各方利益划分的公平正义，这也是"双碳"目标实现的前提要件。另外，在新旧法律条款适用方面，由于应对气候变化涉及的领域十分广泛，在完善碳中和立法中新制定的法律法规必然会与现行法律法规发生大量竞合，

---

[1] 2021年7月16日，全国碳排放权交易在上海环境能源交易所正式启动，全国碳排放权交易市场的正式上线是中国运用市场化手段调控能源结构的重要决策。与之相对应，中国碳交易市场监管制度亟待建立和完善。

虽然借助"新法优于旧法，特别法优于一般法"的基本法律适用原则可以解决部分法条竞合问题，但还有一部分需要通过修法或出台立法解释等方式予以化解。例如英国在应对气候变化立法中如果涉及对旧法的修改，往往会在该项法律条文中进行明确释义，注明本条文与原有规定存在哪些不同或进行了哪些修改，以此减少或避免法律适用冲突，这无疑会大大增强《气候变化法案》的现实可操作性。[1]总之，在完善碳中和立法的过程中，应当注重所立之法与部门规章、地方法规、现行政策之间的协调性，可以通过修改旧法、出台解释等方式减少法条竞合或法律适用冲突等情形的发生，使关于应对气候变化的各项法律法规能够相互配合、有机结合为一个整体，以建构起层级分明、结构合理、内容完备、协调统一的应对气候变化法律制度体系。

（五）制定完善相关配套制度，确保碳中和立法的执行力

中国在完善碳中和立法的过程中，为了使其成为一部"良法"得到民众的拥护和支持，在现实中得到贯彻落实，除了要做到立法技术的科学性、法律条文的适用性、法律体系的协调性，还需要制定和完善与之相适应的配套实施制度。

1. 将实体规则与程序规则并重。鉴于温室气体减排问题涉及内容广泛，气候变化风险存在较大的不确定性，在完善碳中和立法时很多实体内容很难做到事无巨细，因此，一些减排管理事项不得不授予相关部门自由裁量权。在此情况下，亟需通过完善相关程序规则以有效保障实体性内容的应用和实施。例如英国《气候变化法案》虽然未直接规定政府未完成碳减排目标所应承担的法律责任，但是通过向公众说明事由、递交执行报告、政务信息公开等程序性规定能够敦促政府尽力完成法律规定的碳减排目标。除此以外，还要在完善碳中和立法时注重立法程序的公开性和开放性，广泛汲取民意，征求各方意见，竭力保证碳中和立法内容和程序上的民主性、透明性、公正性。

2. 设立法律实施评估机制。目前，中国在已经明确"双碳"目标的情况下，有必要在今后的碳中和立法中，结合国家重大战略、国家重大项目、国

---

〔1〕 参见宋锡祥、高大力：《论英国〈气候变化法〉及其对我国的启示》，载《上海大学学报（社会科学版）》2011 年第 2 期。

家重大改革举措定期评估"应对气候变化法"的实施进展和效果，并根据评估结果及时修改、补充或完善相关法律法规，切实保障"应对气候变化法"的时效性、有效性、可操作性，以实现碳中和立法程序正义与实体正义的有机结合。为此，可借鉴国际经验，立法设立碳中和专家委员会，并赋予其相对独立的法律地位，一方面由其负责对"应对气候变化法"进行实施情况监督并作出客观公正的评估，国内相关立法机构应对评估结果予以回应，必要时启动立法修法工作。另一方面，给予专家委员会提出碳中和立法建议的权利，在确保立法质量和效率的基础上，推动形成包含事前协商、事中监督、事后评估全过程的碳中和立法配套制度体系。

3. 将软法之治与法律"硬约束"相结合。软法在其形成过程中具有主体性、参与性、开放性等特点，能够在社会多元主体之间最大程度地达成重叠性共识，集中体现了政府主导与民众参与的制度供给模式的平衡、全民立法与代议立法的平衡、国家管理与社会自由的平衡，所以"平衡"成为软法之治的主要功能定位。[1]同时，软法十分注重个体感受、主张弘扬公共理性、力求汇融多种价值观念，所以软法之治还是一种具有社会自治特点的公共治理模式，充分彰显了更多协商、更少强制、更高自由之精神。[2]与之相对应，"双碳"目标实现的理论基础是公平正义，实施关键是利益分配的相对均衡。而传统意义上的立法模式受制于程序上的繁复性和时效上的相对滞后性，在一些情况下无法满足应对气候变化的现实需要，也无法覆盖"双碳"目标所涉及的所有领域。因此需要借助软法所具有的灵活、自主、高效等特点，将软法治理与硬法约束相结合，形成优势互补的规制协同效应，逐步建立起更加系统完备、科学规范、运行高效的应对气候变化综合治理体系。

小结

在《巴黎协定》进入实质性的实施阶段后，全球应对气候变化立法已从

---

〔1〕 参见姜明安：《软法的兴起与软法之治》，载《中国法学》2006 年第 2 期。

〔2〕 参见罗鹏兴：《软法：公共治理不可或缺的制度之维》，载《重庆工商大学学报（社会科学版）》2008 年第 2 期。

国际立法转化和延伸至国内立法，通过法治推动应对气候变化进程已成为国际社会的普遍共识，为实现碳中和目标，许多国家和地区进行了专项立法，初步建立起了碳中和法律制度体系。对中国而言，专门立法的缺失已成为统筹应对气候变化和推进实现"双碳"目标的阻碍。因此，中国在立足自身国情的基础上，应积极借鉴国际有益经验，加紧完善碳中和立法，以法律形式明确应对气候变化的主要原则、核心制度和管理体制，为如期实现"双碳"目标提供有力法治保障。

第六章

构建以国内大循环为主体、国内国际双循环相互促进新发展格局的中国方略

2020年4月10日,习近平总书记在中央财经委员会第七次会议上的讲话《国家中长期经济社会发展战略若干重大问题》中提出的立足国内大循环、构建国内国际双循环相互促进的新发展格局,是目前中国在面对错综复杂的国内外形势和新时代改革发展任务情况下,就推动高质量发展和加快构建更高水平开放型经济新体制作出的重大战略部署。该战略的实施目的是通过科技自主创新构建完善的全产业链供应链体系,为建设国内统一大市场释放内需潜力,充分运用好国内国际两个市场、两种资源,统筹处理好国内发展与对外开放关系,从而在新形势下培育中国参与国际合作和竞争新优势,保障本国经济社会发展大局稳定。然而,构建以国内大循环为主体、国内国际双循环相互促进的新发展格局的进程中,还存在着消费增长动力不足、关键核心技术亟待突破、阻碍人才流动的"樊篱"依然存在、"去中国化"的全球化挑战、产业链供应链中断风险等问题。对此,中国需要有针对性地采取一系列措施,包括扩大有效投资、确保投资有效,以消费促进国内经济内循环,重塑和完善内循环产业链,完善国内与海外科技创新人才政策体系,优化营商环境扩大对外开放,以"一带一路"倡议为契机开拓海外新市场,建设开放型东北亚经济圈,加强与南亚东南亚各国开放合作,推进中欧关系向前发展、共同维护多边贸易体制,以及面对美国施压作出坚定而理性的回应等。

一、构建以国内大循环为主体、国内国际双循环相互促进的新发展格局的重大战略意义

构建以国内大循环为主体、国内国际双循环相互促进的新发展格局，是党中央基于国际外部环境变化，以及对国内供需结构变化重新定位和思考后作出的重大战略部署。

从国际层面来看，近年来世界经济衰退明显，产业链供应链循环受阻，金融市场大幅度动荡，国际投资贸易严重萎缩，经济全球化遭遇波折，多边主义受到冲击。在这样的国际政治经济背景下，中国坚持深化供给侧结构性改革，充分发挥自身超大规模市场优势，加快构建以国内大循环为主体、国内国际双循环相互促进的新发展格局就是要充分适应国际环境新变化，培育国际经济合作和竞争新优势，防范产业链供应链中断风险，增强自身对外部环境不确定因素的适应能力。[1]另外，中美关系的变化也是中国实施国内国际双循环战略的主要因素之一。近年来，欧美一些国家意识到"产业空心化"对本国经济发展带来的弊端，纷纷制定出台制造业回流计划，特别是美国技术创新优势在逐渐缩小，基于技术创新优势所带来的超额利润在逐年减少，自身的产业链价值链全球霸主地位因此受到威胁，所以美国政府将矛头指向中国，以分散和转移国内压力与矛盾，对中国采取一系列干预和打压措施，实施战略围堵，导致中国面临的国际形势日益严峻，全球产业链供应链安全也因此受到威胁。中美之间传统意义上的均衡发展格局被打破，中美之间存在的分歧一时难以得到有效解决，目前就此状况中国需要作出必要的战略调整，以早做准备、积极应对。

从国内形势分析，近年来中国经济基本盘依然稳固，潜在市场空间仍然巨大，加之经济的复苏态势强劲，我们对未来发展的信心更加坚定。然而，也要看到中国产业结构还有较大的优化调整空间，这需要通过宏观政策的合理调控，着力打通生产、分配、消费各个环节，打造更加自主可控、安全可靠的产业链供应链体系，进一步增强本国经济社会发展的内生动力和整体抵

---

[1]　参见吴志成、王慧婷：《全球治理体系面临的挑战与中国的应对》，载《天津社会科学》2020年第3期。

御风险的能力，保障国内经济社会发展大局稳定。尤其在当前国际经济形势剧烈动荡，对外开放面临新的挑战的情况下，坚持"以国内大循环为主体"就是要"集中力量办好自己的事"，通过充分激发国内市场潜力，建设国内统一大市场，以维护本国市场经济繁荣稳定，为培育中国参与国际合作与竞争新优势以及提升自身经济的国际竞争力奠定坚实基础、创设有利前提。通过增强中国在对外开放过程中的韧性和主动性，吸引更多优质外商来华投资，最终形成国内国际双循环相互促进的新发展格局。

总之，在国内国际新形势下解决所有问题，既要靠自身发展，但也离不开与世界的交流与合作，要充分运用好国内国际两个市场、两种资源，以更好地拓宽经济发展空间、促进多边经贸、推进经济全球化。中国立足国内大循环，积极构建以国内大循环为主体、国内国际双循环相互促进的新发展格局，有利于国内国际两大循环资源共享、优势互补、相互促进，有利于国内国际两大市场防范和化解产业链供应链中断风险，能够为国内国际经济健康可持续发展保驾护航。

二、构建以国内大循环为主体、国内国际双循环相互促进的新发展格局中的主要问题

（一）国内消费潜力有待进一步激发

近年来，在全球经济困难时期，我们国内需求并没有呈现出强劲反弹态势，反而是超乎预期地下降，总需求不足的矛盾制约了经济复苏发展进程。截至目前，消费已经连续多年成为拉动中国经济增长的第一动力，但是受到国际经济形势影响，对外贸易需求有下降趋势，尤其是欧美市场需求持续减弱。因此，国内需求链建设成为国内经济循环的一项重要任务。另外，中国现拥有世界上最大数量的中等收入群体，国内市场规模巨大、潜力巨大，市场与内需优势是当前国际经济形势下中国刺激经济恢复发展的最大优势，消费有望成为中国经济最强大的压舱石。然而，近年来多边贸易体制受到冲击，导致国外市场需求出现大幅度萎缩。要完成产能消化目标任务，保障国内经济健康可持续发展，就必须以倒逼之势全力推动国内消费市场转型升级，通过增收入、保就业、促消费保障经济内循环动力的持续稳定输出。总之，如何有效刺激消费、拉动内需是未来一段时期中国经济社会发展所面临的主要问题。

（二）关键核心技术亟待突破

2023 年，世界知识产权组织发布的全球创新指数显示，中国已经连续多年在该指数中保持上升势头，世界排名实现大幅度提升，是前 30 名中唯一的中等收入经济体。但是同国际先进水平相比，关键核心技术受制于人的局面却依旧没有得到根本改变，一旦关键核心技术存在短板和不足，产业链供应链安全便无法得到有效保障，产业链供应链中断风险将会显著上升，直接影响到中国经济社会的平稳健康可持续发展，关键核心技术由此成为制约中国经济高质量发展的瓶颈。[1]面对当前错综复杂的国内外政治经济形势，唯有坚持创新驱动发展战略，大力推进科技创新，加快关键核心技术攻关，重点突破"卡脖子"技术，才能实现关键核心技术的自主可控，才能把竞争与发展的主动权牢牢掌握在自己手中，从根本上保障国家经济社会稳定运行。所以，构建和完善关键核心技术攻关的新型举国体制，提高关键核心技术自给率，维护产业链供应链安全和经济社会稳定，成为当前中国创新驱动发展中的重要任务。

（三）阻碍人才流动的"樊篱"依然存在

构建以国内大循环为主体、国内国际双循环相互促进的新发展格局的关键是人才的循环，要实现国内大循环首先需要破除阻碍人才自由流动的诸多限制，建立自由开放、服务完善、结构合理的人才政策体系。然而，从促进人才自由流动和良性循环的视角分析，中国仍然存在一些问题和不足，阻碍人才流动的"樊篱"依然存在。

首先，在国内一些地区户籍和编制依然发挥着关键作用，这在一定程度上限制了人才的自由流动，尽管出台了居住证、积分制等管理措施，但这些举措往往带有强烈的导向性，在一些关键核心技术领域的成长型、创新型人才难以获得落户和就业创业的机会，针对紧缺人才的配套政策体系亟待建立和完善。

其次，随着近些年来各地经济社会的快速发展，中国国内各大城市相继

---

〔1〕　参见裴长洪、刘洪愧：《中国外贸高质量发展：基于习近平百年大变局重要论断的思考》，载《经济研究》2020 年第 5 期。

出台力度空前的人才吸引政策，但是由于缺乏统筹协调机制，反而在不同城市和地区之间产生了影响人才流动与人力资源共享的壁垒，例如各地人才政策的差异性导致其在人才评价标准、职业资格、职称评定等方面难免有不兼容之处，各地互认困难重重，并且在医疗养老、子女教育、就业保障等民生领域由于政策衔接力度不够，各地服务水平也差距较大。

最后，在高端人才引进和服务方面，仍然缺乏成熟的、专业化的运作机制，特别是对于国际高端人才的引进，尚未形成具有较高可信度的信息对接平台，有时用人单位对急需的国际人才信息难以及时了解或准确掌握，人才引进后"水土不服"现象时有发生，这无法充分发挥人才应有的价值和作用，最终造成人才资源浪费。

综上所述，如何构建适宜人才流动的发展环境，畅通柔性人才引进渠道，以及完善高端人才配套政策体系现已成为构建以国内大循环为主体、国内国际双循环相互促进的新发展格局中亟待解决的主要问题。

（四）面临"去中国化"的全球化挑战

近年来世界经济格局面临结构性洗牌，对此我们要做好长期战略准备。以美国为首的一些西方国家正在谋划和推进制造业回流，以摆脱对中国制造的依赖，全球范围内"去中国化"的影响相较以往更为深刻和长远，要竭力防范和避免"去中国化"的全球化。除了国内要通过产业补贴、出口退税等优惠便利政策营建更加优质的营商环境，吸引外商来华投资，避免国际产业链外迁，还要借力"一带一路"和加紧推动 RCEP 落地以促进形成亚太地区双向开放模式。扩大亚太地区经济循环，推动亚太经济一体化，同样是中国加强国际经济交流与合作，防范和避免"去中国化"的关键之举。另外，促进国内国际双循环，需要外资外贸的高质量发展作支撑，海南自由贸易港作为新时代中国改革开放新高地，致力于建成全球最高标准的自由贸易港，将是构建以国内大循环为主体、国内国际双循环相互促进的新发展格局的最有力支点，凭借其特有的政策制度体系，海南具有成为亚太乃至国际航运中心、物流中心和金融中心的潜力。[1]因此，应当加快建设海南自由贸易港，通过

---

〔1〕 参见李善民、史欣向：《高质量高标准建设自由贸易港的现实路径》，载《人民论坛》2020年第19期。

打造市场化、法治化、国际化营商环境，以及对接国际高标准投资贸易规则，引领中国更好地融入世界经济体系，吸引更多优质外资入驻海南，防范和避免"去中国化"的全球化，以高水平对外开放助力国际经济大循环。

（五）面临产业链供应链中断风险

近年来，受到全球经济衰退影响，中国在全球产业链供应链的重要地位受到一定冲击。特别是全球产业链供应链扰动，对中国经济发展的影响由内及外，从国际循环视角分析，复杂国际经济形势对中国与其他国家和地区之间的贸易冲击出现交互性负面影响。不仅如此，目前一些国家和地区出于维护自身安全和利益的考量，对产业链供应链进行调整，这导致去全球化趋势加剧，加之受到贸易保护主义影响，全球产业链供应链日益本地化、区域化、分散化。随着全球产业链供应链布局的巨大调整和变化，中国产业链供应链的安全性、稳定性，以及在全球中的地位受到较大挑战。产业链供应链的安全稳定关乎中国经济未来健康可持续发展，因此在新形势下如何有效防范产业链供应链风险是亟需思考和解决的重要议题。

三、加快构建以国内大循环为主体、国内国际双循环相互促进的新发展格局的对策建议

（一）积极扩大有效投资

近年来，中国扩大投资力度，国内各地投资项目纷纷开工，这对于中国经济恢复发展，以及加快构建以国内大循环为主体、国内国际双循环相互促进的新发展格局具有很强的带动作用。但是在项目建设过程中，一些准备工作和配套性服务较为滞后，影响到投资项目推进实施效率。对此，要重视投资与配套性服务工作的相互适应和匹配。

一方面，要处理好有效投资与融资服务之间的关系，为扩大有效投资进一步完善融资体系。具体包括：针对不同投资类型拓宽融资渠道，促进融资渠道多元化；适当延长融资还款期限，解决当前工程项目短期融资资金较多，长期融资资金不足的瓶颈问题；适当扩大权益性融资，或将部分债务性融资转变为权益性融资；通过更多资产证券化工具将工程项目中的沉淀资产变活，从而促进实现有效投资。

另一方面，为稳定增加有效投资，应加快 5G、工业互联网、物联网等领域的新型基础设施建设进度，"新基建"不仅能够带动数字经济繁荣，孕育新的建设需求，撬动更大规模投资，在有效投资与"新基建"之间形成正向循环；同时也能助力实体经济转型升级，激活现代产业发展新动能，带来新的经济增长点。未来，新型基础设施建设将成为拉动有效投资，刺激经济增长的有效方式。

（二）以消费促进经济内循环

1. 提高居民收入、保障改善民生。对此，需要着力提高城乡居民收入水平，加大对中低收入群体就业创业支持力度，可考虑对其进行适当的财政补贴，并同时完善社会保障体系，进一步提升失业保险制度的覆盖范围和最低标准，将农民工等所有职业人群全部纳入失业保险范围，以此有效化解阻挡在居民消费和企业投资之间的卡点堵点，加快构建国内统一大市场，更好地通过刺激消费畅通国内经济循环。

2. 规范地方政府消费券发放。为提升居民消费能力，激发消费潜力，近年来国内一些地方陆续向本地居民发放消费券。实际上，特殊时期采用消费券及其他补贴形式，能够在短期内通过刺激消费为经济活动循环注入动力，加快经济社会恢复发展进程。不过，消费券需要大量资金支持，所以建议经济和财政实力较为雄厚的城市或地区考虑采用。另外，对于消费券发放也要进行科学设计，防止财政资金流入私人口袋，尽可能保证消费券有效使用。例如消费券类型应聚焦餐饮、体育、图书、信息等与居民生活相关的领域；发放对象重点支持中低收入家庭或贫困群体；借助必要政策措施或技术手段对消费券发放、领取、消费和兑现进行全程追溯，包括通过数字平台发放电子消费券；将消费券红利更多下沉至中小微企业或规模较小的商户，以此增强消费券的公益性和普惠性等。

3. 鼓励和支持"线上+线下"新型消费模式。当前，数字经济蓬勃发展，正全面渗透到人们生活和经济社会发展的各个领域、各个环节、各个层面，催生出许多经济发展新领域、新赛道、新动能。根据商务部电子商务司统计，2024 年 1 月至 4 月全国网上零售额 4.41 万亿元，同比增长 11.5%。其中，实物商品网上零售额 3.74 万亿元，同比增长 11.1%，占社会消费品零售总额比重为 23.9%，跨境电商出口占货物贸易出口比重稳步提高，这充分显示了新型消费的活力和动力。所以，应当顺势而为，进一步将线下与线上消费进行有机结合，加快推进传统商业模式数字化转型升级，以跨境电商、移动电商、社群营销、直播带货等新型线上消费模式畅通产业链、扩大内需、刺激消费，通过"线上+线下"多元融合的新消费模式使经济循环的"脉搏"更加强劲。

（三）重塑和完善内循环产业链

近年来，中国不仅面临着部分外贸订单取消、出口需求明显下降的形势，更为重要的是，中国作为需求方，对一些国家和地区的进口同样存在依赖，例如从国外进口的半导体原材料硅晶圆、光刻胶、存储芯片等零部件短缺，造成中国国内电子、汽车等相关行业制造成本上升、生产受挫。这让我们更加清晰地认识到构筑"自主可控、安全高效"的全产业链的迫切性和重要性，特别是要增强自主创新能力以及对产业链上游的控制能力。对此，需要尽快形成完善的产业链内循环，加速推进国内产业转型升级。

1. 打造自主可控的内循环产业链。应加强对产业链完整性的数据统计和科学分析，对于产业链主体在国内的，可以龙头企业为抓手，通过"引资补链""引资扩链"等方式将产业链从制造环节尽快延伸至包括原材料供应、产品设计、加工销售等在内的全过程。而对于产业链关键环节在国外的，可以发挥国内企业的比较优势，重点解决行业"卡脖子"的技术难题，并通过向下延伸或向两端延伸进行替代生产加工，从而将产业链集中在国内并予以重构，在该领域形成新的产业集群，最终实现整个主体产业的"国内大循环"。

2. 重视关键核心技术自主研发，加快构建关键核心技术攻关新型举国体制。目前，日趋激烈的国际竞争集中体现在科技创新能力的竞争，就科技发展规律而言，现代科技创新往往涉及多个领域或不同学科，单是依靠某一个部门、地区或企业难以顺利完成，尤其对于关键核心技术需要聚集优质资源集中进行攻关，因此政府组织和引导科技创新的作用更加凸显。针对本国关键核心技术的短板和不足，只有充分发挥举国体制优势，尽早建立起支撑关键核心技术研发的攻坚体制，才能集中优势力量加快推进科研协同攻关，不断增强自身的科技创新硬实力，真正实现关键核心技术的自主可控，从而重塑和完善内循环产业链，维护国内经济社会平稳健康可持续发展。

3. 加强企业之间的沟通与协作，把握产业链重塑机遇。一方面，对于国际产业链扰动、部分外贸撤单、国际物流滞阻等问题，国内企业要做好危机应对，树立长期忧患意识，并通过政策指引使产业链处于不同环节的企业在产品研发、设计、生产、销售、服务等方面建立起长效合作机制，不断加强彼此间的沟通与协作，以协同之力释放融合之效、提升发展之势，进而形成完善的内循环产业链。另一方面，对于国内一些龙头企业来说，要充分利用产业链重塑机会，借助数字经济创新发展机遇，加快自身角色的转型升级，向智能化高端化领域进军，抢占内循环上游先机，从而形成"关键核心技术→材料→零部件→整机→系统集成"的全链条培育机制，并以此向全球产业链高端环节攀升，竭力摆脱对国外技术和零部件的依赖。

4. 建立健全产业集群配套服务体系。构建和完善产业集群配套服务体系的具体措施包括：提供更加便利的水路、陆路物流运输条件；实行具有竞争力的科技人才引进政策；加强科技研发基础设施建设；发展相关配套器件生产企业等。构筑起较为完善的产业集群配套服务体系能够为内循环产业链的形成和发展提供强大助力。

（四）完善国内与海外创新人才政策

近年来，中国针对人才评价、项目评审、机构改革等事项陆续出台多个政策文件，意在改进人才评价方式、完善科研机构评估制度、优化评审监督机制、加强科研诚信体系建设。例如由中共中央办公厅、国务院办公厅印发的《关于深化项目评审、人才评价、机构评估改革的意见》即是推进科技评价制度改革的重要举措。但是，除了人才评价机制改革，中国还未对职称晋升评审制度进行深化改革，职称晋升通道的堵塞已在一定程度上影响到中青年科研人员的工作热情。因此，建议尽快完善教学科研人员职称晋升评审制度，建立更加公平、公正、公开、透明、可追溯、可申诉的职称晋升评审制度，通过改革评审程序、拓宽晋升渠道、设立监督机制，减少和避免职称评审过程中不公正事件的发生，为广大教学科研工作者营造良好的科研生态环境，使广大中青年教学科研人员能够安心工作，为国家科技进步、经济社会发展做出更多贡献。除此以外，为加快构建以国内大循环为主体、国内国际双循环相互促进的新发展格局，中国还需要深化人才体制机制改革，着力破除影响人才流动、培育、评价、激励等方面的体制机制障碍，采取更加便利开放、行之有效、积极主动且与国际接轨的人才政策，形成具有自由流动和良性循环等内在优势的人才制度体系。除了对高端科技创新人才提供与其实际贡献相匹配的薪资待遇、生活环境、居住环境等硬件条件外，还要提供完善的科研设施、强大的科研团队、良好的创新氛围，以及风清气正的科研环境，逐步建立起能够有效保障科研人员潜心创新研究的政策支撑体系。

近年来，国际经济格局和经济全球化进程复杂多变，但这也正是中国利用发展中的比较优势吸引海外人才流入，为新时代创新发展提供高端人才保障的好时机。若能充分利用国际人才为本国科技创新、经济社会发展服务，中国将会在未来国际竞争与合作中占得先机。对于国际高层次人才，中国可采取更加柔性的引进渠道，并建立健全海外人才管理制度。对此，可参考《海南自由贸易港建设总体方案》中便利外籍高层次人才来华工作、任职、出入境、停居留等相关规定，适时在国内其他地区进行复制推广，从而在更广范围内打破对外籍人才的国别限制，进一步便利外籍人员来华工作，在提升中国对国际高端人才整体吸引力的同时，促进不同国家和地区间的国际创新人才跨域交流与合作，更好地以人才的自由流动和良性循环促进国内国际双循环，为构建以国内大循环为主体、国内国际双循环相互促进的新发展格局持续注入人才动力。

（五）优化营商环境扩大对外开放

从促进经济内循环来看，中国需要扩大更高水平对外开放，持续改善外资营商环境，推动经济社会高质量发展。

1. 持续扩大更高水平对外开放。推动形成以国内大循环为主体、国内国际双循环相互促进的新发展格局，需要更高水平对外开放政策的有力支持。尽管近年来中国对外开放的大门越来越大，但相比其他发达国家和地区，对外开放的质量和水平仍有待进一步提高，需要对外开放的广度与深度并重。因此，应当以《外商投资法》及其相关配套措施落地为契机，贯彻落实"负面清单+国民待遇"的外资管理制度，既要避免"大门开小门不开"的问题，也要破解"准入不准营、准入很难营"的困境，使优质外资成为连接国内国际双循环的关键纽带，以及推动国内国际双循环相互促进的重要力量。

2. 打造国内国际双循环战略枢纽。中国特色自由贸易港、中国自由贸易试验区、粤港澳大湾区、内陆开放型经济试验区等既是中国扩大更高水平对外开放的重要载体、有利平台，也是构建以国内大循环为主体、国内国际双循环相互促进的新发展格局的战略枢纽和交汇点。这些"制度特区"可以率先对接以 CPTPP、DEPA 为代表的国际高标准经贸规则，及时修订和完善国内相关法律法规，建立起与国际接轨的高水平经贸制度体系，尽快由传统的商品和要素流动型开放向高位阶的规则和制度型开放转变，以制度型开放建设更高水平开放型经济新体制，营造法治化、国际化、便利化的一流营商环境，不断增强中国市场对外资的吸引力和竞争力。

3. 加强知识产权法治保障体系建设。完善的知识产权法治保障体系既是良好法治营商环境的重要组成部分，也是一国软实力的重要体现，特别是在现代服务业、高新技术产业等领域，知识产权密集度最高，知识产权保护需求最为迫切。未来加强对知识产权法律保护，一方面要紧跟数字经济发展的时代潮流，及时修订完善数字知识产权相关法律法规，尽快在数字经济领域建立起与之相适应的知识产权保护法律制度，使数字经济能够在较为完善的法治框架下规范有序发展。另一方面，针对长期以来在《著作权法》《专利法》《商标法》中惩罚性赔偿制度的缺位，与严厉打击知识产权侵权行为不相适应的问题，应尽快建立和完善知识产权侵权惩罚性赔偿制度，并设立与之相关的知识产权价值市场评估定价机制，以此加大对知识产权侵权行为的惩治力度，营建更加公平公正诚信的市场环境。

4. 构建多元化跨境商事纠纷解决机制。鉴于近年来数字经济、数字贸易的快速发展，数据跨境流动已然成为各国普遍关心的重要国际性议题，未来关于数字经济、数字贸易以及数据跨境流动的国际商事纠纷也将随之增多。故有必要尽快建立起包括司法诉讼、商事仲裁、商事调解等方式在内的多元化跨境商事纠纷解决机制，特别是要推广实施更加高效便利的临时仲裁制度和"线上+线下"的跨境商事纠纷解决模式，为跨境商事纠纷当事人提供更加高效、便捷、优质的法律服务，使跨境商事纠纷能够得到及时、有效、公正解决，以良好的法治营商环境助力构建以国内大循环为主体、国内国际双循环相互促进的新发展格局。

（六）以"一带一路"倡议为契机开拓海外新市场

坚定不移扩大对外开放，构建以国内大循环为主体、国内国际双循环相互促进的新发展格局，中国仍需要在区域和全球进行分散化布局，构建多维立体的产业链供应链体系，其中要以"一带一路"倡议为重点，加快形成面向"一带一路"和广大发展中国家的国际经济大循环。

2013 年至今，中国通过"一带一路"倡议，已经与诸多沿线国家和地区在生态环境保护、基础设施建设、跨境投资贸易、科技人文交流等领域建立起良好的合作关系。虽然近年来国际经济形势复杂多变，但是"一带一路"沿线市场依然蕴藏巨大机遇。对中国企业而言，要重视"一带一路"倡议这一新的经济增长极，把握好新形势下"一带一路"沿线市场蕴含的广阔发展前景和投资机遇，积极开发利用"一带一路"沿线市场。

1. 针对"一带一路"建设优化布局、重点突破。"一带一路"沿线政治经济形势复杂多变，面临着较为严峻的地缘政治风险、安全环境风险、发展环境风险等。故需要在"一带一路"沿线进行合理布局，减少和规避不必要的投资风险。今后在国家政策支持和引导之下，需要对"一带一路"沿线贸易投资进行优化调整，适当收缩战线，确保重点地区和项目的顺利开展。

2. 将"一带一路"建设成为"数字丝绸之路"。近年来，全球经济数字化转型不断加速，但同时也暴露出不同发展程度国家间存在的数字鸿沟，对中国而言，这既是挑战也是机遇。"一带一路"沿线许多国家和地区对于以5G、工业互联网、物联网为代表的新型基础设施建设具有强烈需求。[1]对此，中国企业应当结合"一带一路"沿线国家城市化、工业化进程，充分发挥数字经济领域优势，帮助这些国家加快推进数字化基础设施建设，突出引领性、展现新作为。另外，为了保障"一带一路"数字经济、数字贸易健康可持续发展，"一带一路"沿线各国需要在数据跨境流动等方面加强交流与合作，加快建立起"一带一路"数据跨境流动规则体系，促进数据跨境流动规范有序进行，防范数据跨境流动中的信息风险，为"一带一路"数字经济创新发展构筑坚实可靠的安全防线。

3. 继续加强"一带一路"园区建设。根据安永于 2020 年 7 月 9 日发布的《引航》第四期报告《海外产业园区如何开启"一带一路"合作新篇章?》，"一带一路"海外产业园区数量现已超过 70 个，这些产业园区主要以"一带一路"沿线国家中心城市为据点，能够有效整合优惠便利政策和各类资源，对于产业链上下游企业能够产生聚集效应，也为中国企业"走出去"开创了

---

〔1〕 参见陈健:《"一带一路"沿线数字经济共同体构建研究》，载《宁夏社会科学》2020 年第 3 期。

更加广阔的发展空间，提供了更多发展新机遇。"一带一路"产业园区因此成为构建以国内大循环为主体、国内国际双循环相互促进的新发展格局的有力抓手和着力点。"一带一路"沿线不少国家和地区以发展农业为重点，自身公共服务不足，故应当重点加强现代农业产业园、生态科技产业园、生物医药产业园、国际健康产业园等特色园区建设，帮助解决"一带一路"沿线国家和地区产业转型升级、粮食安全等问题，为"一带一路"沿线各国政治稳定、社会和谐、经济发展奠定基础。

4. 借力"一带一路"倡议促进亚太经济一体化。一方面，"一带一路"倡议不仅要对接国内的京津冀、长三角、粤港澳大湾区等发达地区的国家战略，同时也要与西部大开发、振兴东北老工业基地、黄河流域生态保护和高质量发展、中部崛起等国家战略进行深度融合，故要以"一带一路"倡议为引领，充分发挥各地区独特优势，在国内各地区之间形成协同发展之势，加快形成陆海内外联动、东西双向互济的对外开放新格局。另一方面，由于"一带一路"沿线各国所具有的发展优势不尽相同，有的具有资源密集型产业优势，有的具有农产品贸易优势，这与中国的劳动密集型加工制造业等优势产业形成了较强的贸易互补性，所以中国应当继续加强与"一带一路"沿线国家经贸合作，以更深层次的开放合作实现共同发展。同时，为深化"一带一路"沿线各国经贸往来，应当通过双边或多边自由贸易协定等形式使贸易投资关系更加规范化、法治化，建立起合作共赢的长效机制，更好地以自由贸易协定为载体促进亚太经济一体化，加快形成亚太地区经济大循环。

（七）建设开放型东北亚经济圈

近年来，东北亚区域合作成为捍卫经济全球化、多边贸易体系、区域经济一体化的重要力量。虽然东北亚地区有着一些亟待克服的现实矛盾，但是东北亚和平发展的主题始终鲜明，民众向往繁荣兴盛的诉求强烈，政府追求民生福祉的初心不改。未来，东北亚各国应当拿出智慧和勇气，为区域和平稳定与共同发展而努力，尽可能通过友好协商解决区域内问题，维持来之不易的向好走势，深度挖掘彼此间的合作潜力。鉴于东北亚具有独特的区位优势和要素禀赋，以及在技术、资本、能源、劳动力等方面与中国具有较强的互补性，需要不断深化东北亚经贸交流与合作，推动形成东北亚区域经济大循环。

1. 在东北亚构建"四位一体"的交通网络体系。推动实施东北亚物流运输一体化建设，在东北亚地区形成由海港、陆港、空港、信息港组成的"四港"联动发展新模式，以此促进东北亚物流枢纽建设。构建陆海联运、高效便利的东北亚经济走廊物流通道，更好地以物流畅通带动人员流、资金流、信息流等其他资源要素的自由流动，加速实现东北亚地区的深度融合与创新发展。

2. 深化东北地区与东北亚各国间经贸往来。东北地区作为东北亚的地理几何中心，有着显著的区位和交通优势、较强的经济互补性和良好的民意基础。但是，目前东北地区与东北亚各国的经贸合作还存在总量不足、层次较低、结构不合理等问题。对此，除了加大开放政策支持力度、优化区域营商环境、加强交通设施互联互通，更为重要的是要打造更高标准、更高水平的对外开放平台，以便于深化东北亚经贸交流与合作。建议在东北地区以自由贸易试验区为基础和对接窗口建设开放层次更高、营商环境更优、辐射作用更强的对外开放新高地，从而在更多领域、更广范围、更深层次加强与东北亚各国的经贸往来，为促进东北亚经贸合作营建更加自由开放便利的制度环境和设施条件。然而，当前地处东北亚区域中心位置的吉林省还未设立自由贸易试验区，考虑到未来东北亚各国在经贸领域融合发展的现实需要，应当尽快设立吉林自由贸易试验区，以便更好地服务支撑东北亚区域经济一体化建设。

3. 加强中日韩三国经贸交流与合作。在东北亚区域合作和开发开放中，中日韩三国发挥着举足轻重的作用，为保证东北亚安全稳定与和平发展，未来中日韩需要相向而行，不断深化彼此间的交流与合作。

（1）加快推进中日韩自由贸易协定谈判，建立中日韩自由贸易区。当前，经济全球化的最大挑战来自全球贸易保护逆流和中美关系的不确定性，而自由贸易区不仅是推进经济全球化和维护多边贸易体制的重要途径，同样也是各国之间加强经贸往来的有效方式。[1]基于中日韩三国共同的发展需求，以及维护地区稳定和整体经济利益的现实需要，未来加快中日韩自由贸易协定谈判将是大势所趋，通过签署自由贸易协定建立中日韩自由贸易区能够降低或免除关税，最大限度消除非贸易壁垒，促进货物、人员、劳务、资本的自

---

[1] 参见金香丹、刘雅君：《前景理论视域下中日韩 FTA 建设的动力与挑战》，载《亚太经济》2020 年第 1 期。

由流通，有利于实现中日韩经济内循环。

（2）加强数字经济领域国际合作。人们日常生活与工业生产制造的数字化、网络化、信息化、智能化已然成为未来发展趋势，中日韩在5G、人工智能、数字经济等新经济领域合作需求强烈。在这方面，中日韩正以不同方式推进产业数字化和数字产业化，例如韩国在网络通信方面较为成功，日本在智能机器人、大数据等方面具有技术优势。总体而言，中日韩在数字经济领域具有较强的互补性，彼此之间应当分享技术知识，携手发展数字经济，合力抢占全球数字产业链制高点。同时，为保证实现中日韩数字经济健康可持续发展，三国之间还应共同制定数据跨境流动规则，促进现代服务业跨境合作，在保证信息安全的前提下推进实现数据共享，建立起更加紧密的中日韩数据流通圈。

（3）联合防范产业链供应链中断风险。长期以来，中日韩在制造业领域分工协作紧密，面对当前全球产业链供应链重构冲击，中日韩更应携手维护制造业产业链供应链安全稳定，在彼此间加快形成制造业分工协作新机制，推动区域制造业向全球价值链上游攀升。另外，中日韩应当以维护区域产业链供应链安全稳定为目标，共同建立产业链供应链风险防范机制、风险预警机制、联合评估机制等，通过建立健全相关体制机制以有效减少和避免产业链供应链中断风险。

（八）加强与南亚东南亚各国开放合作

近年来，伴随"一带一路"倡议的建设，中国企业纷纷走向海外，一些中低端劳动密集型产业转移至南亚东南亚地区，不仅加速了生产网络的区域化，同时也巩固了中国产业链供应链的全球地位，成为中国海外产业链供应链体系的重要组成部分。[1]另外，近年来南亚东南亚基础设施建设需求日益增多，为中国企业"走出去"开拓海外市场创造了广阔空间，南亚东南亚市场潜力巨大，仍有待进一步开发利用。因此，未来中国应当加强与南亚东南亚各国的开放合作，推动中国与南亚东南亚区域经济一体化。

---

〔1〕 参见任红、张长征：《"一带一路"沿线国家产业结构对中国对外直接投资的诱发作用研究——基于"陆上丝绸之路"与"海上丝绸之路"沿线国家的比较分析》，载《国际商务（对外经济贸易大学学报）》2020年第2期。

1. 积极参与南亚东南亚国家基础设施建设。目前，南亚东南亚国家除了亟需解决国家与国家之间和城市与城市之间的陆路、铁路、港口、航空运输等交通基础设施建设不足的问题外，在 5G、人工智能、工业互联网、物联网等新型基础设施建设方面也呈现出较为旺盛的需求。因此，应以"一带一路"倡议为契机，结合南亚东南亚各国的经济社会发展需求，通过双边或多边协定形式，积极推进中国企业参与相关国家和地区重点项目合作与建设，例如泰国高铁项目、印尼雅加达—万隆高铁项目、新马铁路项目、东南亚沿海港口项目等。一方面，通过完善基础设施，打造互联互通的立体交通网络，进一步密切各国人文交流与经贸往来，全力推进中国—中南半岛经济走廊、中巴经济走廊、孟中印缅经济走廊建设迈上新台阶，加快形成南亚东南亚和印度洋周边经济圈。另一方面，借助基建能力较强的优势，南亚东南亚基建市场也为中国化解国内产能过剩、寻找新的经济增长点提供了机遇，能够帮助国内企业开拓海外新市场，牢牢稳住本国外贸基本盘。

2. 发挥亚投行在南亚东南亚基础设施建设中的作用。习近平总书记在2020 年 7 月 28 日亚洲基础设施投资银行第五届理事会年会视频会议中指出："亚投行应该成为促进成员共同发展、推动构建人类命运共同体的新平台。"由此可见，亚投行将在推动亚太地区基础设施互通互联方面发挥更大作用。特别是当前南亚东南亚各国基础设施建设需求量巨大，但是资金短缺问题一直存在，相较于世界银行、亚洲开发银行（ADB），亚投行对南亚东南亚国家援助的金额依然相对较少。根据 ASEAN Observer 统计，2018 年至今，世界银行向东南亚国家提供的双边主权贷款和赠款是亚投行的 26 倍，亚洲开发银行则是亚投行的 12 倍。所以，亚投行的功能作用还未得到充分发挥，未来应当为南亚东南亚成员国提供更多高质量、低成本、可持续的基础设施投资信贷服务，不仅包括铁路、公路、机场、港口等传统基础设施建设，还要涵盖5G、人工智能、工业互联网、物联网等新型基础设施建设。而在内部运行方面，需要进一步完善亚投行投资争议解决机制，一旦发生投资信贷纠纷，能够以仲裁、调解、评审等方式，独立、公正、高效地予以解决。同时，要针对各成员国的不同情况，开发灵活多样的融资产品，更好地服务成员国基础设施建设，使亚投行在南亚东南亚乃至整个亚太地区的基础设施建设中扮演更为重要的角色，同更多发展伙伴进行合作，携手推动区域经济一体化。

3. 以海南自由贸易港为战略支点构筑泛南海经济合作圈。2020 年 6 月 1 日《海南自由贸易港建设总体方案》正式出台，标志着海南自由贸易港建设进入新阶段。该方案明确海南将加强与东南亚国家的交流合作。作为新时代引领中国更高水平对外开放的鲜明旗帜和重要门户，自由贸易港建设将进一步强化海南面向太平洋和印度洋的重要战略地位，为本国与东南亚各国开展合作创造了更为有利的条件和环境。通过海南自由贸易港特有的优惠便利政策，海南可与东南亚国家在热带农业、农业技术、农业产业园等方面深化合作，延长热带农业产业链，提升热带农业附加值，建立热带农业经济圈。另外，以海洋经济为主轴，通过海南自由贸易港中国可与东南亚国家在航运、商业、旅游、科技、服务贸易等领域开展合作，而海南自由贸易港作为南海离岛服务中心、贸易中心与物流中心，将全面服务于南海大市场建设，致力于推动形成泛南海经济合作圈。总之，海南自由贸易港建设有利于深化中国与东南亚国家经济融合发展，以其为战略支点，中国与东南亚各国在海洋产业、临港经济、生物技术、新能源、邮轮旅游等方面将真正实现多向互动与深度交流，这不仅有助于促进南海传统产业向新兴前沿领域拓展，更将成为新时代推动南海经济持续健康发展的重要力量。

（九）推进中欧关系向前发展，共同维护多边贸易体制

2023 年是中国同欧盟建立全面战略伙伴关系 20 周年，这 20 年的发展经验表明，中欧双方没有根本利害冲突，合作远大于竞争，共识远大于分歧。特别是近年来，中欧不断拓宽合作领域，在可持续发展、缓解气候变化、粮食与能源安全等方面有着共同利益。如今面对更加错综复杂的世界政治经济形势，中欧更应携手努力、强化合作，共同维护多边贸易体制、促进经济全球化，为世界经济复苏注入信心和动力。

1. 中欧共同维护全球产业链供应链安全稳定。面对全球产业链供应链重构，世界各国经济都受到不同程度的冲击，产业链供应链普遍面临中断风险，中欧经济相互依赖程度高、互补性强，在困难之际通过加强宏观经济政策协调，继续保持相互市场开放，加强彼此间经贸交流与合作，不仅有利于降低和避免产业链供应链中断风险，也能为世界经济注入新动能、增加正能量。

2. 重启《中欧全面投资协定》，加强中欧国际经贸交流与合作。2020 年 12 月 30 日，历经 7 年 35 轮谈判，中国与欧盟完成中欧投资协定谈判，协定

对标国际高水平经贸规则，是一项平衡、高水平、互利共赢的协定。然而，在 2021 年 5 月 20 日，欧洲议会单方面"冻结"了该协定。回顾历史，这份协定的签署经历了多年的谈判和努力，旨在向世界展示合作，而非对抗精神。在目前全球经济下行、保护主义抬头和贸易摩擦的不利形势下，《中欧全面投资协定》的重启，对于世界经济恢复发展和国际交流与合作具有重大意义。未来，双方需要进一步展开谈判和协商，充分考虑彼此的利益和关切，推动《中欧全面投资协定》重启，共同努力推进协定的具体落实和实施。为此，中欧双方今后应在以下几个方面作出更多努力。

（1）对外商投资实行国民待遇。应当根据中欧双方诉求赋予"国民待遇"实质内涵，将其扩大到中欧投资的所有阶段，包括市场准入前和准入后，营建公平竞争的外资营商环境。

（2）制定实施"正面清单+负面清单"的外资管理模式。为在外资管理方面尽快取得更多共识，中欧双方可协商正面清单与负面清单相结合的外资管理模式，包括通过例外条款明确对外资暂不开放的领域，以正面清单规定哪些部门暂不享有国民待遇，从而以"正面清单+负面清单"的形式统筹兼顾各方利益，助力《中欧全面投资协定》重启。

（3）营建公平竞争的市场环境。根据《中欧全面投资协定》，中国须进一步强化公平竞争之相关内容，具体包括实施竞争中立原则、禁止对企业债务的补贴、禁止对不良企业（僵尸企业）的补贴、解除外国所有权限制、取消监管审批程序、采取备案管理等措施。从而营造良好的市场环境，使国有企业、民营企业、外资企业等各类企业能够真正实现公平竞争。

（4）完善投资者—国家争议解决机制。欧盟作为投资者—国家争议解决机制的主要运用方，近年来全球超过半数的投资者—国家争议案件都是由欧盟投资者发起。[1]然而在中欧投资关系中，欧盟企业和投资者很少运用投资者—国家争议解决机制，在对中国市场和争议解决的利益关系衡量上，往往选择了前者，担心发起相关诉讼会失去中国市场。但是这一问题成为《中欧全面投资协定》谈判的焦点之一，也在一定程度上阻碍了协定重启进程。因

---

[1] 参见汪梅清、吴岚：《欧盟主导的投资法庭上诉机制及其对中欧投资争端解决机制的借鉴意义》，载《国际商务研究》2019 年第 6 期。

此，中国应当及时制定应对方案，在顾及双方切身利益的前提下，尽快达成设立投资者—国家争议解决机制的最佳议案，化解《中欧全面投资协定》重启进程的障碍。

3. 中欧携手推进 WTO 改革，共同捍卫经济全球化。当前，单边主义、保护主义和逆全球化思潮给多边贸易体制带来巨大威胁和挑战，近年来全球贸易增速连续下降，WTO 改革关系多边贸易体制的稳定和发展，关系全球经济的健康运行。作为全球化和自由贸易的受益者，中欧只有通过加强交流与合作，进一步巩固和完善多边贸易体制，才能保持自身经济的平稳增长与繁荣发展。针对 WTO 改革，中欧在维护多边主义、主张非歧视原则、反对单边制裁措施、承认包容性与差异性等方面具有相同的立场。所以，中欧双方应当继续联手推动 WTO 改革，针对 WTO 争端解决机制上诉程序改革、发展中国家的特殊与差别待遇争议、产业政策补贴的规范使用、数字经济国际规则制定等关键问题通过协商找寻最大"公约数"，合力推进 WTO 改革进程，加快形成新的全球贸易体系，共同捍卫经济全球化。

（十）面对美国施压作出坚定而理性的回应

近年来，中美经贸关系基本处在冰冻和停摆的状态，这并不是中美人民所希望的，也违背了市场运作规律和科技发展要求。对此，首先应当加强中美对话，针对双方焦点问题展开协商谈判，寻找利益共同点，妥善化解矛盾与分歧。其次，建立和落实合作清单、对话清单、管控分歧清单，明确中美关系实质，厘清中美关系脉络，有效管控分歧和敏感问题，找到有力抓手提高谈判效率。最后，贯彻落实好《中华人民共和国政府和美利坚合众国政府经济贸易协议》，该协议作为近些年中美双边关系中少有的一抹亮色，是中美双方综合考虑贸易战后果而采取的更加务实的决定，以协定为载体中美双方可就经贸问题进行互动和讨论，这也成为当前中美经贸对话的有效途径之一。无论如何，面对美国对中国的多方面施压，中国必须维护自身主权、安全和发展利益，同时在平等和相互尊重的基础上寻求对话合作，致力于构建更加强劲、稳定、互利的中美双边关系，这是中国一贯坚持的态度和立场。

第七章
构建"一带一路"数字经济合作发展保障机制
——加快共建"数字丝绸之路"

共建"一带一路"倡议已提出十余年，伴随5G、大数据、云计算、人工智能等新兴数字技术的高速发展，"数字丝绸之路"赋予了"一带一路"倡议新的内涵，数字经济现已成为推动"一带一路"倡议高质量发展的重要引擎。然而，机遇与挑战并存，当前"数字丝绸之路"建设依然面临着数字经济供需结构性差异、数字金融服务体系不完善、数字基础设施建设相对滞后、数字贸易规则体系亟待建立、地缘政治风险与网络信息安全风险等问题。对此，需要通过加强数字基础设施建设、提升数字技术核心竞争力、发展数字经济产业和跨境数字贸易、建立健全数字金融服务体系、构建数字贸易规则体系等方式，尽快建立起坚实有效的"一带一路"数字经济合作发展保障机制，从而在较为完善的合作发展制度框架下，使数字经济更好地赋能"一带一路"倡议建设，助力"一带一路"倡议行稳致远。

一、"一带一路"数字经济合作发展的现状和机遇

"数字丝绸之路"是数字基础设施、前沿数字技术与"一带一路"倡议的有机结合，是中国在数字经济时代提出的推动"一带一路"倡议高质量发展的重要举措。中国作为数字经济和数字贸易大国，近年来在发展自身数字经济的同时，不断推动"数字丝绸之路"建设走深走实，持续加大对"一带一路"数字经济创新发展的支持力度，为"一带一路"沿线各国数字经济发展创造了广阔合作空间，数字经济现已成为"一带一路"沿线各国以及亚太区域经济复苏发展的重要动力。

（一）"一带一路"数字经济的繁荣与兴起

随着数字技术的更新迭代，以及全球数字经济规模的不断扩大，数字经济现已成为推动全球经济增长的新动能，特别是亚太地区广大发展中国家数字经济发展迅速，在数字基础设施建设、跨境数字贸易、数字金融服务和数字治理体系等方面不断完善，为数字经济创新发展提供了广阔的市场空间。而"一带一路"倡议作为亚太地区层级最高、领域最广、影响力最大的经贸合作机制，沿线国家和地区拥有庞大的人口基础，跨境数字贸易需求旺盛，数字经济发展潜力巨大。近年来，以5G、大数据和人工智能为代表的前沿数字科技的广泛运用和发展，以及《区域全面经济伙伴关系协定》（RCEP）的落地实施和亚太自贸区建设的不断推进，为"一带一路"数字经济创新发展创造了有利的外部环境，"一带一路"产业数字化和数字产业化程度不断加深，"一带一路"沿线各国数字经济合作发展日趋紧密。

（二）中国数字经济发展红利的"一带一路"共享

近年来，中国在数字基础设施建设、数字技术创新、数字金融服务和数字治理等领域展现出较强的发展活力。[1]2023年10月18日发布的《"一带一路"数字经济国际合作北京倡议》强调数字经济合作是"一带一路"高质量发展的关键。"一带一路"沿线各国一直以来都是中国主要的数字经济合作伙伴，尤其自2017年"数字丝绸之路"倡议正式提出以来，中国通过稳步扩大规则、规制、管理、标准等制度型开放，着力推进数字经济高水平对外开放，在"数字丝绸之路"建设中积极发挥驱动引领作用，不断以中国数字经济发展为"一带一路"倡议提供新机遇。截至2022年底，中国已经与17个国家签署"数字丝绸之路"合作谅解备忘录，与23个国家建立"丝路电商"双边合作机制，"一带一路"数字经济合作水平得到明显提升。并且，随着越来越多的中国企业"走出去"，在"一带一路"沿线区域投资数字经济，有效促进了"一带一路"数字经济的创新发展以及数字技术的迭代升级。[2]另外，当前中国自贸试验区、粤港澳大湾区、中国特色自由贸易港等国家战略

---

〔1〕 参见王军等：《中国数字经济发展水平及演变测度》，载《数量经济技术经济研究》2021年第7期。

〔2〕 参见齐俊妍、任奕达：《东道国数字经济发展水平与中国对外直接投资——基于"一带一路"沿线43国的考察》，载《国际经贸探索》2020年第9期。

建设不断推进，也为中国与"一带一路"沿线各国的数字经济合作发展提供了新机遇、新平台和更广阔空间。总体而言，在中国的积极推动下，"数字丝绸之路"倡议促进了"一带一路"沿线区域数字经济的快速增长以及跨境数字贸易的繁荣发展，这主要体现在沿线各国数字基础设施不断完善、地区之间数字经济发展鸿沟不断缩小、前沿数字技术应用范围不断扩大等方面，因此"一带一路"数字经济治理体系和治理能力得到显著增强。[1]

（三）"一带一路"沿线地区数字经济发展现状与合作前景

分区域来看，东南亚地区长期以来受地域分散、数字生产力不高、经济条件有限等因素制约，人均电商消费水平较低，一些面积较小、人口较少的国家拥有的网络空间话语权较弱，发展数字经济还面临着较大困难和压力。不过，随着"数字丝绸之路"倡议的深入推进，华为、中兴等中国企业纷纷与东南亚国家开展合作，有效推动了东南亚地区数字经济发展进程。

中亚地区各国之间发展水平差异较大，中亚五国数字经济总体处于起步阶段，这些国家发展数字经济现面临着数字基础设施建设相对落后、数字基建项目缺乏有力资金保障、高水平数字化人才匮乏等问题。对此，近年来"中国+中亚五国"的数字互联建设不断加强，亚欧陆地光缆网络已经开通，中国电信、中国联通和中国移动参与建设中国—中亚光缆对接，这些建设项目都为中国加强与中亚各国的数字经济合作打下了互联互通基础。

中东欧地区大部分国家为新兴经济体，互联网发展水平较为成熟，但受地缘政治影响，该地区的一些国家仍面临着战争、难民、恐怖袭击等问题，成为制约其数字经济健康发展的主要障碍。但是，近年来在中国—中东欧国家合作机制下，中国与中东欧国家数字经济合作发展迅速，"丝路电商"已成为双边经贸合作的新渠道和新引擎，中国企业与中东欧企业一同利用数字化手段加快产业转型升级。

非洲地区由于地域辽阔、人口分布不均衡等因素，存在发展数字经济成本较高、网络基础设施匮乏、网络安全风险较高、网络使用费用居高不下等问题。然而，随着中国数字企业不断进驻非洲地区，非洲地区在通信光纤、

---

〔1〕 参见王智新：《"一带一路"沿线国家数字贸易营商环境的统计测度》，载《统计与决策》2020 年第 19 期。

跨境电商、无线基站等领域现已取得显著进步，ITU *Facts and Figures 2021* 数据显示，2019 年至 2021 年，非洲的互联网使用率增长了 23%，截至 2021 年 10 月，非洲整体网民数量超过 5.8 亿，互联网普及率达到 33%，非洲将成为今后"数字丝绸之路"合作发展的重点地区。

近年来，在国家政策大力支持下，中国数字经济规模不断扩大，现在数字经济领域拥有广阔的消费市场、完整的网络系统、显著的资金优势、丰富的人力资源。未来，中国应当以"一带一路"倡议为机遇和平台，促进数字经济更高水平对外开放，进一步挖掘与"一带一路"沿线各国的数字经济合作发展潜力，协力解决阻碍"一带一路"数字经济高质量发展的主要问题，以更加紧密的伙伴关系共建"数字丝绸之路"，充分释放"数字丝绸之路"的时代发展红利。

二、"一带一路"数字经济合作发展的问题和挑战

随着经济全球化的不断深入，世界各国都在积极探索结构性经济改革的路径，以实现健康可持续发展。与之相对应，"数字丝绸之路"合作倡议为"一带一路"沿线国家和地区发展数字经济提供了新的机遇和有利平台。在"数字丝绸之路"倡议框架下，"一带一路"沿线各国的资源禀赋优势能够得到有效发挥，经济结构能够得到优化调整和有效改善，有助于商品和市场要素在"一带一路"沿线区域的有序自由流动。然而，受限于"一带一路"沿线各国的经济发展程度、科技水平、制度环境等因素制约，"一带一路"数字经济合作发展还存在着一些现实问题和挑战。

（一）数字经济存在供需结构性差异，数字金融服务体系亟待建立和完善

"一带一路"沿线国家和地区经济发展水平差异较大，其中多为信息与通信技术（Information and Communications Technology，ICT）产品的供给方，数字贸易进出口并不平衡，数字经济存在地区结构性差异。这主要是由于"一带一路"沿线各国的数字经济发展自主权往往受制于西方发达国家，导致其在定价方面缺少优势，数字经济国际市场竞争力普遍较弱。[1]目前，西方发

---

[1] 参见杨路明、施礼：《"一带一路"数字经济产业聚集发展研究》，载《中国流通经济》2021 年第 3 期。

达国家占据着数字经济产业链创新链供应链的上游领域和下游消费领域，而"一带一路"沿线国家和地区主要处于数字经济产业链创新链供应链的中游环节，导致数字经济产业利润空间被严重压缩，数字经济发展面临供需结构性障碍。并且，近年来一些发达国家陷入"滞涨"困境，其对数字经济的需求增长也随之减缓，在经济全球化背景下，这也在一定程度上影响到"一带一路"跨境电商与数字贸易的发展。

"一带一路"数字经济合作发展需要投入大量的资金支持。但是目前"一带一路"数字金融服务体系尚不完善，"一带一路"数字基础设施建设资金缺口依然较大。一方面，尚未构建起一个多层次、可持续的投融资体系，无法为"一带一路"建设提供高效便利的贷款融资、发展援助等金融支持，一些"一带一路"数字经济产业合作项目缺少多元化的投融资渠道，面临着资金短缺风险。另一方面，"一带一路"数字金融国际合作机制尚未建立，由于缺少以征信系统和数字技术为基础的跨境金融服务，新型数字支付方式在"一带一路"沿线区域还未得到普及应用和发展，这影响到"一带一路"跨境数字贸易的自由化和便利化，以及"一带一路"数字经济的健康可持续发展。

（二）数字基础设施建设相对滞后，核心技术制约数字经济合作发展

从国际数字经济合作实践经验来看，数字基础设施是各国之间进行数据互通、产业互联、信息共享的基础条件。虽然中国现拥有全球最大规模的互联网基础设施，数字技术和网络通信已经基本覆盖了大部分城市和乡村，然而，"一带一路"沿线多数国家和地区经济发展水平仍相对滞后，面对投资巨大的数字基础设施建设需求，许多国家面临着较大的资金缺口和不稳定的融资来源，导致数字基础设施建设缺少资金保障，新型数字基础设施建设水平整体较低，工业互联网公共服务平台和信息基础设施建设相对滞后，前沿性数字科技领域对发达国家依赖程度较高等。[1]在"数字丝绸之路"倡议下，近年来大数据、云计算、5G等数字前沿通信技术在"一带一路"沿线国家和地区得到了推广和应用，但是受限于数字基础设施建设滞后等因素，"一带一

---

〔1〕参见王海燕：《中国与中亚国家共建数字丝绸之路：基础、挑战与路径》，载《国际问题研究》2020年第2期。

路"沿线各国之间数字网络的互联互通与协同发展受到阻碍。[1]总体看来，"一带一路"沿线国家和地区的互联网发展水平仍有较大的提升空间，数字基础设施建设有待完善，关键核心数字技术攻关能力有待加强。

近年来，虽然"一带一路"沿线各国数字经济发展水平得到了普遍提升，数字贸易市场规模不断扩大，但是由于各国之间数字经济发展程度不平衡，例如新加坡、以色列和东欧地区的数字经济发展水平较高，而非洲、拉美和南亚地区的数字经济相对落后，"一带一路"沿线各国之间的"数字鸿沟"依然存在，严重阻碍了"一带一路"数字经济合作发展。[2]

根据《中国互联网发展报告 2022》，2021 年中国数字经济规模达到 45.5万亿元，占 GDP 比重达 39.8%，位居世界第二位。但是，在高端芯片、工业制造软件、算法算力、人工智能等核心技术领域还存在较为明显的短板，数字基础产品和服务创新均有待提升和完善，这些潜在不利因素在一定程度上影响到今后中国参与、引领和推动"一带一路"数字经济合作发展。

(三) 数字经济国际合作机制缺失，数字贸易规则亟待建立和完善

目前，"一带一路"数字经济合作发展缺乏顶层设计，"数字丝绸之路"倡议在合作机制和实施路径等方面还缺少较为完善的制度保障。[3]近年来，虽然"一带一路"沿线各国陆续制定出台了数字经济创新发展战略规划，但是各国之间还未建立起有效的战略对接机制，数字经济产业项目建设与合作缺乏协同性、互动性、整体性，各国在技术创新、数据共享、市场开放等领域亟需加强交流与合作。[4]另外，数据跨境自由流动现已成为跨境数字贸易高质量发展的核心议题，因此"一带一路"沿线各国亟需在数据监管、数据治理、数据创新、数据风险防范等领域建立起互联互通、互信互融的长效合

〔1〕 参见张明哲：《"一带一路"数字经济对中国对外直接投资区位选择的影响研究》，载《当代财经》2022 年第 6 期。

〔2〕 参见姜志达、王睿：《中国—东盟数字"一带一路"合作的进展及挑战》，载《太平洋学报》2020 年第 9 期。

〔3〕 参见陈健：《"一带一路"沿线数字经济共同体构建研究》，载《宁夏社会科学》2020 年第 3 期。

〔4〕 参见楼项飞、杨剑：《拉美数字鸿沟消弭与中拉共建"数字丝绸之路"》，载《国际展望》2018 年第 5 期。

作机制，以推进数据跨境自由流动，实现数据红利开放共享。

　　数字经济治理体系的建立与完善是"一带一路"数字经济合作发展的基础要件和必要前提。当前，在"一带一路"数字经济治理体系构建中，最为重要的是加强各国之间的数字贸易规则对接，尽快建立起协调统一的数字贸易规则体系，为"一带一路"跨境数字贸易提供切实有效的制度保障。[1]然而，"一带一路"沿线区域分布着普通法系、大陆法系、伊斯兰法系等多个不同的法律体系和法律渊源，不同法系之间较易产生法制冲突，这给完善"一带一路"数字贸易规则以及构建数字经济治理体系带来较大阻碍。[2]

　　近年来，中国不断完善数字经济立法，希望通过立法加强数字经济保护。不过，数字经济法律法规现分布在《网络安全法》《数据安全法》《个人信息保护法》等多部法律之中，呈现出较为明显的碎片化、分散化、片面化，还未形成协调统一的数字经济规则制度体系。另外，中国同"一带一路"沿线各国的数字贸易规则和数字技术标准存在较大差异，在同步性、协调性、兼容性等方面还有待加强和完善。[3]例如，"一带一路"沿线各国之间的税费差距较大、许可证发放标准不同、外汇金融制度不统一等因素，都在一定程度上限制了跨境数字贸易与数字经济合作，无形中增加了企业交易成本，带来了数字经济交易风险。

　　数字贸易规则制定的主导权是未来国际经济竞争和博弈的焦点之一。然而，在"一带一路"数字贸易规则制定中还未将数据跨境自由流动、数据创新、数据资产、数据垄断等前沿议题纳入谈判进程，这显然与CPTPP、DEPA等高标准国际经贸协定存在着一定差距。未来，需要通过对标高标准数字贸易规则，加强国际交流与合作，尽快建立起较为完善的"一带一路"数字贸易规则体系，为"一带一路"跨境数字贸易保驾护航。

　　（四）"一带一路"情势复杂多变，地缘政治风险较为突出

　　"一带一路"沿线多是发展中国家，数字经济产业多是处于产业链、创新

---

　　〔1〕　参见刘彬、陈伟光：《制度型开放：中国参与全球经济治理的制度路径》，载《国际论坛》2022年第1期。

　　〔2〕　参见赵骏：《"一带一路"数字经济的发展图景与法治路径》，载《中国法律评论》2021年第2期。

　　〔3〕　参见王文等：《数字"一带一路"：进展、挑战与实践方案》，载《社会科学战线》2019年第6期。

链、供应链的中下游，整体上对发达国家的上游数字经济产业依赖较大，受制于以光刻机为代表的芯片制造领域的技术限制，"一带一路"沿线各国数字经济产业抵抗外部冲击的能力普遍较弱，面临着较为严峻的数字经济产业链供应链断裂风险，直接影响到未来"一带一路"数字经济的转型升级与创新发展。

近年来，以美国为首的西方国家对中国实施经济脱钩和技术封锁，高端芯片等数字产品产业链供应链受到较大阻碍，多家中国公司、机构和个人被列入出口管制"实体清单"，严重影响到中国的通信设备、精密仪器等数字产品的生产与出口，以及"一带一路"数字经济产业链创新链供应链的安全稳定。

另外，伴随美国亚太战略调整、俄乌冲突局势变化、中东地区安全动荡等因素，大国之间的竞争与博弈持续加剧，"一带一路"沿线地缘政治风险明显增加，这在很大程度上制约了"一带一路"沿线国家和地区的数字经济合作发展。

（五）数字经济高端人才短缺，网络信息安全风险依然存在

数字经济创新发展依赖于强有力的专业人才支撑，由于"一带一路"沿线国家和地区教育发展水平的不平衡，各国普遍存在高端数字技术人才短缺的情况，尤其缺少区块链、软件工程、数据挖掘、人工智能等方面的高精尖人才。例如，"一带一路"沿线各国在客户端的研发人员数量相对较多，但是在上游芯片、算力、算法等领域的高端科技人才储备相对较少，与西方发达国家和地区的数字科研能力差距较为明显。高端数字技术人才的短缺导致了数字关键核心技术发展的相对落后，影响到"一带一路"数字科技创新与数字经济健康可持续发展。

近年来，"一带一路"沿线各国数字经济合作范围不断扩大，跨境电商、数字服务贸易等蓬勃发展，但是由于"一带一路"数据安全体系建设相对滞后，对于数据跨境自由流动、国家信息安全、企业信息安全、个人信息安全、网络商业秘密、网络知识产权等问题仍然缺少切实有效的法律规制，"一带一路"数字经济发展现面临着较为严峻的网络信息安全风险，"一带一路"网络信息安全保障体系亟待建立和完善。

三、构建"一带一路"数字经济合作发展保障机制之路径探索

在国内国际双循环的新发展格局背景下，面对"一带一路"数字经济发展中的各类风险与挑战，需要通过加强数字基础设施建设，促进跨境数字贸易转型发展，完善数字金融服务体系，构建数字经济治理体系等方式，加快建立起较为完善的"一带一路"数字经济合作发展保障机制，为推动"一带一路"数字经济高质量发展提供坚实有效的制度保障。

（一）加强数字基础设施建设，提升数字技术核心竞争力

在数字经济的应用和设计层面，中国现拥有较为成熟的产业体系，可以此为基础加强与"一带一路"沿线各国的数字经济合作，共建"一带一路"数字基础设施，提升"一带一路"数字技术核心竞争力，缩小"一带一路"沿线各国之间的"数字鸿沟"，推进实现"一带一路"数字经济的互联互通与高质量发展。

1. 推进"一带一路"数字基础设施建设国际合作

首先，加强顶层制度设计。未来，中国应秉持互利互惠原则继续加强与"一带一路"沿线各国的国际交流与合作，共商共议"一带一路"数字基础设施建设的顶层制度设计（可考虑联合制定出台《"一带一路"数字基础设施建设多边合作协定》），以明确"一带一路"数字基础设施建设的总体目标、主要任务、时间表、路线图等，并探索建立关于"一带一路"数字基础设施建设的综合性服务机构，以统筹协调"一带一路"数字基础设施建设中的投融资和重大项目，为加强"一带一路"数字基础设施建设提供制度支援和服务保障。

其次，推动方案落地实施。根据《"一带一路"数字经济国际合作倡议》中提出的加强"一带一路"数字基础设施建设的总体方案，一是要充分发挥亚投行、丝路基金便利投融资的功能和作用，为"一带一路"沿线各国数字基础设施建设提供资金援助。二是要支持和引导中国企业开展"一带一路"数字基础设施建设的对外投资和对外承包，帮助"一带一路"沿线各国建设大数据中心、5G通信基站、海底光缆等数字基础设施，扩大数字经济新型基础设施在"一带一路"沿线区域的覆盖范围，缩小各国之间的"数字发展鸿沟"。三是要充分利用双边或多边合作机制，提升"一带一路"沿线区域的互

联网普及程度和数据传输速度，将数字技术深度融入"一带一路"产业链创新链供应链，有效降低"一带一路"数字经济运营成本，在数字经济开放合作中共享发展红利。

再次，发挥市场资源配置作用。通过信贷支持、政府补贴、税收优惠等政策措施，激发市场主体参与"一带一路"数字基础设施建设的积极性和主观能动性。

最后，建设新型智慧城市。依托大数据、云计算、人工智能等先进数字技术，助力中国与"一带一路"沿线各国共建智慧城市，将先进数字技术与现代城市治理相结合，推动数字政府、数字交通、数字医疗、数字教育、数字社区等应用场景落地，使越来越多的智慧城市成为推进实现"一带一路"倡议高质量发展的有力支点。

2. 加强"一带一路"数字网络基础设施建设

互联网既是实现信息互联互通的重要基础，也是"一带一路"数字经济发展的硬性软件。"一带一路"沿线各国网络基础设施建设现状差异较大，需要根据不同国家和地区的实际情况开展不同层次的合作。例如，对于网络基础设施较差的东南亚、中亚、非洲等国家和地区，可以增加新兴网络通信技术投入，促进当地网络宽带均衡发展，加快信息资源互联互通，并在此基础上逐步实现信息网络的数据化、智能化、智慧化。而对于中东欧等"一带一路"中的新兴经济体，可在具备一定的网络基础条件之上，加快建立云计算和数据中心，在"一带一路"沿线区域部署数据节点，为"一带一路"数字经济合作发展提供优质的云计算和数据中心网络服务。对于云计算和数据中心建设，中国企业实践经验丰富且拥有较为领先的技术，这正是中国企业"走出去"开拓新市场的机会，同时也有助于打造"一带一路"大数据经济生态链，并消除"一带一路"沿线区域的"数字鸿沟"。

3. 完善"一带一路"数字经济软件基础设施建设

一方面，将数字技术全面融入"一带一路"建设。在推进共建"一带一路"中，应积极引入大数据、区块链、人工智能等前沿数字技术，助力"一带一路"沿线各国在工农业生产、金融服务、医疗教育等领域的数字化改革，以此提高生产力水平，带动传统产业转型升级。同时，发挥中国在数字经济领域的产业优势和技术优势，为"一带一路"沿线各国提供高质量的数字产品和信息服务，帮助"一带一路"沿线各国增强数字经济创新发展的软实力。

另一方面，提高数字技术基础研发能力。一是要支持和引导市场主体加大对数字技术创新的研发投入，鼓励企业尤其是民营企业开展数字技术研发项目，填补因技术研发能力不足可能导致的数字基础设施缺口。二是要通过建立跨境信息技术实验室等方式，携手各国共同研发前沿数字技术，并完善与之相关的实施方案和规则体系，推动前沿数字技术在"一带一路"沿线区域的更广泛应用，筑牢"一带一路"数字经济创新发展的软件基础。

（二）发展数字经济产业，促进跨境数字贸易

1. 加快国际贸易转型，发展数字经济产业

跨境数字贸易是"一带一路"数字经济合作发展的重要议题和主要内容。近年来，数字技术的推广和应用，以及数字基础设施的不断完善，显著降低了"一带一路"国际贸易中的物流成本和时间成本，加速了国际贸易的转型升级。未来，"一带一路"沿线各国需转变传统的国际贸易方式，紧抓数字产业化和产业数字化赋能机遇，积极推动跨境数字贸易发展，以适应数字经济创新发展的新形势和新要求。

一方面，从数字产业化角度分析。技术、金融、数据、知识产权等要素正在成为跨境数字贸易的主要内容，尤其是数据要素的产业化、商业化和市场化将成为国际经济竞争的关键领域。然而，目前在"一带一路"建设中，相较于传统货物贸易，跨境数字贸易发展仍相对滞后。因此，"一带一路"沿线各国应加强国际交流与合作，共商共建跨境数字贸易合作发展机制，拓展跨境数字贸易市场空间，促进"一带一路"跨境数字贸易高质量发展。

另一方面，从产业数字化角度分析。首先，"一带一路"沿线各国在积极参与跨境数字贸易的同时，还应推动数字经济与实体经济的深度融合，打造具有国际竞争力的数字经济产业集群，实现数字经济与实体经济的协同发展。其次，以增强"一带一路"数字经济产业的国际市场竞争力为目标，"一带一路"沿线各国可建立"一带一路"数字经济产业联盟，为"一带一路"数字经济产业创新发展提供更加广阔的市场空间，维护"一带一路"数字经济产业链创新链供应链的安全稳定。最后，重点培育一批具备创新驱动和资源配置能力的数字贸易龙头企业，发挥数字贸易龙头企业在"一带一路"数字经济产业发展中的引领带动作用，通过数字贸易龙头企业积极参与国际市场竞争，激发"一带一路"数字经济产业创新发展的活力和内生动力。

2. 搭建数字经济平台，促进跨境数字贸易

首先，共建"一带一路"跨境电商产业园。在国内国际双循环的新发展格局引领下，中国应加强与"一带一路"沿线各国的数字技术和数字经济产业合作，打造一批集贸易、海关、税务、物流、金融、市场监管等功能于一体的跨境电商产业园，利用数字技术优化"一带一路"沿线区域产业布局，提升"一带一路"沿线产业数字化水平，促进商品和市场要素的自由流动和高效配置。[1]其次，构建"一带一路"跨境数字贸易平台。可依托中国自贸试验区、跨境电子商务综合试验区、中国特色自由贸易港等特殊经济功能区，与"一带一路"沿线各国经济贸易合作区进行联动建设，打造突破地理环境限制的跨境数字贸易平台，促进"一带一路"跨境数字贸易市场的互联互通，推动形成"一带一路"跨境数字贸易产业集群。再次，扩大"一带一路"跨境数字贸易市场规模。中国可联合"一带一路"沿线各国，通过构建协调统一的跨境电商物流体系、跨境支付结算体系、跨境电商产业链供应链管理体系等方式，丰富"一带一路"跨境数字贸易交易渠道，降低"一带一路"跨境数字贸易市场门槛，扩大"一带一路"跨境数字贸易市场规模。

(三) 完善数字金融服务体系，为数字经济发展提供资金保障

目前，"一带一路"沿线各国经济发展水平差异较大，部分国家发展数字经济还缺乏强有力的资金支持。构建"一带一路"数字金融服务体系，能够有效促进"一带一路"区域国际金融合作，推动"一带一路"金融服务业转型升级，可为"一带一路"沿线各国数字基础设施建设提供更加高效便利的投融资服务。

首先，加强数字金融国际合作。中国应以亚投行、丝路银行等金融机构为有利平台，与"一带一路"沿线各国共商共议关于推动数字经济创新发展的金融扶持方案，畅通"一带一路"沿线数字基础设施建设的投融资渠道，为"一带一路"沿线数字经济重大项目提供有力资金保障，引导"一带一路"金融资源适当向数字经济领域倾斜。同时，通过加强国际交流与合作，

---

[1] 参见赵春明等：《数字经济助推双循环新发展格局的机制、路径与对策》，载《国际贸易》2021年第2期。

探索建立"一带一路"数字金融服务市场对接机制，打造协调统一的"一带一路"数字金融服务大市场，以实现不同国家和地区数字金融服务市场的政策沟通、业务畅通，破除阻碍各类金融服务机构跨境参与"一带一路"沿线数字经济项目的体制机制，更好地为"一带一路"数字经济创新发展提供金融支持与服务。

其次，提供差异化数字金融服务。由于"一带一路"沿线各国在数字基础设施建设、数字产业化和产业数字化、关键领域数字技术创新等方面的条件不尽相同，各国间的数字经济发展水平还存在着较大差异，需要针对不同的国家和地区制定不同的数字金融服务方案，以提升"一带一路"数字金融服务的质量和效率。对此，可在充分考虑"一带一路"沿线各国的市场环境、法治环境、创新环境等情况的前提下，整合"一带一路"沿线数字金融服务资源，由沿线各国共同商讨拟定关于"一带一路"数字金融服务的差异化实施方案，推进实现数字金融服务资源的优化配置和高效利用，尽可能满足"一带一路"沿线各国差异化的数字经济投融资需求，形成具有差异化特征的"一带一路"数字金融服务支撑体系。

再次，推广跨境电子支付方式应用。"一带一路"沿线各国应协商构建互联互通的跨境电子支付结算体系，这能够有效破除"一带一路"跨境数字支付中的体制性障碍，降低"一带一路"跨境数字贸易成本，提升"一带一路"跨境数字贸易便利化水平，助力"一带一路"跨境数字贸易繁荣发展。

最后，防范数字金融市场风险。目前，在"一带一路"数字金融服务体系建设中，还面临着投融资信息不对称、征信系统建设滞后、市场监管体系不完善等问题，数字金融风险防控压力较大。对此，一是要利用大数据、云计算、人工智能等前沿数字技术，帮助"一带一路"沿线各国政府、企业、金融机构更加及时高效便利地获得数字金融市场信息，以便对"一带一路"数字金融市场风险进行科学研判和精准分析，减少和避免数字金融市场风险。二是要借助区块链技术所具有的去中心化、开放性、可追溯性等优势，完善"一带一路"跨境金融信用体系，以有效解决"一带一路"沿线部分国家和地区的征信系统缺失问题。三是中国应通过深化数字金融创新工具、开展数字金融创新应用试点、完善数字金融创新管理机制等方式，探索数字金融市场监管制度建立和完善的有效路径，并在"一带一路"倡议中宣传和推广"监管沙盒"的中国经验，以此推动构建"一带一路"数字金融市场监管体系，防范"一带一路"建设中的各类数字金融风险。

（四）健全完善数字经济治理体系，保障数字经济健康可持续发展

健全数字经济治理体系是实现"一带一路"数字经济健康可持续发展的关键，是加强"一带一路"沿线各国之间数字经济合作的制度基础，是实现"一带一路"倡议高质量发展的重要保障。

首先，构建数字贸易规则体系。目前，"一带一路"数字经济合作发展仍处于初期阶段，数字贸易规则体系尚未建立和完善，导致"一带一路"跨境数字贸易缺少切实有效的制度保障。对此，应将数字经济制度合作尽快纳入"一带一路"倡议的总体框架，利用现有的"一带一路"双边或多边合作机制，由各国共商共建"一带一路"数字贸易规则体系，为"一带一路"跨境数字贸易中的电子支付、海关监管、税收征管等事项提供相应法律依据，使"一带一路"跨境数字贸易能够在较为完善的法治框架下依法规范有序进行。同时，还要主动对接以 CPTPP、DEPA 为代表的新一代高标准国际经贸协定，积极引入其中有关跨境数字贸易的高标准国际规则，以此提升"一带一路"数字贸易规则体系的国际化、法治化、现代化水平，更好地以制度型开放引领"一带一路"数字经济合作发展。为发挥良好的引领示范作用，当前中国可以申请加入 DEPA 为有利契机，加快完善国内数字贸易法律法规，适时在国家层面制定出台"数字贸易高质量发展促进法"，突出数字贸易立法的系统集成与协调统一，探索建立接轨国际并具有中国特色的数字贸易法律制度体系，在提升中国数字贸易治理水平的同时，也为"一带一路"对接高标准国际数字贸易规则探索路径、积累经验。

其次，搭建数字经济治理体系框架。目前，"一带一路"沿线各国的数字经济政策环境、法律制度、技术标准、规则体系各不相同，在数字经济合作发展中可能面临由政策、规则、制度、技术、标准的差异所带来的制度障碍。因此，需要"一带一路"沿线各国为之共同努力。一方面，要加强"一带一路"沿线各国之间数字经济政策、规则、制度、技术、标准的有效对接与沟通协调，合力破解阻碍"一带一路"数字经济合作发展的制度性壁垒。另一方面，要加快建立和完善"一带一路"数字经济治理框架和规则体系，推动

"一带一路"沿线各国数字经济规则、制度和标准的协调统一，集中解决"一带一路"数字经济规则适用冲突等问题，避免因规则适用冲突对跨境数字贸易带来的阻碍。

再次，建立健全网络数据安全保护体系。数据安全是"一带一路"数字经济安全治理体系的重要组成部分。特别是近年来，网络安全问题已成为影响"一带一路"跨境数字贸易和数字经济合作的主要障碍之一。目前，"一带一路"沿线各国多数还未建立起较为完善的跨境数据流动规则体系，缺少协调统一的数字经济跨境执法司法合作机制，无法有效应对跨境数据流动风险和安全挑战，"一带一路"数据跨境流动规则体系亟待建立和完善。未来，需要以《全球数据安全倡议》为引领和指导，构筑包括跨境数据流动规则在内的"一带一路"网络数据安全保护体系，为"一带一路"网络数据安全提供相应法治保障。同时，要完善数字经济跨境执法司法合作机制，严厉打击"一带一路"沿线数字经济跨境违法犯罪行为，为"一带一路"数字经济健康可持续发展营建安全稳定的法治环境。

最后，设立数字贸易争端解决机制。目前，DEPA 争端解决条款主要包括斡旋、调解、调停、磋商、仲裁等程序，并针对各个争端解决方式制定了详细的程序规则，例如仲裁庭人员组成、仲裁员资格、专家小组建议、仲裁报告执行等，这在一定程度上改善了数字贸易领域争端解决程序规则缺失的现状。针对"一带一路"数字贸易争端解决机制缺失的现状，可以借鉴 DEPA 的经验做法，通过谈判协商，尝试在由中国参与和主导的"一带一路"区域自由贸易协定中，设立包括斡旋、调解、调停、磋商、专家小组、仲裁等方式在内的数字贸易争端解决机制，并通过附件的形式制定详细的争端解决程序规则，为"一带一路"数字贸易争端提供切实有效的解决路径。

小结

近年来，在"一带一路"倡议下，中国充分发挥自身数字经济优势，引领和带动"一带一路"数字经济创新发展，促进了"一带一路"沿线区域数字经济红利普惠共享，使数字经济成为"一带一路"建设发展的新引擎。未来，中国需要与"一带一路"沿线各国共商共建"数字丝绸之路"，全面深化"一带一路"数字经济合作，通过完善"一带一路"数字基础设施、数字金融服务体系、数字贸易规则体系、网络信息安全保护体系等，加快建立起全方位、多层次、立体化的"一带一路"数字经济合作发展保障机制，携手"一带一路"沿线各国打造"数字命运共同体"。

第八章
构建"一带一路"海外投资风险防范与争端解决机制
—— 为中国企业出海保驾护航

政治风险与法律风险是中国企业在"一带一路"沿线开展投资贸易的最大担忧，也是中国企业"走出去"开拓海外市场所面临的主要困难，其中法律风险往往由政治原因引起，而法律手段又是应对政治风险的有效方式，很大程度上政治与法律两大要素相互联系、相互作用、互为因果。因此，应当运用联系的观点将影响中国企业海外投资的政治风险与法律风险进行整体研究。可通过对"一带一路"政治风险与法律风险的客观分析，结合相关国际经验与国际惯例，探索建立以法律为主要方式的"一带一路"海外投资风险防范与争端解决机制，将对政治风险与法律风险的有效防范、管控和解决贯穿中国企业海外投资动态的全过程。这不仅能为维护中国企业的海外投资权益提供相应法律保护，更能为加强"一带一路"法治建设、营建"一带一路"良好法治营商环境奠定基础和创设前提。

我们生活在法律化的世界（Juridified World）之中，法律是全球化得以表达的专用术语。法律不但是我们对外部世界的理解体系，也是建构世界的力量。世界经济领域，任务贸易取代传统的货物贸易成为主流，服务贸易发展迅猛，数字网络技术与实体经济深度融合，国与国之间的边界变得模糊，世界贸易投资行为越来越具有规则化的特征和倾向。近些年，美国对华发起"232调查""301调查"，对中兴通讯公司执行出口禁令，对产自中国的钢制轮毂产品发起反倾销和反补贴调查等一系列单边主义贸易措施，都是在打"规则牌"。商场上得不到的就在法庭上实现，以"规则顺差"弥补贸易逆差，用法律手段达成政治目的，是以美国为代表的某些西方国家的一贯做法。

面对近年来贸易保护主义势力的抬头，中国更应坚定不移顺应时代潮流致力于构建开放型世界经济，以"一带一路"国际合作践行经济全球化理念。通过深入学习贯彻习近平总书记的《建设开放包容、互联互通、共同发展的世界——在第三届"一带一路"国际合作高峰论坛开幕式上的主旨演讲（2023年10月18日，北京）》精神，努力把"一带一路"建设成为"和平之路、繁荣之路、开放之路、创新之路、文明之路"。以此为目标迫切需要为"一带一路"倡议装上规则之轮、法治之翼，不断加强"一带一路"法治建设。尤其当前在"一带一路"投资贸易领域，中国企业正面临较为严峻的政治风险和法律风险，为助力中国企业更好地"走出去"，需要尽快建立和完善企业海外投资风险防范与争端解决机制，通过制定规则和构建机制实现对"一带一路"海外投资风险的有效防范和化解，切实保障广大海外投资者的正当合法权益，推进实现"一带一路"倡议健康可持续发展。

一、"一带一路"中国企业海外投资风险分析

（一）"一带一路"中国企业海外投资政治风险分析

虽然近年来中国企业参与"一带一路"建设成绩斐然，但海外投资中的政治风险依然突出，在《中国海外投资国家风险评级报告（2023）》中，列明了120个主要国家和地区的投资风险评级结果。该评级体系包含经济基础、偿债能力、政治风险、社会弹性和对华关系五大指标以及四十三项细分指标。该报告认为，"一带一路"沿线区域的投资风险较高，其中政治风险是最为突出的潜在风险。"一带一路"沿线多为新兴经济体国家，部分国家和地区政治情况复杂、政权更迭频繁、地区安全不稳定、政府偿债能力有限，具有较高的政治风险系数，投资风险与投资受阻程度明显高于发达国家和地区。[1]因此，需要对"一带一路"沿线海外投资政治风险进行分析研究。

1. "一带一路"政治风险的地缘特点

从地域视角出发，在"一带一路"沿线区域中，东盟与中东欧经济发展

---

〔1〕 参见中国社会科学院国家全球战略智库国家风险评级项目组、中国社会科学院世界经济与政治研究所国际投资研究室：《中国海外投资国家风险评级报告（2023）》，中国社会科学出版社2023年版，第3~4页。

水平最高，较少出现政治风险，政府偿债能力高于其他沿线地区，整体而言投资风险较低；独联体与中亚地区相较于东盟与中东欧，在经济基础、社会弹性、偿债能力等方面相对薄弱，属于政治风险较高区域；西亚地区差异性最为显著，其中以色列与阿联酋具有较强的经济实力、科研能力及军事力量，国内财政与金融系统较为安全，政治投资环境相对稳定。但是伊拉克、伊朗等国政局持续动荡，时常发生军事冲突，社会秩序不安定，经济发展相对滞后，投资风险系数较高。

2. "一带一路"政治风险的概念解析

首先，需明确"政治风险"是指由于投资所在地存在政治因素而对投资者利益产生损失的可能性，并非已然发生并确定的损失事实。其次，与市场经济领域的"风险与收益成正比"不同，面对政治风险进行投资时并非"风险越大，收益越大"，所以中国企业不应根据对"一带一路"沿线区域政治风险数值的判断和预测来确定其将来的经济收益率。这意味着政治风险客观存在，中国企业无法通过对其自身的风险管理来有效规避外来的政治风险损失，多数情况下面对东道国的政治风险中国企业仅能作出予以投资或不予投资的决策，而无法对其投资活动所面临的政治风险进行"有效管理"。再次，要清晰认识到政治风险发生于东道国国土范围之内，这并不包括超越东道国本土领域以外的全球性和区域性政治风险，虽然国家单元与全球单元之间的差异较易划分，但国家单元与其所在地区之间的风险差异有时无法明确区分，两者之间往往具有较为密切的关联性，该事实引发的结果便是很多国内企业在进行海外投资风险评估时，会倾向于扩大一国政治风险所包含的基本概念和领域范围，海外投资风险尽职调查常会受困于此，进而在投资前的考察过程中便消耗了大量的企业精力和成本资源。最后，宜将政治风险纳入广义的情报信息范畴，考虑到政治风险来源的多样性，在评估政治风险时需要更加全面准确地掌握有关东道国的政治情报信息，情报信息准确的高低将在一定程度上决定中国企业在"一带一路"沿线中的投资行为以及项目合作的成功。

3. "一带一路"政治风险的主要来源

主观方面，作为"一带一路"建设的重要力量，近年来越来越多的中国国有企业积极参与"一带一路"沿线投资项目。但是，国有企业因其所有权性质在对外投资时更易引发政策对抗、群体不满、社会争议以及反补贴和反倾销等重大问题。[1]尤其伴随国有企业竞争中立原则议题的兴起，由于国有企业产权不清晰等问题，东道国政府更倾向于将中国国有企业的投资行为视为一种国家行为，而非从纯粹商业角度来衡量投资关系，这无形中增加了中国国有企业海外投资的政治风险。此外，中国企业在"一带一路"中的投资项目中产业结构过于单一，仍以自然资源相关产业为主，围绕矿产、电力、交通等领域进行集中开发，这些行业关系东道国经济命脉和国家利益，具有较高的政治敏感性，极易引发政治风险，例如缅甸密松水电站事件。

客观方面，"一带一路"沿线国家多处于国内经济转型、政治体制改革、军政权力交接、地区政局动荡等阶段，甚至武装斗争、恐怖袭击等极端情形也时有发生，例如湄公河金三角水域发生的泰国劫匪杀害中国船员事件，在伊拉克、叙利亚境内 IS 恐怖组织强制占领由中国企业投资运营的油田、炼油厂，俄乌冲突中不少中国企业受到战火殃及，这些不安定的外在社会因素也对在"一带一路"沿线投资的中国企业带来巨大政治风险。[2]

4. "一带一路"政治风险的类型划分

"一带一路"背景下中国企业海外投资政治风险主要包括东道国政府更迭影响投资合同正常履行、东道国工会对当地政府和民众的影响、非市场化国家契约精神欠缺、恐怖袭击、战争内乱、资产国有化、货币兑换限制以及投资资产的禁止跨境转移等方面。可以说，在"一带一路"建设中不仅存在传统意义上的政治风险，还包括不确定性非传统政治风险，具体可分为三大类型：第一类是由于东道国自身政治状况的不安定而产生的政治风险，第二类是基于东道国政府对于个别或者所有外资企业所采取的特殊管理政策而带来的政治风险，第三类是发生在东道国境内针对外来投资者的不确定性非政府行为而引发的政治风险。

综上分析，政治风险具有一定客观现实性，并不以投资者自身意志而转

---

〔1〕 参见蒋姮：《"一带一路"地缘政治风险的评估与管理》，载《国际贸易》2015 年第 8 期。

〔2〕 参见《中印在叙利亚油田遭 IS 占领 中企损失惨重》，载 https://www.guancha.cn/indexnews/2014_12_05_302511.shtml，最后访问日期：2025 年 3 月 2 日。参见《伊拉克军方：IS 控制——中资炼油厂将设备拆除运走》，载 https://www.guancha.cn/Third-World/2014_12_09_302811.shtml，最后访问日期：2025 年 3 月 5 日。

移，企业无法通过自身经营行为从根本上来规避政治风险，政治风险的成因、分布、分类、概念等因素决定了防止风险、减少风险、化解风险的主体仍需以母国政府为主，企业可以在政治风险损失发生后向母国政府或相关保险机构寻求代位求偿权，以此获得对来自政治风险的损失的补偿。总之，长期以来欧亚地区政治矛盾突出，众多国家和地区之间存在错综复杂的利益关系和纷争，民族问题、宗教问题交织在一起，使得"一带一路"倡议的推进实施面临严峻的政治风险。作为"一带一路"建设主力军的中国国有企业，也常会因为政府背景问题而屡遭质疑，相关国家一再对"一带一路"倡议的建设意图进行过度推断和揣测，这些因素都进一步加深了中国企业在"一带一路"进行投资合作的政治风险。

（二）"一带一路"中国企业海外投资法律风险分析

"一带一路"海外投资法律风险主要是指因违反东道国法律法规而面临法律惩罚或法律制裁的风险，其主要来自投资者行为、东道国法律制度以及母国法律制度，法律风险主要集中产生于海外投资过程中的市场准入、投资运营和投资项目退出三个阶段。

1. 外资市场准入阶段的法律风险

外资准入是指东道国有权规定在满足何种条件下外资企业方可进入本国市场开展投资贸易活动，具体包含准入权和设业权，其中前者是指外资企业进入东道国市场的权利，后者是指外资企业在东道国设立商业存在的权利。"一带一路"下中国企业的海外投资主要集中在基础设施建设、资源开采、能源开发等行业，这些经济领域关乎东道国国计民生，因而东道国通常会在外资市场准入的权利范围、职责履行等方面作出严格限定。

（1）对外资企业产权的限制性规定。这主要是针对外资企业股权进行一定限制，尤其对于一些工程量大、涉及利益广泛、运作周期较长的合作项目，中国企业会与东道国政府或代表东道国政府的企业签署议定书，出于维护本国利益的考量，东道国政府通常会将中国企业的投资资产限定在一定范围以内，以减少中国企业所持有的项目股权，将工程的实际所有权和实施决策权主要交由其国内企业掌控。

（2）对投资准入范围的限制性规定。对于中国企业投资的基础设施、矿产能源等行业领域，东道国政府一般会以"肯定清单"或"负面清单"的方式限定外资市场准入范围，例如缅甸通过《外国投资法》中的"肯定清单"详细列明外资市场准入领域，而印度、沙特阿拉伯借助"负面清单"规定，除采取特殊限制性措施的领域外，外资企业均可进入。[1]然而，现实中部分中国企业，尤其是民营企业有时会在未进行法律风险审慎调查和知晓东道国外资准入规则的情况下盲目竞标，缺乏对竞标项目可行性的客观分析，进而导致投资计划无法顺利实施，并产生不必要的经济利益损失。

（3）投资履行中的限制性规定。在中国企业海外投资履行中，东道国政府通常会对货物当地含量、外汇限制、贸易平衡、进出口用汇、国内销售数量等方面作出特殊规定，这对中国企业准确掌握关于项目建设的履行规则及行业标准提出了更高要求。

（4）市场准入的例外限制性措施。在市场准入阶段，除一般因素外，中国企业也不可忽略个别特殊因素，其中投资准入范围中的例外规定尤为重要，这主要包含国家安全审查与特许审查法律风险，中海油对石油企业尤尼科公司的收购以及中国铝业与澳大利亚力拓集团投资合作项目的失败，均源于东道国政府的国家安全审查与特许审查制度。所以，在"一带一路"海外投资中中国企业应对东道国政府的例外限制性措施进行充分调查，避免因此导致投资计划失败。

2. 投资运营阶段的法律风险

中国企业在"一带一路"中的投资运营阶段所可能遇到的法律风险主要涉及环境、税收、知识产权、劳工等多个方面，这要求中国企业要时刻关注并真正了解东道国法规政策的主要内容、调整实施及改革创新。

（1）环境保护法律风险。在"一带一路"倡议推广和实施过程中，中国一些企业因不了解国际社会中关于环境保护已有的国际公约、国际条约和其他规范性法律文件，以致对东道国环境保护和资源合理开发缺乏足够重视，导致破坏东道国生态环境和资源过度开采的情况时有发生，从而被东道国及其他国家指责为"掠夺性开发"，所谓"中国环境威胁论"等负面言论甚嚣

---

[1] 参见李玉璧、王兰：《"一带一路"建设中的法律风险识别及应对策略》，载《国家行政学院学报》2017年第2期。

尘上。环境保护法律风险严重阻碍了中国企业海外投资项目的顺利实施。[1]
这主要是因为在"一带一路"建设中，中国企业的海外投资主要集中于基础
设施建设和矿产能源开发等高风险、易污染行业领域，而"一带一路"沿线
地理又多以荒漠为主，植被稀少，生态环境系统较为脆弱，加之沿线一些国
家环境保护法律制度不健全、环境开发监督机制不完善以及部分中国企业自
律性不强、缺乏环境保护意识，所以可能导致投资所在地的生态环境问题。

（2）税收法律风险主要源自以下方面：一是税收政策差异性显著。"一带
一路"沿线多为类型不同的发展中国家，由于各国国情不同、税制不同、税
率不同，税收待遇差异较大，在海外投资中中国企业不得不面临复杂的税收
环境，并需要根据各国不同的税收政策在投资运营上作出适当调整。二是税
收优惠政策受限。中国企业在"一带一路"中的海外投资主要是工程承包建
设、资本输出及并购，然而沿线许多国家规定外资企业在本国承包工程或提
供劳务所享有的免征企业所得税期限仅为六个月，由于基础设施建设的工程
实施时间一般较长，许多中国企业无法充分享受东道国政府所给予的税收优
惠待遇。三是重复（双重）征税。截至 2017 年 5 月 7 日，虽然中国已经与
"一带一路"沿线中的 50 多个国家或地区签署了税收协定，但是当前中国实
行的是分国不分项的税收抵免政策，[2]"一带一路"沿线很多国家属于低税
率国家，因而按照现行税收抵免办法仍然无法有效避免重复征税，在"一带
一路"海外投资中重复征税情况依然广泛存在。

（3）知识产权保护法律风险。这种风险主要体现在违反东道国所参与的
知识产权保护国际公约、国际条约以及其国内知识产权保护法律法规，具体
包括知识产权的保护范围、保护权限、审查程序、审查标准等方面。除了在
投资过程中违反东道国法律侵犯他人知识产权，中国企业知识产权被侵犯的

---

〔1〕　参见孙佑海：《绿色"一带一路"环境法规制研究》，载《中国法学》2017 年第 6 期。

〔2〕　对于企业所得税，中国采取的是"分国不分项"的抵免原则，即"走出去"企业在境外
已缴纳的所得税税款应按国别（地区）计算抵免限额后进行抵免，油气开采企业除外。抵免限额是
指企业来源于中国境外的所得，依照企业所得税法及其实施条例的规定计算的应纳税额。《关于企
业境外所得税收抵免有关问题的通知》第 8 条第 2 款规定：某国（地区）所得税抵免限额＝中国境内、
境外所得依照企业所得税法及实施条例的规定计算的应纳税总额×来源于某国（地区）的应纳税所得
额÷中国境内、境外应纳税所得总额。

事例也常有发生，例如商标遭到国外企业抢注而丧失商标自主经营权，如"飞鸽牌"自行车商标在印度尼西亚被抢注，著名家电商标"海信"在德国被抢注等即是示例。[1]这在一定程度上反映出中国企业在拓展海外市场的同时，对知识产权保护的重要性认识不足，缺少对知识产权人才的培养，也缺乏权威数据和官方信息的准确指引。而"一带一路"沿线多为处于经济转型的发展中国家或新兴经济体，知识产权保护法律制度亟待完善，这使得中国企业的知识产权在海外投资过程中较易遭受侵犯，知识产权保护法律风险由此产生。

（4）劳工保护法律风险。该风险主要来自国际劳工组织（ILO）所确立的国际劳工保护标准、东道国劳动保护法律法规以及中国国内关于劳工保护的法律法规，例如《劳动法》《对外劳务合作管理条例》等。[2]尽管"一带一路"沿线很多国家失业率高于中国，中国企业海外投资能够为当地市场提供更多就业岗位，受到东道国政府和民众的支持，但是也要看到一些国家会对中方人员在当地工作就业进行一定限制，强制规定合作项目中的一些重要岗位需聘用当地人员，这集中体现在外资企业运营的本土化趋势不断加强，这无疑会有损中方人员的海外工作权利。因此，一方面在投资运营中中国企业要遵守东道国法律法规，保障东道国劳工权益，协助维护当地就业市场秩序。另一方面也要采取适当措施保护好中方人员的基本劳动权利，减少中国员工在海外工作中所可能遭遇的劳动权利问题。

3. 投资项目退出阶段的法律风险

资产退出阶段法律风险一般包括两种情况，一是中国企业因经营不善或项目完工而直接退出东道国市场，另一类是受东道国政府政策影响而被迫撤资退出。现实中，中国企业海外投资退出的法律风险主要是指项目所有权的国有化风险，即东道国依据本国法律将本属于中国企业的财产强制性地转化为本国政府所有的行为。投资项目的国有化将导致财产所有权转移和投资方、承包方的主体变更，这是对中国企业正当权益的严重损害，不仅涉及政治因

---

[1] 参见王莲峰、牛东芳：《"一带一路"背景下我国企业海外知识产权风险应对策略》，载《知识产权》2016 年第 11 期。

[2] 参见李先波、李娜：《"一带一路"倡议下境外务工人员权利之保护》，载《湖南师范大学社会科学学报》2017 年第 5 期。

素，更会引发一系列的法律风险、经济风险、文化冲突，将极大地影响中国企业海外投资的活力和积极性。尤其"一带一路"沿线中很多国家或地区常年政局动荡、政权更迭频繁、党政冲突加剧，中国企业海外资产所面临的国有化风险在所难免，这需要中国政府与"一带一路"沿线各国各政党建立起良好的外交关系并积极采取相应法律措施为中国企业海外投资保驾护航。

总体而言，中国企业在"一带一路"沿线开展投资贸易，涉及众多国家和地区，其政治制度、法律体系与中国不尽相同，甚至属于不同法系，容易因为法律信息的不对称而产生各种投资法律风险。一些国家和地区立法滞后，在法律执行上对外资企业有所歧视，很多时候会出于对本国利益的考虑，有针对性地对中国海外投资企业进行或明或暗的特别管制，中国企业在面对东道国的环境保护、知识产权保护、劳工保护等要求时，往往会因为对其规则的不熟悉而遭遇诸多现实困难。

二、构建"一带一路"海外投资风险防范机制

（一）构建"一带一路"海外投资政治风险防范机制

根据"一带一路"沿线区域政治风险的地缘特点、主要来源和类型划分，可有针对性地将签署政府间高标准投资贸易协定、完善海外投资保险制度、构建区域性多边投资担保合作机制、建设政治风险情报信息系统等具体措施作为主要研究方向，从宏观到微观，从框架到内容，逐步建立起结构合理、制度先进、切实有效的"一带一路"海外投资政治风险防范机制。

1. 签署政府间区域性高标准投资贸易协定

基于政治风险的客观性，作为投资者的中国企业无法单靠自身努力完全规避风险，所以政府间的政策沟通是推进和保障"一带一路"建设的重要路径。今后应当加强政府间对话合作，致力于构建制度化、多元化、多层次的政府间沟通交流机制，基于共同利益提升政治互信，减少政治分歧。一方面，"一带一路"沿线各国可以就经贸合作中的政治风险、制度壁垒、体制障碍等问题共同协商拟定区域性投资贸易协定，通过标准统一且接轨国际的投资贸易规则，探索建立高标准区域性自由贸易区，以便有效化解各类投资贸易争端，为区域性自由投资贸易提供相应制度支援。另一方面，也要认清"一带一路"沿线各国国情和产业结构的不同，在协定谈判中要注重发挥政策沟通

的灵活性特点，可以"一国一议、一事一议"，通过找寻利益共同点尽快达成国际投资贸易协定，借助协定所具有的有效性、权威性和强制性，有效防范国际经贸合作中可能遭受的各类政治风险，推动"一带一路"沿线区域的贸易便利化、投资自由化、金融国际化，促进各类市场要素的自由流通。

2. 完善国内海外投资保险制度

由于投资贸易保护协定和投资合同无法涵盖全部政治风险，一旦发生战争内乱或政府违约等状况，母国政府除了外交调解、经济报复、诉诸国际法庭，也很难作出更为有效的补救措施，并且在纠纷解决过程中中国企业的切身利益恐怕也早已遭受损失。为了更加有效地维护本国企业海外投资利益，减少和避免政治风险，世界上的主要资本输出国，尤其是发达国家多数建立了海外投资保险制度。海外投资保险制度一般是由政府设立或者由政府支持成立独立的法人保险公司，为本国企业的海外投资行为提供政治风险担保，当企业利益因东道国政治风险发生而受到损失时，保险机构将按照一定比例进行适当补偿。

对于建立海外投资保险制度，中国所面临的主要问题是缺少一部专门的"海外投资保险法"，存在着立法空白。一方面，在没有立法作为基础和保障的前提下，海外投资保险机构的设立运营将于法无据，规范经营、股权划分、资金来源等问题均无法得到有效解决，在其发展过程中必然会遭遇各种制度障碍。例如在缺少法律规定的情况下，承保机构无法依法取得代位求偿权并依法向东道国政府进行追偿，投资企业的损害赔偿请求权也因而难以实现。另一方面，海外投资保险制度一般采取市场运营机制，该项制度的参与主体并非实行政治运行机制的政治性组织，而是专门从事投资保险业务的公司，市场化的运营模式不仅有利于企业投保时的成本和收益计算，更有利于减少东道国对中国企业海外投资的政治性怀疑，降低中国企业海外投资所面临的政治风险。[1] 所以，中国应尽快制定出台"企业海外投资保险法"，并以此为基础健全海外投资保险制度、设立海外投资国家保险机构、明确投资保险种类和补偿标准，由特定的保险公司为中国企业在"一带一路"沿线的投资

---

〔1〕 参见张晓君、魏彬彬：《"一带一路"区域投资保险机制的评估与创新》，载《学术探索》2017 年第 11 期。

项目提供相应的政治风险保险服务。

3. 借鉴 MIGA 经验创建"一带一路"多边投资担保合作机制

多边投资担保机构（MIGA）隶属世界银行集团，作为世界银行与国际金融公司的有益补充，其宗旨是向外国私人投资者提供政治风险担保，具体包括政府征收、政府违约、货币转移限制、战争内乱等风险担保，并向成员国提供投融资促进服务，鼓励国际资本更多流入发展中国家。MIGA 主要通过三种方式推动海外直接投资，一是通过再保业务和分保业务为成员国私人海外投资的非商业性政治风险提供担保，中国政府应当鼓励本国企业在海外投资中主动向 MIGA 投保，以达到保护中国企业在"一带一路"沿线海外投资利益的目的。二是通过技术援助帮助成员国制定海外投资战略措施。例如 MIGA 与中国项目发展中心（CPDF）合作，帮助商务部制定全国性的促进海外投资计划，协助四川、黑龙江等地开展实施海外投资促进项目，其中包括海外投资竞争性政策的比较研究。[1]在"一带一路"倡议背景下，中国可与 MIGA 继续深入开展有关海外投资战略的技术援助和项目交流，帮助中国企业减少和避免海外投资风险，让中国企业更好地"走出去"。三是致力于用和平方式解决国际投资争端，MIGA 坚持以公平、公正、诚实、中立的调停人角色促进成员国之间以和平方式解决投资争端，这正与中国所主张的通过平等协商寻求国际争端合理解决的基本理念相同。因此，将来可尝试借鉴 MIGA 实践经验，创设与"一带一路"沿线投资环境更适应的多边投资担保机构，将其作为长效机制，为"一带一路"沿线海外投资提供稳定可靠的政治风险担保。

4. 建设"一带一路"政治风险情报信息系统

对于"一带一路"沿线国家的政治状况、投资环境、政府政策，单靠企业自身的资金和能力无法做到详细了解和准确判断，企业也没有充足的意愿进行超出投资成本和收益的政治风险分析。所以中国政府需要通过相关政策来解决"一带一路"海外投资政治风险的信息收集和信息分析问题。具体可采取的措施包括：（1）增加国内高校和科研院所对"一带一路"政治风险研究的财政支持，提升官方研究机构的信息收集和分析能力。（2）加强对民间

---

〔1〕　参见张庆麟、余海鸥：《评〈MIGA 公约〉的最新修订及其启示》，载《国际经济法学刊》2015 年第 1 期。

智库和咨询公司的政策扶持，使其成为可为中国企业提供海外投资信息咨询服务的专业性第三方机构。具体而言，中国政府可协助有实力的民间智库与咨询公司对现有风险信息资源进行优化整合，通过信息收集培训、大数据库信息平台建设、政府购买等方式，将海外企业、华侨华人、各大商会、研究机构、社会媒体、海外求学人员等不同主体所拥有的零散信息进行实时动态收集，并能够对之进行更加规范化和标准化的研究分析。（3）在保证国家利益和情报安全的前提下，尝试对接国际知名大数据库或与国外著名信息分析机构进行合作研究，搭建更加全面高效的"一带一路"数据分析系统，增强数据对比研究的准确性与科学性。（4）最为关键的是要尽快引入国际通行的风险冲突影响评估机制 CIA（Conflict Impact Assessment），将其作为情报收集与评估分析的专业化工具，[1]优先在"一带一路"中的高政治风险区域示范使用，并将评价结果有效转化为具有普遍指导意义的政策指引，助力中国政府对"一带一路"海外投资政治风险的预警预案。

（二）构建"一带一路"海外投资法律风险防范机制

"一带一路"海外投资法律风险集中于市场准入、项目运营、项目退出三阶段，其中市场准入阶段主要面临东道国例外限制性规定，项目运营阶段受制于东道国环境、税收、知识产权、劳工等政策法规的严格要求，项目退出阶段缺少顺利退出东道国市场的保护措施。因此，中国企业投资"一带一路"沿线海外市场要尤为注重市场准入前法律风险尽职调查、加强投资运营阶段法律风险防范、明确投资协定中的市场退出保障性措施条款。

1. 做好市场准入前法律风险尽职调查

在市场准入阶段中国企业主要受到东道国审查制度的影响，由于"一带一路"沿线各国社会环境、法律体系、政治制度存在差异，针对外资准入的政策法规也各有不同，这给中国企业海外投资带来了一定的未知性和不确定性，增加了企业海外投资法律风险尽职调查的难度。[2]其中一些国家虽然采取了宽松的市场准入政策，甚至没有具体规定市场准入审查制度，但这并不

---

〔1〕 参见丁建平、薛恒新：《信息系统审计的 CIA 风险评估方法与应用》，载《财务与会计》2009年第 11 期。

〔2〕 参见任建芝：《"一带一路"背景下加强国有企业法制建设的重要性——国有企业海外投资的法律保障》，载《中国律师》2017 年第 3 期。

意味着对于涉及国家安全、国家利益的一些特殊领域不存在准入门槛，尤其是具有公共性质的基础设施建设领域，东道国一般会对其市场准入条件和投资范围进行严格限定，与之相应中国企业也需要对"一带一路"沿线中的外资市场准入问题给予更多关注。

在法律风险尽职调查过程中，中国企业应当对东道国外资准入制度进行全面了解，其中重点包括：（1）对东道国法治环境以及投资项目所适用的法律法规（准据法）进行尽职调查，合理预测在东道国进行投资可能遭遇的各类法律风险，并以尽职调查结果为依据作出投资与否的合理决策；（2）需要对投资对象——并购项目中的目标公司和关联公司进行详细的尽职调查，明确项目公司从东道国政府所获取项目开发权的具体信息，将此作为确立并购价格和预判经营成本的基本前提，有效避免并购活动中的潜在法律风险。

市场准入前尽职调查一般是由国内与国际律师团队共同进行，在双方合作调查基础之上，就外资准入阶段可能遭遇的法律风险进行科学评估，形成详实具体的调查报告，用于防范投资项目早期风险，为企业海外投资活动提供真实可靠的客观依据。对此，中国企业需要尽早建立起国际化、团队化、专业化的律师团队，进一步加强涉外法务人员业务培训，提高防范海外投资法律风险的意识和技能，善于运用法律武器维护自身海外投资权益。

2. 防范项目投资运营阶段的法律风险

（1）重视投资所在地的环境保护。一是要求中国企业在项目投资运营过程中认真进行环境影响评估工作，制定基于投资行为的环境影响评估报告，防范因违反东道国法律规定而可能引发的环境保护法律风险。二是要形成环境保护企业文化，增强企业环保意识，在建设生产中严格按照东道国所制定的环境保护标准开展相关工作。三是要勇于承担企业社会责任，积极参与东道国环境保护公益活动，树立良好的企业社会形象。四是应加强与东道国政府间的环境保护项目合作，毕竟"一带一路"沿线荒漠化状况较为严重，而中国在治理沙化、荒漠化方面有丰富的实践经验。[1]因此中国企业可与东道国政府共同承担起修复当地生态环境的社会责任，以此加快融入当地社会文

---

〔1〕　参见耿国彪：《携手防治荒漠 共谋人类福祉——〈联合国防治荒漠化公约〉第十三次缔约方大会在中国召开》，载《绿色中国》2017年第18期。

化，获得更多民众支持，保证海外投资项目的顺利进行。

（2）减少和避免跨境投资多重征税。作为"一带一路"倡议发起国，为进一步推动国际经贸合作，中国政府应在化解"一带一路"税制壁垒方面作出更多努力，比如强化国际税收合作、积极承办和参加国际税收论坛、促进各国间税收政策沟通。尤其要通过协定的形式建立起双边或多边长效税收合作机制，对于过往已签订的税收协定，适时增设税收饶让条款和权益保障条款，对于还未与中国签订税收协定的国家，则要加快谈判进程，协商避免国际投资重复征税的有效途径和办法。

（3）加强跨域知识产权保护。首先，中国企业在"走出去"过程中应当熟知东道国知识产权保护法律制度，详细了解违反东道国知识产权保护规则所要承担的法律责任，避免在投资活动中违法违规。其次，中国企业还要掌握与海外投资相关的知识产权保护国际公约及国际条约，防范知识产权保护国际法律风险，减少跨域知识产权纠纷。最后，中国企业海外投资涉及行业领域较为广泛，不仅有传统的基础设施建设、制造业，也有新型的国际服务业、文化产业等，合作中难免会出现知识产权侵权争端，为有效防范并合理化解知识产权侵权风险，有必要在投资项目议定书之外附有更加详细的知识产权保护附属协定，具体规定因项目建设运营而引发知识产权侵权纠纷的争议解决方式、认定标准、赔偿方案等内容。

（4）加大海外劳工权益保护力度。海外投资过程中中国企业需要熟悉国际劳工保护标准、东道国国内劳动保护法以及该国制定出台的有关海外劳工权益保障的法律法规。特别是近年来，伴随亚太经济整体复苏和发展，"一带一路"中很多国家对外资劳工保护标准、劳工争议解决、企业社会责任提出了更高要求。沿线的一些新兴经济体与发展中国家劳动力相对廉价，外资企业雇佣当地员工容易被认为是为减少经营成本而转嫁市场风险，进而引起劳工权益保护争端和摩擦。[1]对此情形，中国企业在海外投资运营当中需要主动承担更多的社会责任，将海外劳工权益保护不单视为一种法律风险，而是能够将其上升到自身的企业社会责任和企业文化高度，从经营理念和实际行动中进一步提升对劳工权益的保护力度。

---

〔1〕 参见花勇：《"一带一路"建设中海外劳工权益的法律保护》，载《江淮论坛》2016 年第 4 期。

3. 明确协定中投资项目退出条款的相关内容

在中国企业对"一带一路"沿线进行投资获取商业利润的同时，也需要付出高额的投资成本，特别是以政府和社会资本合作模式（PPP）开展实施的大型建设工程，项目期限可能长达数年甚至几十年。当项目遭遇亏损，缺少有效市场退出机制时，投资所在地政府更易对此加以利用，提出不合理要求，使中国企业蒙受巨大经济利益损失，并长期深陷于市场退出的泥沼之中。所以，在合作谈判中不但要进行科学的入市前投资风险评估，更应当在项目协定中明确与市场退出相关的条款内容，通过双边或多边协定的形式建立起公平公正的海外投资市场退出机制，提前合理规划好中国企业"全身而退"的法律依据和商业逻辑，使海外投资项目在建设、运营、退出阶段均能够得到切实有效的法律保障。

三、构建"一带一路"海外投资争端解决机制

"一带一路"沿线各国的法律体系、法律文化、法律环境差异显著，有的是大陆法系，有的是英美法系，还有的是伊斯兰法系或混合法系。该情形使中国企业如果想要依靠"当地救济"解决投资争端，就必须熟知东道国的法律体系和司法规则，这对很多中国企业而言依靠其自身力量难以实现。事实上，中国企业作为外来投资者，在与东道国政府的法律谈判或诉讼中往往处于不平等的弱势地位，争端解决所消耗的资源、付出的成本与最终结果往往不成正比，面对一些政府行为即使胜诉也面临着执行困难的现实问题。所以，除当地司法救济或行政救济方式外，中国海外投资企业会更多地转向寻求外交保护或国际仲裁。

（一）"一带一路"海外投资争端解决中的主要问题

在海外投资争端解决过程中，外交保护的结果主要取决于母国政府与东道国政府间的政治博弈，经常会基于政治利益关系的现实考量而忽视投资者的切身利益，该投资争端解决方式缺乏一定的稳定性、公正性及可预见性。至于国际仲裁，目前在中国与"一带一路"沿线各国所签订的双边或多边投资协定中大部分都设置了强制性国际仲裁条款，一旦中国企业投资项目因东道国政府的不当政治行为而遭受利益损失，在满足协定所规定的仲裁启动条件下，中国企业可据此直接向东道国政府提起仲裁，而无需征得母国政府或

东道国政府的事先同意。强制仲裁实施的主要原因在于投资协定当事国为实现投资争端解决的程序正义、实体正义和公正结果，自愿在保障本国经济利益和国家安全的前提下维护对方国家投资者的合法权益，支持投资者将与东道国政府间的投资争端依据"中立性原则"提交国际仲裁庭，在第三国进行仲裁，以此实现投资争端的合理解决并推动两国间投资贸易的互利共赢。然而，在现实中国际仲裁仍是"一带一路"投资争端解决机制中亟待解决的主要问题，其关键原因在于：（1）"一带一路"沿线许多国家例如哈萨克斯坦、土库曼斯坦、黎巴嫩等并非世界贸易组织成员，不受世界贸易组织关于国际仲裁制度的约束；（2）"一带一路"中的一些国家还没有加入《承认及执行外国仲裁裁决公约》（以下简称《纽约公约》），这使得中国企业即使通过国际仲裁取得有利结果，也存在着仲裁裁决难以获得承认与执行的不确定性风险；（3）目前国际社会中较为通行的《解决国家与他国国民间投资争端公约》（以下简称《华盛顿公约》）对当事人适格条件进行了一定限制，明确规定投资者母国与投资所在地东道国均须为《华盛顿公约》的成员国，但目前来看"一带一路"沿线中还有很多国家尚未加入《华盛顿公约》，这直接影响到解决投资争端国际中心（ICSID）投资争端解决机制的应用推广。另外，包括中国在内的"一带一路"沿线许多《华盛顿公约》成员国还未对《华盛顿公约》的规则适用作出国内立法上的制度安排，缺乏对 ICSID 仲裁的实务研究和实践操作，这直接影响到 ICSID 投资争端解决机制的实际功效发挥，致使《华盛顿公约》在"一带一路"沿线区域的适用范围较为有限。

（二）构建"一带一路"海外投资争端解决机制之路径探索

中国已经在北京、西安、深圳等地设立国际商事法庭，该重大举措为建立和完善"一带一路"海外投资争端解决机制奠定了良好基础。为了实现"一带一路"倡议健康可持续发展，中国需要尽快建立起与"一带一路"倡议特点相适应的投资争端解决机制，有效防范和化解中国企业在"一带一路"中可能遭遇的各类投资争端，具体实践方案可从国际与国内两个方面同时进行探索。

1. 补充完善"一带一路"双边投资协定

在中国早期签订的双边投资协定（BIT）中一般会对可仲裁事项进行一定限制，通常仅局限于国有化及财产征收等内容。然而，伴随"一带一路"倡议的迅速发展，沿线投资模式日益多样化，投资争端内容也日趋复杂多变，这便要求中国政府需与"一带一路"沿线中的其他国家及时协商修订原有协定或签订补充协定，适当扩充国际投资的可仲裁事项范围，并遵照当事人意思自治原则允许投资双方自由选择投资争端的解决方式，以通过最为有效的解决方案实现更加公平公正的裁决结果。同时，基于海外投资企业的经济利益诉求，可以考虑在当前各 BIT 文本中设立较为统一的投资争端解决机制，从而为将来更加广阔的区域性多边投资协定谈判创造条件、铺设前提。

2. 协商建立"一带一路"区域性国际仲裁机构

"一带一路"倡议有利于亚太地区经济协同发展，然而要建立起协同发展的区域性经济共同体也需要具有统一、高效、稳定的国际投资争端解决机制为其提供相应法治保障。对此，各国政府之间应加强交流并协商共建与"一带一路"沿线投资环境相适应的、具有独立、统一、专业优势的区域性国际仲裁机构，专门负责解决"一带一路"建设中的各类国际投资争端，允许作为投资者的企业或个人可就东道国政府违约行为诉诸该机构以获得公平公正的权利救济。区域性仲裁机构的权限范围最好能够涵盖国际投资贸易的多个领域，可以最大限度地保护各方当事人的正当权益。同时，还应当借鉴 WTO 等国际组织的成功实践经验，尝试同步设立上诉机构与仲裁裁决执行监督机构，以便为当事人提供二次救济机会，保证最终仲裁裁决结果的公正性以及仲裁裁决执行的可行性。

3. 推广适用 ICSID 投资争端解决机制

目前，多数中国企业仍对 ICSID 争端解决机制知之甚少，一方面是本国政府对 ICSID 争端解决机制的推广宣传力度不够，尤其一些中小民营企业对于 ICSID 的功能作用和运作机制不甚了解。另一方面，中国企业国际视野仍较为有限，缺乏通过国际通行做法解决海外投资争端的宏观意识。针对这种情况，今后中国政府不仅要主动加强对 ICSID 国际仲裁机制的宣传力度，鼓励中国企业通过 ICSID 机制维护自身海外投资权益，同时还要组织收集和分析典型仲裁案例，深入研究 ICSID 仲裁裁决的承认与执行制度，为中国企业充分利用 ICSID 机制解决"一带一路"海外投资争端提供有效法律操作指引。

4. 在国内设立"三位一体"的投资争端解决机制

未来一段时期内，可以设立"一带一路"国际商事法庭为契机，以共商共建共享为原则，依托当前国内司法、仲裁、调解机构，优化整合国内现有法律服务资源，尽快建立起诉讼与仲裁、调解有效衔接的"三位一体"投资争端解决机制，从而为解决"一带一路"海外投资争端提供一站式、一体化法律服务。"三位一体"投资争端解决机制的建立与完善，需要设立专门负责投资争端多元化解决的商事诉调对接机构（中心），以及具有国际市场竞争力的"一带一路"投资争端管理服务中心，并由两者作为连接多种投资争端解决方式的纽带，专门负责拟定衔接机制和管理办法，帮助实现司法诉讼与仲裁调解的相互融合与对接。因此，对接中心与管理服务中心的具体职责应当包括：加强国内司法与调解及国际商事仲裁的对接；注重发挥域外特邀调解员的跨境沟通协调作用；帮助完善投资争端解决中立评估机制；拓展有关投资争端解决的网络信息化服务等内容。借助对接中心、管理服务中心的协调作用与衔接功能在国内尽快建立起"三位一体"的投资争端解决机制，为"一带一路"沿线投资者提供高效便捷的"一站式"投资争端解决服务，助力营造更加稳定、公平、透明的"一带一路"法治营商环境。

5. 充分发挥调解在"一带一路"海外投资争端解决中的功能价值

在"一带一路"语境下，相对于诉讼和仲裁而言，调解是更加灵活的谈判协商方式，调解侧重于对良好商事关系的维系以及满足商业合作发展的需求，主要从市场角度协调纠纷和化解矛盾，是最具自愿性、便利性、经济性的争端解决方式，能够有效避免传统意义上非对即错的判决或裁决结果。[1] 所以，可优先将调解作为"一带一路"投资争端解决的主要方式，在"一带一路"建设中更多地发挥其应有功能价值。"一带一路"沿线各国法系传承与法律文化呈现多样性，调解理念不甚相同，例如中国在当事人同意的前提下可由法官主持诉讼调解，书记员也可在法官指导下参与案件调解工作，一般情况下当事人也会积极配合并认真考虑案件的调解方案。不过，西方国家普遍受到"程序正义原则"的影响，负责案件审理的法官通常不会参与当事人之间的调解，而是独立于调解程序之外。司法理念上的差异最终导致各国对调解的理解和实施上的不同，需要借助制度融通和文化交流予以调和。具体而言，一

---

[1] 参见祁壮：《"一带一路"建设中的国际商事调解和解问题研究》，载《中州学刊》2017年第11期。

是要在"一带一路"中注重推广"软法"治理观念，合理利用其所具有的制度空间拓展性特点帮助平抑不同国家间对调解的规制差异，柔化各国调解规则所固有的"本土性"，在更多层面实现调解制度的互通互融。二是加强政府间协商，共同推进"一带一路"投资争端调解机制的统一化、规范化和制度化，通过国际协调与合作，努力实现调解在"一带一路"投资争端解决中的更广泛适用。

第九章
构建"一带一路"华侨华人海外投资法治保障体系
——以侨为桥共建"一带一路"高质量发展

  华侨华人是"一带一路"倡议的主要参与者、推广者、践行者,发挥着重要的桥梁和纽带作用,现已成为推动"一带一路"建设的关键力量。然而"一带一路"沿线区域地缘政治风险复杂多变,华侨华人海外投资权益保护问题日益突出,这需要采取一定措施及时予以协调、解决。当前,保护华侨华人海外投资权益的国内立法工作较为滞后,集中体现在国家层面立法缺失以及海外投资法律法规的主体适用范围较为有限,华侨华人投资权益无法享有与国内公民和法人一样的法律保护,并且在中国参加的双边投资条约和区域性自由贸易协定中未能普遍采取较为宽松的"合格投资者"认定标准,在很多情况下华侨华人海外投资活动尚无法适用现有国际投资协定中的保护规则。对此,将来中国政府可从国际与国内两个层面探索推进华侨华人海外投资法治保障体系的建立与完善,具体包括制定出台国家层面的"华侨华人海外投资权益保障法",调整中国海外投资法律法规的主体适用范围,与其他缔约国协商修订投资协定中的"合格投资者"条款,并在国内逐步建立起多元化国际投资争端解决机制,从而更好地以法律方式为华侨华人在"一带一路"中的海外投资活动保驾护航。

  华侨是长期定居国外但仍具有中国国籍的中国公民,华人是已取得住在国国籍具有中国血统的外国公民。[1]全球华侨华人总数现已突破 6000 万人,

---

  [1] 中国对于华侨华人主体概念有着明确的法律界定和政策解释。《中华人民共和国归侨侨眷权益保护法》第 2 条第 1 款规定:"……华侨是指定居在国外的中国公民。"中国国务院侨务办公室《关于界定华侨外籍华人归侨侨眷身份的规定》第 2 条规定:"外籍华人是指已加入外国国籍的原中国公民及其外国籍后裔;中国公民的外国籍后裔。"参见张秀明:《华侨华人相关概念的界定与辨析》,载《华侨华人历史研究》2016 年第 2 期。

其中"一带一路"沿线国家和地区华侨华人占全球华侨华人总数的 2/3 以上，有 4000 多万人。[1]伴随"一带一路"倡议的深入开展实施，华侨华人凭借其雄厚的经济实力、广博的人脉关系和丰富的智力资源在"一带一路"沿线的投资活跃程度和投资规模日益增长，现已成为推动"一带一路"建设的主要力量，是联通中国与"一带一路"沿线各国的重要"桥梁"。然而，对于华侨华人在"一带一路"中的大量海外投资活动，国内现行法律法规是否已经给予了全面有效的监督和保护，当华侨华人海外投资权益遭受侵犯时能否援引中国已签订的国际投资贸易协定维护其自身的合法权益？国内学界对于该问题的关注和研究仍较为有限。在此背景下探究华侨华人海外投资权益的法治保障路径能够在一定程度上填补国内在此领域的研究空白。以保障华侨华人海外投资权益为目标，首先要分析和厘清当前中国海外投资法律法规以及中国所签订的相关国际投资贸易协定对于保护华侨华人海外投资权益的充分性、有效性、可适用性，在此基础之上，再针对分析过程中发现的主要问题提出较为可行的对策建议，通过建立和完善华侨华人海外投资法治保障体系努力实现"侨与一带一路"的相互融合与共同发展。

一、对华侨华人海外投资权益进行国家立法的现实必要性

"一带一路"倡议涉及的地域广阔、国家众多，沿线地缘政治环境复杂多变，各国禀赋和认知态度差异巨大，加之中国在维护海外利益方面缺乏足够的实践经验，导致华侨华人在"一带一路"沿线的海外投资面临着严峻的风险和挑战，例如政治风险、法律风险、经济风险、安全风险等。[2]在"一带一路"背景下，维护华侨华人海外投资权益的需求比以往更为迫切。目前，针对华侨华人海外投资权益，中国还未建立起较为完善的法治保障体系，尚无法充分运用法律方式切实维护华侨华人海外投资权益。[3]对此需要尽快完善相关

---

〔1〕 参见《政协委员建言"一带一路"战略：用好 4000 万华侨华人资源》，载 www. cppcc. gov. cn/zxww/2015/03/05/ARTI1425525447103149. shtml，最后访问日期：2025 年 4 月 17 日。

〔2〕 参见刘勇：《"一带一路"投资风险及其法律应对——以"尤科斯诉俄罗斯案"为视角》，载《环球法律评论》2018 年第 1 期。

〔3〕 参见林灿铃：《论华侨权益的法律保护》，载《暨南学报（哲学社会科学版）》2014 年第 11 期。

国内立法，其中最为重要的是要在国家层面适时制定出台"华侨华人海外投资权益保障法"，并将其作为保障华侨华人海外投资权益的基础性法律，该法不仅可以成为构建华侨华人海外投资法治保障体系的规范渊源，也能为华侨华人防范海外投资风险和解决海外投资争端提供最为稳定可靠的顶层法治保障。

（一）贯彻落实《宪法》基本原则和规定

《宪法》第50条明确规定："中华人民共和国保护华侨的正当的权利和利益，保护归侨和侨眷的合法的权利和利益。"这为制定出台保障华侨华人权益的国家层面立法提供了基本法律依据。虽然中国已经颁布实施了《中华人民共和国归侨侨眷权益保护法》（以下简称《归侨侨眷权益保护法》），以法律形式保护归侨侨眷的合法权益，然而对于华侨华人海外权益的保护至今还未进行国家层面立法。[1]因此，通过国家层面立法切实保障华侨华人海外投资权益，不仅有利于弥补中国对于华侨华人海外投资权益保护的国内立法缺失，也有助于尽早建立起"自上而下"的、呈体系化的、且与华侨华人自身属性相适应的海外投资法治保障体系，使华侨华人能够在完善的法律框架下更好地参与"一带一路"建设，"以侨为桥"助推"一带一路"倡议高质量发展。

（二）加强顶层法治保障凝聚侨心侨力的现实需要

华侨华人作为一个特殊群体，由于长期定居生活在国外，无法像国内公民一样充分享有中国公民权利，在国内立法缺失的情况下他们身处国外的投资权益缺乏强有力的法律保护和制度支撑，其海外投资权益受到侵犯的情况常有发生却无法得到切实有效的事后救济。[2]当前，关于华侨华人海外投资权益保护的国内立法较为滞后，现有法律法规已然无法充分满足保护华侨华人海外投资权益的现实需要，尤其是国家层面立法缺失导致中国政府无法为华侨华人海外投资权益提供最为稳定、权威、有效的法治保障。只有通过完善国家层面立法并逐步建立起华侨华人海外投资法治保障体系，才能更好地以法律手段防范和解决海外投资侵权事件，为华侨华人海外投资利益损失提供切实有效的事后救济，切实保护好华侨华人的海外投资利益。与此同时，

---

〔1〕 参见《华侨权益保护需求日益突出 代表委员再论国家立法》，载 https://www.chinanews.cn/gn/2018/03-12/8466142.shtml，最后访问日期：2024年8月10日。

〔2〕 参见高轩：《论华侨权益保护制度的法治化问题》，载《东南亚研究》2014年第5期。

加强和完善国内立法还能够体现中国政府对海外华侨华人的真切关怀，让其切身感受到祖国的关切和爱护之心，增强海外华侨华人对祖国的向心力和凝聚力，更能激发海外华侨华人的民族自豪感和国家认同感，凝心聚力，使其更有热情地投身于祖国经济建设大潮之中。

（三）构建华侨华人海外投资法治保障体系的必然要求

海外投资权益是华侨华人合法权益的主要内容之一，而立法完善是有效保障其海外投资权益的主要方式。中国国内现行有关保障华侨华人海外投资权益的规定多散见于各类规范性文件或政府部门的规章之中，华侨华人海外投资权益保障立法的法律层级较低且"碎片化"情况较为严重，且不被大众熟悉，在现实中其适用范围和执行力度均较为有限。[1]况且，这些关于保障华侨华人海外投资权益的法律法规大多发布时间较早，随着改革开放时代变迁，很多条文规定早已与当前的社会经济发展形势不相适应，在现实中其实际功能价值急剧减少且缺乏现实可操作性，各项分散的规则条款无法有机衔接成为协调统一的法律制度体系。因此，有必要把这些散落于多部法典之中的法律法规通过立法方式进行有效整合，在国家层面制定出台具有更高法律位阶的"华侨华人海外投资权益保障法"，将诸多现有规定进行集中化、规范化、体系化，以此增强华侨华人海外投资权益保障立法的权威性、有效性、稳定性、可预见性，通过与时俱进的国家立法为保障华侨华人海外投资权益提供更加坚实完备的法律依据。

二、中国现行海外投资立法对华侨华人的可适用性分析

本章所述的华侨华人在"一带一路"沿线的海外投资主要是指以其个人名义或公司法人形式在中国境外开展实施的直接或间接性投资，对华侨华人海外投资的国内法律可适用性分析主要集中于此类投资。

（一）中国海外投资法律制度及其对华侨华人的可适用性分析

1. 中国海外投资法律法规的立法现状概述

中国海外投资法律法规的制定与改革开放的伟大实践以及国内企业海外投资的发展历程密切相关。早在 1979 年，国务院便在《关于经济改革的十五

---

〔1〕　参见白志健：《为推进华侨权益保护立法而努力》，载《中国人大》2016 年第 11 期。

项措施》中首次将发展对外投资明确作为一项重要国策，以该文件为"行动指南"，原外经贸部相继颁布实施了《关于在国外和港澳地区举办非贸易性合资经营企业审批权限和原则的通知》（1984年）、《关于在境外开办非贸易性企业的审批程序和管理办法的试行规定》（1985年）以及《关于在境外举办非贸易性企业的审批和管理规定》（1992年），用以规范中国企业海外投资活动中的行政审批和外汇管理有关工作事宜，并且为保证上述法律法规的贯彻执行，国家外汇管理局还颁布实施了《境外投资外汇管理办法》（1989年）和《境外投资管理办法实施细则》（1990年），作为与之配套的具体实施办法。不过由于这一时期中国的海外投资法律规定、监管措施过于严苛，且审批流程非常繁琐，加之海外投资风险的不确定性，在很大程度上影响了中国企业投资海外市场的积极性，导致国内仅有少数企业开展海外投资，海外投资企业的数量和规模均较为有限。因此，中国政府及时作出调整部署，以增强中国企业海外投资的积极性和竞争力为目标，在1992年十四大报告中再次强调"积极扩大我国企业的对外投资和跨国经营"，并对海外投资企业进行了全面整顿和清查，在1997年党的十五大报告中更是提出"鼓励能够发挥我国比较优势的对外投资。更好地利用国内国外两个市场、两种资源"。响应十五大号召，党的十五届二中全会上，江泽民指出"在积极扩大出口的同时，要有领导有步骤地组织和支持一批有实力有优势的国有企业走出去，到国外主要是到非洲、中亚、中东、中欧、南美等地投资办厂。"这为中国企业海外投资指明了前进方向。此后，在2000年举行的党的十五届五中全会上审议通过了《中共中央关于制定国民经济和社会发展第十个五年计划的建议》，在该建议中首次明确提出中国企业"走出去"战略，并正式写入《国民经济和社会发展第十个五年计划纲要》。纲要要求，各级政府应当及时健全海外投资服务体系，在法律、人才、金融、保险、外汇、出入境管理等方面为"走出去"战略的推行实施创造有利条件，并要注重加强对企业海外投资活动的日常监督管理。

"走出去"战略提出至今，中国陆续颁布实施了一系列有关规范海外投资活动的法律法规，可以说中国海外投资法律制度现已基本形成，在该制度体系中，各级政府主管部门所拟定的行政规章在监督和保护中国企业海外投资活动中发挥着至关重要的作用，成为中国海外投资法律制度的主要内容。这些行政规章主要包括：（1）国家发展和改革委员会发布的《关于完善境外投资项目管理有关问题的通知》（2009 年）（已失效）、《关于做好境外投资项目下放核准权限工作的通知》（2011 年）（已失效）、《境外投资项目核准和备案管理办法》（2014 年）（已失效）、《企业境外投资管理办法》（2017 年）；（2）国家外汇管理局发布的《境内机构境外直接投资外汇管理规定》（2009 年）；（3）国有资产监督管理委员会公布的《中央企业境外国有资产监督管理暂行办法》（2011 年）（已失效）、《中央企业境外投资监督管理办法》（2017 年）；（4）商务部发布的《境外投资管理办法》（2014 年）；（5）国家发展和改革委员会、外交部等十三个部门印发的《关于鼓励和引导民营企业积极开展境外投资的实施意见》（2012 年）等。这些行政规章对于中国企业海外投资中的行政审批、资产管理、金融外汇监管等事项作出详细规定，有效保障了中国企业海外投资经营活动的规范有序。

表 5　中国主要海外投资法律法规及其法律适用主体范围

施行年份	发布机构	法规名称	法律适用主体范围
2014	商务部	《境外投资管理办法》	中国境内企业
2009	商务部	《境外投资管理办法》	中国境内企业
2005	商务部、国家外汇管理局	《企业境外并购事项前期报告制度》	中国境内企业
2004	商务部、外交部	《对外投资国别产业导向目录》	中国境内企业
2018	国家发展和改革委员会	《企业境外投资管理办法》	中国境内企业及其控股的境外企业
2014	国家发展和改革委员会	《境外投资项目核准和备案管理办法》	中国境内企业及其控股的境外企业
2012	国家发展和改革委员会	《关于鼓励和引导民营企业积极开展境外投资的实施意见》	中国境内民营企业
2011	国家发展和改革委员会	《关于做好境外投资项目下放核准权限工作的通知》	各级发改委政府部门和中央企业
2009	国家发展和改革委员会	《关于完善境外投资项目管理有关问题的通知》	中国境内企业及其在境外设立的子公司或控股公司

续表

施行年份	发布机构	法规名称	法律适用主体范围
2009	国家外汇管理局	《境内机构境外直接投资外汇管理规定》	中国境内机构
1999	财政部、外交部、国家外汇管理局、海关总署	《境外国有资产管理暂行办法》	中国企业、事业单位和各级人民政府及政府有关部门
2011	国有资产监督管理委员会	《中央企业境外国有产权管理暂行办法》	中央企业
2011	国有资产监督管理委员会	《中央企业境外国有资产监督管理暂行办法》	中央企业
2017	国有资产监督管理委员会	《中央企业境外投资监督管理办法》	中央企业

2. 中国海外投资法律法规对华侨华人的可适用性分析

华侨华人在"一带一路"中的海外投资活动能否援引适用中国海外投资法律法规，是否能够受到这些法律法规的监督和保护呢？国家外汇管理局发布的《境内机构境外直接投资外汇管理规定》的第 2 条规定："本规定所称境外直接投资是指境内机构经境外直接投资主管部门核准，通过设立（独资、合资、合作）、并购、参股等方式在境外设立或取得既有企业或项目所有权、控制权或经营管理权等权益的行为。"国家发展和改革委员会于 2018 年 3 月 1 日起施行的《企业境外投资管理办法》第 2 条第 1 款规定："本办法所称境外投资，是指中华人民共和国境内企业（以下称"投资主体"）直接或通过其控制的境外企业，以投入资产、权益或提供融资、担保等方式，获得境外所有权、控制权、经营管理权及其他相关权益的投资活动。"[1]以及商务部2014 年《境外投资管理办法》第 2 条规定："本办法所称境外投资，是指在

---

〔1〕 虽然国家发展和改革委员会在《境外投资项目核准和备案管理办法》（2014 年）（已失效）、《企业境外投资管理办法》（2018 年）中将"合格投资者"范围扩展至中国境内企业及其控股的境外企业，但是在"一带一路"沿线中华侨华人开办的境外企业很少是由中国国内企业实际控股，即使有部分投资资本是来自中国境内，所以修订后的中国海外投资法律法规对于华侨华人境外企业的适用范围依然十分有限。

中华人民共和国境内依法设立的企业（以下简称企业）通过新设、并购及其他方式在境外拥有非金融企业或取得既有非金融企业所有权、控制权、经营管理权及其他权益的行为。"据此可以归纳得出，目前中国海外投资法律法规将法律适用主体主要限定为国内企业（注册登记地或主营业地在国内），仅对中国企业或者由国内企业控股的境外企业所从事的海外投资活动进行监管和保护，不包括自然人、非中国企业以及不由国内企业控股的境外企业。而华侨华人通常是指侨居国外仍具有中国国籍或已取得住在国国籍的自然人，因此华侨华人在其住在国或第三国以自然人、非中国企业以及不被国内企业控股的境外企业方式进行的海外投资活动尚无法适用中国海外投资法律法规，而只有通过在中国境内设立企业，以中国企业或者由其控股的境外企业方式进行的投资才可得到中国海外投资法律法规的监督和保护。综上分析，中国海外投资法律法规的适用主体范围仍具有相当的局限性，尚不能够在新形势下为"一带一路"沿线华侨华人的海外投资提供较为广泛的法律保护，关于自然人和境外法律实体"合格投资者"规定的立法缺失是当前中国海外投资法律法规需要特别关注并亟待解决的重要问题。

（二）中国海外投资保险制度对华侨华人的可适用性分析

除了经济风险、法律风险，华侨华人在"一带一路"中的海外投资还面临着较为严峻的政治风险，基于政治风险所具有的客观性、不确定性、不可预测性等特点，普通商业性保险公司一般不愿对国际投资中的政治风险进行担保。很多国家由此专门建立了针对私人海外投资政治风险的保险机构和保险制度，私人投资者可以向由本国政府特别设立的海外投资保险机构针对政治风险进行投保，一旦发生担保范围以内的各类政治风险并造成实际经济利益损失，该保险机构将对私人投资者进行一定的损失赔偿，从而有效解决私人投资者的海外投资政治风险担忧。[1]借助海外投资保险制度，私人投资者能够有效规避海外投资中的政治风险，并由此获得更多融资便利。中国自 20 世纪 80 年代开始实行海外投资保险业务，由中保财产保险有限公司和中国进出口银行对国内企业的海外投资活动进行政治风险担保。但 2002 年以后，仅

---

〔1〕 参见刘笑晨：《中国海外投资保险法律制度研究——基于"一带一路"倡议和全球治理理论视角》，载《财经问题研究》2018 年第 4 期。

有中国出口信用保险公司一家政策性金融机构有权开办海外投资政治风险保险业务。为规范海外投资保险业务活动，2005 年国家发展和改革委员会、中国出口信用保险公司发布了《关于建立境外投资重点项目风险保障机制有关问题的通知》（以下简称《通知》），该《通知》第 3 条第 4 项明确规定："提供境外投资保险服务，承保境内投资主体因征收、战争、汇兑限制和政府违约等政治风险遭受的损失。"但是该《通知》在第三条总则中却对适用主体资格进行了一定限制，其明确规定："在中华人民共和国境内注册的企业法人（以下称"境内投资主体"）均可申请为其提供境外投资项目风险保障服务。"该项条款无疑将华侨华人境外企业投资排除在行政规范性文件适用范围以外，即华侨华人设立在中国境外的公司企业无法通过中国出口信用保险公司进行海外投资的政治风险担保。该做法的原本目的是鼓励和支持设立在中国境内的企业"走出去"开拓海外市场，而华侨华人从事海外投资的资本一般源自中国境外，故而不在原有鼓励范围之内，所以中国出口信用保险公司未对华侨华人境外企业从事的投资活动进行担保。[1]不过，随着华侨华人在"一带一路"中发挥着越来越重要的桥梁和纽带作用，且越来越多的华侨华人海外投资资金来自中国境内，将来理应为华侨华人在中国境外设立的企业进行政治风险担保，以此鼓励华侨华人积极参与到"一带一路"建设之中，共同推进"一带一路"沿线投资贸易，加快亚太经济一体化的进程与发展。

三、主要国际投资贸易协定对华侨华人的可适用性分析

国际投资规则复杂，时至今日，各国之间还未达成一个全面的、综合性的多边投资公约，只是形成了专门处理某些特殊问题的多边投资公约，例如由世界银行主导的用于防范海外投资政治风险的《多边投资担保机构公约》（以下简称《汉城公约》），以及解决投资者与国家间投资争端的《华盛顿公约》。[2]由于缺乏全方位的多边保护，当前各国仍主要借助双边投资条约推进彼此间的投资贸易自由化。截至 2016 年 6 月 30 日，中国已经与超过 100 个国

---

〔1〕 参见刘晓伟、秦肯：《借助国际组织平台推进"一带一路"建设——以中国出口信用保险公司为例》，载《公共外交季刊》2018 年第 1 期。

〔2〕 参见［德］莫妮卡·海曼：《国际法与涉及中国的投资争端解决》，季烨译，载《国际经济法学刊》2009 年第 4 期。

家签署了双边投资条约，其中包括"一带一路"沿线的 56 个国家或地区，对促进国际投资和加强国际投资保护均作出了较为全面的规定。[1]另外，近年来各国间逐渐开始在区域性贸易协定中通过"纳入"等方式增设国际投资保护条款以推动国际投资自由化，例如中国与东盟十国、巴基斯坦、新西兰、新加坡等国签署的自由贸易协定中便规定了国际投资保护条款，可以说区域性贸易协定中所纳入的国际投资保护条款现已成为国际投资规则的主要法律渊源之一。[2]那么，"一带一路"沿线的华侨华人能否借助这些国际投资贸易协定和国际投资规则维护自身的海外投资权益呢？这需要针对不同的情况分别予以分析。

（一）双边投资条约和区域性自由贸易协定对华侨华人的可适用性分析

就目前状况而言，中国与其他国家签订的双边投资条约和中国所参加的区域性自由贸易协定大多对"合格投资者"概念进行了明确定义，一般是将"合格投资者"划分为"自然人"和"法律实体"两大类。

依据双边投资条约和区域性自由贸易协定中"自然人"的界定标准，认定华侨华人是否属于"合格投资者"一般采取两种做法。一是选用国籍标准，即投资者如果是具有中国国籍或其他缔约国国籍的自然人将被视为"合格投资者"，可享有该协定所规定的各项投资权利，受到该协定的法律保护，大部分中外双边投资条约和中国参与的区域性自由贸易协定均采取这种做法。例如《中华人民共和国政府和法兰西共和国政府关于相互促进和保护投资的协定》第 1 条第 2 款第 1 项规定，投资者是指拥有缔约国国籍的自然人。二是实行"国籍+永久居留权"标准，即如果投资者具有中国国籍或其他缔约国国籍，或者投资者虽然不具有中国国籍或其他缔约国国籍但拥有永久居住在中国或其他缔约国的居民资格，均可作为"合格投资者"适用该协定中的投资规则。部分中外双边投资条约和区域性自由贸易协定实行这种双重适用标准，例如《中华人民共和国政府和澳大利亚政府相互鼓励和保护投资协定》第 1 条第 1 款第 1 项、《中国—东盟全面经济合作框架协议投资协议》第 1 条第 1

---

〔1〕 参见《中国已与"一带一路"沿线 56 个国家签署投资协定》，载 https://www.jjckb.cn/2016-05/31/c_135402278.htm，最后访问日期：2025 年 5 月 9 日。

〔2〕 参见李玉梅、桑百川：《国际投资规则比较、趋势与中国对策》，载《经济社会体制比较》2014 年第 1 期。

款第 9 项均作出类似规定,缔约国国民是指依照缔约国法律为其公民或者获得永久居留权资格的自然人。无论是单一的国际标准还是双重的"国籍+永久居留权"标准,由于华侨具有中国国籍自然属于协定中的"合格投资者",但对于外籍华人而言,除非是其他缔约国国民或者取得中国永久居留权,否则将无法适用上述协定中的投资规则,故无法同华侨一样能够援引此类协定中的国际投资规则用以维护其位于中国境外的投资权益。

表 6　国际投资贸易协定中的自然人"合格投资者"认定标准类型划分

国际投资贸易协定中的自然人"合格投资者"认定标准	在国际投资贸易协定中使用的普遍程度和发展趋势	典型代表性国际投资贸易协定	该认定标准下自然人"合格投资者"的适用范围
国籍标准	多数采用	中国与巴基斯坦、哥斯达黎加、秘鲁等国签署的双边自由贸易协定	相对有限
"国籍+永久居留权"标准	少数采用(具有新发展新趋势特点)	《中华人民共和国政府和澳大利亚政府相互鼓励和保护投资协定》与《中国—东盟全面经济合作框架协议投资协议》	较为广泛

依据双边投资条约和区域性自由贸易协定中"法律实体"条款的规定(包含法人和非法人组织),在认定华侨华人企业是否属于"合格投资者"时一般采取四种标准。一是注册地标准。只要华侨华人企业是根据缔约国法律设立的即可视为"合格投资者",例如《中华人民共和国政府和冰岛共和国政府关于促进和相互保护投资协定》第 1 条第 2 款第 2 项规定,投资者是指根据缔约一方法律法规所设立的法人。

二是"注册地+住所地"标准。根据该标准只有当华侨华人企业是依据缔约国法律设立或组建的,并且该企业在缔约国有住所地,方可视为协定中的"合格投资者",例如《中华人民共和国政府和哥斯达黎加共和国政府关于促进和保护投资的协定》第 1 条第 2 款第 2 项规定,作为投资者的法律实体包括根据缔约任何一方法律法规设立或组建，且住所地在该缔约方境内的公司、社团、合伙及其他组织。

三是"注册地+实际营业地"标准。根据该标准华侨华人不但要根据缔约国法律设立企业，在缔约国境内拥有住所地，并且还要在住所地从事实际经营，在满足这些条件的前提下方才符合协定中规定的"合格投资者"资质要求，例如《中华人民共和国政府与新西兰政府自由贸易协定》第135条第3款规定："一方的企业是指根据一方法律设立或组建，并在其境内从事实质性商业经营的企业和子公司。"上述三种协定的法律适用主体条款表明，倘若华侨华人有意取得协定主体资格，一般需要在中国或其他缔约国境内设立企业法人或非法人组织，并严格遵循所在缔约国的法律规定，这意味着当华侨华人在非缔约国设立企业法人或非法人组织，并通过该法律实体进行海外投资时将无法作为"合格投资者"而享有协定规定的各项权益。

四是利益关联性标准。即对"合格投资者"的判定以实际控制或存在利益联系为标准，按照此标准如果华侨华人在非缔约国设立的法律实体与协定缔约国的自然人或法人存在着密切的"利益关联性"，同样可被视为该协定的"合格投资者"，但是该认定标准目前仅被少数中外双边投资条约和区域性自由贸易协定所采用。例如，近年来在中国与比利时、卢森堡、荷兰等国签署的双边投资协定中已将协定保护范围扩展至非缔约国的自然人和法人。该评判标准中的"利益关联性"一般是指缔约国的自然人、法人实际控制者由华侨华人在非缔约国设立的法律实体，或者缔约国的自然人、法人对华侨华人在非缔约国设立的法律实体通过参股等方式而与其产生一定的商业利益关系。[1]例如《中华人民共和国和日本国关于鼓励和相互保护投资协定》第12条第1款规定，缔约任何一方国民或公司拥有实质利益的第三国公司应享受本协定所规定的相关待遇。根据此类规定，当华侨华人在非缔约国设立的法律实体是由协定缔约国实际控制或与其有实质的商业利益关系时可视为"合格投资者"而享有协定中的各项权益。显然相较于前三种协定模式，第四种认定标准能够使华侨华人在非缔约国的投资权益更易获得国际投资协定的法律保护。

---

〔1〕　参见梁清华：《论我国合格投资者法律制度的完善——从法定条件到操作标准》，载《证券市场导报》2015年第2期。

表 7　国际投资贸易协定中的法律实体"合格投资者"认定标准类型划分

国际投资贸易协定中的法律实体"合格投资者"认定标准	在国际投资贸易协定中使用的普遍程度和发展趋势	典型代表性国际投资贸易协定	该认定标准下法律实体"合格投资者"的适用范围
注册地标准	多数采用	《中华人民共和国政府和冰岛共和国政府关于促进和相互保护投资协定》	较为广泛
"注册地＋住所地"标准	部分采用	《中华人民共和国政府和哥斯达黎加共和国政府关于促进和保护投资的协定》	较为有限
"注册地＋实际营业地"标准	部分采用	《中华人民共和国政府和新西兰政府自由贸易协定》	最为有限
利益关联性标准（实际控制或存在利益较小）	少数采用（具有新发展新趋势特点）	《中华人民共和国政府和日本国关于鼓励和相互保护投资协定》	最为广泛

（二）《汉城公约》与《华盛顿公约》对华侨华人的可适用性分析

《汉城公约》与《华盛顿公约》主要针对在发展中国家进行的外来投资提供风险担保和解决投资争端，防范和化解投资中可能遭遇的各类政治风险，减少外来投资者的政治风险担忧。[1] 所以，《汉城公约》与《华盛顿公约》是目前最为重要的全球性多边国际投资公约，受到国际社会的广泛支持和认可，在跨国投资领域具有较强的国际社会影响力。为了鼓励中国企业更好地"走出去"，拓展新的海外市场，中国也加入了这两项国际投资公约，那么《汉城公约》与《华盛顿公约》是否同样适用于在"一带一路"沿线区域进行投资的华侨华人？这需要根据两大公约的特点和内容分别进行分析。

---

〔1〕　参见王军杰：《论"一带一路"沿线投资政治风险的法律应对》，载《现代法学》2018 年第 3 期。

1. MIGA 多边投资担保制度对华侨华人的可适用性分析

依据《汉城公约》设立的多边投资担保机构（MIGA）的主要职责是为缔约国自然人或法人的海外投资活动提供政治风险担保。当"合格投资者"在发展中国家缔约国进行投资时可向该机构提出政治风险担保请求，一旦发生担保范围以内的政治风险，MIGA 有义务按照约定补偿投资者的经济利益损失。MIGA 的担保范围主要包括货币汇兑险、征收和类似措施险、战争内乱险和政府违约险四类非商业性政治风险。与此同时，MIGA 还对"合格投资者"进行了限定，提出"自然人投资者必须是东道国以外的其他缔约国国民"。根据该项规定，由于华侨保有中国国籍，当华侨在中国境外的其他发展中国家缔约国进行投资时自然有权向 MIGA 提出政治风险担保申请，但对于外籍华人而言，除非是东道国以外的其他缔约国国民，否则将无法成为《汉城公约》中的"合格投资者"。如果投资者是"法律实体"，MIGA 则要求该法律实体必须是"在东道国以外缔约国注册并设有主要营业点的法人，或其多数股本为东道国以外一个或几个缔约国所有或其国民所有的法人"。所以当华侨华人在东道国外的其他缔约国注册法律实体并设有主要营业点时，即可向 MIGA 申请担保，或者是在非缔约国设立法律实体，只要该法律实体是由华侨华人实际控股，同样可以要求 MIGA 对其投资中的政治风险进行担保（但在该情形下华人还必须是东道国以外的其他缔约国国民）。由此可以看出，在多数情况下华侨与拥有其他缔约国国籍的华人以及由华侨华人创办的海外企业能够作为《汉城公约》中的"合格投资者"而享有公约所规定的投资担保权利。

2. ICSID 投资争端解决机制对华侨华人的可适用性分析

根据《华盛顿公约》，世界银行在 1966 年成立了，解决投资争端国际中心（ICSID），专门负责通过调解或仲裁方式解决东道国政府与外国私人投资者之间的投资争端。该公约第 25 条第 1 款明确规定，适用 ICSID 投资争端解决机制的主体必须一方是东道国缔约国，另一方是其他缔约国国民。这里的其他缔约国国民是指具有东道国以外其他缔约国国籍的自然人或法人，其中法人还包括虽然具有东道国国籍但受到其他缔约国实际控制的法人，据此规定可以得出以下结论：（1）因为中国是《华盛顿公约》缔约国，所以具有中国国籍的华侨能够作为"合格投资者"将其自身与其他缔约国政府之间的投资争端提交 ICSID 解决；（2）对于外籍华人而言，如果具有除东道国以外的其他缔约国国籍，同样可将投资争端提交 ICSID 解决；（3）基于 ICSID 仲裁庭依照国际法院对 Belgium *v.* Spain 一案的判决，通常采用法人成立地或法人住所地两种标准来确定投资者的法人国籍，而没有采纳法人设立人国籍标准。[1]因此，华侨华人企业只需在除东道国以外的其他缔约国注册成立法人或拥有法人住所地即可成为公约中的"合格投资者"。综上所述，根据《华盛顿公约》中关于适用主体条款的规定，华侨华人在多数情况下能够成为公约的"合格投资者"，并有权将自身与东道国缔约国政府之间的投资争端提交 ICSID 解决，这是一种较为适合华侨华人主体特征的国际投资争端解决方式，完全可以在"一带一路"沿线区域推广适用。

表8　中国海外投资法律法规与国际投资贸易协定对华侨华人及其企业的可适用性分析

法律适用主体	海外华侨	外籍华人	华侨企业	华人企业
中国海外投资法律法规	不适用	不适用	仅对以中国企业及其控股的境外企业方式所进行的海外投资活动适用	仅对以中国企业及其控股的境外企业方式所进行的海外投资活动适用
中国海外投资保险制度	不适用	不适用	仅对由中国企业进行的海外投资活动适用	仅对由中国企业进行的海外投资活动适用
中国参加的双边投资条约	适用	在条约采用"国籍+永久居留权"的"合格投资者"标准前提下，如果华人是其他缔约国国民或取得中国永久居留权则可以予以适用	除非条约采用"利益关联性"的"合格投资者"标准，否则多数情况下仅对以缔约国法律实体方式进行的海外投资活动适用	除非条约采用"利益关联性"的"合格投资者"标准，否则多数情况下仅对以缔约国法律实体方式进行的海外投资活动适用

---

〔1〕　参见陈致中编著：《国际法案例》，法律出版社 1998 年版，第 404~406 页。

法律适用主体	海外华侨	外籍华人	华侨企业	华人企业
中国参加的区域性自由贸易协定	适用	在条约采用"国籍+永久居留权"的"合格投资者"标准前提下，如果华人是其他缔约国国民或取得中国永久居留权则可以予以适用	除非条约采用"利益关联性"的"合格投资者"标准，否则多数情况下仅对以缔约国法律实体方式进行的海外投资活动适用	除非条约采用"利益关联性"的"合格投资者"标准，否则多数情况下仅对以缔约国法律实体方式进行的海外投资活动适用
国际投资公约——《汉城公约》	适用	如果是东道国以外的其他缔约国国民则可以予以适用	需要在东道国外的其他缔约国注册法律实体并设有主要营业点，或其多数股本为东道国以外一个或几个缔约国所有或其国民所有的法人	需要在东道国外的其他缔约国注册法律实体并设有主要营业点，或其多数股本为东道国以外一个或几个缔约国所有或其国民所有的法人
国际投资公约——《华盛顿公约》	适用	如果是东道国以外的其他缔约国国民则可以予以适用	适用范围包括在东道国外的其他缔约国注册成立的法人或拥有法人住所地，以及虽然在东道国注册成立或拥有住所地但受到其他缔约国实际控制的法人	适用范围包括在东道国外的其他缔约国注册成立的法人或拥有法人住所地，以及虽然在东道国注册成立或拥有住所地但受到其他缔约国实际控制的法人

四、"一带一路"倡议下构建华侨华人海外投资法治保障体系的对策建议

华侨华人是"一带一路"倡议中的重要桥梁和主要参与者，也是维护和拓展中国在"一带一路"沿线海外利益的重要资源和中坚力量。所以中国应当重视发挥华侨华人在"一带一路"建设中的独特优势，通过完善立法、制度构建、修改协定等方式更好地支持和维护华侨华人在"一带一路"中的海外投资权益。由于华侨华人一般长期定居国外，因此保护华侨华人的海外投

资权益不仅要体现在对国内相关法律法规的完善，还要充分依靠和发挥目前中国所参与的国际投资贸易协定的功能、价值和作用，从国内和国际两个方面共同推进华侨华人海外投资法治保障体系的建立和完善。

（一）制定出台国家层面的"华侨华人海外投资权益保障法"

虽然国际上很少有国家对保护侨民海外投资权益进行专门性立法，但是中国情况较为特殊，中国现今的海外侨民数量世界第一，华侨华人海外投资规模日益增长，已成为推动国家经济建设和"一带一路"倡议的关键力量。[1]虽然中国早在 1990 年即通过了《归侨侨眷权益保护法》，并于 2000、2009 年进行了修正，但是该法主要是对归侨侨眷的国内权益进行了规定，在保障华侨华人海外投资权益方面至今仍具有相当的滞后性和局限性。随着华侨华人日益广泛深入地参与国际投资活动，其所面临的海外安全事件也日益增多，尤其涉及人身安全利益和投资权益维护等方面，为此亟需在国家层面制定出台"华侨华人海外投资权益保障法"，通过顶层设计更好地保障华侨华人在中国境外的合法投资利益，并以此为基础尽快建立起全方位且更加完善的华侨华人海外投资法治保障体系。

针对华侨华人海外投资问题，当前中国的相关规定大多是对归侨侨眷回国投资进行了规定，例如《国务院关于鼓励华侨和香港澳门同胞投资的规定》的发布施行。而对于华侨华人海外投资问题，除了《宪法》第 50 条进行了原则性、指导性规定外，国内其他现行法律法规大多尚未作出更加具体的规定。华侨华人在"一带一路"沿线的海外投资历史悠久且发展迅速，尤其近年来伴随华侨华人投资规模和参与人数的不断上升，其所面临的投资风险也与日俱增，例如 2015 年的也门撤侨事件和马来西亚排华事件，2016 年在欧洲各地发生的华侨华人被抢被盗事件，以及 2010 年后陆续在埃及、利比亚、叙利亚等国发生的军事战乱和武装冲突等。[2]对于此类海外危机，中国政府一般会采取包括军事行动、紧急撤侨在内的应急措施，上述措施重点保障华侨华人的人身安全，而对于华侨华人的财产利益和投资权益往往不够重视，华侨华

---

〔1〕 参见王辉耀、苗绿：《海外华侨华人专业人士报告（2014）》，社会科学文献出版社 2014 年版，第 5~7 页。

〔2〕 参见贾益民主编：《华侨华人研究报告（2016）》，社会科学文献出版社 2017 年版，第 20 页。

人对其经济利益损失能否获得赔偿往往无从得知，事后救济的实现也存在着很大的不确定性。虽然中国外交部在 2011 年发布了《中国领事保护和协助指南》，并多次修订，但该指南仅是对中国驻外使领馆可以提供的领事保护范围进行了说明，并未涉及华侨华人海外投资权益保护问题，也没有规定华侨华人海外投资权益遭受侵犯时的救济措施。[1]另外，就法律性质而言，该指南属于非正式法律渊源，不具有法律强制力，其适用范围和适用效力均较为有限，所以在"一带一路"倡议发展日新月异的新形势下，应当把握时代机遇通过完善国内立法的方式加强对华侨华人海外投资权益的保护，努力实现对传统和非传统海外投资风险的有效应对。

为此，建议中国适时制定出台专门的"华侨华人海外投资权益保障法"并具体规定以下内容：（1）明确保障华侨华人海外投资利益的基本立法宗旨和立法原则，以法律形式确定保障华侨华人海外投资权益的重要性。（2）本国将通过签订国际公约、国际投资贸易协定和采取领事保护等方式促进东道国政府充分保障华侨华人的海外人身安全和正当投资利益，对于发生在东道国境内的投资争端，以谈判协商、斡旋调停、调查和解等方式促使东道国政府予以妥善解决。（3）本国驻外外交机构及其工作人员有权利和义务采取适当措施保护当地华侨华人的人身安全和海外投资利益，并对其开展的投资活动提供必要支持和帮助。（4）针对本国领事保护立法的不完善，可借助"华侨华人海外投资权益保障法"对本国驻外使领馆所需要承担的领事保护义务进行更加具体的规定，将领事保护工作上升至国家层面，成为本国驻外使领馆的一项法律义务，借此加强对华侨华人海外投资权益的维护和保障。

（二）合理调整中国海外投资法律法规的法律主体适用范围

根据前文分析，中国海外投资法律法规主要适用于国内企业或由国内企业控股的境外企业，并不适用于自然人、非中国企业以及不由国内企业控股的境外企业。这意味着华侨华人如果是以自然人、非中国企业或者不由中国企业控股的境外企业身份进行海外投资将不会受到中国法律的监督和保护。然而现实中，越来越多的中国公民正通过各种途径将资金转移至海外进行投

---

〔1〕　参见颜梅林：《海外中国公民领事保护的法律依据研究——兼评〈领事工作条例〉（征求意见稿）》，载《华侨华人历史研究》2013 年第 4 期。

资，并且很多海外华侨华人企业的投资资本都来自中国境内。[1]伴随"一带一路"倡议的深入开展和国内居民收入的日益增长，将来会有更多的中国境内资金注入"一带一路"沿线各国市场之中，对这种新情况和新形势应当及时作出调整，中国应尽快修改海外投资法律法规，可尝试对于自然人投资者采用"国籍+永久居留权"的认定标准，对法律实体投资者实行"注册地+利益关联性"的主体适用规则，将自然人的海外投资以及主要投资资本源自中国境内但不由中国国内企业控股的境外企业纳入到本国海外投资法律法规的适用范围以内。从而一方面加强对来自国内的海外投资资本的有效监管，维护好国内市场经济秩序，防范金融市场风险发生；另一方面扩大对华侨华人海外投资权益的保护范围，将中国海外投资法律法规的适用范围及法律效力合理延伸至境外市场，对华侨华人以自然人身份或主要资本来自中国境内的海外投资活动给予更为广泛的法律保护和法律监督。

具体而言，建议中国尽早修改海外投资法律法规中的法律适用主体规则，其中包括：（1）允许包括华侨在内的中国公民以自然人身份进行海外投资，并且自然人的海外投资受到国内投资法律法规和中国参加或签署的国际公约、国际条约的保护；（2）规定华侨华人利用中国境内资金以境外企业方式进行的海外投资活动，即使该企业不被中国国内企业控股，同样会受到中国海外投资法律法规和国内市场监管部门的监督和保护；（3）规定华侨华人在中国境外的居住国或第三国进行的投资活动受到中国与东道国签署的双边投资协定或共同参加的国际投资公约的约束和保护。

（三）扩大国际投资贸易协定对华侨华人海外投资权益的保护范围

中国与"一带一路"沿线其他国家和地区签署国际投资贸易协定是保障华侨华人海外投资权益的重要路径。截至 2022 年 7 月 28 日，中国已经与"一带一路"中的 21 个国家签署了标准化合作协定，主要用以加强不同国家之间的基础设施联通与实现技术标准体系对接。同时，为推进"一带一路"沿线区域的投资自由化与贸易便利化，截至 2021 年 7 月 22 日，中国还与"一带一路"中的 13 个国家签订了包含投资规则的 7 个自由贸易协定，例如中国和

---

〔1〕 参见《"一带一路"贸易合作大数据报告 2018》，载 http://www.sic.gov.cn/sic/93/552/553/0508/9203_pc.html，最后访问日期：2025 年 5 月 10 日。

东盟自由贸易协定、中国和巴基斯坦自由贸易协定、中国和新加坡自由贸易协定等。在如今越来越多的华侨华人投资"一带一路"建设的情况下，中国与其他国家和地区进行国际投资贸易协定谈判时更应注重保护华侨华人的海外投资权益，及时调整、修改或完善协定中的相关条款内容：

1. 在国际投资贸易协定中放宽自然人作为"合格投资者"的范围

对于协定中的自然人"合格投资者"认定，中国应当与其他缔约国协商不再将国籍作为唯一认定标准，而是可接轨国际惯例采取"国籍+永久居留权"的双重认定标准，在协定中具体规定："自然人投资者包括拥有缔约国国籍的自然人以及依法获得缔约国永久居留权资格的外国公民。"以此扩大国际投资贸易协定的自然人适用主体范围，让更多华侨华人可以享有国际投资贸易协定中的各项权利。尤其自 2017 年开始，中国逐渐放宽外籍华人申请中国永久居留权的资格条件，以上海为例：具有博士学位或者在上海"双自"区内或"双创"基地连续工作满 4 年的外籍华人即有权申请，[1]中国永久居留权资格条件的逐步放宽为缔约国以外的外籍华人能够成为协定中的"合格投资者"提供了一条更加便捷的"绿色通道"。

2. 修订和完善国际投资贸易协定中的"法律实体"定义

对于协定中的法律实体"合格投资者"的认定，建议采用注册地为主、利益关联性为辅的判定标准。一方面，当前中国对法律实体投资者国籍的认定主要采取注册地标准，在国际投资贸易协定中实行以注册地为主的判断标准符合《公司法》第 243 条的规定："本法所称外国公司，是指依照外国法律在中华人民共和国境外设立的公司。"这有利于避免协定与中国现有法律法规产生法律适用冲突。另一方面，将"利益关联性"标准作为补充有利于将主要投资资本源于缔约国或是由缔约国实际控制的海外华侨华人企业纳入协定的法律适用范围，从而让更多的位于缔约国境外的华侨华人企业成为协定中的"合格投资者"，并受到协定的规制和保护。注册地为主、利益关联性为辅的法律实体"合格投资者"认定标准现已被包括法国、荷兰、瑞士在内的越

---

〔1〕 参见《关于实施〈关于外籍华人身份认证的办法〉的通知》，载 https://service. shanghai. gov. cn/XingZhengWenDangKuJyh/XZGFDetails. aspx? docid＝REPORT＿NDOC＿001788，最后访问日期：2025 年 5 月 8 日。

来越多的国家所认可和接受，正成为一种普遍适用的国际通行惯例。[1]

3. 推广适用 MIGA 多边投资担保制度与 ICSID 投资争端解决机制

由于多边投资担保机构（MIGA）与解决投资争端国际中心（ICSID）均实行较为宽松的"合格投资者"规定，所以中国政府应当在推进"一带一路"倡议过程中注重宣传推广 MIGA 与 ICSID 所具有的制度优势和适用规则，从而为沿线华侨华人提供稳定可靠的政治风险担保和更加公平公正、高效便捷的国际投资争端解决方式。对此建议如下：一是在中国与其他非 ICSID 缔约国的双边投资协定或区域性自由贸易协定中协商加入 ICSID 条款，以法律形式允许私人投资者将其与东道国政府之间的投资争端提交 ICSID 解决，以此扩大 ICSID 机制在"一带一路"沿线区域的适用范围。[2]二是为防止 IC-SID 缔约国通过国内法审查以"裁决结果与国内法律法规及公共秩序相冲突"为借口或以"不放弃国家主权执行豁免原则"为理由拒绝承认和执行 ICSID 仲裁裁决，[3]未来，在中国与"一带一路"沿线其他 ICSID 缔约国的双边投资协定或区域性自由贸易协定中有必要根据《华盛顿公约》第 69 条规定，[4]适时增设保证承认与执行 ICSID 仲裁裁决的"立法条款"，敦促各缔约国尽快对 ICSID 仲裁裁决的承认与执行进行相应的国内立法，使 ICSID 仲裁裁决能够切实得到各缔约国的承认与执行。三是需要中国政府组织深入研究 MIGA 的投资担保赔偿制度以及 ICSID 的投资争端解决机制和典型仲裁案例，以为"一带一路"沿线中的华侨华人能够充分利用两大国际机构防范投资风险和解决投资争端提供更加准确有效的法律操作指引。

（四）推动非诉方式在华侨华人投资争端解决中的应用实施

中国深受儒家文化影响，对于民商事纠纷的解决长期主张采用"厌诉"

---

[1] 参见郭富青：《论资本市场合格投资者：资格塑造与行为规制》，载《证券法苑》2012 年第 2 期。

[2] 截至 2023 年，"一带一路"沿线区域还有泰国、印度、越南、缅甸等 16 个国家尚未加入《华盛顿公约》，这些国家与中国有着密切的经贸往来，但是由于并非 ICSID 缔约国，目前尚无法利用 ICSID 机制解决其本国政府与外来私人投资者之间的投资争端。

[3] 参见杨玲：《论条约仲裁裁决执行中的国家豁免——以 ICSID 裁决执行为中心》，载《法学评论》2012 年第 6 期。

[4] 《华盛顿公约》第 69 条规定："每一缔约国应采取使本公约的规定在其领土内有效所必需的立法或其他措施。"

"无诉""宽容"的态度，这一根深蒂固的社会观念为注重历史传统的华侨华人提供了解决商事争端的统一评判标准和文化基础。[1]相对于司法诉讼程序，华侨华人更倾向于将商事纠纷通过经济、便利、宽容、和谐的调解或仲裁方式进行解决。而对于复杂多变的"一带一路"海外投资风险而言，单一且固定的方式难以有效解决不同类型的投资争端。因此对于"一带一路"中平等商事主体之间的投资争端，应探索建立起集诉讼、仲裁、调解"三位一体"的多元化国际投资争端解决机制，从而为"一带一路"沿线区域投资者提供更加灵活多样的投资争端解决方式。根据华侨华人自身的文化特征与历史特点，建议华侨华人更多地通过协商、调解、仲裁等非诉讼方式解决"一带一路"中的投资争端，以求在化解纠纷的同时仍能够与合作方保持良好的国际商事关系。

构建"一带一路"多元化国际投资争端解决机制，首先需要及时修订《仲裁法》，尽早建立起法治化、国际化、现代化的仲裁制度，让更多投资者自愿选择中国为国际商事仲裁目的地。其次，通过法律途径在多种纠纷解决方式之间建立起长效衔接机制，例如在司法诉讼中前置协商与调解程序、完善"诉调对接"平台和诉讼与仲裁衔接制度、改革商事仲裁司法监督制度等，通过有机衔接推进实现多元化国际投资争端解决机制的制度化、规范化、系统化，逐步建立起多元化国际投资争端解决机制的制度体系。再次，应当借助中国自由贸易试验区率先试行临时仲裁制度与在线仲裁模式，利用临时仲裁制度所具有的当事人意思自治特点和高度灵活性，更加自主、高效、便捷地解决当事人之间的投资争端，并以此助力营造良好的"一带一路"法治营商环境，并且通过在线仲裁有效提升中国商事仲裁的信息化、数字化、智能化水平，以此加快"一带一路"国际投资争端解决中心的建立与完善。最后，要重视发挥商业协会组织的协调、协商、调解作用，华侨华人在"一带一路"沿线开展投资贸易离不开国内外商业协会的支持和帮助，特别是一些由华侨华人组成的侨商协会。一方面这些商业协会对国际投资规则与国际投资争端具有熟知优势，能够作为中立者更加公平公正地化解矛盾和解决纠纷；另一

---

[1] 参见谭天星：《变异与继承——谈从"华侨文化"到"华人文化"的发展》，载《华侨华人历史研究》1996 年第 1 期。

方面商业协会多是由当地企业家自行联合发起并组织的，其自身具有自治性、自愿性、权威性等内在属性，[1]由其从中进行协调、协商、调解更易得到当事人的理解和尊重，有利于促进投资争端的妥善解决。总之，建立多元化国际投资争端解决机制可以为包括华侨华人在内的各国投资者提供更加完善的投资争端解决法律服务，以此更好地推动"一带一路"沿线区域的自由经贸往来和国际经济发展。

---

〔1〕 参见赵良宇：《近代商业组织的嬗变与城市社会变迁》，载《河南师范大学学报（哲学社会科学版）》2010 年第 4 期。

第十章
《外商投资法》时代背景下构建华侨华人回国投资法律制度

华侨华人在"一带一路"中的海外投资绝不限于在沿线区域和地区的直接或间接性投资。其实际范围还包括日益多元化的各类回国投资,在"一带一路"倡议背景下,中国政府不仅要鼓励华侨华人勇敢地"走出去",还要致力于将更多华侨华人优质投资更好地"引进来",在协同推进"一带一路"建设的同时助力国内市场经济的健康发展。可以说,"走出去"和"引进来"是新时代华侨华人参与"一带一路"倡议和共享"一带一路"机遇的两个重要方面,两者共同组成了广义上的华侨华人投资"一带一路"的主体框架,对此需要同等对待、一并重视并加强对相关问题的研究。为了更好地吸引"一带一路"沿线乃至全球范围内的华侨华人回国投资,使华侨华人可以充分享有中国改革开放和社会经济发展所带来的各项制度红利,近年来中央和地方陆续颁布了一系列促进华侨华人回国投资的法律政策,尤其2019年3月15日《外商投资法》的公布更是为海外华侨华人回国投资带来了新的历史机遇。

2019年3月15日第十三届全国人大第二次会议表决通过了《外商投资法》,中国外商投资由此迎来制度型开放的新时代,也为中国打造国际一流营商环境奠定了坚实的制度基础。《外商投资法》将取代《中华人民共和国中外合资经营企业法》《中华人民共和国中外合作经营企业法》《中华人民共和国外资企业法》(以下简称"外资三法")成为在中国利用外资的基础性法律,这势必会为中国推动形成全面开放新格局和实现高质量经济发展提供更加有力的法治保障。在《外商投资法》出台的背景下,良好的法治营商环境将为华侨华人回国投资带来更多优惠便利,华侨华人可在更加公平公正的制度环境下平等参与国内市场竞争，这些因素无疑会对华侨华人回国投资产生积极的促进作用。

但与此同时，也要看到华侨华人回国投资中的一些法律问题依然存在并亟待解决，其中包括《外商投资法》仍未对"华侨华人投资者"和"华侨华人投资"基本概念进行明确释义、依旧缺少按照投资资金来源确定外商投资的规定、优先适用国际投资协定相对降低了华侨华人回国投资待遇、一些新规定明显与现有地方性法规不相适应。对此，需要通过分析华侨华人投资主体的特殊性、回顾华侨华人回国投资法律制度的发展历程并深入剖析《外商投资法》自身的优势与不足，探寻当前华侨华人回国投资问题产生的主要原因，并在此基础上分别从完善《外商投资法》、修订华侨华人投资地方性法规、制定《中华人民共和国华侨华人回国投资权益保障法》等几个方面探索问题解决的可行路径，以为华侨华人回国投资法治保障建设破除障碍、化解难题。

可以说，作为中国法治经济时代的杰出产物，《外商投资法》的制定出台用实际行动诠释了——法治是最好的营商环境，开放是发展的必由之路。《外商投资法》为将来中国实现更高水平对外开放奠定了法治根基，越加良好的法治营商环境必将有力提升中国国际经济地位和对外商投资的吸引力。对世界各地华侨华人而言，《外商投资法》为其回国投资发展开启了新的时代机遇，未来一段时期中国将会迎来华侨华人回国投资的新热潮。

但是，从《外商投资法》自身的结构特点和内容安排分析，其主要是确立了中国新型外商投资法律制度的基本框架，其中很多规定还需要相关实施条例和配套法规给予进一步明确、细化和补充，尤其是对华侨华人投资主体资格的确定、华侨华人投资资金来源的认定、投资协定更优惠待遇的适用等问题。追溯历史，华侨华人回国投资为中国市场经济发展做出了巨大贡献，是中国实现中华民族伟大复兴的一股重要力量，中国也陆续颁布了一系列鼓励华侨华人回国投资的法律法规。然而伴随时代变迁，其中诸多规定早已与华侨华人回国投资的现实需求不相适应，呈现出明显的滞后性。

如今，面对世界"百年未有之大变局"，《外商投资法》应当成为维护华侨华人回国投资权益和规范华侨华人回国投资行为的基本法律，担负起促进和保护华侨华人回国投资的历史重任，为华侨华人回国投资营造更好的制度环境。为此，本章节将对《外商投资法》的主要内容和华侨华人回国投资的现状进行结合研究，寻求《外商投资法》与新时代华侨华人回国投资相互融合的最佳路径，为更好地利用《外商投资法》保障和服务华侨华人回国投资提供相应对策建议。

一、完善华侨华人回国投资特殊监管法律制度的必要性

由于华侨华人具有特殊的法律主体性质，其回国投资也具有较大的特殊性。一方面不同于中国政府、企业、个人等国内市场主体在中国境内所进行的投资，华侨华人回国投资具有"外商投资"的主要特征；另一方面华侨华人也并非普通的外国投资者，在诸多方面与祖国有着密切的内在联系。这意味着中国需要制定与华侨华人自身属性相适应的投资管理措施，适用与一般国内投资和外商投资不同的特殊监管法律制度。

目前，中国国内现行法律法规仍未对"华侨华人投资者"以及"华侨华人投资"进行明确定义。但是在一些地方性法规中，当地政府将华侨华人回国投资视为外商投资的一种主要形式，例如《浙江省关于鼓励华侨和香港澳门同胞投资的规定》第 7 条前两款规定："华侨、港澳投资者举办的拥有全部资本的企业，与浙江省境内企业举办的合资经营企业、合作经营企业（以下简称华侨、港澳同胞投资企业），除适用《国务院关于鼓励华侨和香港澳门同胞投资的规定》和本规定外，分别参照执行《中华人民共和国中外合资经营企业法》、《中华人民共和国中外合作经营企业法》、《中华人民共和国外资企业法》、《中华人民共和国外商投资企业和外国企业所得税法》、《中华人民共和国外商投资企业和外国企业所得税法实施细则》、《浙江省关于外商投资企业和外国企业征免地方所得税的若干规定》，享受相应的外商投资企业待遇。华侨、港澳投资者与浙江省境内企业合作进行的其他形式的投资，参照国家有关与外商进行合作的规定执行。"根据上述规定，华侨华人回国投资主要是指由华侨华人自然人和其经营的境外企业等法律实体所进行的国内投资，其投资活动仍主要适用国内关于外商投资的相关法律法规。

那么，中国对长期居住在海外的华侨华人又是如何进行法律定义的呢？1990 年《归侨侨眷权益保护法》（已被修正）第 2 条第 1 款规定："归侨是指回国定居的华侨。华侨是指定居在国外的中国公民。"而在 2005 年国务院侨

务办公室颁布的《关于对华侨定义中"定居"的解释（试行）》又将"定居"详细解释为，中国公民已取得住在国长期或者永久居留权；或中国公民虽未取得住在国长期或者永久居留权，但已取得住在国连续5年（含5年）以上合法居留资格，并在国外居住，视同定居，从而将华侨华人海外定居的认定标准更加具体化。然而，伴随近些年来中国公民在取得海外居住国永久居留权或合法居留资格后回国投资情况的日益增多，在2009年由国务院侨办印发的《关于界定华侨外籍华人归侨侨眷身份的规定》中对华侨华人海外"定居"的认定进行了适当调整，提出了累计和连续居留的时间要求，更加强调自然人与住在国的实际联系，例如该规定第1条第1款第1、2项规定，"定居"是指中国公民已取得住在国长期或者永久居留权，并已在住在国连续居留两年，两年内累计居留不少于18个月。中国公民虽未取得住在国长期或者永久居留权，但已取得住在国连续5年以上（含5年）合法居留资格，5年内在住在国累计居留不少于30个月，视为华侨。第2条款规定："外籍华人是指已加入外国国籍的原中国公民及其外国籍后裔；中国公民的外国籍后裔。"据此，可以看出除投资资金源自境外，由于华侨仍具有中国国籍，其虽长期定居海外但仍是中国公民，所以严格从投资主体层面定义，华侨投资更偏向于国内投资者在本国境内投资这一广义的法律范畴，华侨所投资的国内企业并非传统法律意义上的外资企业，只有已取得外国国籍的华人所利用外资进行的回国投资方可认定为严格法律意义上的外商投资。但是广大侨居海外的华人在历史、文化、血缘等方面与祖国有着千丝万缕的联系，仍是中华民族生命机体中不可分割的重要组成部分，所以华人回国投资与一般外国投资在家国情怀、民族情感、投资目的、竞争策略等方面有着明显不同，现实中其投资经营方式也有别于一般的外国投资。况且，随着人民币市场的国际化和国内市场经济的不断发展，华侨华人回国投资的资金来源正由境外逐渐转变为中国境内，从有利于外资市场监管角度考虑，也不宜将华侨华人回国投资直接套用国内对于外国投资者的全部一般性规定，而是应当根据华侨华人自身特有的法律主体性质和具体的投资资金来源制定与之相适应的投资监管法律制度，以在保障华侨华人合法投资权益的同时，实现对其回国投资经营活动的有效监督管理。

二、中国华侨华人回国投资法律制度发展的历史沿革

与侨务制度发展历史一样，华侨华人回国投资制度也经历了逐步法治化的过程，并且随着不同时期政治经济形势的变化而呈现出不同的特点。在中华人民共和国成立初期，由于局势动荡，投资环境尚未安定，中国政府实行以便利侨汇为主，但限制华侨华人回国投资的临时性政策，直到 1951 年，国内投资环境得到一定改善，中国政府方才开始鼓励海外华侨华人回国投资，逐步将华侨华人投资纳入国家发展计划的轨道上来，并且制定出台了与该时期形势相适应的规范华侨华人回国投资的政策法规，例如 1955 年国务院发布《国务院关于贯彻保护侨汇政策的命令》，支持华侨华人把侨汇投入国内建设生产或向国家企业入股，或赞助社会公益事业等。此外，1957 年国务院公布了《华侨投资于国营华侨投资公司的优待办法》，将华侨华人回国投资企业划定为国家经营的侨资信托企业，并允许华侨华人以入股国内企业的形式进行间接投资。[1]然而，该时期的华侨华人回国投资所利用的资金以及所投资入股的企业均由国家统一支配和管理，华侨华人仅能够以存款形式领取股息，而无法切身参与其所投资企业的日常运营，也无法向其输入先进的经营理念、技术设备和管理制度，因此华侨华人回国投资积极性并没有得到充分发挥，丰富的海外华侨华人资金和智力资源也未得到充分利用。

在 20 世纪 60、70 年代，中国侨务工作受到较大冲击，在华侨华人回国投资政策制定方面也因此出现严重失误，全国范围内由华侨华人投资开办的公司企业和农林牧场相继被撤销，华侨华人投资入股的企业股份陆续被没收。"文革"末期，政府虽然采取了一些有利于华侨华人回国投资的补救措施，例如重申"不造成双重国籍原则"，奉行华侨华人自愿选择国籍的基本政策，鼓励归国华侨华人学习中文并采取"提倡通婚"方针等。[2]但是这些举措并未从根本上纠正这一时期本国政府在华侨华人回国投资政策上的错误路线。

改革开放后，包括华侨华人回国投资在内的各项侨务工作方才逐渐步入

---

〔1〕 参见高远戎、张树新：《20 世纪五六十年代国家鼓励华侨回国投资的政策》，载《中共党史资料》2008 年第 4 期。

〔2〕 参见张赛群：《建国初期华侨投资政策探讨》，载《华侨大学学报（哲学社会科学版）》2010 年第 1 期。

法治轨道，中国开始制定实施一些有利于华侨华人回国投资的法律法规。例如 1985 年国务院颁布实施了《国务院关于华侨投资优惠的暂行规定》（以下简称《暂行规定》），该《暂行规定》允许华侨华人采取包括独资经营、合资经营、合作经营在内的多种形式回国投资，也可向国营华侨投资公司、信托投资公司以现汇存款和购买债券等方式进行投资，尤其允许华侨华人在国内"独资经营"企业更是开创了中国促进华侨华人回国投资政策的先河。除规定了较为灵活的回国投资方式外，《暂行规定》还对华侨华人在经济特区和经济技术开发区以外地区投资设厂给予了 11 项具体优惠措施。作为十一届三中全会后规范华侨华人回国投资的第一部法规，其集中体现了改革开放初期中国政府对吸引华侨华人回国投资工作的重视，不仅大幅度放宽华侨华人回国投资领域，更是首次对华侨华人回国投资的可行方式、出资形式、优惠措施等事项进行了规定。继《暂行规定》后，在 1990 年国务院正式发布《国务院关于鼓励华侨和香港澳门同胞投资的规定》，该规定出台后，1985 年的《暂行规定》即告废止，其是截至目前最为重要的规范华侨华人回国投资的行政法规，虽然在特殊优惠待遇方面较之 1985 年的《暂行规定》有所减少，但规定了更加灵活便利的投资方式，对华侨华人回国投资管理也进行了更加全面细致的规定。[1]该规定的制定出台集中体现了随着国内改革开放的不断深入和市场经济的快速发展，中国市场对外开放程度逐渐扩大，引进外资规模逐年增加，中国正逐步融入经济全球化大潮，为此中国对华侨华人回国投资的优惠政策也随之作出了相应调整。

20 世纪 90 年代后期到 21 世纪之初，由于华侨华人回国投资规模持续增长，所面临的各类投资问题也随之增多，为了有效规范华侨华人投资行为、合理利用回国投资资金、维护华侨华人合法投资权益，在《国务院关于鼓励华侨和香港澳门同胞投资的规定》基础上，国务院侨务办公室适时发布《涉侨经济案件协调处理工作暂行办法》，该办法一方面能够保障落实 1990 年《国务院关于鼓励华侨和香港澳门同胞投资的规定》，另一方面则是明确了包括华侨华人回国投资在内的涉侨经济案件主要类型，以及相关的协调处理办

---

〔1〕 参见林金枝：《1979~1992 年——海外华人在中国大陆投资的现状及其今后发展趋势》，载《华侨华人历史研究》1993 年第 1 期。

法和组织机构职能。该办法的制定实施表明中国对于侨资的管理正在逐步走向规范化和制度化，对华侨华人回国投资的市场监管能力日益提升。

如今，在国家层面除了上述华侨华人回国投资政策法规，华侨华人回国直接投资的资本管理及其所投资企业的日常经营则是参照中国国内现行涉外经济法律法规的相关规定，享受与外商投资企业相同待遇，在《外商投资法》制定出台以前主要是指适用"外资三法"及其实施办法和实施细则的有关规定。同时，华侨华人在中国境内的其他投资形式（间接投资），以及投资股份股息、银行存款利息、所得税税收优惠、特许权使用费等事项也是参照适用中国现行涉外经济法律法规对于一般外商投资的相关规定。而在地方上，为鼓励华侨华人回国投资，江苏、广东、福建、四川等地方政府也相继制定出台了适用于本地区的涉侨投资地方性法规，比如《江苏省保护和促进华侨投资条例》《广东省华侨权益保护条例》《福建省保护华侨投资权益若干规定》《四川省华侨投资权益保护条例》等。可以说，中国现已初步形成了以《国务院关于鼓励华侨和香港澳门同胞投资的规定》《涉侨经济案件协调处理工作暂行办法》和地方性涉侨投资法规为特别法，以"外资三法"以及其他涉外经济法律法规为一般法的华侨华人回国投资法律制度的基本框架。

三、《外商投资法》的优势特性及其对华侨华人回国投资的促进作用

2019 年 3 月 15 日第十三届全国人大第二次会议表决通过的《外商投资法》于 2020 年 1 月 1 日起正式施行，这意味着以往中国用于调整涉外投资法律关系的"外资三法"将被代替而统一整合于这部《外商投资法》之中，并由其作为新时代中国促进和保护外商投资的基础性法律。中国对外商投资的监管模式将发生重大改变，这对将来华侨华人回国投资无疑也会产生重要影响。

（一）《外商投资法》制定出台的重要意义及其优势特性

1. 奠定了中国外商投资法律制度建立的基础

《外商投资法》将"外资三法"和分散于各个行政法规、部门规章的外商投资规定进行高效整合，改变了以往中国外商投资法律法规一直存在的叠床架屋、规定繁琐的明显弊端，以法律形式在更高法律位阶重新构建中国外商投资法律体系，增强了中国外商投资法律制度的体系性、稳定性、有效性

和可预见性。[1]例如该法第一章"总则"第2条详细规定了外商投资的种类和范围，对外商投资形式进行了最大程度的优化整合，并具体列明了允许外商在中国境内从事的各类直接或间接投资活动。

《外商投资法》取代"外资三法"成为新时代中国管理外商投资的基础性法律，不仅对外商投资中的市场准入、投资促进、投资保护、投资管理、法律责任等事项进行了重新规定，使得外商投资更加公平公正、开放透明、自由便利，而且在外商投资法律体系构建方面同样担负起框架性作用，成为未来中国外商投资法律体系建立的基石和支柱。尤其伴随中国市场经济立法的不断修订和完善，将来《外商投资法》可与《公司法》《中华人民共和国民法典》等其他民商事法律法规进行有效衔接，最终实现外商投资特别法与一般法的无缝对接，这无疑是中国外商投资立法领域的重大突破创新。

2. 进一步放宽外商投资市场准入制度

在"外资三法"时期，中国对外商投资的国民待遇仅限于市场准入后阶段，单就市场准入本身而言，外国投资者相比需要经过专门的"外资审批程序"方可在中国境内进行投资，这与国内一般投资者相比是区别对待的，外国投资者无法在市场准入前即享有国民待遇。[2]从2013年设立上海自由贸易试验区起，中国便开始在试验区内先行先试"准入前国民待遇加负面清单"的外资市场准入管理新模式，外国投资者在市场准入前阶段即可享有与国内投资者相同的国民待遇。2018年，中国政府正式推出全国版的外商投资负面清单，将在自由贸易试验区内成功实践的"准入前国民待遇加负面清单"外资管理制度复制推广至全国范围。步入2019年，《外商投资法》是在遵循市场主体"法无禁止即可为"和政府"法无授权不可为"原则的基础之上以法律形式对"准入前国民待遇加负面清单"的外资市场准入制度加以确认，通过该法第一章"总则"第4条前两款规定："国家对外商投资实行准入前国民待遇加负面清单管理制度。前款所称准入前国民待遇，是指在投资准入阶段给予外国投资者及其投资不低于本国投资者及其投资的待遇；所称负面清单，

---

[1] 参见孔庆江、丁向群：《关于〈中华人民共和国外商投资法〉立法过程及其若干重大问题的初步解读》，载《国际贸易问题》2019年第3期。

[2] 参见崔凡、蔡开明：《〈中华人民共和国外商投资法〉初探》，载《上海对外经贸大学学报》2019年第3期。

是指国家规定在特定领域对外商投资实施的准入特别管理措施。国家对负面清单之外的外商投资，给予国民待遇。"至此，中国不仅实现了与国际先进外资管理模式的接轨，更是大幅度放宽了外商投资市场准入，使外商来华投资得以免除事前行政审批的负累，逐步建立起高效便捷的外商投资政务环境，国内市场投资自由化水平也因此得以显著提高。

3. 重视对外商投资的保护和促进

与"外资三法"侧重于市场监管的传统外资管理模式不同，《外商投资法》更加强调对外商投资合法权益的促进和保护，除了"总则"第一章第1条开宗明义地指出"为了进一步扩大对外开放，积极促进外商投资，保护外商投资合法权益，规范外商投资管理，推动形成全面开放新格局，促进社会主义市场经济健康发展，根据宪法，制定本法"，该法第二章与第三章的更是将章节题目直接设定为"投资促进"和"投资保护"，并且根据中国国情和外商投资特点制定了一系列保护和促进外商投资的具体措施，例如该法第20条限制征收外资条款、第21条投资利润自由汇入和汇出条款、第22条外资知识产权保护条款、第24条地方政府守约践诺条款以及第26条外资企业投诉工作机制条款等，这些条款均是从维护外商投资合法权益角度出发，为外国投资者在华投资营造公平、稳定、透明、可预期的市场竞争环境。该法关于促进和保护外商投资的条款的数量远远超过第四章"投资管理"部分的条款数量，体现出《外商投资法》更加注重对外商投资的保护和促进，彰显了新时代中国扩大对外开放和引进外资的坚定信心。

4. 强调对外商投资的有效监管

《外商投资法》突破了"外资三法"以"管"为主的立法设计，通过增加外商投资安全审查制度、外商投资信息报告制度建立起"管理"与"监督"并举的外商投资市场监管体系，外商投资管理将逐步由事前审批转为事中事后监督。《外商投资法》第35条专门设定外商投资安全审查制度，意在对可能影响国家安全和公共利益的外商投资进行安全审查，从而在法律层面实现了该法与中国现行反垄断审查和国家安全审查制度的有效衔接，对外商投资市场风险作出更加周延的监督和防范。除安全审查制度外，该法还规定了外商投资信息报告制度，其第34条第1款规定："国家建立外商投资信息报告制度。外国投资者或者外商投资企业应当通过企业登记系统以及企业信用信息公示系统向商务主管部门报送投资信息。"实行外商投资信息报告制度的目的在于准确掌握外来投资者及其投资活动的基本情况，这不仅为中国外商投资监管制度的建立和完善提供准确参考依据，同时也为更好地贯彻执行"准入前国民待遇加负面清单"的外资市场准入政策和防范由此可能带来的市场风险提供相应法律制度保障。

综上所述，《外商投资法》兼顾中国国情与国际投资规则的最新发展趋势，秉持市场竞争中性原则，对内外资企业一视同仁、平等对待，妥善处理和平衡扩大对外开放和市场风险防范间的利益关系，为新时代中国吸引外商来华投资、保护投资者合法权益、防范投资市场风险和营造国际一流营商环境提供了有力法律支撑。

（二）《外商投资法》对华侨华人回国投资的促进和保障作用

1. 增进华侨华人回国投资信心

世界范围内许多华侨华人企业本身体量并不是很大，多数属于中小型企业，相对于资金力量雄厚的大型外资企业而言，中小型华侨华人企业回国投资和发展无疑需要更加公平公正的市场环境和高效便捷的政务服务环境。与中小型华侨华人企业的实际需求相适应，《外商投资法》注重对外商投资的促进和保护，坚持对内外资企业在市场准入、市场竞争、市场监管等方面一视同仁，例如立法前征求外商建议和意见、加强对外资企业的知识产权保护、实行"准入前国民待遇加负面清单"外资管理制度、不得任意干涉外资企业的正常生产经营活动，这些集中体现平等、公平、公正原则的法律规定对于相对弱小的中小型华侨华人企业而言无疑更为珍贵。《外商投资法》的制定出台和日益法治化、国际化、便利化的营商环境必然会增强华侨华人回国投资的信心和决心，未来一段时期中国也将迎来华侨华人回国投资的新一轮浪潮。

2. 华侨华人回国投资形式多样化

《外商投资法》第一章"总则"第2条允许外国投资者在中国境内从事各类直接或间接投资，除传统意义上的在中国境内设立法律实体以外，还可以通过取得境内企业的股份、股权、财产份额以及投资新建项目等多种方式进行投资，例如购买债券、股票、金融债券等，外商投资方式将更为灵活多样，而不再局限于以往的投资建厂、企业并购等直接投资方式。同时，该条文还将外国的自然人、企业或者其他组织一并视为该法的"合格投资者"，多元化的外商投资主体设定意味着分布在世界各地的华侨华人可以通过多种形式参与回国投资。可以说，《外商投资法》中灵活多样的投资方式和相对宽松的外商投资主体资格规定将使得华侨华人回国投资更加自由便利，海外华侨华人也将由此获得更多回国投资机遇。

3. 华侨华人回国投资行为规范化

《外商投资法》不仅明确了"开放是原则，限制是例外"的高水平开放模式，更是由"外资三法"时代的企业组织法转变成为接轨国际惯例的投资行为法。《外商投资法》以规范外商投资行为为其指引和依归，集中对包括外资准入、外资保护、外资审查、外资管理在内的各类外商投资行为进行规定，而不再规范外资企业的组织形式和设立变更，不再涉及外资企业组织关系上的问题。该法第 31 条明文规定："外商投资企业的组织形式、组织机构及其活动准则，适用《中华人民共和国公司法》、《中华人民共和国合伙企业法》等法律的规定。"这一方面有效解决了以往"外资三法"与《公司法》《中华人民共和国合伙企业法》等一般企业组织法之间存在的规范适用冲突问题，实现了"外资三法"与其他经济立法的有效衔接。[1]另一方面，《外商投资法》更加专注于处理与外商投资行为相关的专业性法律问题，将有助于提升中国政府对外商投资行为的服务监督能力。因此，作为一部规范外国投资者行为的法律——《外商投资法》，势必会为回国华侨华人从事各类投资经营活动提供最为直接有效的法律依据，在促进和保护华侨华人回国投资的同时对其回国投资行为进行合理规范。

四、《外商投资法》时代华侨华人回国投资的法治保障问题

（一）法律适用主体资格的不确定性

《外商投资法》的名称最终选用"外商"而非"外国"，从字面含义上为港澳台同胞和华侨华人投资者适用该法扫清了障碍，但是该法第 2 条第 2 款规定："本法所称外商投资，是指外国的自然人、企业或者其他组织（以下称外国投资者）直接或者间接在中国境内进行的投资活动……"由此可以看出，

---

〔1〕 参见孔庆江：《〈中华人民共和国外商投资法〉与相关法律的衔接与协调》，载《上海对外经贸大学学报》2019 年第 3 期。

《外商投资法》的法律适用主体主要是指不具有中国国籍的外国人、外国企业或者其他组织，而港澳台同胞与华侨华人具有法律主体上的特殊性，对于其是否属于"外商"这一广义的法律概念，《外商投资法》并未作出准确说明。也就是说港澳台同胞和华侨华人投资者并未被明确纳入《外商投资法》的主体适用范围，港澳台同胞与华侨华人能否完全适用该法仍然存在一些疑问和不确定性，该问题直接关乎港澳台同胞与华侨华人投资能否够得到《外商投资法》的法律保护和享有该法所提供的各项优惠待遇。但是，根据以往港澳台和华侨华人投资者参照适用"外资三法"的实践惯例，以及利用外资推动国内经济高质量发展的基本立法原则，《外商投资法》理应取代"外资三法"成为新时代调整港澳台同胞和华侨华人投资法律关系的基础性法律，并为之提供更加完善的国际高标准法律服务。

（二）依照投资资金来源确定外商投资的"法律空白"

根据《外商投资法》第一章"总则"第2条规定可以看出，本法主要是按照投资者国籍来区分外商投资和国内投资，对于投资资金来源还未进行明确规定，如果外商投资资金全部或主要源自中国境内，那么这类投资是否也属于外商投资，与之相关的监管措施是适用《外商投资法》规定，还是适用其他国内投资监管制度？对这一问题该法并没有作出明确说明。按照以往惯例，华侨华人回国投资资金主要来自其在海外住在国的长期经营所得，华侨华人回国投资自然会起到引进外资的作用，因此中国对于华侨华人回国投资也参照外商投资进行管理，并给予其和外国投资者相同甚至更高的待遇。然而随着时代变迁和中国经济实力的不断增强，不仅有大量华侨华人选择回国定居，并且越来越多的源自中国国内而非境外的投资资金也随之而来。对于外国投资者、港澳台同胞和华侨华人利用国内资金所进行的投资是否同样适用《外商投资法》的相关规定？该问题亟待回答，这不仅涉及华侨华人投资者的身份认同及其投资行为的法律适用，同时也关乎投资资金的市场监管以及国内市场经济秩序的长期稳定和健康发展。

（三）华侨华人回国投资待遇的相对降低

《外商投资法》第一章"总则"第4条第4款规定："中华人民共和国缔结或者参加的国际条约、协定对外国投资者准入待遇有更优惠规定的，可以按照相关规定执行。"根据该条文规定，中国在与其他国家或地区签署的双边和多边投资协定中，一旦采用更优惠的市场准入待遇将予以优先适用，这说明除《外商投资法》规定外，中国国内市场对外国投资者而言还有着更大的开放空间，但是海外华侨因其中国公民身份在适用国际投资协定方面仍然存在着一定法律障碍，一般难以享有双边和多边投资协定所规定的更优惠市场准入待遇，相较于投资协定缔约国国民，华侨回国投资待遇处于一定劣势。除双边或多边投资协定外，内地在 2003 年先后与港澳政府分别签署了《内地与香港关于建立更紧密经贸关系的安排》《内地与澳门关于建立更紧密经贸关系的安排》（简称 CEPA 协定），允许港澳同胞可以享有更优惠的投资待遇，尤其伴随粤港澳大湾区战略的逐渐兴起，为促进内地与港澳地区间的经贸合作交流，中国将在 WTO 承诺基础之上进一步放宽服务领域的市场准入条件，使港澳同胞在内地投资可获得更多优惠待遇。[1]同样，大陆与台湾在 2010 年、2012 年和 2013 年分别签署了《海峡两岸经济合作框架协议》、《海峡两岸投资保护和促进协议》和《海峡两岸服务贸易协议》（简称 ECFA）。基于上述协定大陆也将在 WTO 制度框架下放宽对台商的服务业市场准入条件，台湾同胞也将与港澳同胞一样获得更多投资优惠。由此可见，虽然海外华侨与港澳台同胞同样属于不在内地（大陆）定居的中国公民，但是中国政府无法与海外华侨签订以区域划分为基础的投资协定，因而海外华侨不能像港澳台投资者一样享有由区域经贸协定所带来的贸易便利和投资优惠，这导致近年来海外华侨与港澳台同胞在投资待遇方面出现了一定差异。

1990 年《国务院关于鼓励华侨和香港澳门同胞投资的规定》作为特别法在其制定实施之初的确给华侨华人回国投资带来了一般外国投资者无法享有的特殊优惠待遇，但是随着近年来国内经济立法的不断修订和完善，该特别法所赋予华侨华人的优惠待遇正在逐渐失去优势。例如 2018 年《中华人民共和国企业所得税法》规定，中国境内适用 25% 企业所得税税率，而不再按照企业性质给予税收优惠，这使得华侨华人企业实际税负由 15% 上升到 25%。此外，2003 年《外国投资者并购境内企业暂行规定》对外资企业并购境内企业作出统一安排，华侨华人企业在中国境内的并购业务也因此受到诸多限制。

---

〔1〕 参见李猛:《"一带一路"背景下制定高标准粤港澳大湾区自由经贸协定研究》，载《亚太经济》2018 年第 2 期。

所以，近些年中国投资立法和投资环境的变化导致华侨华人回国投资待遇的相对下降，华侨华人企业无法再像从前一样充分享有《国务院关于鼓励华侨和香港澳门同胞投资的规定》中的各种优惠待遇。[1]投资环境急剧变化，中国对华侨华人回国投资的相关立法工作却相对滞后，未能紧随时代变化发展及时作出适应性调整。

总而言之，随着中国与其他国家和地区经贸往来的不断加深，国际投资协定缔约国国民与港澳台同胞能够获得比其他外国投资者和华侨华人更多的投资优惠待遇，而国内投资立法和投资环境的变化也使得华侨华人以往所享有的特殊优惠待遇正逐渐减少甚至消失。步入新时代，面对华侨华人回国投资形势的巨大变化，《外商投资法》却并未对华侨华人这一特殊群体进行专门性规定，包括未确定华侨华人的投资主体资格，未明确华侨华人企业的法律性质，未规定华侨华人是否也享有投资协定中更优惠的投资待遇（包括 CEPA 与 ECFA 中的投资优惠待遇），也未对国内投资立法中的规范冲突作出适用说明（是执行最新的特别法还是适用最有利于华侨华人的相关投资规定）。这些依然存在的立法问题致使《外商投资法》无法有效缩减华侨华人与投资协定缔约国国民和港澳台同胞之间的投资待遇差异性，尚未根本改变近些年来华侨华人回国投资待遇相对降低的现实问题。

（四）华侨华人投资地方性法规与《外商投资法》的不相适应性

作为新时代中国外商投资领域的基础性法律，《外商投资法》制定出台后，还需要及时完善与之配套的实施条例和实施办法来保障其得到充分贯彻落实和执行适用，这也将延伸至华侨华人投资权益保障地方性立法的修订和完善当中。基于历史原因，中国关于保障华侨华人回国投资权益的地方性法规大多制定出台时间较早，而且未根据国内外形势的变化及时作出适应性调整，其中多数条款已与《外商投资法》的立法宗旨和具体规定相脱节，存在着较为明显的滞后性。[2]无论是近年的《上海市华侨权益保护条例》《广东省华侨权益保护条例》《江苏省保护和促进华侨投资条例》，还是较早的《四

---

〔1〕 参见史晓丽：《新形势下完善华侨回国投资法律制度的思考》，载《东南亚研究》2013 年第 6 期。

〔2〕 参见庄瑞银：《新形势下中国海外侨胞权益保护立法探讨——"中国海外侨胞权益保护立法的理论与实践"学术论坛综述》，载《地方立法研究》2017 年第 5 期。

川省华侨投资权益保护条例》《河南省〈归侨侨眷权益保护法〉实施办法》《广西壮族自治区实施〈中华人民共和国归侨侨眷权益保护法〉办法》，虽然都对华侨华人回国投资权益保护进行了规定，但对比《外商投资法》的立法宗旨和实施要求，其中多数条款显得较为宽泛和笼统，缺少具体可行的实施细则。例如知识产权保护、投资资金的汇入和汇出、投资资产征收的方式和标准，以及商业秘密信息保护等事项多是进行了框架式规定，并未作出详细阐释和具体说明。与此同时，在投资监管方面，目前鲜有地方性法规对投资市场准入、投资安全审查、投资信息监督等事项进行规定，立法中未能充分体现投资者权利与义务均衡原则，在促进和保护华侨华人回国投资的同时没有制定必要的监管措施。另外，有些地方性法规甚至还与《外商投资法》内容存在着一定的对立和冲突，比如《四川省华侨投资权益保护条例》第 19 条第 1 款规定："华侨投资者依法投资、经营获得的利润、股息、红利、租金、清算后的资金及其他合法收益，可以依法兑换外汇，汇往境外。"这显然与《外商投资法》中允许合法投资利润可以人民币或者外汇自由汇入、汇出的规定不相一致，因此在现实中四川地区华侨华人企业能否将其经营利润以人民币形式汇出境外仍存在着一定的法律障碍。

综上所述，当前中国关于华侨华人投资权益保障的诸多地方性立法与最新修正的《外商投资法》在立法宗旨、立法原则、立法内容等方面还存在着一定的不相适应性，尤其在华侨华人回国投资权益保障和投资行为监管等方面具有明显的滞后性、模糊性和不确定性，并且一些陈法旧规与《外商投资法》现有规定相互矛盾，进而可能引起法规适用冲突。这些亟需解决的地方性立法难题不仅会影响华侨华人回国投资的热情，还有碍于将来华侨华人回国投资法律体系的建立和完善。

五、《外商投资法》时代构建华侨华人回国投资法律制度的对策建议

（一）明确"华侨华人投资者"和"华侨华人投资"基本法律概念

《外商投资法》对"华侨华人投资者"和"华侨华人投资"的界定清晰与否直接关系本法的主体适用范围，以及华侨华人回国投资能否获得《外商投资法》的保护和促进。根据 1990 年《国务院关于鼓励华侨和香港澳门同胞

投资的规定》的第 7 条和第 17 条之规定,[1]华侨华人投资者主要是指具有华侨身份的自然人,该规定未将外籍华人和由华侨华人在其住在国或第三国开办的法律实体在中国境内的投资认定为华侨华人回国投资,这显然不符合《外商投资法》第一章"总则"第 2 条第 2 款"本法所称外商投资,是指外国的自然人、企业或者其他组织(以下称外国投资者)直接或者间接在中国境内进行的投资活动"的基本要求,进而导致多年来中国对外籍华人和华侨华人法律实体回国投资的待遇差异。所以,应当汲取《国务院关于鼓励华侨和香港澳门同胞投资的规定》的立法教训,竭力消减华侨自然人与外籍华人和华侨华人企业在回国投资待遇上的差异,按照《外商投资法》的时代精神和基本要求,将华侨、外籍华人和华侨华人法律实体全部视为该法的"合格投资者"而给予其和外国投资者相同的投资待遇,以便华侨华人和由华侨华人在其住在国或第三国开办的法律实体回国投资均可享有《外商投资法》所给予的优惠便利措施。同时,近年来中国与其他国家签订的投资协定中,多数是将由中国公民所有或控股的外国企业视为中国投资者,以股份"控制权"为标准认定外国投资者资格现已被多数国家认可和接受,例如《中华人民共和国政府和新西兰政府自由贸易协定》第 135 条第 6 款规定:"投资包括由一方投资者拥有或控制的第三国法人,在另一方境内已设立的投资……"所以,按照互惠原则中国也应将由华侨华人所有或控股的外国企业同样视为"合格投资者",进而适用中国关于外商投资的相关规定。总体而言,建议在《外商投资法》中或以其配套法规、实施条例等形式进一步明确规定华侨华人投资者包括华侨华人自然人、企业以及由其控股的外国法律实体,将华侨华人投资界定为由上述法律主体依照中国现行法律法规以直接或间接形式在中国境内进行的各类投资活动,从而为华侨华人回国投资能够充分享有《外商投资法》给予的各项优惠待遇提供准确法律依据。

(二)补充根据投资资金来源确定是否属于外商投资的规定

《外商投资法》主要依据外国投资者国籍来界定是否属于外商投资,对投资资金源自中国境内的外国人投资是否也属于外商投资并没有进行明确规定。

---

〔1〕《国务院关于鼓励华侨和香港澳门同胞投资的规定》的第 7 条允许华侨在中国境内的投资资产和投资所得利润可以依法转让和继承;第 17 条允许华侨委托中国境内的亲友为其代理人从事境内投资。

根据以往本国法律规定和实践经验，只要是外国投资者以外币形式出资即可认定为外商投资，而无论该资金最初是来自中国境内还是境外，例如《中华人民共和国外资企业法实施细则》第25条第1款规定："外国投资者可以用可自由兑换的外币出资，也可以用机器设备、工业产权、专有技术等作价出资。"该较为灵活的规定能够在一定程度上拓宽投资资金来源，使外国投资者来华投资更为便利。因此，从鼓励外商投资的角度考量，《外商投资法》宜将外国投资者、港澳台同胞、华侨华人以外币形式的投资统一视为外商投资，其中包括投资者在中国境内和境外通过各种合法融资渠道而获得的资金，从而在最大程度上达到通过吸收和利用外资推动国内市场经济发展的目的。具体而言，建议未来在《外商投资法》修订或其实施细则、实施办法的制定过程中明确将华侨华人以外币出资或用机器设备、工业产权、专有技术等作价出资的回国投资一并纳入该法的调整适用范围，只要投资资本是通过合法途径取得并符合中国相关法律规定，无论其来源是中国境内还是境外将一律受到该法的保护和监督，以此为华侨华人回国投资创设更为宽松、自由、便利的制度环境。

（三）消减华侨华人与投资协定缔约国国民和港澳台同胞之间的投资待遇差异

面对华侨华人与投资协定缔约国国民和港澳台同胞之间投资待遇差异日益突出的问题，中国需要专门对华侨华人这一特殊的投资主体作出与之相适应的特殊制度安排。

一是今后在中国与其他国家和地区所签订的双边或多边投资协定中增设华侨华人合格投资者条款，规定长期居住在协定缔约国的华侨华人回国投资也可适用该投资协定，使当地华侨华人能够享有与缔约国国民相同的特别优惠待遇，以此鼓励长期居住在协定缔约国的华侨华人回国投资。

二是修订和完善CEPA与ECFA协定，增设华侨华人"合格投资者"规定，将长期居住在港澳台地区的华人一起纳入CEPA与ECFA协定的法律适用范围，有效弥合两者在投资待遇上的差异，使长期居住于港澳台地区的华人可与港澳台同胞同样享有由CEPA和ECFA协定所带来的投资贸易便利，从而以合力之势共同推进粤港澳大湾区建设以及祖国大陆与台湾地区间的经贸交流与合作。

　　三是对于双边或多边国际投资协定、CEPA 与 ECFA 协定以外地区的华侨华人投资者而言，因为其并不长期居住于协定缔约国和港澳台地区，所以如果对其直接适用上述协定中的优惠投资待遇，将是对其他住在国国民和非缔约国国民的不公平、不公正，会造成华侨华人与其住在国国民和非缔约国国民投资待遇上的差异，这显然有悖于世贸组织的最惠国待遇基本原则。[1]所以，可以考虑在遵循 WTO 国民待遇和最惠国待遇原则基础上，参照中国所参加的各类国际投资协定中的一般性规定，制定出台专门的《华侨华人回国投资权益保障法》，并借助"上位法优于下位法、新法优于旧法、特别法优于一般法"的基本法律适用原则予以优先适用。这不仅可以在 WTO 规则体系下有效平抑和缩减非协定所在地华侨华人与缔约国国民和港澳台同胞间的投资待遇差异，同时能够构建符合华侨华人自身主体特性且接轨国际先进水平的新型投资规则，还能够为海外华侨华人提供不低于一般国际投资协定的优惠待遇。

　　一言以蔽之，未来需要通过修订相关投资协定条款和在国家层面制定出台"华侨华人回国投资权益保障法"来减少全球范围内不同地区华侨华人与当前投资协定缔约国国民和港澳台同胞之间的投资待遇差异，以此进一步明确华侨华人投资者的法律主体地位，使之能够充分享有国际高标准的回国投资待遇。

　　（四）构建和完善华侨华人回国投资法律制度

　　建设华侨华人回国投资法律制度不仅需要在国家层面补充完善《外商投资法》和适时制定出台"华侨华人回国投资权益保障法"，还需要根据上位法的立法宗旨、精神和原则及时对华侨华人回国投资地方性法规进行修订和调整，以便更好地推进实施上位法的各项规定。

　　一是要与时俱进跟得上《外商投资法》的时代要求，通过及时变革、补充和完善与其不相适应的地方性法律法规，以摆脱地方性华侨华人回国投资立法所惯有的滞后性。

　　二是要修改或废止与《外商投资法》内容相互矛盾的地方性法规，进而有效避免和化解上位法与下位法之间的法律适用冲突。

　　三是要遵循投资者权益与义务均衡原则，除促进和保护投资条款以外，

────────────

〔1〕　参见崔凡、洪朝伟：《论对等开放原则》，载《国际贸易问题》2018 年第 5 期。

还要制定具体可行的投资管理措施，其中应当符合《外商投资法》的基本要求至少包括投资安全审查、投资信息报告、投资法律责任等内容，从而在保障华侨华人回国投资合法权益的同时实现对其投资行为的有效监管，规避投资市场风险。

四是探索制定能够体现地方特色且更加便利化的投资保障措施。《外商投资法》第18条规定："县级以上地方人民政府可以根据法律、行政法规、地方性法规的规定，在法定权限内制定外商投资促进和便利化政策措施。"可以看出，为了更好地协调配合《外商投资法》在地方上的有效实施，县级以上地方政府可在国内现行法律制度框架下根据本地区的地域特点和实际需求制定更加便利的投资保护促进政策，这必然会有效提升地方法治营商环境的竞争力，有利于吸引更多华侨华人回到当地进行投资。

五是在国内探索建立集诉讼、仲裁和调解"三位一体"的多元化投资争端解决机制，为发生在中国境内的华侨华人投资争端提供高效便利的法律服务。多数情况下，华侨华人回国投资往往怀有赤忱的爱国情怀和浓厚的思乡之情，一旦发生投资争端普遍倾向于借助仲裁、调解这种相对"温和"的方式予以化解，而不愿选用相对"强硬"的诉讼方式，所以需要在国内尽快完善涉外仲裁和调解制度，并搭建起司法诉讼与仲裁和调解之间的有效衔接机制，以为华侨华人提供更加多元化的投资争端解决方案，争取在公正、便捷、高效解决投资争端的同时维持良好的商商关系和政商关系。

总之，为了更好地维护华侨华人回国投资权益，需要在《外商投资法》制度框架下建立起与华侨华人主体属性相适应的投资法律制度，通过自上而下层级分明、结构合理、内容完善、适用统一的华侨华人回国投资法律制度，进一步凝聚华侨华人的向心力，鼓励更多华侨华人回国投资，真正汇聚起实现中华民族伟大复兴的磅礴力量。

小结

在"一带一路"倡议背景下，华侨华人海外投资权益是中国海外利益的重要组成部分，保护好华侨华人海外投资权益对于推进"一带一路"建设具有重要现实意义。当前，中国以侨务外交作为保护华侨华人海外投资权益的主要手段，但是与法律方式相比，外交保护在稳定性、规范性、公正性及可预见性等方面均存在一定不足，因此除外交保护外，中国政府还需要逐步建立起与华侨华人自身属性相适应的海外投资法治保障体系，以此保证华侨华人海外投资活动能够在一个稳定的法律框架下规范有序进行。今后一段时期，要以《宪法》为根本法律依据，通过完善国内立法和签订国际条约等多种方式，从国内与国际两个层面共同探索构建华侨华人海外投资法治保障体系的可行路径，致力于为华侨华人海外投资活动提供高标准、全方位、深层次的法治保障。与此同时，还要看到华侨华人参与"一带一路"建设不仅是要促进沿线区域不同国家和地区间的社会经济发展，更为重要的是要进一步凝聚华侨华人向心力，鼓励更多的华侨华人回国投资，为祖国和平发展贡献更多力量，真正成为新时代祖国改革开放的见证者、参与者和贡献者。所以要将"走出去"与"引进来"并举，在尽力保障华侨华人海外投资利益的同时，还应注重营建良好的国内法治营商环境，要以《外商投资法》制定出台为历史契机和法律基础，积极构建与华侨华人自身主体属性相适应的回国投资法律制度，以吸引更多华侨华人回国投资，助力国内社会进步和经济发展，为中国特色社会主义建设注入新能量，增添新动力。总而言之，加强"一带一路"中华侨华人合法投资权益保护，要把握好国内与国际两个大局，致力于构建与其主体属性相适应的海外投资法治保障体系与回国投资法律制度，将法律保障贯穿于华侨华人海内外投资活动的全过程，在国内与国际均能实现对其合法投资权益的有效保护，进而在稳定的法治框架下充分激发华侨华人投资"一带一路"建设的积极性，使其能够为"一带一路"倡议做出更多贡献，携手推动"一带一路"倡议行稳致远。

第十一章

发展新质生产力背景下深入实施自由贸易试验区提升战略

　　党的二十大部署实施自由贸易试验区提升战略，将自由贸易试验区建设提高到战略层面，是中国推进高水平制度型开放的重要举措。新质生产力作为一种以创新为核心引擎的先进生产力质态，能够支撑助力自由贸易试验区加速传统产业转型升级，培育战略性新兴产业和未来产业，推进绿色低碳高质量发展，率先构建开放型经济新体制，对于自由贸易试验区提升战略有着强大的赋能作用，两者之间具有相互促进、良性互动、共同发展的内在统一关系。然而，在此过程中也面临着区域产业经济发展不平衡、部分关键核心技术存在"卡脖子"现象、高端专业技术人才较为匮乏、新型数字基础设施建设相对滞后等现实挑战和主要问题。对此，需要充分发挥自由贸易试验区的"先行先试"优势和制度创新功能，通过加强顶层制度设计、完善相关法律法规、强化事中事后监管、对接国际高标准经贸规则、落实"人工智能+"行动等措施，加快建立起与新质生产力相适应的制度体系、创新模式和新型生产关系，使新质生产力在促进区域经济协调发展、稳步扩大制度型开放、构建现代化产业体系、营造一流营商环境、对接"一带一路"倡议建设等方面更好地赋能自由贸易试验区提升战略。

一、发展新质生产力与自由贸易试验区提升战略之相互促进

（一）新时代自由贸易试验区稳步扩大制度型开放的显著成效

　　从 2013 年国务院批准设立中国（上海）自由贸易试验区以来，中国自由贸易试验区战略布局先后经过 7 次扩容。截至 2024 年，在全国范围内自由贸

易试验区已增加到 22 个，涉及沿海、内陆、沿边 52 个城市和海南岛全岛，呈现出"由点到线，由线及面"的全方位布局特点，形成了覆盖东西南北中、辐射全国、面向全球的改革开放创新格局，成为新时代引领更高水平对外开放和促进高质量发展的重要力量。近年来，中国自由贸易试验区以制度创新为重要抓手，通过稳步扩大规则、规制、管理、标准等制度型开放，推进实施自由贸易试验区提升战略，各地自由贸易试验区立足于总体方案赋予的战略定位，结合自身区位优势和产业基础，因地制宜开展各具特色的差异化探索。例如，北京自由贸易试验区围绕京津冀协同发展需要，建设京津冀国家技术创新中心，打造京津冀联动的全球化协同创新服务模式；上海自由贸易试验区临港新片区依托科技创新优势，大力发展战略性新兴产业和未来产业，积极抢占全球产业和科技发展制高点；海南自由贸易港对标世界最高水平开放形态，构建以"零关税、低税率、简税制"和"五自由便利一安全有序流动"为主要特征的政策制度体系，加快建设具有国际竞争力和影响力的中国特色自由贸易港；广西、云南、黑龙江、新疆等地的自由贸易试验区找准与周边国家和地区的互补优势，探索跨境贸易、跨境物流、双向投资，服务"一带一路"倡议建设。可以说，虽然各地自由贸易试验区承载着不同的使命，但在融入和服务国家重大战略方面具有内在一致性，旨在为全面深化改革和扩大开放探索路径、积累经验，推动形成全方位、多层次、宽领域的对外开放新格局。

1. 以制度创新为核心全面深化改革开放。近年来，自由贸易试验区作为新时代改革开放新高地，充分发挥制度创新与改革试验的"先行先试"作用，紧密围绕投资贸易、金融开放、政务服务等重点领域和关键环节全面深化改革开放。一是在跨境投资领域，率先实施准入前国民待遇加负面清单管理制度，外商投资迎来系统性、制度性的开放新局面，实现了外商投资管理模式的历史性变革、根本性转变。二是在货物贸易领域，率先以国际贸易"单一窗口"提升贸易便利化水平，打造整体联动、集约高效、部门协同、一站办理的口岸管理新格局，助力贸易强国建设。三是在金融开放领域，率先开设自由贸易账户，打通了企业境外融资渠道，金融业高水平开放稳步推进。四是在服务贸易领域，率先以跨境服务贸易负面清单管理模式扩大服务业开放，探索构建高标准服务业开放制度体系，推动各类资源要素自由便捷流动。五是在政务服务领域，率先开展以"证照分离""准入即准营"为代表刀刃向内的政府改革，引领政府"放管服"改革走向纵深，通过加强和规范事中事后监管，推进政府职能由"管理型"向"服务型"转变，构建公平、高效、便捷、法治的政务服务环境。

2. 以制度型开放推动更高水平对外开放。近年来，自由贸易试验区凭借"一线放开、二线管住"等监管政策优势，主动适应国际经贸规则重构新趋势，积极对接 RCEP、CPTPP、DEPA 等国际高标准经贸规则，其范围不仅涵盖关税减免、海关监管、市场准入等"边境上"的投资贸易自由化便利化措施，同时也涉及公平竞争、知识产权、数字经济、争端解决等"边境内"规则，意在构建与高标准经贸规则相衔接的制度体系和监管模式，打造国家制度型开放示范区。一是坚持以投资贸易自由化便利化为重点，参照国际高标准经贸规则，严格落实准入前加准入后国民待遇原则。自 2022 年起，新版自由贸易试验区外资负面清单条目由最初的 190 条缩减到了 27 条，其中制造业条目实现了清零，极大地提升了外商投资自由化、便利化。二是加快对接 DEPA 数字经济规则，各地自由贸易试验区相继制定出台了数字经济发展规划和实施方案，以建设"数字自贸区"为目标大力发展数字经济，抢占全球数字经济规则制高点。三是主动对标国际高标准知识产权保护规则，通过完善知识产权法律法规、专门设立知识产权法庭、加强知识产权国际合作等方式，全力构筑知识产权保护新高地。四是制定出台《自由贸易试验区跨境服务贸易特别管理措施（负面清单）（2024 年版）》，在交通运输、金融、教育等跨境服务贸易领域提出针对性开放举措，初步形成了与国际接轨的现代服务业高水平开放制度体系。

3. 以制度集成创新营造国际一流营商环境。近年来，自由贸易试验区坚持以优化营商环境促进更高水平对外开放，制定出台了一系列优化营商环境的行动计划，加快营造法治化、国际化、便利化的一流营商环境。一是坚持统筹好开放发展和经济安全。以金融业更高水平对外开放为例，对自由贸易账户采取"一线审慎监管、二线有限渗透"的"电子围网式"创新监管模式，在提升跨境投融资便利化的同时，加强对潜在金融风险的监测、预警和防范，牢牢守住不发生系统性风险的底线。二是加大压力测试力度，提高监管效能和服务水平。首先，践行以人民为中心的发展思想，聚焦"最多跑一次"改革，通过"一站服务、一键导航、一个窗口、一次办结"，基本实现了"零跑动、零见面、零填单、零费用"。其次，持续加大简政放权力度，深入推进"一网通办""一业一证"以及商事主体登记确认制改革，拓宽企业登记"多证合一"整合范围，完善以信用为基础的事中事后监管。最后，利用数字技术提升政府监管效能，充分运用大数据、区块链、人工智能等现代信息技术手段，打破各部门间信息壁垒、数据壁垒，初步实现政务信息资源跨部门、跨系统、跨业务共享利用。

（二）发展新质生产力与自由贸易试验区扩大制度型开放的内在统一关系

2024 年 1 月习近平总书记在中共中央政治局第十一次集体学习时强调："新质生产力是创新起主导作用，摆脱传统经济增长方式、生产力发展路径，具有高科技、高效能、高质量特征，符合新发展理念的先进生产力质态。"该科学论断深刻阐释了新质生产力的科学内涵和重大意义，新质生产力之"新"是与传统生产力相对应得出的：一是从动力来源上看，新质生产力不同于传统生产力主要依赖于自然资源消耗和劳动力的投入，其更加注重知识、技术、信息、数据等无形资产的积累与创新，以全要素生产率大幅提升为主要标志。二是从发展路径上看，新质生产力不同于传统生产力通过线性扩张来实现经济增长，而是通过非线性的网络化、智能化发展模式，借助技术创新和模式创新来实现经济跨越式发展。所以，新质生产力的核心要素和本质特征是科技创新，为此需要以包括人工智能、大数据、云计算、量子信息、工业互联网等在内的新一轮科技创新为根本驱动力，充分发挥科技创新对现代化产业体系建设的支撑引领作用。新质生产力与新发展阶段、新发展理念、新发展格局一脉相承，现已成为习近平新时代中国特色社会主义思想的重要组成部分。

与此同时，习近平总书记明确指出："要扩大高水平对外开放，为发展新质生产力营造良好国际环境。"同商品和要素流动型开放相比，制度型开放是一种更高层次更高水平的开放，其核心要义是打通制度、规则等方面的各种壁垒，加快构建与国际通行规则相衔接的制度体系和监管模式，以此适应国际经贸规则重构新趋势，畅通国内国际双循环，建设更高水平开放型经济新体制。而自由贸易试验区作为新时代改革开放新高地，稳步扩大制度型开放是其践行更高水平对外开放的集中体现和鲜明特色，2023 年 6 月国务院印发

的《关于在有条件的自由贸易试验区和自由贸易港试点对接国际高标准推进
制度型开放的若干措施》更是为自由贸易试验区稳步扩大制度型开放明确了
目标、任务、方向和路径。

自由贸易试验区稳步扩大规则、规制、管理、标准等制度型开放，不仅
有助于建立与新质生产力相适应的先进管理体制和运行机制，同时通过全面
深化各领域、各方面、各层次改革，能够让各类优质生产要素向发展新质生
产力顺畅流动，从而优化创新要素配置，提高全要素生产率，对新质生产力
的形成和发展起到积极的促进作用。反之亦然，发展新质生产力的关键是通
过数字创新、网络创新、技术创新等，促进物资、人才、资金、技术、信息
等生产要素的自由流通与深度融合，加快实现企业产业高端化、智能化、数
字化、绿色化转型发展，构建开放型、生态型、创新型现代化产业体系。所
以，发展新质生产力能够为自由贸易试验区建设引入最新的数字技术和数据
要素，进而催生跨境数字贸易、跨境服务贸易、跨境电商等新业态新模式，
这将为自由贸易试验区扩大高水平制度型开放带来新动能、新机遇。

综上分析，发展新质生产力与自由贸易试验区所践行的制度型开放之间
具有相互促进、良性互动、共同发展的内在统一逻辑关系。未来，要充分发
挥自由贸易试验区的制度创新优势，加快培育新质生产力，为自由贸易试验
区高质量发展开辟新赛道、注入新动能、塑造新优势，让发展新质生产力成
为实施自由贸易试验区提升战略的主要内容和显著特征。

二、新质生产力赋能自由贸易试验区提升战略的内在机理

（一）推动产业转型升级，塑造产业竞争新优势

作为现代化产业体系建设的排头兵和先行者，自由贸易试验区通过发展
新质生产力推动产业转型升级，能够有效解决区内战略性新兴产业和未来产
业关键核心技术缺乏、高端专业人才匮乏和国际竞争力较弱等现实问题，为
战略性新兴产业和未来产业发展提供更加广阔的市场空间和强大动能。一方
面，通过加强对大数据、云计算、量子信息、高端芯片、人工智能等新技术
的研究、开发与应用，提高要素质量和配置效率，引导各类要素协同向先进
生产力聚集，推动经济发展质量变革、效率变革、动力变革，加快实现区内
传统产业向高端化、智能化、绿色化转型升级。另一方面，鉴于新质生产力

是以科技创新为主导、以关键性颠覆性技术为重点突破的先进生产力，自由贸易试验区通过培育和发展新质生产力，可为区内高新技术产业、先进制造业和现代服务业开辟全新赛道、引入战略投资，在促进传统产业与新兴产业融合协调发展的同时，率先打造具有强大国际竞争力的战略性新兴产业和未来产业集群，抢占全球产业链供应链价值链制高点。

（二）优化重大生产力布局，促进区域经济协调发展

自由贸易试验区凭借特有的资源禀赋、政策环境、产业基础、区位优势，具有培育和发展新质生产力的天然优质土壤和良好基础条件，通过发展新质生产力能够有效带动本地区传统产业改造升级、提升特色产业优势、壮大战略性新兴产业，从而优化国内重大生产力布局，促进区域经济均衡协调发展。具体而言，发展新质生产力有助于通过要素数据化和数据要素化，精准实现生产要素的比例协调和结构匹配，从而畅通生产、分配、流通、消费等各个环节，加速实现土地、劳动力、资本、技术等传统生产要素，以及知识、技术、管理、数据等新型生产要素和战略资源的高效利用与优化配置。[1]在此基础上，以自由贸易试验区为战略支点，以新质生产力为内生动力，一方面能够推动地区经济结构调整和转型升级，加快地区的资源优势向经济优势转变，通过扩散效应辐射带动整个周边区域经济发展。另一方面，数字化、网络化、智能化等新技术的广泛应用能够在一定程度上克服时间和距离的阻隔，将不同类型、不同发展阶段、不同区位条件的区域有机联结起来，从而优化区域产业结构和布局，推动区域经济空间结构从集聚发展向协调发展转变。

（三）加快重点领域绿色转型，建设绿色低碳发展先行区

习近平总书记指出："绿色发展是高质量发展的底色，新质生产力本身就是绿色生产力。"[2]可以说，新质生产力就是将绿色、智能、泛在的科技创新成果应用于生产力要素优化配置的过程，其核心特征与绿色低碳发展的基本要求高度一致。因此，新质生产力成为驱动自由贸易试验区绿色低碳高质量发展的重要力量。具体而言，一是新质生产力是数字技术与生产要素的高效

---

〔1〕 参见黄群慧、盛方富：《新质生产力系统：要素特质、结构承载与功能取向》，载《改革》2024年第2期。

〔2〕《习近平在中央政治局第十一次集体学习时强调加快发展新质生产力 扎实推进高质量发展》，载《光明日报》2024年2月2日，第1版。

融合，作为一种高效率、低能耗的生产力形式，其通过绿色科技创新和先进绿色技术的应用推广，能够助力自由贸易试验区绿色服务业、绿色制造业、清洁能源产业的发展，构建高效循环的生态产业集群，加速绿色低碳转型升级。二是通过发展新质生产力推动生产原辅材料和能源的绿色替代，有助于自由贸易试验区内传统产业实施清洁生产改造，促进制造业高端化、智能化、绿色化水平，打造绿色先进制造业集聚区。三是发展新质生产力能够加快补齐自由贸易试验区环境基础设施短板，通过完善环境保护监测监控网络，加强污水垃圾集中处理处置设施建设，提升区内小微企业危险废物收集转运能力，构建高效的突发环境事件应急处置体系。四是以发展新质生产力为契机，自由贸易试验区通过强化生态环境科技创新应用、建立智慧环保综合应用决策平台、开展绿色技术创新转移转化示范等，有利于加快建设绿色低碳高质量发展先行区，在推动实现"双碳"目标中发挥示范引领作用。

（四）促进外资外贸高质量发展，支撑助力贸易强国建设

近年来，自由贸易试验区在外资外贸领域取得了显著成效。根据统计，2022年自由贸易试验区实际使用外资2 225.2亿元，其中高新技术产业实际使用外资863.4亿元，同比增长53.2%，增速远超全国平均水平（28.3%）。同时，自由贸易试验区实现进出口总额7.5万亿元，同比增速达14.5%，增速高于全国平均水平6.8个百分点，为稳外贸稳外资发挥了积极作用。[1]从理论层面分析，发展新质生产力与自由贸易试验区持续深化改革、加大制度创新的优势特点和战略定位相一致。新质生产力的核心要义是"以新促质"，创新驱动是关键引擎，由其所带来的深层次产业变革，能够增强自由贸易试验区外资外贸的国际竞争力，使其通过开展创新性产品和服务，更好地满足全球市场需求，提升对外贸易投资的质量和水平。从实践探索来看，发展新质生产力有助于自由贸易试验区扩大更高水平对外开放，加速形成更大范围、更宽领域、更深层次的对外开放新格局。一方面，通过发展新质生产力，吸引先进技术、科技企业、创新人才等全球优质资源要素汇聚自由贸易试验区，持续增强自由贸易试验区发展能级和现代化水平，提升自由贸易试验区的国

---

〔1〕 参见《光明日报》评论员：《这里，生长着开放发展的"金种子"——我国自由贸易试验区建设十年成绩亮眼》，载《光明日报》2023年9月14日，第5版。

际经济竞争力和影响力，打造国内国际双循环重要战略枢纽和交汇点。另一方面，依托自由贸易试验区科技创新与产业创新优势，通过发展新质生产力推动与对外贸易相关底层技术的创新与突破，使大数据、云计算、区块链、人工智能等数字技术深度融入对外贸易，以先进的数字技术、信息技术、智能技术赋能自由贸易试验区绿色贸易、数字贸易、服务贸易、跨境电商等对外贸易新业态新模式发展，从而助力自由贸易试验区优化贸易结构、提高贸易效率、扩大贸易规模、增强贸易韧性，在开放发展中加快推进贸易强国建设。

三、新质生产力赋能自由贸易试验区提升战略的主要问题

（一）传统产业"数智化"转型面临困难，新质生产力赋能效应有待提升

近年来，自由贸易试验区致力于协同推进科技创新和制度创新，现已具备打造具有全球影响力的科技创新中心的良好基础。[1]但是也要看到，国内部分自由贸易试验区特别是中西部和沿边地区的自由贸易试验区，还尚未充分发挥科技创新先发优势，传统产业"数智化"转型发展受限，新质生产力赋能效应还有待提升。

一方面，传统产业提质升级面临高投入、高风险、高竞争等现实困难。目前而言，国内部分自由贸易试验区因传统产业设备专用性较强、资产重置成本较高、智能制造与绿色技术投入多、门槛高、风险大等因素，导致其生产业务与大数据、人工智能、区块链等先进数字技术的深度融合现实难度较大，区内一些企业"数智化"转型动力不足。[2]对此，亟需以培育和发展新质生产力为契机，推进工业领域设备更新和数字技术改造，助力自由贸易试验区产业转型升级和绿色低碳高质量发展，从而锻造产业竞争新优势。另一方面，产业"数智化"转型缺乏优惠便利的配套政策支持。自由贸易试验区产业智能化、数字化、绿色化转型需要借助人工智能、大数据、区块链等前沿技术重构制造流程和商业模式。但是，区内一些传统行业和中小企业往往

---

〔1〕 参见李光辉、程仕杰：《习近平关于自由贸易试验区建设重要思想的形成逻辑、科学内涵与实践方略》，载《经济学家》2024 年第 1 期。

〔2〕 参见吴宏：《自由贸易试验区与碳减排——基于 180 个城市面板数据的实证研究》，载《上海对外经贸大学学报》2022 年第 5 期。

受制于税费负担较重、专业人才紧缺、资金融资困难、行政审批繁琐等现实问题，缺乏智能化、数字化、绿色化转型发展的内生动力。例如，其往往缺少与新质生产力发展相关的高端专业技术人才。目前，中西部和沿边地区的自由贸易试验区人才资源较为匮乏，特别是缺少关键核心技术领域的高端人才，这在一定程度上制约了自由贸易试验区科技创新的前进步伐，也是各地自由贸易试验区科技创新区域发展不平衡的主要原因之一。再比如，尚未建立起与新质生产力发展相关的科技创新投融资体系。目前，对于区内多数中小企业而言，其创新发展仍然在很大程度上受到资金限制，尤其在一些关键核心技术的开发和应用上，由于前期技术创新资金投入数量巨大且尚未形成一定规模的市场，其在投融资方面困难阻力较大，亟需自由贸易试验区给予一定的政策倾斜，以避免资金因素影响区内企业科技创新和新质生产力发展。

综上所述，今后自由贸易试验区要借助自身特有的政策创新体系，为区内产业"数智化"转型发展提供强有力的政策支持，重点用以纾解传统行业和中小企业在智能化、数字化、绿色化转型发展中的痛点难点，打造"新质生产力+自由贸易试验区"融合发展新生态，加快构建数字引领、技术先进、绿色低碳、竞争力强的现代化产业体系。

（二）战略性新兴产业布局有待加强，现代化产业体系建设亟需加快推进

近年来，自由贸易试验区将发展战略性新兴产业和未来产业作为主攻方向，成为加快形成和发展新质生产力的关键，亦是引领其未来发展的新支柱、新赛道。但是，目前自由贸易试验区对于战略性新兴产业和未来产业发展的整体布局还有待加强，其中主要涉及与战略性新兴产业和未来产业发展相关的支撑保障体系建设、区域协同发展体系建设，以及数据、算力、算法三大要素的合理开发利用等。

1. 战略性新兴产业和未来产业发展支撑保障体系亟待建立。一是尚未充分发挥地域特色，形成具有错位竞争优势的创新模式。目前，在一些与新质生产力密切相关的核心技术领域，如大数据、云计算、量子信息、人工智能等，多数自由贸易试验区还未充分利用其自身在区位、科技、教育、人才、制度等领域优势，因地制宜制定出台相关产业创新支持政策措施，尚未形成与新质生产力发展相适应的创新模式和新型生产关系，这影响到新质生产力赋能自由贸易试验区提升战略的实际效能。二是部分关键核心技术受制于人。

战略性新兴产业和未来产业具有节能环保、低排放、高产出等优势，是自由贸易试验区加快构建现代化产业体系的关键所在，但是目前存在部分关键核心技术受制于人的"卡脖子"问题，在一定程度上制约了战略性新兴产业和未来产业发展。对此，自由贸易试验区亟需发挥制度集成创新优势，针对战略性新兴产业和未来产业发展中的薄弱环节，加快集聚高端创新要素，推进关键核心技术攻关，增强产业链供应链自主可控能力。三是新型数字基础设施建设有待加强。随着新一轮科技革命和产业变革向纵深演进，以及人工智能与其他科技的融合创新与聚变发展，人工智能等数字科技正加速迈入规模应用阶段。特别是2024年政府工作报告首次提出"人工智能+"行动，为人工智能技术赋能高质量发展明确了目标、方向和路径。[1]然而，当前部分自由贸易试验区新型数字基础设施建设还相对滞后，影响到人工智能技术在各个领域的深度应用和推广。对此，各地自由贸易试验区应加快完善新型数字基础设施建设，力争在"人工智能+"领域率先实现适度超前发展。

2. 战略性新兴产业和未来产业区域协同发展体系尚未形成。目前，相较于中国香港、新加坡、迪拜，中国自由贸易试验区对于集成电路、生物医药、人工智能等产业领域研发投入比重相对较低、创新质量和研发效率相对较低，不仅在智能芯片、量子计算、操作系统、大模型算法等关键核心技术领域缺乏国际竞争力，更是缺少世界级高端产业集群、战略性新兴产业和未来产业集群，自由贸易试验区的科技创新和产业创新国际竞争力还有待提高。另外，受制于东西部区域经济发展不平衡等因素，各地自由贸易试验区的基础设施建设、科技创新能力、专业技术人才等核心要素差异显著，制造业高端化、智能化、绿色化发展水平存在明显落差，彼此之间产业发展的联动性不强，呈现出较为明显的分散化、碎片化布局特点，区域产业发展的制度和市场壁垒依然存在。[2]例如，从主要产业类型上看，东部沿海自由贸易试验区科技赋能新型工业化进程较快，新质生产力融合产业创新发展基础较好，而中西部地区自由贸易试验区整体上仍侧重于发展资源能源密集型产业，正处于新

---

〔1〕 参见《李强作的政府工作报告（摘登）》，载《人民日报》2024年3月6日，第3版。

〔2〕 参见彭磊：《我国自贸试验区建设成就、经验与提升战略》，载《国际贸易》2023年第9期。

型工业化加速转型升级阶段，亟需借助人工智能、大数据、区块链、云计算等"数智化"技术为当地产业注入绿色发展新动能。因此，源于区域经济发展不平衡的"发展鸿沟"，以及缺少统筹推进自由贸易试验区新型工业化的整体规划方案，各地自由贸易试验区在注重差异化发展和错位竞争的同时，往往忽视了地域特色产业之间的优势互补、资源共享与协同发展。全国范围内各地自由贸易试验区之间还未形成深度融合的产业链供应链价值链创新体系，以及协调统一的"产业互联网"与"产业生态圈"，这成为推进实施自由贸易试验区提升战略的主要问题之一。

3. 数据、算力、算法三大要素开发利用不足，影响新质生产力赋能现代化产业体系建设的效率。一是在数据方面，自由贸易试验区还未建立起与国际接轨的数据跨境流动规则体系，目前与其他国家和地区之间依然存在着数据跨境流动制度壁垒，这直接影响到数据资源要素的开放共享和开发利用，以及跨境电商、跨境数字贸易、跨境服务贸易等对外贸易新业态新模式发展。二是在算力方面，各地自由贸易试验区之间还未在全国范围内建立起协调统一的算力调度平台，尚未形成具有较强国际影响力和竞争力的算力产业生态体系，在智能算力综合供给能力、算力关键技术和高效运载能力、算力赋能行业应用发展能力、东西部算力协同发展能力、网络安全保障能力等方面亟待加强和完善。三是在算法方面，受限于自主可控的深度核心算法缺少、高端算法人才紧缺、大型语言模型基础设施建设相对滞后等因素，自由贸易试验区在算法基础理论、原创算法、核心算法、开源系统等领域的研发创新能力明显不足。此外，虽然自由贸易试验区是改革开放的"前沿窗口"，但是由于在机器学习、计算机视觉等开源算法平台方面布局不够，区内人工智能、人形机器人、元宇宙、量子信息等新兴产业领域与相关科技企业的发展，目前仍主要依赖于 NVIDIA、OpenAI 等国际科技巨头的开源代码和算法系统框架，特别在基于深度学习、神经网络等新一代算法技术的生成式人工智能（AIGC）的开发和应用上受到诸多限制。

（三）对标国际高标准经贸规则差距较大，高水平制度型开放面临现实挑战

目前，对标 RCEP、CPTPP、DEPA 等国际高标准经贸规则，自由贸易试验区在现代服务业、知识产权、竞争中立、监管一致性、数字贸易、营商环境等"边境后"措施方面仍相对滞后，亟需进一步全面深化改革、持续扩大

更高水平对外开放。

1. 现代服务业开放水平有待提高。一是现代服务业对外开放限制性措施较多。目前，自由贸易试验区负面清单对外资进入意愿强烈的金融、教育、医疗、电信、物流、文化等领域依然采取较为严格的限制，对上述领域外资企业规定了特殊行政许可、持股比例、管理人员国籍等限制性要求，阻碍了自由贸易试验区扩大现代服务业对外开放。二是跨境服务贸易限制性措施较多。对比国际高标准跨境服务贸易规则，自由贸易试验区对跨境法律服务、审计服务、评估服务、信用服务、知识产权服务等仍采取较为严格的业务限制，区内跨境服务贸易的领域、范围和条件均有待进一步放宽。三是自主改革创新权限不足。根据《中华人民共和国立法法》第 11 条第 9 项的规定，财政、海关、金融、外贸等事项改革属于国家事权，需要由全国人大及其常委会通过制定法律的方式进行，所以自由贸易试验区对接国际高标准经贸规则和扩大现代服务业对外开放的难点在于需要国家权力的适度调整和重新配置，而现有改革创新更多聚焦于地方权力层面。[1]以金融为例，自由贸易试验区自设立至今在金融科技、跨境资本流动、汇率自由化和利率市场化、资本项目和外汇市场双向开放等领域的改革成效仍较为有限，尚难以突破上位法的"体制障碍"，在更大范围、更宽领域、更深层次上实现金融服务业对外开放。究其原因，主要是自由贸易试验区"自下而上"的改革试验与本国"自上而下"的立法体系和授权管理体制之间存在一定程度的矛盾，导致部分改革措施在现实中推进实施困难，一定程度上延缓了全面深化制度创新和现代服务业更高水平对外开放的步伐；四是自由贸易试验区现代服务业开放依然存在"大门打开、小门未开"的"玻璃门""弹簧门"等隐形壁垒。以区内商事登记制度改革为例，虽然采取"证照分离"将事前审批改为登记备案，但是企业在事后贸易投资经营等具体事项上仍然需要逐项审批，并且由于不同片区监管部门之间缺乏协调统一的执行标准，导致登记备案制改革实际落地困难、跨区域互认障碍。

2. 数字贸易规则体系亟待建立。数字贸易既是数字经济的重要组成部分，

---

[1] 参见常健：《协同治理、指导性授权与自由贸易港治理模式的法律设计》，载《中国政法大学学报》2024 年第 2 期。

也是加快新质生产力形成和发展的主要动力，自由贸易试验区作为改革开放"试验田"，在促进数据跨境流动以及发展数字贸易中，要充分利用"一线放开、二线管住"的监管政策优势，防范可能发生的网络攻击、数据窃取、信息泄露等潜在风险，在风险可控前提下加快形成数字贸易竞争新优势。然而，自由贸易试验区依然侧重于数据本地化储存，在数据跨境流动领域仍存在诸多限制，还未充分发挥"先行先试"政策优势，率先建立起开放、透明、规范的数字贸易规则体系。数字贸易规则缺失无形中筑高了数字贸易制度壁垒，阻碍数字贸易自由化便利化，影响数字贸易健康可持续发展。[1]截至目前，自由贸易试验区数字贸易在风险监管和更高水平对外开放之间还未能真正实现利益关系平衡。此外，自由贸易试验区作为制度创新"领头雁"，如今在数字贸易互操作性、数据本地化储存、数据跨境传输等方面，还未能与国际高标准经贸规则实现充分对接，与 CPTPP、DEPA 中的数字贸易规则条款差距较为明显。未来，自由贸易试验区须加快对接国际高标准数字贸易规则，建立和完善与国际接轨的数字贸易规则体系，增强中国在数字贸易国际规则制定中的话语权和影响力。

（四）营商环境仍需持续优化，国际经济竞争力有待提高

营造一流营商环境是自由贸易试验区全面实施更高水平对外开放的重要环节，也是发展新质生产力的基础前提和必要条件。然而，对标中国香港、新加坡、迪拜以及国际高标准经贸规则，自由贸易试验区营商环境仍有较大优化空间，整体国际经济竞争力还有待提高，在国际竞争性税制、市场公平竞争、知识产权保护、商事纠纷解决等方面改革仍需持续深化。

具体而言，一是税制改革整体相对滞后，竞争性税制体系尚未建立。目前，自由贸易试验区内关税、企业所得税和个人所得税改革力度仍较为有限，与国内其他地区基本处于一致的税率水平，还未能充分发挥其"先行先试"的制度创新优势，建立起具有较强国际竞争力和吸引力的税制体系。一方面，自由贸易试验区税制与 RCEP、CPTPP 等自由贸易协定尚未实现充分对接，例如零关税产品数目比例还远未达到国际高标准经贸规则的 90% 以上的要求，

---

〔1〕　参见刘雅芳等：《数字贸易助推自贸试验区提升的机制与路径》，载《开放导报》2023 年第4 期。

这在一定程度上抑制了贸易投资自由化便利化向纵深发展。另一方面，在允许区内注册企业开展区外业务或设立分支机构的情况下，对于区内外企业和跨区业务的优惠政策适用边界始终界定不清，使得区内注册企业独享差异化的优惠税制存在一定现实困难，影响到自由贸易试验区税制改革的内在动力和创新活力。可以预见，在扩大更高水平对外开放和培育发展新质生产力背景下，倘若无法对作为生产关系重要分配机制的税收制度给予同步调整，将会对自由贸易试验区全面深化改革开放以及营造国际一流营商环境带来不利影响。二是知识产权保护法律法规有待健全。国内除制定出台《海南自由贸易港知识产权保护条例》以外，还未针对自由贸易试验区知识产权保护进行专门立法，对标 RCEP、CPTPP、DEPA 等国际高标准知识产权保护规则，自由贸易试验区缺少对数据知识产权、网络知识产权、跨境电商知识产权等新型知识产权的法律保护。在人工智能算法、量子计算等新兴技术领域也存在知识产权保护法律空白，这不仅使得自由贸易试验区科技创新先发优势难以得到充分发挥，并在一定程度上制约了跨境电商、跨境数字贸易、跨境服务贸易等新业态新模式持续健康发展。三是市场公平竞争体制机制仍需完善。自由贸易试验区还未充分对接和引入 CPTPP 中的国有企业与指定垄断、市场主体非歧视待遇、禁止商业援助、竞争中立、信息披露、透明度等规则条款，尚未建立起与国际接轨的市场公平竞争法律制度，公平竞争的市场环境仍有较大的优化和提升空间。四是国际商事纠纷多元化解决机制有待建立。自由贸易试验区作为服务支撑"一带一路"倡议的重要战略支点，可为"一带一路"倡议中的涉外商事纠纷提供多元化解决服务。然而，目前自由贸易试验区在协商、调解、诉讼、仲裁、在线争议解决（ODR）等商事纠纷解决方式之间还未建立起较为完善的工作对接机制、平台对接机制、沟通协作机制，为此需要加快构建诉讼与调解、仲裁等有机衔接的"一站式"国际商事纠纷多元化解决机制，这直接关系到自由贸易试验区营造国际一流营商环境的进程，及其对"一带一路"建设的服务支撑作用。

四、新质生产力赋能自由贸易试验区提升战略的实施路径

（一）推动传统产业高端化智能化绿色化转型发展

推动传统产业转型升级是建设现代化产业体系、增强产业核心竞争力、

促进产业迈向全球价值链中高端的重要举措。因此，自由贸易试验区须加快推动传统产业高端化、智能化、绿色化，引领产业向中高端跃升，为经济发展注入新活力。

1. 推动传统产业高端化发展。自由贸易试验区应充分发挥创新驱动引擎作用，不断提高传统产业科技含量，引领传统产业向高端化迈进。一是利用自由贸易试验区的人才、科技、制度等优势，在基础零部件、基础元器件、基础材料、基础软件、基础工艺等领域加快取得原创性、颠覆性、关键性技术突破，提升传统产业知识密集程度和科技含量，以此打破传统制造工艺的限制，提高全要素生产率，发挥高端装备引领作用。二是全面转向创新驱动，推动区内传统制造业优势领域打造长板，深入推进强链补链延链行动，聚焦消费升级需求和产业链薄弱环节，大力开发工业级智能硬件、智能机器人、智能汽车、无人机等新产品，不断提升产品和服务的质量、水平、层次、影响力，以此加快传统产业尤其是制造业生产方式、组织方式和服务方式变革，不断增强传统产业嵌入全球价值链的竞争力和增值能力。[1]三是考虑在传统制造业集中的区域设立数字经济产业园，给予传统产业高端化、数字化、智能化转型更加优惠便利的政策支持，将数字技术嵌入传统产业生产各环节，使数字经济更好地赋能传统产业转型升级，积极抢占传统产业未来发展制高点。

2. 推动传统产业智能化发展。自由贸易试验区应顺应新一轮科技革命和产业变革趋势，推动区内传统产业与人工智能、大数据、云计算、物联网等新一代信息技术的深度融合。一是聚焦新质生产力形成和发展，加快传统产业数字化、网络化、智能化改造，进一步拓展工业大数据应用场景，推广和应用工业机器人、高端数控机床、智能传感与控制等智能制造装备，建设一批数字化车间和智能工厂，全面提升传统产业智能制造水平和能力。二是利用数字技术对传统产业全链条改造，深入推进智慧高效产业链供应链体系建设，加快实现工业互联网与关键产业链供应链协同创新发展，确保关键产业链供应链安全稳定。三是加强区内大数据、云计算、移动物联网、工业互联

---

〔1〕 参见全毅、张婷玉：《中国自由贸易试验区转型升级方向与发展路径》，载《经济学家》2021 年第 10 期。

网、卫星互联网等新一代通信网络基础设施建设，并制定出台传统产业数字化智能化转型配套支持政策，以降低传统产业数字化智能化转型成本，破解中小企业数字化智能化转型困境。四是率先落实"人工智能+"行动，在重点行业领域推动人工智能规模化应用，通过积极引入人工智能技术，提高区内企业在设计、生产、管理、服务等关键环节的数字化智能化水平，从而优化生产计划、降低生产成本、提高生产效率。

3. 推动传统产业绿色化发展。一是围绕绿色低碳高质量发展和生态环境高水平保护，发挥自由贸易试验区"为国家试制度、为开放探新路、为地方谋发展"的头雁效应，在绿色低碳转型、清洁能源开发、资源循环利用、应对气候变化等方面深化制度创新，推进传统制造业绿色低碳转型，加快形成科技含量高、资源消耗低、环境污染少的产业结构、生产方式和消费模式，率先构建绿色低碳循环发展经济体系，打造绿色低碳高质量发展新高地。二是聚焦"双碳"目标，发挥自由贸易试验区"先行先试"政策优势，开展海洋、林业、湿地等生态系统碳汇试点，通过完善碳汇项目开发体制机制、碳排放统计核算制度、碳排放权市场交易制度、碳汇技术标准体系等，打造国际化碳资产交易平台和区域性碳排放权交易中心，提升中国在全球碳市场中的影响力和竞争力。三是坚持构建人类命运共同体理念，借助自由贸易试验区对外开放前沿优势，将绿色低碳发展同高质量共建"一带一路"等国家策略紧密结合起来。通过打造一批绿色产业园区、绿色经贸合作区、绿色低碳转型示范区等，探索环境保护与贸易投资协同发展新模式、搭建生态环境跨境合作平台、深化新能源科技创新国际合作，以此加大绿色创新政策和绿色低碳产品的供给力度，充分发挥自由贸易试验区对"绿色丝绸之路"建设的支撑助力作用。

(二) 加快培育和发展战略性新兴产业和未来产业

战略性新兴产业和未来产业代表新一轮科技革命和产业变革的方向，是自由贸易试验区培育发展新动能、打造未来新优势的关键领域。所以，自由贸易试验区应将加快培育和发展战略性新兴产业和未来产业作为一项重要任务和目标，以新质生产力为内在驱动力量，通过优化战略性新兴产业和未来产业布局，走出一条战略性新兴产业和未来产业高质量发展的新路。

1. 以新质生产力为内生动力，培育产业发展新动能新优势。一是发挥自由贸易试验区制度创新优势和"先行先试"作用，专门制定出台自由贸易试验区战略性新兴产业和未来产业发展规划——《自由贸易试验区战略性新兴产业和未来产业发展总体方案》，加强对战略性新兴产业和未来产业的统筹布局和投资引导，使战略性新兴产业和未来产业可以在较为完善的制度框架下规范有序发展，形成良好的战略性新兴产业和未来产业发展生态体系。二是以新质生产力为动力引擎，重点发展生物医药、航天航空、新材料、新能源汽车、高端装备制造、节能环保等战略性新兴产业，开辟量子科技、生命科学、脑科学等未来产业新赛道，打造具有较强国际竞争力的战略性新兴产业和未来产业集群，以此弥补国内高端产业体系的空缺，为中国式现代化产业体系建设贡献更多"自贸力量"。三是以发展新质生产力为契机，加快数字化和智能化向全产业链延伸，全面推进数字产业化、产业数字化，促进不同产业之间深度融合发展。一方面，以数字化为"桥梁"推动传统产业与新兴产业深度融合，利用数字技术对制造业、服务业、农业等传统产业进行全方位、全链条改造，积极培育平台经济、智慧农业、智慧医疗、跨境电商等新产业新业态新模式。另一方面，加快建设"数字自贸区"，促进数字经济与实体经济深度融合，进一步拓展数字技术在实体经济中的应用场景，构建"数字经济+实体经济"新型产业生态体系，更好地以数字经济赋能自由贸易试验区高质量发展。

2. 率先落实"人工智能+"行动，推进人工智能产业创新发展。人工智能代表着数字技术和产业发展的最前沿，也是新质生产力的主阵地，只有培育壮大人工智能产业，才能更好地将人工智能转化为实际生产力和服务力，真正实现人工智能对各行业领域的充分赋能，为社会创造全新价值。

一是利用"人工智能+"赋能重点行业领域智能升级。自由贸易试验区可借助高度自由化便利化政策，持续优化人工智能产业发展环境和生态，培育和引进一批具有较强竞争力的人工智能领军企业、龙头企业、独角兽企业，加快建设人工智能世界级产业集群，在增强人工智能产业国际影响力和竞争力的同时，也为传统产业提供人工智能场景化综合解决方案。在具体实践中，要坚持发展核心产业和赋能传统产业的"双轮驱动"，紧密围绕装备制造、智能与新能源汽车、生物医药与健康、航空航天等重点产业领域打造一批人工智能示范应用场景，推动人工智能产业与传统产业在技术和场景上的双向开放和相互促进，不断增强人工智能对区内产业创新发展的赋能作用和溢出效应，并以此不断提升人工智能产业的综合实力、核心竞争力。

二是发挥数据、算力、算法三大核心要素对人工智能产业发展的赋能作用。在数据方面，自由贸易试验区可借助自身沿海、沿边、"一带一路"交汇点等区位优势，以及"一线放开、二线管住"的风险监管政策优势，进一步扩展数据跨境流动的规模和范围，加快实施国际数据港和数据离岸中心建设，使自由贸易试验区成为联通国内国际双循环新发展格局的重要数据流通枢纽，也为人工智能产业发展提供丰富和优质的数据资源。在算力方面，自由贸易试验区可充分利用区域发展政策叠加效应，优化绿色高效节能的算力基础设施布局，积极参与和融入国家"东数西算"工程，通过建设一批大型数据中心、超算中心、智算中心，打造全国算力保障基地和智能算力枢纽节点，率先构建数据汇聚共享、算力统筹调配、应用安全可靠、协同高效发展的算力网络体系，为人工智能产业发展提供强大的算力支撑。在算法方面，自由贸易试验区应突出产业创新和科技创新优势，重点推进算法应用场景优化、底层算法技术研究、多模态多目标算法开发等方向研究，推进对高端芯片、智能制造、量子计算、金融科技等重点领域算法关键核心技术的研发突破和自主可控能力建设，以此厚植算法产业发展土壤，构建算法产业发展生态，打造国际人工智能算法高地。

三是建立健全人工智能领域高层次人才引进和培育机制。一方面，通过搭建对外人才交流平台、畅通人才引进渠道、完善人才服务保障，为引进人工智能领域海外高层次人才提供便利。另一方面，探索建立长周期、多元化、科学化的人工智能人才培养、使用、评价、考核制度，为人工智能人才的成长和发展营造良好的生态环境。此外，针对目前国内缺乏人工智能大语言模型及其底层技术人才的现状，自由贸易试验区须充分发挥政策创新"先行先试"优势，尽快完善相关人才优惠便利政策，重点支持机器学习、深度学习、神经网络、优化算法等关键核心技术领域人才的引进和培育，通过建设世界人工智能算法人才高地，为人工智能产业创新发展提供强有力的人才保障和智力支持。

（三）对接国际高标准经贸规则稳步扩大制度型开放

在经济全球化、区域一体化不断深入发展的背景下，自由贸易试验区须坚持以制度创新为核心、以新质生产力为动力，主动对接 RCEP、CPTPP、DEPA 等国际高标准经贸规则，稳步扩大规则、规制、管理、标准等制度型开放，将制度创新领域由边境规则向边境后规则拓展和延伸，打造新时代中国更高水平对外开放的生动实践范例。

1. 加强顶层制度设计，完善国家层面立法。目前，自由贸易试验区开展制度创新和深化体制机制改革的主要方式仍是由政策主导和依托地方立法，缺少国家层面专门立法的顶层法治保障，亟需以自由贸易试验区提升战略为契机，在中央层面加快制定出台"中国自由贸易试验区法"，建立起一套"中央+地方""立法+政策"上下联动、协调统一、结构完善的自由贸易试验区法律制度体系，强化法治在自由贸易试验区建设中的引领、规范和保障作用。

一是通过完善国家层面立法提高自由贸易试验区战略的整体法律位阶，将自由贸易试验区建设的重要事项和共性事项纳入法律规制范畴，例如自由贸易试验区的设立、扩容、评估、变更或撤销条件，支持全面深化改革的特殊授权立法制度，区内一线管理机构的法律主体地位，区内外优惠政策的执行与适用边界，对接国际高标准经贸规则应当遵循的基本原则，改革创新试错容错机制与风险管控机制等，从而为自由贸易试验区提升战略提供相应法律依据、奠定坚实法治基础。

二是借助"新法优于旧法，特别法优于一般法"的基本法律适用原则，在一定程度上突破"自下而上"的制度创新和体制机制改革所面临的"上位法"体制障碍，使自由贸易试验区可在更大范围、更宽领域、更深层次上扩大高水平制度型开放。

三是将自由贸易试验区成功实践的制度创新经验或案例通过国家立法形式予以确认，将其上升转化为国家层面法律法规，以此有效解决各地自由贸易试验区制度创新分散化、碎片化现象，提升各项制度创新的内在关联性、系统性和集成性，加快制度创新复制推广。[1]

四是推动各地自由贸易试验区协调联动发展。借助国家层面立法完善自由贸易试验区跨区域合作机制、联动机制、互助机制，在更大区域范围内释

---

[1]　参见王军杰、申莉萍：《我国自由贸易试验区制度创新的难题、改革进路与法治保障》，载《江汉论坛》2023 年第 6 期。

放和共享自由贸易试验区制度创新改革红利，发挥各地自由贸易试验区协同发展和共建现代化产业体系的战略集群效应。

2. 建立健全数字贸易监管制度，促进数字贸易高质量发展。

一是构建与国际接轨的数字贸易规则体系。根据 2024 年 3 月由国家互联网信息办公室公布的《规范和促进数据跨境流动规定》，自由贸易试验区可以自行制定数据出境"负面清单"，由此赋予了自由贸易试验区在数据分类分级管理、跨境传输、开放共享等方面更大的自主改革权限。今后在此基础上，自由贸易试验区应加快对接 CPTPP、DEPA 等国际高标准数字贸易规则，率先建立起与国际接轨的数字贸易规则体系，为数据跨境流动、数据跨境交易、数字知识产权保护等数字领域更高水平对外开放提供相应法律依据，奠定数字贸易高质量发展的制度基础。

二是以自由贸易试验区为有利开放窗口和对接平台，深化中国与其他国家和地区间的数字贸易国际合作，提出中国开放发展数字贸易的切身利益诉求，并积极参与数字贸易领域新兴议题的国际规则制定，提升中国在数字贸易国际规则制定中的话语权和影响力。[1]

三是依托自由贸易试验区"一线放开、二线管住""数字围网"等特殊监管模式和风险防控机制，加强与其他国家和地区间的网络电子信息系统兼容性和互操作性，特别是与数字贸易相关的跨境电子支付系统、电子发票系统、数字身份系统等，以此破除数字贸易中的数据信息壁垒，提升数字贸易的自由度、开放度、便利度，为数字贸易创新发展提供有力的信息化支撑和可靠的网络安全保障。

3. 扩大现代服务业对外开放，构筑现代服务业开放新格局。在 2024 年 3 月商务部公布的《自由贸易试验区跨境服务贸易特别管理措施（负面清单）（2024 年版）》基础上，自由贸易试验区应进一步扩大金融、教育、医疗、电信等重点领域高水平制度型开放，打造现代服务业对外开放新格局。

一是扩大金融对外开放。首先，建立与贸易投资自由化便利化需求相适应的资金跨境流动管理制度，在风险可控前提下促进资金跨境流动，分步骤

---

〔1〕 参见裴长洪、倪江飞：《我国制度型开放与自由贸易试验区（港）实践创新》，载《国际贸易问题》2024 年第 3 期。

分阶段开放资本项目，探索资本项目可兑换的实施路径，持续优化多功能自由贸易账户体系，支持新型离岸贸易高质量发展。其次，创新面向国际的人民币金融产品，扩大境外人民币境内投资金融产品范围，促进人民币资金跨境双向自由流动，加快人民币国际化示范区建设。最后，完善自由贸易试验区金融业开放政策法律法规，建立健全金融更高水平对外开放法治保障体系，通过法律更好地规范区内金融服务业开放创新，有效防范化解重大经济金融风险。

二是扩大教育对外开放。首先，发挥自由贸易试验区对外开放平台作用，加强与世界一流大学和学术机构的实质性合作，着力破除体制机制障碍，加大中外合作办学改革力度，在引进国外优质教育资源方面力求实现政策突破，走出中国教育对外开放的新路子。其次，充分发挥职业教育在推动人文交流、增进民心相通上的天然优势，建立和完善职业教育国际合作机制，全面深化职业教育国际交流与合作，为世界职业教育发展作出积极贡献。最后，探索建立教育对外开放治理体系，通过完善教育对外开放监管架构和政策法律法规，强化教育对外开放风险防控措施，确保教育对外开放行稳致远。

三是扩大医疗对外开放。首先，深化医疗保险业务对外开放与国际合作，探索建立与国际商业保险付费体系相衔接的商业性医疗保险服务，支持区内保险业金融机构与境外机构合作开发跨境医疗保险产品，满足人民群众对医疗保险服务日益多元化、个性化需求。其次，在干细胞、基因诊断及治疗技术开发与应用等前沿领域扩大开放试点，加大对医药产业与医疗科技的研发投入，将区块链、云计算、人工智能等前沿技术广泛运用于智慧医疗建设，提升区内医疗服务的数字化、智能化、现代化水平。最后，通过加强政策引导与海外投资对接，在医疗领域以更大力度吸引和利用外资，通过吸引更多外资机构和长期资本进入区内医疗市场，构建"综合金融+医疗健康"生态体系，打造跨境医疗服务创新发展高地。

四是扩大电信对外开放。2024年4月，工业和信息化部公布《工业和信息化部关于开展增值电信业务扩大对外开放试点工作的通告》，对自由贸易试验区率先开展试点作出系列部署，逐步取消互联网数据中心、互联网接入服务、内容分发网络、在线数据处理与交易处理等方面的外资股比限制，旨在通过试点扩大电信服务业对外开放。由此，各地自由贸易试验区须加紧完善相关配套政策措施。首先，各片区可结合自身发展情况，精准实施差异化策略，根据当地资源禀赋和信息技术产业基础合理规划、稳步扩大电信领域对外开放，并有序推进新型信息基础设施建设，助力地方经济高质量发展。其次，通过完善试点保障措施，加快建立起与电信业高水平对外开放相适应的安全管理体系、行业监管体系、风险防控体系和法律制度体系，借此提升对电信业扩大开放的监管水平和服务能力，力求实现电信业扩大开放与风险可控间的利益平衡。最后，积极对接 CPTPP、DEPA 等国际高标准数字经济规则，通过放宽电信业外资市场准入、完善事中事后监管体系、深化双多边机制合作等，构建与国际高标准经贸规则相衔接的电信业对外开放政策体系和监管模式。

（四）营造一流营商环境助力提升国际经济竞争力

习近平总书记强调："持续建设市场化、法治化、国际化一流营商环境，塑造更高水平开放型经济新优势。"由此可见，营造一流营商环境成为自由贸易试验区增强自身国际影响力和竞争力的关键，也是培育和发展新质生产力的基础前提和重要抓手。未来，自由贸易试验区应全面对接国际高标准市场规则体系，加快营造国际一流营商环境，吸引更多优质外商入区投资贸易。

1. 深化税制改革创新，构建竞争性税制体系。全面深化税制改革是营造公平竞争环境的主要内容和关键环节，自由贸易试验区应对接国际高标准经贸规则并借鉴国际税制改革成功经验，从后端的税收征管和纳税人服务逐渐向前端延伸至实体税制，在税制安排上打造"制度特区"，探索建立具有较强国际竞争力的新型税收体系。[1]对此，建议先行对接 RCEP、CPTPP 等国际高标准经贸协定中的税收规则，进一步扩大"零关税"和"低税率"政策实施范围，提升自由贸易试验区的国际经济竞争力。大幅度放宽企业所得税15%优惠税率政策的适用条件和范围，特别是对于高新技术外资企业、"卡脖子"关键环节和重点领域企业可按 15%的税率缴纳所得税，构筑全球优质企业"引力场"。对于在区内工作的海外高端人才和紧缺人才，按境内与境外个人所得税税负差额给予补贴，并对该补贴免征个人所得税，逐步形成具有全

---

〔1〕 参见邓伟、赵浇锋:《自由贸易试验区税收政策构建的"原则上可再试点"路径研究》，载《国际税收》2022 年第 10 期。

球竞争力的个人所得税税制安排，吸引更多海外高层次人才入区工作。对于符合政策的区内研发机构进口科研设备予以免税，并实行鼓励技术转移与科技成果转化的税收优惠政策，更好地以科技创新推动新质生产力形成和发展。可给予跨境电商零售一定的税收优惠，服务支撑数字贸易高质量发展，助力打造服务贸易开放新高地。借鉴中国香港、新加坡、迪拜的有益实践经验，对区内离岸机构开展的离岸业务和跨境业务可减免间接税、利得税、印花税、增值税等，并且适用15%甚至更低的企业所得税税率，通过制定实施具有较强竞争力的离岸金融税制，加快培育离岸经济创新发展"新动能"。

2. 对接知识产权保护国际规则，加强知识产权保护体系建设。目前，自由贸易试验区在知识产权保护客体范围、保护期间、惩罚措施等方面与CPTPP知识产权规则还存在一定差距。例如，著作权保护期限为50年而非CPTPP规定的70年，尚未将声音、气味等非传统商标纳入知识产权保护范畴，专利申请的新颖性宽限期较短，线上知识产权保护存在法律空白，对数据创新、金融科技、人工智能、网络空间等新兴领域的知识产权保护规定缺位等。对此，自由贸易试验区应以建设国际知识产权保护高地为目标，主动对接CPTPP知识产权保护规则并落实《外商投资法》中的知识产权保护相关条款。首先，可吸收海南自由贸易港经验，适时制定出台"自由贸易试验区知识产权保护条例"，并修订著作权、生物医药产品等知识产权的保护期；补充声音、气味等非传统商标注册规则；延长专利申请新颖性宽限期限；完善数据创新、金融科技、人工智能、网络空间等新兴领域知识产权保护法律法规等，率先建立起与发展新质生产力和更高水平对外开放相匹配的知识产权保护法律制度。其次，以自由贸易试验区为开放平台和对接窗口，加强知识产权保护国际交流与合作，积极参与数字经济、非物质文化遗产等重点领域知识产权国际规则制定，提升中国在知识产权国际规则制定中的话语权和影响力。[1]最后，在知识产权侵权领域，不仅要加大对区内知识产权侵权行为的行政执法惩治力度，还要充分发挥改革试验的功能属性，尝试对接CPTPP中关于知识产权侵权的刑法适用条款，先行适度放宽知识产权侵权行为适用刑

法的条件和标准，增强对侵犯知识产权不法行为的法律威慑力。

3. 营造公平竞争市场环境，加大吸引外商投资力度。首先，紧扣自由贸易试验区提升战略要求，对接 CPTPP 公平竞争规则条款，研究制定出台"自由贸易试验区公平竞争条例"，为推进公平竞争审查、禁止滥用行政权力排除和限制竞争、禁止经营者垄断和不正当竞争、政府部门维护公平竞争的责任和义务等事项提供相应法律依据、奠定坚实法治基础，在国内公平竞争立法中发挥示范引领作用。其次，对接 CPTPP 竞争中立规则条款，及时完善竞争中立相关法律法规，率先构建符合国际惯例的竞争中立法律制度，为本国竞争中立改革及其制度体系的建立和完善作出贡献。再次，增强竞争政策的透明度和可预期性。通过对接 CPTPP 国有企业规则条款，建立健全国有企业信息披露机制，同时强化对反垄断与反不正当竞争执法的信息公开，从而保证竞争政策制定实施的公开透明，打造稳定、公平、透明、可预期的市场环境。最后，加大开放压力测试力度，缩减外资准入负面清单。加强和 RCEP、CPT-PP 负面清单开放模式的对接，进一步缩减自由贸易试验区外商投资准入负面清单，并放宽负面清单中的特别许可、持股比例、高管要求等硬性规定，逐步取消对教育、医疗、文化、电信、物流等重要领域的限制性措施，为外商投资自由贸易试验区提供更加广阔的空间。

4. 构建多元化商事纠纷解决机制，服务支撑"一带一路"倡议建设。一是制定出台"自由贸易试验区国际商事仲裁中心建设促进条例"，协助自由贸易试验区在临时仲裁、仲裁庭临时措施决定权、扩大仲裁庭自裁管辖权等方面作出更多创新突破，引领和推动中国仲裁的现代化、法治化、专业化、国际化发展，提升自由贸易试验区国际商事仲裁的影响力和竞争力。二是支持自由贸易试验区建设国际商事调解中心，制定出台具有规范性指导意义的"自由贸易试验区国际商事纠纷调解条例"，在调解协议书司法确认、外籍调解员选定等方面积极探索创新，使具有灵活、高效、便捷、友好、低成本等显著优势的调解成为国际商事纠纷解决的主要方式，以此加强矛盾纠纷源头预防、前端化解，把非诉讼纠纷解决机制挺在前面。[1]三是支持自由贸易试

---

〔1〕 参见王宇石：《我国自由贸易试验区商事调解制度的优化与创新——以〈新加坡公约〉为背景》，载《求索》2022 年第 5 期。

验区探索建立集调解、仲裁、行政裁决、行政复议、诉讼等于一体的、有机衔接、相互协调的多元化商事纠纷解决机制，打造"一站式"多元化国际商事纠纷解决平台，为国内外当事人提供高效便捷、灵活多样、自主选择的"一站式"法律服务，营造更高层次、更具竞争力、更可持续的法治营商环境。四是加强自由贸易试验区国际商事纠纷解决服务与"一带一路"倡议建设的有机衔接，在区内人民法院设立"一带一路"国际商事诉调对接中心、"一带一路"国际商事法庭、"一带一路"国际商事调解中心、"一带一路"外国法查明中心等，打造集国际仲裁、商事调解、外国法查明等重要功能于一体的国际商事法律服务平台，深入开展"一带一路"国际商事多元解纷工作，使自由贸易试验区更好地服务支撑"一带一路"倡议建设。

第十二章

营建良好的粤港澳大湾区法治营商环境

——探索制定粤港澳大湾区高标准自由贸易协定

　　在"一带一路"倡议背景下，为将粤港澳大湾区建成国际一流湾区和世界级城市群，法治化、市场化、国际化的高标准经贸规则和制度必不可少，可以通过制度融通加快湾区内市场要素的便捷流通。当前，应当以"法治先行"和"依法治区"为原则、以 CEPA 为基础，积极借鉴 CPTPP、贸发会 BIT 协定范本、服务贸易协定（TISA）等国际经验，尽早拟定多边性质的粤港澳大湾区高标准自由贸易协定，从而为粤港澳大湾区建设提供稳定、全面、有效的法治保障，并作为长效机制推进实现粤港澳区域经济一体化以及湾区建设的常态化。

　　目前在 WTO 中存在四个单独关税区，即欧洲联盟、中国香港、中国澳门和中国台北。在单独关税区内，货物进出境的监管、关税及其他各税的征免，均按该地区政府颁布的海关法规执行，单独关税区虽不享有主权，但是根据多边贸易协定在 WTO 体系内享有与国家同样的权利，承担同样的义务。因此，国内贸易与国际贸易的划分仍主要是以关境为标准，并非以国境为标准，粤港澳之间的贸易活动广义上仍是属于国际贸易概念的领域范畴。因此，内地与港澳之间仍需要通过签订高标准自由贸易协定来协调和化解因彼此间政治、经济、法律体制的不同而产生的投资贸易壁垒，推进实现投资贸易自由化便利化，而协定所采用的标准和所规定的内容会直接影响到投资贸易自由化便利化的最终实施效果。

　　2017 年粤港澳大湾区正式成为国家级战略湾区。从区域经济合作上升到全方位对外开放的国家战略，未来粤港澳大湾区有望成为亚太最具活力的经济区，迫切需要高标准与国际化的经贸规则提供与其相适应的制度支撑，推动粤港澳大湾区经济的规范有序发展。CEPA实施至今已二十年有余，虽然经过多次补充完善，但其整体结构与主要内容仍与当前国际高标准经贸协定存在较大差距，并且与近年来粤港澳地区经济快速发展、市场迅速融合、经贸合作繁荣的发展现状相比也呈现出一定的滞后性和不适应性。所以，应当把握历史机遇，主动对接国际高标准经贸规则，尽快制定更高水平的、多边性质的粤港澳大湾区自由贸易协定，促进粤港澳之间在更高层次开放市场，在更高水平开展投资贸易，将粤港澳大湾区建设成为最具活力的世界级经济湾区。

一、新时代制定粤港澳大湾区高标准自由贸易协定的必要性分析

制定高标准自由贸易协定，一是为了适应湾区经济上升为国家战略的新形势和新要求，在粤港澳大湾区加速形成较为统一的区域性经贸规则，最大程度上消除本地区经贸制度壁垒，加快各市场要素在此区域的自由流通，进一步提升粤港澳大湾区的投资自由化、贸易便利化与金融国际化。二是为了通过协定将粤港澳更加紧密地联成一体，推动粤港澳大湾区成为"一带一路"沿线的国际金融中心、航运中心、产权交易中心和技术转移平台，使广东、香港、澳门更好地融入和服务"一带一路"建设，加速"一带一路"自由贸易区网络的形成与发展，并以此助力中国成为国际高标准经贸规则制定的主要参与者、推动者和引领者。三是为了借助协定试行全面对接国际高标准经贸规则，将粤港澳大湾区作为中国经济制度改革和管理制度创新的"试验特区"，在中国构建开放型经济新体制进程中发挥引领示范作用，更好地带动中国融入世界经济新格局。四是为了借助协定对现行CEPA在结构和内容上进行优化重构，从而符合新时代粤港澳大湾区市场经济快速发展、体制机制不断创新、商事主体经贸合作繁荣的发展现状，为新时代的粤港澳大湾区战略提供更加高效、便捷、完善的制度保障。

（一）满足粤港澳大湾区上升为国家战略的现实需要

2008年广东省政府公布《珠江三角洲地区改革发展规划纲要（2008—2020年）》，将珠三角战略定位为探索科学发展模式试验区、深化改革先行区和扩大开放的重要国际门户。[1]然而，此后依据该规划纲要珠三角将改革重心主要集中于本省内部，其毗邻港澳的地缘优势并未得到充分发挥。因此，2014年深圳市政府工作报告首次提出环珠江口"湾区经济"的战略构想。2015年，"粤港澳大湾区"一词被明文写入国家出台的《推动共建丝绸之路经济带和21世纪海上丝绸之路的愿景与行动》文件之中。2017年3月政府工作报告中提出要研究制定粤港澳大湾区城市群发展规划，借助港澳优势进一步提升该区域在国家经济发展以及对外开放中的功能作用和战略地位，这意味着粤港澳大湾区由此上升为国家战略，成为将来泛珠三角地区城市群规划发展的顶层设计。粤港澳大湾区战略将推动粤港澳之间更加深入的交流与合作，将过往的广东省内经济一体化战略转变升级为国家统筹规划下的粤港澳间跨区域性制度合作，这为新时代中国对外开放的前进发展注入了新动力。

粤港澳大湾区主要致力于构建区域经济协调合作机制，以经贸制度融通和管理制度创新激发区域市场经济活力，借助地缘优势互补、区域联动和资源共享实现粤港澳共同可持续发展。香港是亚太地区的国际金融、贸易和航运中心，可向粤港澳大湾区提供配套的金融服务、商贸服务、交通航运服务，并凭借其自身高标准的国际法律会计准则加快大湾区良好法治营商环境的形成和发展。澳门是闻名全球的休闲旅游城市、中葡间重要的国际商贸合作平台，借助粤港澳大湾区战略澳门可在更为广阔的平台之上开展国际旅游、国际会展、中医国际医疗服务等产业合作，在提升粤港澳大湾区国际综合市场竞争力的同时，也可为本地经济适度多元化带来更多新的机遇。珠三角自2015年分别在广州南沙、深圳前海、珠海横琴设立自由贸易试验区至今，在投资贸易、金融监管、政府职能转变等领域"先行先试"了一系列富有成效的制度创新，例如"证照分离""一口受理""单一窗口"等。利用广东自由贸易试验区能够放宽市场准入限制、精简审批事项、简化审批流程，实行投资备案管理制，广东自由贸易试验区成为吸引香港、澳门甚至海外企业前往内地进行投资贸易的重要开放窗口。通过优势互补与共赢合作，粤港澳大湾区未来有望真正实现各市场要素的自由流动和优化配置，这无疑也需要更加

---

〔1〕 参见金浩等：《中国区域经济发展的新格局与创新驱动的新趋势——2014中国区域经济发展与创新研讨会综述》，载《经济研究》2014年第12期。

高标准、国际化和现代化的自由贸易协定提供与其战略定位、任务目标和功能作用相适应的制度支援和法治保障。

2017 年 7 月 1 日，在国家主席习近平的见证下，《深化粤港澳合作 推进大湾区建设框架协议》在香港签署。提出"打造国际一流湾区和世界级城市群"的宏大目标，以及包括开放引领，创新驱动、优势互补，合作共赢、市场主导，政府推动、先行先试，重点突破、生态优先，绿色发展在内的 5 项基本合作原则，为粤港澳大湾区建设确立了行动纲领、明确了重点任务、描绘了美好蓝图。与该框架协议相呼应，粤港澳大湾区高标准自由贸易协定将作为其重要载体与实质内容，对框架协议内的各项任务目标逐一落实，推进粤港澳大湾区战略不断迈向新阶段，可以说拟定粤港澳大湾区高标准自由贸易协定正是框架协议得以贯彻落实的主要路径和内在要求。

（二）体现粤港澳大湾区服务支撑"一带一路"倡议的内在功能属性

1. 粤港澳大湾区是服务"一带一路"建设的重要战略支点。"一带一路"倡议会加强中国企业与沿线各国各地区间的经贸交流与合作，以"走出去"开拓新市场的方式平衡国内经济供给，转变经济发展方式，调整现有经济结构，同时通过共商、共建、共享的理念和四通八达的交通运输网络推动亚太经济一体化，结成互利互惠的利益共同体与命运共同体。而粤港澳大湾区作为中国改革开放的前沿阵地和重要的对外开放窗口，其使命是通过高标准、国际化的现代经贸制度将粤港澳更加紧密地联成一体，率先在本区域内实现投资自由化、贸易便利化及金融国际化，这正与"一带一路"在更高水平、更大范围、更深层次展开经济合作，共同打造包容开放、均衡普惠的新型发展模式的目标相一致。基于两大策略所共有的发展理念和功能属性，未来应将"一带一路"与粤港澳大湾区进行有效对接。粤港澳是中国经济最为发达的地区之一，有条件成为"一带一路"中的重要节点和有利平台，为"一带一路"建设提供优质的投资、贸易、金融、航运服务，作为重要的战略枢纽服务支撑"一带一路"倡议。[1]以粤港澳大湾区为支点主动衔接"一带一路"，将会有效发挥促进"一带一路"沿线的经济规模聚集、加快市场要素流

---

〔1〕 参见李猛：《中国自贸区服务与"一带一路"的内在关系及战略对接》，载《经济学家》2017 年第 5 期。

通和辐射带动区域经济的作用，有利于"一带一路"自由贸易区网络的尽快形成和发展。所以，粤港澳大湾区具有服务支撑"一带一路"建设的内在功能。

2. 将粤港澳大湾区高标准自由贸易协定作为杰出范本在"一带一路"中推广适用，可为"一带一路"法治建设创造条件和积累经验。目前，中国正在积极筹备建立一些新的自由贸易区（FTA），布局亚太关键位置，形成"一带一路"的国际支点。例如正在进行的中日韩、中新、中澳等双边或多边自由贸易区、经济合作区谈判。然而，受制于国际政治、军事安全、经济利益等因素，多数谈判进程仍较为缓慢。[1]在此情形下，粤港澳大湾区高标准自由贸易协定依靠其国际化、法治化和现代化的规范内容以及在大湾区内"先行先试"策略，将会对"一带一路"沿线中诸多经贸合作谈判及相关协定的拟制起到一定示范作用，以此广泛应用和服务于"一带一路"倡议，通过对高标准经贸规则的复制推广塑造良好的"一带一路"法治营商环境。

（三）升级重构 CEPA 以适应粤港澳区域经济发展的新形势和新要求

内地与香港、澳门的 CEPA 生效实施已二十年有余，近年来虽然配套补充协定相继出台，持续扩大和新增 CEPA 的开放领域，放宽服务业市场准入条件和地域限制，但是在制法理念、基本原则、结构框架、核心内容等方面 CEPA 已不完全符合当前国际经济形势的最新发展，以及新时代改革开放的新要求。例如，在反倾销与反补贴措施、保障措施、投资争端解决机制、执行机制以及司法审查等关键性问题上，CEPA 至今未作出有效的实质性变革，尤其 CEPA 不具有相对独立的外商投资争端解决机制，不存在具有司法或非司法属性的常设或临时性争端解决机构，也没有制定相对完整的投资争端解决程序和规则，这显然与高标准自由贸易协定的国际发展趋势和粤港澳大湾区投资贸易自由化便利化的战略目标不适应。在现有的 CEPA 框架下进行不断的补充、修改和完善将涉及整个协定结构和内容的变动，实施成本、效率、结果问题均较为突出。虽然近期商务部连同香港特区政府对 CEPA 进行了部分升级，初步形成了以 CEPA 主协议及其附带的《货物贸易协议》《服务贸易

---

〔1〕 参见竺彩华、韩剑夫：《"一带一路"沿线 FTA 现状与中国 FTA 战略》，载《亚太经济》2015 年第 4 期。

协议》《投资协议》《经济技术合作协议》4 个子协议为基本框架的自由经贸制度安排。然而，该协议框架结构过于松散，主协议与补充协议之间缺乏配套协调的具体措施，这使得升级后的 CEPA 与粤港澳大湾区的国家战略定位、长远发展规划依然存在一定距离，仍难以为粤港澳大湾区战略建设提供最为有效的制度保障。

在粤港澳大湾区战略上升为国家顶层设计的新形势下，内地与港澳之间出于共同的历史机遇、战略目标和经济利益，在战略关键时期对 CEPA 的固有缺陷进行完善，并全面试行对接国际高标准经贸规则，制定出台粤港澳大湾区自由贸易协定作为战略发展的基本保障，将较易获得各方政府的理解与支持。而且，通过对 CEPA 内容的适当调整和对其框架结构的重新安排，新的协议势必会与粤港澳大湾区战略的实际需要更相匹配，更具现实可行性、适时性和适应性。所以，在粤港澳大湾区与"一带一路"倡议相互融合、相互促进、共同发展的新情势下，为了更好地服务支撑国家战略建设，推动实现粤港澳三地间的自由经贸合作与市场深度自由开放的预期目标，有必要尽快以 CEPA 为基础单独拟定更为法治化、国际化和现代化的粤港澳大湾区高标准自由贸易协定，在协定中充分融入当前国际先进自由贸易协定的新理念、新规则和新标准，从而更好地为粤港澳大湾区建设保驾护航，为"一带一路"沿线经贸合作积累更多有益实践经验。

（四）全面对接国际高标准经贸规则加快融入世界经济新格局

1. 突破现有体制束缚，积极参与经济全球化。经济全球化构成了中国借鉴、扬弃国际高标准经贸规则的经济基础，以交通技术和网络通信技术为支撑的经济全球化不仅是一个不可逆转的趋势，而且也是研讨国际经济法制度变迁的一个基本背景。经济全球化在国际经贸领域的集中体现就是货物与服务产品贸易发展为任务贸易，全球产业链价值链向纵深发展，国际投资贸易活动比人类历史上任何一个时期都更为紧密地连为一体，这使得全球经济具有越来越明显的"非在地化"趋势。[1]但是，国际经济领域的一个基本矛盾便是国际主义下的经贸往来与国家主义下的单边管辖秩序之间的冲突，所以多年以来，经济全球化的重大进展往往是通过逐步消减阻碍跨国经贸制度壁

---

[1]　参见沈四宝、盛建明：《经济全球化与国际经济法的新发展》，载《中国法学》2006 年第 3 期。

垄取得的，从多边主义下的布雷顿森林体系到 GATT、WTO、FTA，再到单边主义下的对外自由贸易区都是试图缓解上述紧张关系的举措，这就共同促进了国际经贸规则的统一化。然而，由于各国国情不同以及投资自由化、贸易便利化所带来的收益在全球范围内的分配不均衡，在上述统一化过程中各国对其自身经贸规则的调整一般不能够超出本国基本政治法律框架所能承受的范围和程度。因此，所在国需要在其领土范围内建构一个离岸的、区域性的"经贸制度特区"，例如当前的中国自由贸易试验区、粤港澳大湾区、海南自由贸易港等，从而在特定区域内力求实现与国际高标准经贸规则的相互融通，率先建立起开放型经济新体制，柔化国内经贸规则所固有的"本土性"，通过"先行先试"的引领示范作用更好地带动本国经济融入国际，提升本国的国际经济竞争力。

另外，国际经贸规则向来很难实现完全的中立，美国等发达国家利用其强大的政治、经济和军事优势，通过把持国际经贸规则的制定权为自己谋取了巨大利益。这种力量的不对称已经渗透至国际经贸规则的核心内容，并且经过国际组织成员国的国内立法调整延伸至各国的立法体系之中，所以有人认为，全球化就是"欧美化"或者"美国化"，这是中国产品、服务和投资活动需要面对的现实制度环境。[1]基于粤港澳大湾区初始法律制度与管理模式均较为滞后的现实，可以借鉴以 CPTPP 为代表的新一代多边自由贸易协定，通过试行协定中的高标准、先进性制度，充分把握其运行规律，然后根据本国国情进行适度调整，以此推进粤港澳大湾区的建设发展。又因为粤港澳大湾区是一国范围内不同独立关税区之间进行贸易的平台和窗口，通过粤港澳大湾区高标准自由贸易协定在粤港澳地区的"先行先试"与调整适用，其具有了一定的"涉外效力"，从而可为将来中国与"一带一路"沿线各国间的经贸谈判、深度参与亚太地区乃至全球经贸规则的重构，以及更好地融入世界经济格局积累相关理论和实践经验。

2. 推动国内经济体制改革，以适应国际形势新变化。跨区域自贸区（FTA）制度的建立具有限缩成员国主权的意味，例如以北美自由贸易区为代表的诸多国际标志性 FTA 在建立之时，缔约方大多具有纾解国内经济问题的

---

〔1〕 参见张桐：《围绕"全球化"概念的争议》，载《教学与研究》2015 年第 10 期。

现实考虑和期待，而不得不通过谈判在自有规制上进行一定妥协，最终在合作利益最大化方面协商一致。[1]但是随着国内外政治形势、经济环境的变化，借助基于高标准自由贸易协定所建立的FTA，各成员国利用其自由、便利和国际化的制度创新对各自国内的相关经贸制度均又不断作出调整和完善，例如美国即利用北美自由贸易协定的实践经验确立并改进了国内负面清单的外资管理模式，实现了本国对外经贸的长期繁荣发展。总结历史经验，高标准国际经贸规则有着促进区域经贸自由和推进成员国经济体制改革的多重功能。正所谓"见出知入，观往知来"，与过往跨域自由贸易区的发展历程相似，随着中国和平崛起，其经济体量快速增加，国内与国际面临着深刻的变革压力，粤港澳大湾区的建立不仅是一国范围内特殊区域自由贸易的问题，更有对接国际高标准经贸规则，为"一带一路"背景下中国与他国之间的投资贸易谈判"先行先试"、积累经验的时代使命。并且，作为高标准、国际化的"试验性"协定，其还有着通过各项制度创新推动中国构建开放型经济新体制，深化供给侧结构性改革，减缓经济发展中的人口、资源、环境等现实压力的重要作用。

二、粤港澳大湾区主动对接国际高标准经贸规则的可行性分析

对接国际高标准经贸规则，粤港澳大湾区应当注重因地制宜，根据粤港澳大湾区的未来规划与建设发展需要有选择性地进行参考借鉴。

（一）因地制宜有选择性对接

相较于国际高标准贸易便利化措施，广东自由贸易试验区如今在质检、通关制度等方面的措施与全球先进水平依然存在一定距离，按照中国自由贸易试验区"一口受理、高效运转、综合审批"的要求，需要进一步提升广东自由贸易试验区贸易便利化水平。在此方面，国际有许多成熟经验可供涵盖广东自由贸易试验区在内的粤港澳大湾区参考借鉴。由于贸易便利化与各国社会环境、经济制度、地理人文关系密切，所以需要选择最适合自身国情的国际经验。例如，当前在国际经贸领域存在两种"一口受理"制度，一种是以美国为代表的管理机构整合模式，将原有的海关、检验检疫局、移民规划

---

〔1〕　参见宣昌勇：《FTA对全球贸易自由化进程的促进作用分析》，载《学术论坛》2008年第9期。

局等多个部门整合为单一部门，以达到提升本国对外贸易区行政审批效率的目的。另一种是以新加坡为代表的电子数据整合模式，各管理部门通过公共数据处理平台提取相关信息，通过网络共享方式收集整合电子数据资源进行"一口受理"，达到缩短通关时间，提升行政核准效率的目的。[1]依据粤港澳大湾区制度创新"可复制可推广"的原则和要求，美国经验做法显然并不符合中国现实国情，不具备在全国范围内实施的可行性，未来在行政审批"一口受理"方面粤港澳大湾区应当优先参考新加坡制度经验，设立统一的标准化信息数据管理平台，以提升粤港澳大湾区贸易便利化水平，在成功实践的基础之上再在全国范围内进行推广。

（二）依据本国国情先行部分对接

对接国际高标准经贸规则，粤港澳大湾区需要结合自身的区域特色和发展现状"取其精华"，切不可全盘照搬。例如北美自由贸易协定中外商投资自由化的核心内容是"负面清单"制度，其所含的基本原则是"法无明文禁止即可为"，负面清单制度具有较高的开放度和透明度，能够较好地衡量一地区市场经济的开放程度和法治营商环境。截至2016年，全球范围内已有不少于77个国家或地区对外商投资实行"准入前负面清单+准入前国民待遇"的管理制度，负面清单管理已成为当前国际社会中较为通行的外资管理模式。[2]但是，每个国家和地区的经济发展水平不同，监管制度存在差异，就当前粤港澳大湾区发展现状而言，还未建立起较为完善的事中事后监管体系，无法完全解决市场开放下的风险预期防范问题，最大化开放本区市场对国家安全和市场秩序是否会带来不利影响尚无法做到准确估量。在此情形下如果简单选择全面对接国际高标准经贸规则，例如在各行业领域范围内普遍实行负面清单管理模式——最大限度缩减负面清单特殊限制性条款，则很有可能会对粤港澳地区乃至国内市场经济秩序的稳定性带来不利影响。所以，应当依据自身国情有选择性地开放粤港澳大湾区市场，建设初期，在负面清单选择标准以及行业领域特殊限制措施等方面先行部分对接国际，在秩序稳定的前提

---

〔1〕 参见商务部国际贸易经济合作研究院课题组、邢厚媛：《中国（上海）自由贸易试验区与中国香港、新加坡自由港政策比较及借鉴研究》，载《科学发展》2014年第9期。

〔2〕 参见郝红梅：《负面清单管理模式的国际经验比较与发展趋势》，载《对外经贸实务》2016年第2期。

下逐渐放宽粤港澳大湾区外资市场准入。

三、制定粤港澳大湾区高标准自由贸易协定的法律依据和基本原则

（一）制定粤港澳大湾区高标准自由贸易协定的法律依据

1. 国内法基础。（1）《宪法》第 31 条为香港特别行政区按照"一个国家、两种制度"的方针发展本地社会经济提供了宪法依据。（2）《中华人民共和国香港特别行政区基本法》（以下简称《香港特别行政区基本法》）第 13 条中的"外交事务"与"对外事务"其实是两个不同的概念，外交事务偏重于涉及国家主权与政治的事务，而对外事务主要是指社会、经济、文化领域的诸多事宜，其中自然包括自主与其他国家或地区签订自由贸易协定的权力。（3）依据《香港特别行政区基本法》第 116 条国家授权香港特别行政区在对外经贸领域具有较为广泛的自治权，其中便包括以单独关税区的身份独自参与国际经济条约、参加国际经济组织以及与其他国家或地区签订自由贸易协定等自主权力。（4）《香港特别行政区基本法》第 151 条赋予香港特别行政区特殊的法律地位，使其能够单独以"中国香港"的名义对外签署自由贸易协定，这成为香港特别行政区参与制定粤港澳大湾区高标准自由贸易协定最为直接的规范渊源和法律依据。通过上述分析可知，制定粤港澳大湾区高标准自由贸易协定有着充分的国内法基础。

2. 国际法依据。粤港澳大湾区高标准自由贸易协定是同一主权国家下不同独立关税区之间的经贸关系，由于中国内地、香港、澳门均是 WTO 的正式成员，所以粤港澳大湾区高标准自由贸易协定同时也属于 WTO 框架下平等成员方之间的经贸关系，粤港澳之间若要建立起更加紧密的经济合作关系，就必须符合及遵循 WTO 的基本原则和主要规则，而不可独自游离于 WTO 体制框架之外，不接受 WTO 现有制度的规制。作为《关贸总协定》最重要、最基本的缔约原则，最惠国待遇原则现已得到各成员方的普遍认可和接受，该原则对于引导和规范缔约方贸易行为，推动国际贸易发展，扩大国际贸易合作起到了重要的作用。但是，最惠国待遇原则的宗旨是推进多边贸易体制，破除成员方对外国投资者的各类歧视性措施。所以，理论上部分成员方之间要想建立起比 WTO 框架下更加密切的经贸关系是与当前各成员方之间必须普遍遵守适用最惠国待遇原则的规定相矛盾的。粤港澳之间若想在现有 WTO 框架

的约束下制定出台国际化、高标准的自由贸易协定，[1]推动实现区域经济一体化，就要充分了解并利用 WTO 中有关最惠国待遇原则的例外规定。目前，WTO 规范体系中有关区域贸易安排的条款主要包括 GATT1994 第 24 条及《关于解释 GATT1994 第 24 条的谅解》、东京回合达成的"授权条款"和乌拉圭回合达成的《服务贸易总协定》，这些 WTO 最惠国待遇原则的例外条款为制定粤港澳大湾区高标准自由贸易协定提供了相应的国际法依据。

（1）根据 GATT1994 第 24 条规定，如果成员方之间签订的区域性自由贸易协定有利于本地区的投资贸易自由化、便利化，能够促进国际投资贸易发展，对经济全球化具有一定贡献，将会得到 WTO 的肯定与支持。（2）1979年东京回合审议通过了《关于发展中国家差别、更优惠、互惠和较全面参与的决定》，该决定被称为"授权条款"，主要目的是在投资贸易措施上鼓励和支持发达国家给予经济相对落后的发展中国家以差别或者更优惠待遇，以及允许发展中国家之间建立更加自由开放的区域性经贸制度，以免除 GATT1994第 1 条中成员方之间一般适用最惠国待遇原则的规定。（3）WTO《服务贸易总协定》第 5 条规定任何成员方之间可以自由进行区域服务贸易一体化的特殊经贸制度安排，包括制定双边或多边的服务贸易协定或者加入已实施的现有协定成为其正式缔约成员。

WTO 中有关最惠国待遇原则的例外规定为成员之间推行区域经济一体化提供了相应的国际法依据和发展空间。而对建设粤港澳大湾区而言，我们只有在充分理解和合理运用 WTO 现有规则的前提下，才能够真正享有粤港澳区域经济一体化所带来的各项政治经济利益。

（二）制定粤港澳大湾区高标准自由贸易协定的基本原则

1. 坚持"一国两制"方针与遵循 WTO 规则。粤港澳大湾区高标准自由贸易协定是在"一国两制"方针前提下的区域性经贸制度安排，并且中国、中国香港、中国澳门同是 WTO 的正式成员，自然受到 WTO 规则的约束。因此，制定粤港澳大湾区高标准自由贸易协定与 CEPA 一样，同样要坚持和遵循"一国两制"方针和 WTO 规则，在此前提下通过政府间协商对话携手推进

---

〔1〕 参见李泽红、汤尚颖：《WTO 最惠国待遇例外原则下区域经济发展对策》，载《经济问题》2006 年第 3 期。

实施。

2. 借鉴 CEPA 实践经验。CEPA 实施多年以来积累了丰富且成功的实践经验，粤港澳大湾区高标准自由贸易协定的制定可借鉴 CEPA 的基本原则与主要内容，以 CEPA 为基础创设新协定中的各项具体制度，并对 CEPA 结构体系与规范内容的滞后之处进行相应的改进和完善，从而使得协定接轨国际并切合新时代粤港澳地区经贸合作与社会发展的现实需求。可以说，粤港澳大湾区高标准自由贸易协定本质上是基于当前国家经济发展和战略建设的新趋势、新要求而对现有 CEPA 进行的全面升级与优化重构。

3. 协定内容应以服务贸易为主。2023 年粤港澳大湾区经济总量突破 14 万亿元，其中香港与澳门特别行政区的服务业最为繁荣，也是与内地经贸合作的主要领域。粤港澳大湾区高标准自由贸易协定应以服务贸易条款为主要内容，通过协定规范粤港澳市场主体在金融、法律、电信、物流、教育、房地产建筑等服务行业的投资贸易行为，在法治化运营前提下在广度和深度上进一步开放各方市场，助力粤港澳大湾区服务贸易创新发展。

4. 全面对接国际高标准经贸规则。近年来，根据美国 2012 年 BIT 协定范本和贸易和发展会议（UNCTAD）所提出的"协定要素"核心内容，国际自由贸易协定出现了"可持续发展友好型""平衡东道国与私人投资者利益""高标准知识产权保护""维护劳工基本权益""发展绿色投资""争端解决多元化"等一系列新理念与新规则。对标这些国际高标准自由贸易协定的新理念、新要素、新规则能够帮助粤港澳大湾区营造更具法治化、市场化和国际化的外资营商环境，进而可有效提升粤港澳大湾区的国际竞争力和市场吸引力。

5. 注重多个国家战略间的互动衔接。高标准自由贸易协定的制定不仅要以粤港澳地区市场开放与经贸自由为目标，更要从全局出发考虑当前多个国家战略间的相互衔接，注重在粤港澳大湾区发挥国家战略叠加效应，以国际高标准自由贸易协定为基础和纽带强化多个国家战略在粤港澳地区的互通互联与协同发展，将"一带一路"、自由贸易试验区、粤港澳大湾区有机地结合起来，率先在粤港澳大湾区形成新时代全面对外开放的整体部署，以合力之势驱动粤港澳大湾区城市群经济快速发展。

四、借鉴国际经验制定粤港澳大湾区高标准自由贸易协定的对策建议

CEPA 对知识产权保护仅作出简易规定，并且没有涉及国际高标准自由贸易协定所普遍包含的国企竞争中立、准入资质、劳工保护等新兴议题，更没有涵盖较为敏感的跨境数据传输和存储等新兴概念，这是 CEPA 的现有缺陷与不足。今后在制定粤港澳大湾区高标准自由贸易协定中应当以 CEPA 为基础，对 CEPA 中成效显著、实践成功的条款内容进行借鉴，而对于 CEPA 中至今依然存在的主要问题在新协定中进行充分的补充、修改和完善，同时积极对标 CPTPP、UNCTAD "协定要素"、TISA 等国际高标准自由贸易协定，力争将粤港澳大湾区高标准自由贸易协定制定成为具有代表性的新一代国际自由贸易协定范本。

（一）明确粤港澳大湾区高标准自由贸易协定的法律性质与协定形式

在 CEPA 实施之初，对其法律性质的讨论可谓聚讼盈庭，学者观点各有不同，长期未能达成一致看法，而在 CEPA 中也未对其法律性质以专项条款的形式作出明确规定，CEPA 法律性质的诸多争议对于其他条款的制定以及协定在现实中的实施使用均造成了一定的不便和困难，成为 CEPA 中较为突出的法律问题。所以，应当以此为鉴，首先在粤港澳大湾区高标准自由贸易协定总则中确定其法律性质——一国范围内的区域性行政协定，还是区域性自由贸易协定，或是传统意义上单独关税区之间的国际条约？明确粤港澳大湾区高标准自由贸易协定的法律性质，才能减少和避免其在实施适用过程中的法律争议，并作为法律渊源，为协定中其他条款的制定和修订提供相应法律基础和法理依据。传统意义上的区域性经贸制度安排都是在主权国家之间达成的，而粤港澳大湾区高标准自由贸易协定是在一个 WTO 的主权国家成员方与隶属于该主权国家的单独关税区之间签订的，是 WTO 体系下区域性经贸制度安排的新模式。因此，宜将粤港澳大湾区高标准自由贸易协定归为自成一类的特殊性自由贸易协定，并将其 "一国主权范围内的区域性经贸制度安排" 的基本法律性质和特征在粤港澳大湾区高标准自由贸易协定中予以体现。

基于粤港澳三地法律、政治、经济体制的差异，采用三方协定与使用双边协定相比，可能更具复杂性，将涉及更多的制度协调问题，投资贸易争端一旦发生解决起来也会更加困难。粤港澳之间虽然在社会制度、政治经济体

制上有所不同，但是彼此间历史文化一脉相承，有着源远流长的地缘、史缘和亲缘关系，[1]加之近些年来粤港澳地区经济以前所未有的速度融合发展，三地在投资、贸易、金融、交通、工业、旅游等领域的相互合作越发紧密，区域经济合作不断深入。另外，CEPA 作为改革开放和"一国两制"方针的成功结合与实践，现已取得较大成效，为今后粤港澳之间趋于统一化的经贸制度安排奠定了一定的理论与制度基础。所以，建议本着"先易后难、共同协商、逐步推进"的原则和策略，在未来尝试以三方协定、多边合作的形式替代原双边协定形式的 CEPA，通过多边性的粤港澳大湾区高标准自由贸易协定将粤港澳地区内部经济有机地联系起来，实行开放式、联动式、互补式的协调发展新模式，在粤港澳大湾区形成高度对外开放的经济结构和高效的市场资源配置能力，从而真正实现粤港澳区域经济发展一体化，结成以经济利益共同体为基础的命运共同体。

（二）制定"可持续发展友好型"的自由贸易协定范本

近年来，贸发会议（UNCTAD）所提出的"协定要素"虽不作为各国经贸谈判基础和具有普遍性指导意义的 BIT 范本，但集各国 BIT 谈判实践经验之大成，最为重要的是"协定要素"倡导各国签订"可持续发展导向"的 BIT 协定，这在一定程度上反映出未来 BIT 的制定理念和发展趋势。其中主要表现在：（1）投资者义务与责任条款，这要求投资者在投资过程中遵守东道国法律，并要求投资者担负起与之相应的企业社会责任。[2]（2）"母国措施"条款，其要求投资者母国制定"负责任投资"的措施。[3]（3）"特殊与差别待遇"条款，这是在缔约方为不发达国家时的例外，要求不发达国家或地区应负的条约责任要与其自身社会经济发展水平相适应。[4]此类协定的创新条款意在从基础结构的层面修正传统 BIT 协定中外国投资者与东道国、资本输

〔1〕　参见孟庆顺、雷强：《粤港澳关系的历史变迁》，载《当代港澳》2003 年第 1 期。

〔2〕　参见"协定要素"第 A 部分第 7 条。See UNCTAD, *World Investment Report 2012：Towards a New Generation of Investment Policies*, p. 154.

〔3〕　参见"协定要素"第 A 部分第 10.1.1 条。See UNCTAD, *World Investment Report 2012：Towards a New Generation of Investment Policies*, pp. 155－156.

〔4〕　参见"协定要素"第 C 部分 SDT（Special and Differential Treatment）条款。See UNCTAD, *World Investment Report 2012：Towards a New Generation of Investment Policies*, p. 159.

入国与输出国之间的利益不平衡，在"保护和增进投资"的同时，强调外来投资对东道国社会经济的可持续发展作用，避免以牺牲东道国资源环境为代价的"过度开发"，并要求投资者承担起应有的企业社会责任，最终实现东道国与投资者双方"共赢"的良好局面。不同于传统意义上简单强调和推进"投资自由化"的观念，"可持续发展导向"的自由贸易协定有利于东道国创设健康的投资环境，也符合外来投资者的切身利益，是和谐发展状态下利益均衡的协定模式，其无疑会成为国际高标准自由贸易协定的未来发展趋势。

粤港澳大湾区高标准自由贸易协定应当汲取有益国际经验，将最新的、最先进的自由贸易理念及规则融入其中，尝试采取利益均衡、友好协作的经贸合作新模式，为实现粤港澳大湾区长期可持续发展奠定相应制度基础。粤港澳政府间应当积极探索制定具有"可持续发展导向"的新型自由贸易协定，通过"可持续发展友好型"自由贸易协定推动粤港澳大湾区法治营商环境的便利化、国际化和现代化。

（三）采用"负面清单+准入前国民待遇"的外资管理模式

中国自由贸易试验区的最大亮点在于"负面清单+准入前国民待遇"的外资管理模式，该制度创新将市场管理由以前的前置审批转变为事中事后监管，形成了全新的国际化市场管理思维和理念，能够有效降低投资创业门槛，激发各类市场主体的潜在市场活力，解放社会生产力，是新时代中国对外开放战略的重要内容。"负面清单+准入前国民待遇"的外资管理模式一方面能够推进国内市场的对外开放并接轨国际，使外商投资更加自由，贸易方式更为便利，提升本国市场的国际竞争力和吸引力。另一方面，其能为中国当前行政管理体制的"放管服"改革"先行先试"，积累实践经验，奠定理论基础。负面清单管理制度是中国市场接轨国际高标准经贸规则，营造法治化营商环境的主要举措，也代表了未来一段时期内中国市场经济对外开放的主要发展方向。

CPTPP 第 16 章"竞争政策"要求缔约各方禁止制定限制自由竞争的法律。第 25 章"监管一致性"条款意在推动各缔约方建立起有效的跨部门协作机制以促进实现对其本国各类市场主体监管的一致性，保证 CPTPP 市场上各商业主体享有公平、公正、可预期的良好市场监管环境。因此，中国自由贸易试验区现推行的"负面清单+准入前国民待遇"的外资管理模式与 CPTPP

要求不谋而合，完全符合外资市场监管的国际发展趋势。在自由贸易试验区实践成功、风险可控的前提下同样可将"负面清单+准入前国民待遇"的外资管理模式引入粤港澳大湾区建设之中，助力粤港澳大湾区市场实现更高水平的对外开放。基于顶层设计的国家战略定位，在粤港澳大湾区高标准自由贸易协定中要敢于对负面清单制度进行更多尝试，对中国自由贸易试验区现行负面清单制度进行创新发展，拟定更加简洁、透明且接轨国际的负面清单，加快推进粤港澳大湾区外资管理模式的转型升级。

1. 遵循国际惯例拟定负面清单。目前，在国际社会中负面清单经过长期实践，已形成了一系列国际惯例，这些理论与实践经验能够帮助中国负面清单管理模式实现进一步完善和发展。另外，通过接轨国际惯例提升中国负面清单的国际化水平，可让更多国家和外商认可和接受中国负面清单，这也是中国负面清单未来改革创新的主要方向。例如，当前国际通行的负面清单分类标准是按照联合国产品总分类——CPC 产业分类标准，WTO 承诺减让表就是依照联合国产品总分类进行的设定，而中国自由贸易试验区负面清单采用国民经济行业分类标准，该做法虽然与国内备案管理制度相适应，但违背了国际惯例，鉴于国际 BIT 负面清单谈判仍主要以联合国产品总分类为标准（例如目前的中美 BIT 谈判），应尝试变更中国负面清单的分类标准，可在粤港澳大湾区中"先行先试"联合国 CPC 产业分类标准，从而在接轨国际的同时推进中国与他国的 BIT 投资谈判。

2. 提高负面清单透明度。当前，中国自由贸易试验区负面清单中仍有诸多特别管理措施尚未明确具体的限制性条件，例如负面清单对外商投资大米、面粉加工到底应怎样限制，是限制股比、产量还是经营者资质？对于需要前置审批、递交书面申请的投资方案，中央各部委还未对开放准入资质和经营者资格作出明文规定，类似的限制性条款均需作出明确说明。另外，许多限制性措施仅仅是注明"限制"字样，而对于"限制"一词没有进行更加详细的阐明，这无疑给予了限制性条件无限可能，过度宽松、不严谨的兜底性表述只会降低法规的可行性、有效性与可预见性，并增加条款实施适用过程中的不确定性。所以，我国负面清单透明度不足的问题至今依然存在，对此需要引以为戒，在建设粤港澳大湾区法治营商环境中予以改进，对于先前中国自由贸易试验区负面清单中所缺失的限制性措施说明条款要在粤港澳大湾区负面清单中给予补充和完善，明确相关内容并提供相应的法律依据，提高负面清单的透明度。

3. 尽快修订国内相关法律法规，为粤港澳大湾区负面清单的实施提供顶层法治保障。倘若在粤港澳大湾区中改革和完善现行负面清单，则须加快对本国外商投资法律法规的修改进程，并制定出台新版《外商投资产业指导目录》，减少和避免不同法规对同一投资领域规定相互冲突的情形，化解粤港澳大湾区负面清单实施过程中来自国家层面的法律制度障碍，厘清负面清单与同位法和上位法之间的法律适用关系。

（四）推行高水平跨域知识产权保护

CPTPP 第 18 章"知识产权"在 TRIPS 基础之上对知识产权进行了更严格、更全面、更规范的规定，例如在商标权方面，增加了企业和个人在市场中为区别与其他产品所使用标志的保护，并将地理标志作为商标给予保护。在制药方面，规定"以保护公共健康为本意的措施不应受到阻挠"，比如对于专利药品的合理使用，这使得对知识产权的保护不是仅停留于法律层面，而是更具人文关怀。在著作权方面，作品保护期不再按照自然人寿命计算，由之前的不得短于发表之年年底起的 50 年改为 70 年，延长了知识产权保护期间，同时对信息技术保护与虚拟权利管理进行了合理的制度安排，计划在互联网服务中建立起规范化的网络知识产权交易环境。

对标高标准的知识产权保护规则，建议在粤港澳大湾区高标准自由贸易协定中制定框架结构合理的"知识产权保护"章节，其基本范式可参照 CPTPP 进行设定：总则条款、商标和地理标志、互联网域名、版权及相关权、卫星节目和有线电视信号保护、专利、某些规定产品的相关措施、知识产权执法义务的一般条款、知识产权执法实践、民事和行政程序及其救济、临时措施、关于边境执法的特殊要求、刑事执法、关于数字环境下执法的特殊措施等事项。条款内容上不但要详细规定粤港澳知识产权保护的基本原则和市场主体行为规范，还应阐明粤港澳政府应当承担和履行的知识产权保护义务以及其所采用的保护标准，在理念上更要具有一定的前瞻性，融入人性化设计，体现公众对知识产权保护的迫切、现实、深刻需求，为将来"一带一路"倡议中的跨域知识产权保护谈判提供杰出的文本范例。

（五）试行高标准和宽范围的劳工保护规制

CPTPP 第 19 章"劳工章节"不限于《国际劳工组织关于工作中的基本原则和权利宣言》已确立的核心劳工标准，更包含了最低工资、工时和职业健康与安全标准、对于移民劳工给予与本国国民相同的法律保护等内容，例如《加秘劳工合作协定》不仅声明对《国际劳工组织关于工作中的基本原则和权利宣言》所确立的基本原则和义务仍负有承诺，更将为本国及外来移民劳工提供"最为基本的劳工权利保护"。另外，CPTPP 将"不减损"或"渐进的不减损"规则作为其实施劳工保护的基本规则，[1]在坚持高标准劳工保护措施的同时，适当降低部分发展中国家短时期内满足适用高标准劳工保护条款的难度，因地制宜、调整适用、逐渐推进，使 CPTPP 中的高标准劳工保护措施被更多国家或地区认可和接受，这一定程度上增强了 CPTPP 劳工保护条款的国际适用范围和适用效力。[2]

建议以《国际劳工组织关于工作中的基本原则和权利宣言》为基础，在粤港澳大湾区高标准自由贸易协定中专章规定劳工保护条款，内容上应包含国际社会公认的基本劳动权利和劳动义务，例如最低工资待遇、工作时间安排、职业安全指引等规定，既要坚持当前国际社会普遍推崇的劳工权益保护的高标准和宽范围，又要体现一定的包容性和渐进性，保证对劳工权益的保护符合粤港澳地区悠久的历史文化传统以及目前社会经济发展的实际状况。

（六）重视投资环境保护，践行绿色发展理念

CPTPP 第 20 章对投资中的"环境"问题进行了阐述，虽篇幅有限，但见微知著，我们仍可从其中管窥 CPTPP 的基本思路。首先，CPTPP 将环境作为"贸易品"进行规定，其中一类是直接性规定，将其重点置于对野生动植物的保护上，目的是保护全球生态系统，另一类是对于各类贸易品中"排放"要素的规定，CPTPP 要求生产及供应链采取全程监控，出于环境保护的严格要

---

〔1〕 "不减损"规则是指各缔约方不得通过弱化或降低各自劳动法律确定的保护措施来鼓励投资贸易，也不得放弃或减损，或通过放弃或减损其劳动法令的方式影响各方之间的投资贸易；"渐进不减损"是指承认缔约国在认同高标准劳工条款基础上，可在较长期限内"努力促进"而非立即的"全面实施"，这为部分不发展中国家逐步认可和接纳 TPP 劳工标准提供了选择路径。

〔2〕 参见罗凯天：《TPP 劳工条款及其对中国的影响与应对研究》，载《中国劳动关系学院学报》2015 年第 3 期。

求，各成员国所生产的商品应当符合"全生命周期"的绿色标准。其次 CPT-PP 将环境作为"贸易规则"进行规定，也可分为两大类，一类是贸易投资规则中所包含的环境保护性条款，另一类是直接针对自然环境本身的规定。前者主要确立了相关基本原则，其中最为鲜明和重要的是 CPTPP 成员国"鼓励和发展投资贸易不以削减本国环境保护法律力度为代价"原则，该原则所隐含的意思是所有成员国在发展经济过程中应按照其所能执行的最高标准来保护环境，否则将面临违约的风险和结果。后者主要是要求投资者在生产过程中对自然生态环境应当尊敬和保护，具体包括对森林、海洋、河流、大气等主要生态系统的保护，这直接关乎人类命运共同体的未来发展。除了上述特点外，CPTPP 环境保护"公众参与"条款也尤为突出，通过强调"公众参与"，CPTPP 将一国在投资贸易中的环境保护方式进行了列明，并要求将其融入成员国的环境保护制度之中。通过"公众参与"条款，CPTPP 不仅要推动各国环境保护程序、实体、结果和标准上的统一，更要实现保护方式和方法上的一致性。从广义上讲，这是将单纯的环境问题演变成一种社会制度问题，但就鼓励公众参与环境保护而言其努力方向无疑是正确的。这有利于一国环境保护政策的推广实施受到普遍的社会关注和民众支持，通过民主自治性的广泛参与及协作管理还会有效提升一国环境保护的质量和水平。综上所述，CPTPP 环境保护条款具有三大特点：一是要在生态环境安全的基础之上促进对外投资、服务贸易、货物贸易的自由流通。二是不再将环境保护要求仅体现于终端产品和服务上，而是要贯穿于整个生产、投资和贸易的产业体系之中。三是通过政府主导不仅要形成统一的环境保护规则和标准，更要借助"民众参与"提升整个社会的环保意识和自治特性，形成由内而外高水平的环境保护社会治理体系。

建议在粤港澳大湾区高标准自由贸易协定中，对于湾区环境保护要着重体现"大环境"概念，[1]应当涵盖农林牧渔、陆地海洋环境、臭氧层保护、能源及生物多样性、环境产品与服务等章节和内容，并要明确政府和市场主体在投资贸易过程中对环境保护所需承担的责任义务，既要包含政府层面的

---

[1] 参见《建立和完善"大环境保护管理体制"——中央民族大学管理学院院长李俊清教授》，载《中国环境管理》2010 年第 2 期。

行政工作，也要体现企业层面的社会责任，而对一些重大环保问题需要政府层面加强沟通合作，依靠政府协商解决跨境投资贸易中的主要环境保护分歧。同时，要努力确保对投资环境保护的公众参与和信息公开，建立和完善公众参与程序、参与机会、意见递交制度，确保公众可以对粤港澳投资贸易中的环境问题进行广泛社会监督。通过规则制定、民众参与、社会监督等多种举措，将粤港澳大湾区建设成为具有国际示范作用的绿色型经济湾区。

（七）设立粤港澳大湾区投资争端解决机制

对于私人投资者与当地政府间的投资争端，由于 CEPA 是一国主权范围内多个单独关税区之间签署的特殊经济区域一体化协定，在此框架下发生的投资争端尚不属于他国国民与一国政府间的投资争端，基于政治因素和缺乏足够的理论支撑而无法直接援引适用国际通行的 ICSID 仲裁制度。[1]截至目前，政府之间以及私人投资者与政府之间的投资争端，CEPA 依旧采用的是在联合指导委员会的框架内通过协商调解机制予以解决的模式，过于单一且非专业化的方式已然无法满足伴随粤港澳经济快速发展而日益增多的跨境投资贸易争端案件需求，况且调解作为一种"软性"争端解决方式，投资者的保护程度远不及仲裁，并不像仲裁裁决具有一定的强制性和执行力，CEPA 实施至今仍未建立起一套与之相适应的、独立的投资争端解决机制，无疑成为其制度设计上的一大缺憾。

NAFTA 设立了包括自由贸易委员会、秘书处、专门委员会、工作组、专家组等专业性机构在内的较为完整的组织机构体系，NAFTA 的投资贸易争端解决机制采取了外交谈判与法律方式并用，程序问题与实体规则相结合的办法，为北美自由贸易区的建立及发展提供了有效的法治保障。[2]NAFTA 与CEPA 同属于区域经济一体化的自由经贸安排，它的专家小组组成及裁决执行程序无疑对 CEPA 争端解决机制的完善具有一定的现实借鉴意义。对粤港澳大湾区投资争端解决机制问题而言，应当在 CEPA 的投资争端解决经验的基础之上，积极借鉴国际先进经验，探索与粤港澳大湾区高标准自由贸易协定

---

〔1〕 参见王春婕：《是"制度缺陷"还是"理性选择"——构建 CEPA"争端解决机制"的理论与实证分析》，载《山东社会科学》2006 年第 12 期。

〔2〕 参见李萍：《NAFTA 国际投资法律问题研究》，中国政法大学 2003 年博士学位论文。

性质相适应的，且更加高效便捷、公平公正的投资争端解决方式，以便平衡好本地政府与外来私人投资者之间的利益，为在粤港澳大湾区发生的境外投资者与本地政府间的投资争端提供更为有效的法律服务和事后救济。

针对粤港澳大湾区中私人投资者之间的民商事法律争议，可遵循"当事人意思自治"原则由当事人通过协商自主选择商事争议所适用的准据法，这与国际商事合同争议的法律选择国际惯例相一致。同时，积极引入临时仲裁条款以便粤港澳私人投资者选择适用，通过临时仲裁为私人投资者之间的商事争议提供比司法诉讼和机构仲裁更加经济、高效、便利的法律服务。

（八）改革国有企业竞争中立制度

在 2012 年美国 BIT 范本中，有条款认为大量中国国有企业涉及大量非战略性行业领域，利用国家资源和不透明的政策优势获取了较大的市场资源，大大削弱了外资企业在华竞争力。虽然美国 BIT 范本中的国有企业条款带有明显的对华色彩，但也不可否认竞争中立已然成为国际高标准自由贸易协定的重要组成部分。例如 CPTPP 中第 16 章"竞争政策"与第 17 章"国有企业和指定垄断"对国有企业中立竞争进行了规定。2004 年《澳大利亚政府对经理人执行竞争中立指引》也明确"竞争中立要求政府企业不得因其国有性质而享有高于私营部门竞争者的竞争优势"。欧盟的国有企业透明度审查机制也日益完善，依靠《欧盟运作条约》第 101 条——禁止卡特尔条款，规定市场竞争者之间任何形式的合作，无论是正式还是非正式，只要有限制竞争的目的，或将产生限制竞争的结果都将予以禁止。此外，竞争中立原则对于防止国有企业市场垄断、塑造良好的市场竞争环境、增强对外商投资的吸引力均会产生一定的积极作用。所以中国应当对近年来在国际市场中新兴的竞争中立条款保持客观理性的态度，积极采取适当的方式予以应对，切不可一味排斥和回避。

建议在粤港澳大湾区高标准自由贸易协定中"先行先试"制定与本国国情相适应，并有利于推动粤港澳地区经贸合作的竞争中立制度框架，例如通过专章规定，明确政府对国有企业的行政管理权限，不对国有企业日常经营进行过度行政干预，政府与国有企业间保持适当距离；对任何针对国有企业的优惠政策都需要按照一定程序和标准进行审查，合理判断该国有企业政策实施的必要性。在国有企业治理体系结构中，清晰界定政府管理者、公司所有者和市场参与者的各自角色和职能。建立起完善的报告制度，定期对国有企业竞争中立制度改革进行评估和审议，其参与者应广泛包括政府机构、国有企业、第三方专业性机构以及社会群体大众等。作为对接国际高标准自由贸易协定的重要内容，国有企业竞争中立制度的建立与完善是直接关乎粤港澳大湾区能否顺利融入世界经济格局的重要议题，将来应当借助粤港澳大湾区高标准自由贸易协定对其勇于尝试和开拓创新。

（九）借鉴引入 TISA 金融服务贸易规则

TISA 金融服务贸易部分相对于其他章节而言现已形成了较为完整的主体框架，成为 TISA 的核心内容。遵照 TISA 制定的宗旨与目的，金融服务贸易是要在部分世界贸易组织成员之间事先形成一套完整的高标准市场准入规则，在审慎监管的前提下，禁止对外歧视、保持竞争中立、限制特殊监管措施以使得各缔约方的金融服务贸易市场能够最大程度地予以对外开放。粤港澳大湾区高标准自由贸易协定作为 WTO 框架下一国主权范围内多个独立关税区之间的协定，理应积极借鉴 TISA 的最新理念和规则，借助 TISA 推进粤港澳大湾区金融服务贸易规则的融合与统一，尽快形成较为一致的金融服务业监管标准和行为规范，化解粤港澳之间将来进行深度金融服务贸易合作的制度壁垒。

具体而言，一方面，TISA 致力于推动缔约方金融服务贸易市场的对外开放。引入禁止逆转机制，其中棘轮条款要求："对于任何缔约方以单边自主方式作出的贸易投资自由化措施，下一回合谈判将会自动纳入协定之中并永久受其约束。"而冻结条款规定："缔约方应当承诺从本协定生效实施起，不得制定实施比以往更为严格的新投资贸易限制措施。"棘轮条款与冻结条款通过限制缔约方制定新的特别监管措施，以及将有利于投资贸易自由化的措施予以"固化"，缔约方投资贸易自由化承诺一旦作出，将永久受其约束且不得退回，从而推动全球服务贸易自由化不断迈向更高水平。

贯彻最优特惠贸易协定（PTA）实践，TISA 引入非成员国最惠国待遇规则（non-party MFN），扩展了协定的适用范围，对于协定所涵盖的任何措施，各缔约方均有权得到最优惠的待遇，这些待遇包括缔约方政府在其他 PTA 中给予其他国家的类似服务与服务提供者的待遇，即使其他国家尚不是 TISA 或 WTO 的正式成员。非成员国最惠国待遇规则有利于促进国际服务贸易规模的迅速扩张与发展。

TISA 第 2 条第 2 款第 1 项规定："缔约方所有金融服务领域的管制措施都应受到协定规制，除非有明确规定的例外和排除。"该条款显然不同于 GATS 所要求的"成员国有义务在其明确开放的服务贸易领域遵守国民待遇"。这是金融服务业从"正面清单"向"负面清单"管理模式转变的集中体现，缔约方金融服务贸易市场将由此变得更加开放。

TISA 第 1 条第 4 款第 3 项要求："禁止明显歧视外国公司的做法，禁止形式上本国与外国公司待遇相同，但事实上却倾向于本国公司的政策。"第 2 条第 2 款第 2 项规定："禁止缔约方对已经承诺采取国民待遇原则的领域在实际履行时有任何的偏离，这种政策上的偏离不以形式判断，而是要从政策实施的实际效果判断。"通过该两项条款 TISA 希望实现国内与国外金融服务公司在市场竞争中享有公平中立的政策。

TISA 的制定宗旨和具体内容与 2008 年金融危机后所出现的"后危机时代意识"截然相反，而是延续了"前危机时代规则"，其第 1 条第 3 款注解 2 规定："禁止缔约方采取未经充分论证的资本管制措施。"TISA 仅允许少量的例外规定，旨在弱化和解除金融危机爆发后各缔约方对其本国资本市场的严格控制，恢复对本地金融市场的对外开放。

TISA 附件第 3 条第 2 款规定："禁止缔约方政府制定出台规避市场准入的新规则和新措施，对各行业领域的豁免仅能限于现有政策。"该条款禁止缔约方今后出台可能影响外来服务者目前所享有的市场开放程度的规定，其中包括"不得开发或引入有市场风险金融产品"等有损金融服务贸易市场对外开放程度的规定。上述相关内容主要目的是敦促和保证缔约方采取一切可能之措施扩大本国金融服务市场的对外开放。

另一方面，TISA 采取审慎的金融监管模式，在倡导缔约方金融服务市场对外开放的同时，还注重对其本国经济安全和国家利益的维护，努力实现一种市场开放与秩序稳定间达到平衡的金融服务贸易发展模式。

附件第 9 条规定："缔约方应允许外国公司引入新的金融产品或服务，除非会引起缔约方为此制定新的法律或修改原有法律。同时，若缔约方政府能够事先证明该金融产品或服务的引入会对本国金融安全带来威胁，本条款将出于审慎监管原因允许缔约方拒绝引入该项金融产品或服务。"通过该条款可以看出，TISA 在鼓励新金融产品或服务引入缔约方，丰富缔约方金融服务贸易产品种类、扩大缔约方金融市场对外开放的同时也表现出对其国内金融市场安全的关注和维护。

附件第 15 条第 5 项规定："政府公布监管措施的同时，需要同时公布金融企业的相关意见，措施在公布阶段缔约方政府仍不可直接执行，需预留合理期限以让各方得以适应和接纳。"通过该项条款 TISA 要求各缔约方政府在制定金融监管措施的时候须持有审慎的态度，要注重聆听市场主体的声音，考虑和评估市场主体的建议，以便保证新金融监管措施制定实施的必要性、可行性和有效性。

TISA 附件第 16 条"审慎例外条款"对缔约方可采取的审慎监管措施进行了列举，虽然该项条款适用范围有限、不允许采取预防措施，以不违背和逃避协定承诺为前提，也没有针对非审慎监管措施的保护，比如消费者保护或掠夺性贷款等。但是，TISA 毕竟出于对缔约方自身金融监管需求的考虑承继了 GATS 中对审慎监管措施的有关规定，其理念是在缔约国开放本地服务贸易市场的同时，尽量满足其必要的监管需求。并且 TISA 承诺将会通过磋商谈判减少各成员国对审慎监管例外条款的争议，补充和完善相关内容，促使金融服务贸易核心条款尽快获得一致认可。

2015 年内地分别与澳门、香港特区政府分别签署《内地与澳门关于建立更紧密经贸关系的安排服务贸易协议》《内地与香港关于建立更紧密经贸关系的安排服务贸易协议》，这是内地与香港、澳门之间以"负面清单+准入前国民待遇"方式全面开放服务贸易领域的自由经贸协议，然而上述协议对金融服务贸易市场的开放程度与 TISA 的高标准、高要求还存在一定距离，例如对跨境金融机构的设立变更存在保留限制性措施，而且协议仅有第六条"金融审慎原则"条款，缺少包括例外情形规定在内的更加明确具体的审慎监管规则。对标 TISA，粤港澳金融服务贸易市场在开放力度、审慎监管措施等方面仍存在进一步提升的空间。粤港澳大湾区高标准自由贸易协定应当积极融入TISA 中金融服务贸易自由化的基本原则与具体规定，在审慎监管的宏观制度框架下"先行先试"各项金融制度创新，使金融服务贸易自由化与金融有效监管在对立统一基础之上尽力实现动态平衡，在粤港澳大湾区率先形成高度发达、协调发展、运作规范的金融服务贸易市场体系，从而使其成为"一带一路"中的金融服务贸易中心，作为主要的金融服务贸易平台为"一带一路"

建设提供投融资服务和资金支持，以金融服务贸易为"桥梁"推进实现战略对接。

（十）构建粤港澳大湾区事中事后监管体制

2016 年《进一步深化中国（上海）自由贸易试验区和浦东新区事中事后监管体系建设总体方案》印发实施，依据该方案在未来较长一段时期内，上海自由贸易试验区将重点完善区内行政管理事中事后监管体系。对于粤港澳大湾区而言，开放型经济新体制的建立同样需要完备的事中事后监管制度为其提供相应法治保障，在市场开放、投资自由、贸易便利的同时切实维护好粤港澳地区的市场经济秩序，实现粤港澳大湾区战略建设的规范、有序和长期稳定。

建议借鉴自由贸易试验区制度创新经验，通过多边协商事先拟定《粤港澳大湾区事中事后监管总体方案》，以此为基础逐步出台相关的实施细则，并作为专章列于粤港澳大湾区高标准自由贸易协定之中，在总体目标、基本原则、主要任务、保障措施、实施细则、例外规定等方面逐步建立起协调统一、全面高效的粤港澳大湾区事中事后监管制度，为粤港澳大湾区改革和区内经济秩序稳定提供有效制度保障。

小结

湾区经济是当今全球最顶尖的经济形态，代表着一个地区在全球化时代的国际经济地位，现有旧金山湾区、纽约湾区、东京湾区为其代表。不同于传统意义上的经济湾区，粤港澳大湾区是一国主权范围内多个独立关税区之间具有明显自由贸易区特征的自由经贸安排，自身有着政治和经济上的特殊性，因而需要根据粤港澳大湾区的法律性质和地域特点，通过多边协商制定出台与之相适应、与国际接轨的高标准自由贸易协定，借助协定践行"依法治区""法治先行"的理念和原则，实现粤港澳大湾区建设运营的市场化、法治化和国际化。可以说，协调统一的高标准自由贸易协定是将来粤港澳大湾区建设常态化的制度基础和法治保障。粤港澳大湾区高标准自由贸易协定可本着先易后难、逐步推进的原则在湾区内"先行先试"，对于成功实践的经贸规则和制度安排可在内地更广范围复制推广，从而进一步打破内地与港澳之间的行政与制度边界，最大程度上实现投资贸易自由化便利化。另外，粤港澳大湾区高标准自由贸易协定可作为经验和范例广泛应用于"一带一路"沿线自由贸易区或经济合作区的经贸谈判之中，助力化解"一带一路"中的经贸制度壁垒，加快市场要素在"一带一路"沿线区域的自由流通。未来，可以粤港澳大湾区高标准自由贸易协定为纽带和抓手将"一带一路"、粤港澳大湾区、中国自由贸易试验区等国家战略进行深度融合与对接，形成统筹协调的有机整体，协力推动新时代改革开放向前发展。

参考文献

一、中文著作类

[1] 习近平：《决胜全面建成小康社会 夺取新时代中国特色社会主义伟大胜利——在中国共产党第十九次全国代表大会上的报告（2017 年 10 月 18 日）》，人民出版社 2017年版。

[2] 西北政法大学国际法青年学术创新团队编：《国际法治：前沿理论与实践》，法律出版社 2016 年版。

[3] 张云雷：《为战争立法：格劳秀斯国际关系哲理研究》，中央编译出版社 2017 年版。

[4] 赵明：《实践理性的政治立法：康德〈论永久和平〉的法哲学诠释》，法律出版社 2009 年版。

[5] 赵明：《康德〈论永久和平〉的法哲学基础》，华东师范大学出版社 2006 年版。

[6] 李光灿、吕世伦主编：《马克思 恩格斯法律思想史》，法律出版社 1991 年版。

[7] 《马克思恩格斯选集》（第一卷），人民出版社 1995 年版。

[8] 罗玉中等：《人权与法制》，北京大学出版社 2001 年版。

[9] 王伟光、郑国光主编：《应对气候变化报告（2016）〈巴黎协定〉重在落实（2016）》，社会科学文献出版社 2016 年版。

[10] 国家海洋局海洋发展战略研究所编：《联合国海洋法公约：汉英对照》，海洋出版社 2014 年版。

[11] 李猛：《中国自贸区法律制度建立与完善研究》，人民出版社 2017 年版。

[12] 高奇琦：《人工智能：驯服赛维坦》，上海交通大学出版社 2018 年版。

[13] 中国社会科学院国家全球战略智库国家风险评级项目组、中国社会科学院世界经济与政治研究所国际投资研究室：《中国海外投资国家风险评级报告（2023）》，中国社会科学出版社 2023 年版。

［14］陈致中编著：《国际法案例》，法律出版社 1998 年版。

［15］王辉耀、苗绿：《海外华侨华人专业人士报告（2014）》，社会科学文献出版社 2014 年版。

［16］贾益民主编：《华侨华人研究报告（2016）》，社会科学文献出版社 2017 年版。

［17］李寿平、赵云：《外层空间法专论》，光明日报出版社 2009 年版。

［18］［荷］格劳秀斯：《战争与和平法》（第一卷），马呈元译，中国政法大学出版社 2015 年版。

［19］［英］齐格蒙特·鲍曼：《共同体》，欧阳景根译，江苏人民出版社 2007 年版。

［20］［英］H. S. 赖斯：《康德政治著作选》，金威译，中国政法大学出版社 2013 年版。

［21］［美］理查德·塔克：《战争与和平的权利：从格劳秀斯到康德的政治思想与国际秩序》，罗炯等译，译林出版社 2009 年版。

［22］［英］边沁：《道德与立法原理导论》，时殷弘译，商务印书馆 2000 年版。

［23］［英］吉米边沁：《立法理论》，李贵方等译，中国人民公安大学出版社 2004 年版。

［24］［日］岩佐茂等编著：《〈德意志意识形态〉的世界》，梁海峰、王广译，北京师范大学出版社 2014 年版。

［25］［意］桑德罗·斯奇巴尼选编：《民法大全选译·正义和法》，黄风译，中国政法大学出版社 1992 年版。

［26］［奥］阿·菲德罗斯等：《国际法》（上册），李浩培译，商务印书馆 1981 年版。

［27］［美］亨利·基辛格：《世界秩序》，胡利平等译，中信出版社 2015 年版。

［28］［美］何塞·E. 阿尔瓦雷斯：《作为造法者的国际组织》，蔡从燕等译，法律出版社 2011 年版。

［29］［美］蕾切尔·卡森：《寂静的春天》，吕瑞兰、李长生译，上海译文出版社 2018 年版。

［30］［美］彼得·S. 温茨：《环境正义论》，朱丹琼、宋玉波译，上海人民出版社 2007 年版。

［31］［日］宇都宫深志：《城市的环境质量与阿美尼梯行政的开展》，载［日］加藤一郎、王家福主编：《民法和环境法的诸问题》，中国人民大学出版社 1995 年版。

［32］［美］约翰·罗尔斯：《正义论》，何怀宏等译，中国社会科学出版社 1988 年版。

［33］［美］E·博登海默：《法理学：法律哲学与法律方法》，邓正来译，中国政法大学出版社 2004 年版。

［34］［古希腊］亚里士多德：《政治学》，颜一、秦典华译，中国人民大学出版社 2003 年版。

［35］［美］罗斯科·庞德：《通过法律的社会控制》，沈宗灵译，商务印书馆 2010 年版。

二、中文期刊、报纸类

［1］潘亚玲：《从捍卫式倡导到参与式倡导——试析中国互不干涉内政外交的新发展》，载《世界经济与政治》2012 年第 9 期。

［2］孙新章：《中国参与 2030 年可持续发展议程的战略思考》，载《中国人口·资源与环境》2016 年第 1 期。

［3］张海燕：《实现转型性变革的政策创新——落实"2030 可持续发展议程"》，载《国际社会科学杂志（中文版）》2018 年第 1 期。

［4］杨永清、李志：《"人类命运共同体"理念下全球气候治理的国家责任》，载《哈尔滨师范大学社会科学学报》2018 年第 4 期。

［5］古祖雪：《治国之法中的国际法：中国主张和制度实践》，载《中国社会科学》2015 年第 10 期。

［6］李双元、李赞：《全球化进程中的法律发展理论评析——"法律全球化"和"法律趋同化"理论的比较》，载《法商研究》2005 年第 5 期。

［7］廖奕：《人类命运共同体的法理阐释——"构建人类命运共同体理论研讨会"综述》，载《法学评论》2017 年第 5 期。

［8］顾建亚：《法律位阶划分标准探新》，载《浙江大学学报（人文社会科学版）》2006 年第 6 期。

［9］车丕照：《国际法规范等级化的趋势及其影响》，载《吉林大学社会科学学报》1991 年第 2 期。

［10］古祖雪：《国际法体系的结构分析》，载《政法论坛》2007 年第 6 期。

［11］李浩：《国际法上的"强行法"规范初探》，载《现代法学》2009 年第 1 期。

［12］黄进：《习近平全球治理与国际法治思想研究》，载《中国法学》2017 年第 5 期。

［13］张文显：《推进全球治理变革，构建世界新秩序——习近平治国理政的全球思维》，载《环球法律评论》2017 年第 4 期。

［14］范欣、蔡孟玉：《"双循环"新发展格局的内在逻辑与实现路径》，载《福建师范大学学报（哲学社会科学版）》2021 年第 3 期。

［15］李巍、罗仪馥：《从规则到秩序——国际制度竞争的逻辑》，载《世界经济与政治》2019 年第 4 期。

［16］余淼杰、蒋海威：《从 RCEP 到 CPTPP：差异、挑战及对策》，载《国际经济评论》2021 年第 2 期。

［17］陈瑶、应力：《非商业援助条款对国企补贴规制与中国因应策略》，载《经济纵横》

2022 年第 3 期。

[18] 刘振中：《金融业放宽外资准入的逻辑路径研究》，载《宏观经济管理》2020 年第 7 期。

[19] 唐海涛、陈功：《"一带一路"沿线国家教育服务外资准入规制及我国法规完善》，载《重庆社会科学》2018 年第 10 期。

[20] 刘畅、郭思遥：《新时期我国外资医疗政策变迁及对策思考》，载《中国卫生政策研究》2017 年第 9 期。

[21] 祁述裕、陆筱璐：《论放宽文化市场准入——扩大文化市场开放的若干思考》，载《山东大学学报（哲学社会科学版）》2018 年第 3 期。

[22] 方瑞安：《CPTPP 电信服务贸易规则对中国的挑战》，载《对外经贸实务》2019 年第 10 期。

[23] 李钢、叶欣：《中国入世廿周年：进口贸易与关税政策的调整与不断完善》，载《国际贸易》2021 年第 12 期。

[24] 张建：《国际投资争端全球治理体系的变革与中国因应》，载《理论视野》2021 年第 11 期。

[25] 应品广：《从贸易政策到竞争政策：国有企业国际造法的路径选择》，载《世界经济研究》2022 年第 3 期。

[26] 宁立志：《继往开来：变迁中的中国反不正当竞争法》，载《郑州大学学报（哲学社会科学版）》2018 年第 6 期。

[27] 王晓晔：《〈反垄断法（修正草案）〉的评析》，载《当代法学》2022 年第 3 期。

[28] 颜晓畅、黄桂田：《政府财政补贴、企业经济及创新绩效与产能过剩——基于战略性新兴产业的实证研究》，载《南开经济研究》2020 年第 1 期。

[29] 朱秋沅：《中国视角下对 TPP/CPTPP 知识产权边境保护条款的考量及相应建议》，载《电子知识产权》2018 年第 3 期。

[30] 冯晓青：《关于中国知识产权保护体系几个重要问题的思考——以中美贸易摩擦中的知识产权问题为考察对象》，载《人民论坛·学术前沿》2018 年第 17 期。

[31] 刘湘廉：《我国知识产权刑法的最新修正及其适用》，载《重庆大学学报（社会科学版）》2022 年第 2 期。

[32] 查萱琪等：《基于制度逻辑视角的中国工会改革路径分析研究》，载《管理学报》2022 年第 1 期。

[33] 郑尚元：《劳动法的现实挑战与瞻望》，载《中国劳动关系学院学报》2022 年第 1 期。

［34］林灿铃、魏林耀：《自由贸易协定中的环境义务及其应对》，载《经贸法律评论》2022 年第 1 期。

［35］管育鹰：《CPTPP 知识产权条款及我国法律制度的应对》，载《法学杂志》2022 年第 2 期。

［36］侯海军：《劳动争议案件司法处理程序存在的若干问题及其解决》，载《中国劳动》2017 年第 10 期。

［37］王利军、涂永前：《论灵活就业人员社会保障制度的完善》，载《广东社会科学》2022 年第 6 期。

［38］张季风：《中日经贸关系："危""机"并存，前景可期》，载《东北亚学刊》2022 年第 2 期。

［39］全毅、高军行：《CPTPP 与 RCEP 的竞争及中国的应对策略》，载《东南亚研究》2022 年第 2 期。

［40］苏庆义：《中国为什么要加入 CPTPP》，载《世界知识》2022 年第 9 期。

［41］彭磊、姜悦：《中国加入 CPTPP 可行性及替代方案的实证研究》，载《国际经贸探索》2021 年第 8 期。

［42］王晓文、马梦娟：《美国对华数字竞争战略：驱动因素、实现路径与影响限度》，载《国际论坛》2022 年第 1 期。

［43］王瑛等：《〈数字经济伙伴关系协定（DEPA）〉的特点、影响及应对策略》，载《广西财经学院学报》2022 年第 2 期。

［44］周念利、孟克：《美国拜登政府的数字贸易治理政策趋向及我国应对策略》，载《太平洋学报》2021 年第 10 期。

［45］吴希贤：《亚太区域数字贸易规则的最新进展与发展趋向》，载《国际商务研究》2022 年第 4 期。

［46］张永涛：《21 世纪美日贸易谈判及其对华影响》，载《国际展望》2021 年第 2 期。

［47］孙晓：《DEPA 与全球数字经济治理》，载《中国金融》2021 年第 23 期。

［48］裘莹等：《DEPA 数字贸易规则创新促进中国数字价值链构建与演进研究》，载《国际贸易》2021 年第 12 期。

［49］毕莹、王蔚：《"一带一路"倡议下无纸贸易便利化国际法律规制动向及其对我国的启示》，载《海关与经贸研究》2019 年第 5 期。

［50］马其家、李晓楠：《国际数字贸易背景下数据跨境流动监管规则研究》，载《国际贸易》2021 年第 3 期。

［51］宋科、傅晓骏：《监管沙盒的国际经验与中国应用——兼论我国"监管试点"与

"监管沙盒"的异同》，载《金融监管研究》2021 年第 9 期。

［52］葛秋萍、王珏：《大数据技术应用中个人数字身份的伦理规制》，载《中州学刊》
2020 年第 10 期。

［53］韩旭至：《数据确权的困境及破解之道》，载《东方法学》2020 年第 1 期。

［54］谭观福：《论数字贸易的自由化义务》，载《国际经济法学刊》2021 年第 2 期。

［55］徐倩：《老龄数字鸿沟根源剖判与数字包容社会构建方略》，载《河海大学学报（哲
学社会科学版）》2022 年第 2 期。

［56］徐璐等：《金融科技产业创新发展与建议研究》，载《中国软科学》2022 年第 1 期。

［57］马荣等：《新时代我国新型基础设施建设模式及路径研究》，载《经济学家》2019 年
第 10 期。

［58］王文等：《数字"一带一路"：进展、挑战与实践方案》，载《社会科学战线》2019
年第 6 期。

［59］潘晓明、郑冰：《全球数字经济发展背景下的国际治理机制构建》，载《国际展望》
2021 年第 5 期。

［60］高奇琦：《智能革命与国家治理现代化初探》，载《中国社会科学》2020 年第 7 期。

［61］张成岗：《人工智能时代：技术发展、风险挑战与秩序重构》，载《南京社会科学》
2018 年第 5 期。

［62］傅莹：《人工智能对国际关系的影响初析》，载《国际政治科学》2019 年第 1 期。

［63］董汀、黄智尧：《人工智能国际治理与"不确定性"》，载《信息安全与通信保密》
2023 年第 8 期。

［64］邓子纲：《人工智能的全球治理与中国的战略选择》，载《求索》2020 年第 3 期。

［65］魏斌：《法律人工智能：科学内涵、演化逻辑与趋势前瞻》，载《浙江大学学报（人
文社会科学版）》2022 年第 7 期。

［66］李猛：《全球治理变革视角下人类命运共同体理念的国际法渊源及其法治化路径研
究》，载《社会科学研究》2019 年第 4 期。

［67］刘宏松：《人类命运共同体与全球治理体系改革》，载《上海交通大学学报（哲学社
会科学版）》2023 年第 1 期。

［68］何志鹏、申天娇：《国际软法在全球治理中的效力探究》，载《学术月刊》2021 年第
1 期。

［69］徐崇利：《全球治理与跨国法律体系：硬法与软法的"中心—外围"之构造》，载
《国外理论动态》2013 年第 8 期。

［70］江河：《从大国政治到国际法治：以国际软法为视角》，载《政法论坛》2020 年第

1 期。

[71] 刘洋、李益斌：《愿景政治视角下人工智能规范的"欧洲方案"研究》，载《当代世界与社会主义》2023 年第 4 期。

[72] 余南平：《新一代通用人工智能对国际关系的影响探究》，载《国际问题研究》2023 年第 4 期。

[73] 封帅：《人工智能时代的国际关系：走向变革且不平等的世界》，载《外交评论（外交学院学报）》2018 年第 1 期。

[74] 殷继国：《人工智能时代算法垄断行为的反垄断法规制》，载《比较法研究》2022 年第 5 期。

[75] 刘叶婷、唐斯斯：《大数据对政府治理的影响及挑战》，载《电子政务》2014 年第 6 期。

[76] 梅立润：《技术置换权力：人工智能时代的国家治理权力结构变化》，载《武汉大学学报（哲学社会科学版）》2023 年第 1 期。

[77] 张东冬：《转向"数字霸权"：美国国家人工智能战略及其国际影响》，载《当代世界与社会主义》2020 年第 5 期。

[78] 韩永辉等：《秩序重构：人工智能冲击下的全球经济治理》，载《世界经济与政治》2023 年第 1 期。

[79] 李墨丝：《WTO 电子商务规则谈判：进展、分歧与进路》，载《武大国际法评论》2020 年第 6 期。

[80] 张卫华：《人工智能武器对国际人道法的新挑战》，载《政法论坛》2019 年第 4 期。

[81] 周江：《论武装冲突法中的区分原则》，载《现代法学》2012 年第 3 期。

[82] 杨成铭、魏庆：《人工智能时代致命性自主武器的国际法规制》，载《政法论坛》2020 年第 4 期。

[83] 陈伟光：《关于人工智能治理问题的若干思考》，载《人民论坛·学术前沿》2017 年第 20 期。

[84] 李寿平：《人类命运共同体理念引领国际法治变革：逻辑证成与现实路径》，载《法商研究》2020 年第 1 期。

[85] 冷新宇：《致命性自主武器系统议题下有意义的人类控制原则》，载《国际法学刊》2022 年第 2 期。

[86] 刘湘溶、张斌：《论环境正义原则》，载《思想战线》2009 年第 3 期。

[87] 刘旭：《印度历史学者拉姆昌德拉·古哈的环境史研究述评》，载《辽宁大学学报（哲学社会科学版）》2014 年第 4 期。

［88］张恒山：《论正义和法律正义》，载《法制与社会发展》2002 年第 1 期。

［89］周旺生：《论法律正义的成因和实现》，载《法学评论》2004 年第 1 期。

［90］赵俊：《我国应对气候变化立法的基本原则研究》，载《政治与法律》2015 年第 7 期。

［91］王灿发、刘哲：《论我国应对气候变化立法模式的选择》，载《中国政法大学学报》2015 年第 6 期。

［92］李艳芳等：《我国应对气候变化立法的若干思考》，载《上海大学学报（社会科学版）》2016 年第 1 期。

［93］宋锡祥、高大力：《论英国〈气候变化法〉及其对我国的启示》，载《上海大学学报（社会科学版）》2011 年第 2 期。

［94］姜明安：《软法的兴起与软法之治》，载《中国法学》2006 年第 2 期。

［95］罗鹏兴：《软法：公共治理不可或缺的制度之维》，载《重庆工商大学学报（社会科学版）》2008 年第 2 期。

［96］吴志成、王慧婷：《全球治理体系面临的挑战与中国的应对》，载《天津社会科学》2020 年第 3 期。

［97］裴长洪、刘洪愧：《中国外贸高质量发展：基于习近平百年大变局重要论断的思考》，载《经济研究》2020 年第 5 期。

［98］李善民、史欣向：《高质量高标准建设自由贸易港的现实路径》，载《人民论坛》2020 年第 19 期。

［99］陈健：《"一带一路"沿线数字经济共同体构建研究》，载《宁夏社会科学》2020 年第 3 期。

［100］金香丹、刘雅君：《前景理论视域下中日韩 FTA 建设的动力与挑战》，载《亚太经济》2020 年第 1 期。

［101］任红、张长征：《"一带一路"沿线国家产业结构对中国对外直接投资的诱发作用研究——基于"陆上丝绸之路"与"海上丝绸之路"沿线国家的比较分析》，载《国际商务（对外经济贸易大学学报）》2020 年第 2 期。

［102］汪梅清、吴岚：《欧盟主导的投资法庭上诉机制及其对中欧投资争端解决机制的借鉴意义》，载《国际商务研究》2019 年第 6 期。

［103］王军等：《中国数字经济发展水平及演变测度》，载《数量经济技术经济研究》2021 年第 7 期。

［104］王智新：《"一带一路"沿线国家数字贸易营商环境的统计测度》，载《统计与决策》2020 年第 19 期。

［105］杨路明、施礼：《"一带一路"数字经济产业聚集发展研究》，载《中国流通经济》

2021 年第 3 期。

[106] 王海燕：《中国与中亚国家共建数字丝绸之路：基础、挑战与路径》，载《国际问题研究》2020 年第 2 期。

[107] 张明哲：《"一带一路"数字经济对中国对外直接投资区位选择的影响研究》，载《当代财经》2022 年第 6 期。

[108] 姜志达、王睿：《中国—东盟数字"一带一路"合作的进展及挑战》，载《太平洋学报》2020 年第 9 期。

[109] 楼项飞、杨剑：《拉美数字鸿沟消弭与中拉共建"数字丝绸之路"》，载《国际展望》2018 年第 5 期。

[110] 刘彬、陈伟光：《制度型开放：中国参与全球经济治理的制度路径》，载《国际论坛》2022 年第 1 期。

[111] 赵骏：《"一带一路"数字经济的发展图景与法治路径》，载《中国法律评论》2021 年第 2 期。

[112] 王文等：《数字"一带一路"：进展、挑战与实践方案》，载《社会科学战线》2019 年第 6 期。

[113] 赵春明等：《数字经济助推双循环新发展格局的机制、路径与对策》，载《国际贸易》2021 年第 2 期。

[114] 蒋姮：《"一带一路"地缘政治风险的评估与管理》，载《国际贸易》2015 年第 8 期。

[115] 李玉璧、王兰：《"一带一路"建设中的法律风险识别及应对策略》，载《国家行政学院学报》2017 年第 2 期。

[116] 孙佑海：《绿色"一带一路"环境法规制研究》，载《中国法学》2017 年第 6 期。

[117] 王莲峰、牛东芳：《"一带一路"背景下我国企业海外知识产权风险应对策略》，载《知识产权》2016 年第 11 期。

[118] 李先波、李娜：《"一带一路"倡议下境外务工人员权利之保护》，载《湖南师范大学社会科学学报》2017 年第 5 期。

[119] 张晓君、魏彬彬：《"一带一路"区域投资保险机制的评估与创新》，载《学术探索》2017 年第 11 期。

[120] 张庆麟、余海鸥：《评〈MIGA 公约〉的最新修订及其启示》，载《国际经济法学刊》2015 年第 1 期。

[121] 丁建平、薛恒新：《信息系统审计的 CIA 风险评估方法与应用》，载《财务与会计》2009 年第 11 期。

［122］任建芝：《"一带一路"背景下加强国有企业法制建设的重要性——国有企业海外投资的法律保障》，载《中国律师》2017 年第 3 期。

［123］耿国彪：《携手防治荒漠 共谋人类福祉——〈联合国防治荒漠化公约〉第十三次缔约方大会在中国召开》，载《绿色中国》2017 年第 18 期。

［124］花勇：《"一带一路"建设中海外劳工权益的法律保护》，载《江淮论坛》2016 年第 4 期。

［125］祁壮：《"一带一路"建设中的国际商事调解和解问题研究》，载《中州学刊》2017 年第 11 期。

［126］刘勇：《"一带一路"投资风险及其法律应对——以"尤科斯诉俄罗斯案"为视角》，载《环球法律评论》2018 年第 1 期。

［127］林灿铃：《论华侨权益的法律保护》，载《暨南学报（哲学社会科学版）》2014 年第 11 期。

［128］高轩：《论华侨权益保护制度的法治化问题》，载《东南亚研究》2014 年第 5 期。

［129］白志健：《为推进华侨权益保护立法而努力》，载《中国人大》2016 年第 11 期。

［130］刘笑晨：《中国海外投资保险法律制度研究——基于"一带一路"倡议和全球治理理论视角》，载《财经问题研究》2018 年第 4 期。

［131］刘晓伟、秦肯：《借助国际组织平台推进"一带一路"建设——以中国出口信用保险公司为例》，载《公共外交季刊》2018 年第 1 期。

［132］［德］莫妮卡·海曼：《国际法与涉及中国的投资争端解决》，季烨译，载《国际经济法学刊》2009 年第 4 期。

［133］李玉梅、桑百川：《国际投资规则比较、趋势与中国对策》，载《经济社会体制比较》2014 年第 1 期。

［134］梁清华：《论我国合格投资者法律制度的完善——从法定条件到操作标准》，载《证券市场导报》2015 年第 2 期。

［135］王军杰：《论"一带一路"沿线投资政治风险的法律应对》，载《现代法学》2018 年第 3 期。

［136］颜梅林：《海外中国公民领事保护的法律依据研究——兼评〈领事工作条例〉（征求意见稿）》，载《华侨华人历史研究》2013 年第 4 期。

［137］郭富青：《论资本市场合格投资者：资格塑造与行为规制》，载黄红元、徐刚主编：《证券法苑》，法律出版社 2012 年版。

［138］杨玲：《论条约仲裁裁决执行中的国家豁免——以 ICSID 裁决执行为中心》，载《法学评论》2012 年第 6 期。

［139］谭天星：《变异与继承——谈从"华侨文化"到"华人文化"的发展》，载《华侨华人历史研究》1996 年第 1 期。

［140］赵良宇：《近代商业组织的嬗变与城市社会变迁》，载《河南师范大学学报（哲学社会科学版）》2010 年第 4 期。

［141］高远戎、张树新：《20 世纪五六十年代国家鼓励华侨回国投资的政策》，载《中共党史资料》2008 年第 4 期。

［142］张赛群：《建国初期华侨投资政策探讨》，载《华侨大学学报（哲学社会科学版）》2010 年第 1 期。

［143］林金枝：《1979 年—1992 年——海外华人在中国大陆投资的现状及其今后发展趋势》，载《华侨华人历史研究》1993 年第 1 期。

［144］孔庆江、丁向群：《关于〈中华人民共和国外商投资法〉立法过程及其若干重大问题的初步解读》，载《国际贸易问题》2019 年第 3 期。

［145］崔凡、蔡开明：《〈中华人民共和国外商投资法〉初探》，载《上海对外经贸大学学报》2019 年第 3 期。

［146］孔庆江：《〈中华人民共和国外商投资法〉与相关法律的衔接与协调》，载《上海对外经贸大学学报》2019 年第 3 期。

［147］李猛：《"一带一路"背景下制定高标准粤港澳大湾区自由经贸协定研究》，载《亚太经济》2018 年第 2 期。

［148］史晓丽：《新形势下完善华侨回国投资法律制度的思考》，载《东南亚研究》2013 年第 6 期。

［149］庄瑞银：《新形势下中国海外侨胞权益保护立法探讨——"中国海外侨胞权益保护立法的理论与实践"学术论坛综述》，载《地方立法研究》2017 年第 5 期。

［150］崔凡、洪朝伟：《论对等开放原则》，载《国际贸易问题》2018 年第 5 期。

［151］黄群慧、盛方富：《新质生产力系统：要素特质、结构承载与功能取向》，载《改革》2024 年第 2 期。

［152］李光辉、程仕杰：《习近平关于自由贸易试验区建设重要思想的形成逻辑、科学内涵与实践方略》，载《经济学家》2024 年第 1 期。

［153］吴宏：《自由贸易试验区与碳减排——基于 180 个城市面板数据的实证研究》，载《上海对外经贸大学学报》2022 年第 5 期。

［154］彭磊：《我国自贸试验区建设成就、经验与提升战略》，载《国际贸易》2023 年第 9 期。

［155］常健：《协同治理、指导性授权与自由贸易港治理模式的法律设计》，载《中国政法

大学学报》2024 年第 2 期。

[156] 刘雅芳等：《数字贸易助推自贸试验区提升的机制与路径》，载《开放导报》2023 年第 4 期。

[157] 全毅、张婷玉：《中国自由贸易试验区转型升级方向与发展路径》，载《经济学家》2021 年第 10 期。

[158] 王军杰、申莉萍：《我国自由贸易试验区制度创新的难题、改革进路与法治保障》，载《江汉论坛》2023 年第 6 期。

[159] 裴长洪、倪江飞：《我国制度型开放与自由贸易试验区（港）实践创新》，载《国际贸易问题》2024 年第 3 期。

[160] 邓伟、赵浇锋：《自由贸易试验区税收政策构建的"原则上可再试点"路径研究》，载《国际税收》2022 年第 10 期。

[161] 张惠彬、王怀宾：《高标准自由贸易协定知识产权新规则与中国因应》，载《国际关系研究》2022 年第 2 期。

[162] 王宇石：《我国自由贸易试验区商事调解制度的优化与创新——以〈新加坡公约〉为背景》，载《求索》2022 年第 5 期。

[163] 金浩等：《中国区域经济发展的新格局与创新驱动的新趋势——2014 中国区域经济发展与创新研讨会综述》，载《经济研究》2014 年第 12 期。

[164] 竺彩华、韩剑夫：《"一带一路"沿线 FTA 现状与中国 FTA 战略》，载《亚太经济》2015 年第 4 期。

[165] 沈四宝、盛建明：《经济全球化与国际经济法的新发展》，载《中国法学》2006 年第 3 期。

[166] 张桐：《围绕"全球化"概念的争议》，载《教学与研究》2015 年第 10 期。

[167] 宣昌勇：《FTA 对全球贸易自由化进程的促进作用分析》，载《学术论坛》2008 年第 9 期。

[168] 商务部国际贸易经济合作研究院课题组：《中国（上海）自由贸易试验区与中国香港、新加坡自由港政策比较及借鉴研究》，载《科学发展》2014 年第 9 期。

[169] 郝红梅：《负面清单管理模式的国际经验比较与发展趋势》，载《对外经贸实务》2016 年第 2 期。

[170] 李泽红、汤尚颖：《WTO 最惠国待遇例外原则下区域经济发展对策》，载《经济问题》2006 年第 3 期。

[171] 孟庆顺、雷强：《粤港澳关系的历史变迁》，载《当代港澳》2003 年第 1 期。

[172] 罗凯天：《TPP 劳工条款及其对中国的影响与应对研究》，载《中国劳动关系学院学

报》2015 年第 3 期。

[173]《建立和完善"大环境保护管理体制"——中央民族大学管理学院院长李俊清教授》，载《中国环境管理》2010 年第 2 期。

[174] 王春婕：《是"制度缺陷"还是"理性选择"——构建 CEPA"争端解决机制"的理论与实证分析》，载《山东社会科学》2006 年第 12 期。

[175] 习近平：《文明交流互鉴是推动人类文明进步和世界和平发展的重要动力》，载《求是》2019 年第 9 期。

[176] 李萍：《NAFTA 国际投资法律问题研究》，2003 年中国政法大学博士论文。

[177][美] A·格维尔茨：《人权的认识论》，沈宗灵译，载沈宗灵、黄枬森主编：《西方人权学说》（下），四川人民出版社 1994 年版。

[178] 习近平：《携手构建合作共赢新伙伴 同心打造人类命运共同体：——在第七十届联合国大会一般性辩论时的讲话（2015 年 9 月 28 日、纽约）》，载《人民日报》2015 年 9 月 29 日，第 2 版。

[179] 刘伟：《马克思主义共同体思想发展的新境界》，载《学习时报》2018 年 1 月 3 日，第 A2 版。

[180] 习近平：《弘扬和平共处五项原则 建设合作共赢美好世界——在和平共处五项原则发表 60 周年纪念大会上的讲话（2014 年 6 月 21 日）》，载《人民日报》2014 年 6 月 29 日，第 2 版。

[181] 习近平：《抓住世界经济转型机遇 谋求亚太更大发展——在亚太经合组织工商领导人峰会上的主旨演讲（2017 年 11 月 10 日，岘港）》，载《人民日报》2017 年 11 月 11 日，第 2 版。

[182]《人类发展的升级版，如何落实？——访联合国副秘书长吴江波》，载《人民日报》2015 年 9 月 22 日，第 21 版。

[183]《命运共同体理念写入联合国外空会议成果文件》，载《经济日报》2018 年 6 月 22 日，第 15 版。

[184] 杨洁勉：《全球治理的中国智慧：共商共建共享》，载《光明日报》2016 年 6 月 16 日，第 16 版。

[185] 习近平：《建设开放包容、互联互通、共同发展的世界：——在第三届"一带一路"国际合作高峰论坛开幕式上的主旨演讲（2023 年 10 月 18 日，北京）》，载《人民日报》2023 年 10 月 19 日，第 2 版。

[186] 习近平：《顺应时代前进潮流 促进世界和平发展——在莫斯科国际关系学院的演讲（2013 年 3 月 23 日，莫斯科）》，载《人民日报》2013 年 3 月 24 日，第 2 版。

［187］殷德生：《中国数字经济走向世界的隐忧，缺主导权和话语权》，载《中国青年报》
　　　　2020年12月17日，第2版。

［188］《习近平总书记论生态文明建设》，载《人民日报》2017年8月4日，第1版。

［189］黄敬文、李响：《习近平出席领导人气候峰会并发表重要讲话 强调要坚持绿色发
　　　　展，坚持多边主义，坚持共同但有区别的责任原则，共同构建人与自然生命共同
　　　　体》，载《人民日报》2021年4月23日，第1版。

［190］《习近平在中共中央政治局第十一次集体学习时强调加快发展新质生产力 扎实推进
　　　　高质量发展》，载《光明日报》2024年2月2日，第1版。

［191］《这里，生长着开放发展的"金种子"——我国自由贸易试验区建设十年成绩亮
　　　　眼》，载《光明日报》2023年9月14日，第5版。

［192］《李强作的政府工作报告（摘登）》，载《人民日报》2024年3月6日，第3版。

［193］齐俊妍、任奕达：《东道国数字经济发展水平与中国对外直接投资——基于"一带
　　　　一路"沿线43国的考察》，载《国际经贸探索》2020年第9期。

三、网络文章类

［1］《综述：中国对全球人权治理作出的最新贡献》，载 http://www.Chinanews.com.cn/gj/
　　　2018/03-24/8475293.shtml，最后访问日期：2023年3月24日。

［2］《中国发布〈落实2030年可持续发展议程中方立场文件〉》，载 https://www.fmprc.
　　　gov.cn/web/wjbxw_ 673019/201604/t20160418_ 382097.shtml，最后访问日期：2023
　　　年10月2日。

［3］《华侨权益保护需求日益突出 代表委员再论国家立法》，载 http://www.chinanews.
　　　com.cn/gn/2018/03-12/8466142.shtml，最后访问日期：2024年8月10日。

［4］《中国已与"一带一路"沿线56个国家签署投资协定》，载 http://www.jjckb.cn/2016-
　　　05/31/c_135402278.html，最后访问日期：2025年5月9日。

［5］《"一带一路"贸易合作大数据报告2018》，http://www.sic.gov.cn/sic/93/552/553/
　　　0508/9203_ pc.html，最后访问日期：2025年4月10日。

［6］《关于实施〈关于外籍华人身份认定的办法〉的通知》，载 https://service.shang hai.
　　　gov.cn/Xing Zhang Wen Dang KuJgh/XZGFDetails.aspx? docid = REPORT_ NDOC_ 001
　　　78，最后访问日期：2025年5月8日。

四、英文文献

［1］Alan Boyle, Christine Chinkin, *The Making of International Law*, Oxford University Press,
　　　2007.

［2］Kjolv Egeland, "Lethal Autonomous Weapon Systems under International Humanitarian

Law", *Nordic Journal of International Law*, Vol. 85, No. 2. , 2016.

[3] M. Byers ed, *The Role of Law in International Politics: Essays in International Relations and International Law*, Oxford University Press, 2000.

[4] Daniel Bodanskyd et al. , *International Climate Change Law*, Oxford University Press, 2017.

[5] Andrew Dobson, *Justice and the Environment: Conceptions of Environmental Sustainability and Theories of Distributive Justice*, Oxford University Press, 1998.

[6] John Rawls, *Justice as Fairness: A Restatement*, Harvard University Press, 2001.

[7] Jeremy Bentham, "Principles of International Law", in John Bowring ed. , *The Works of Jeremy Bentham*, Vol. Ⅱ , William Tait, 1843.

[8] Report of the Study Group of International Law Commission, "Fragmentation of International Law: Difficulties Arising from Diversification and Expansion of International Law", UN Doc. A/CN. 4/L. 682, 2006.

[9] Amitendu Palit, "Mega-Regional Trade Agreements and Non-Participating Developing Countries: Differential Impacts, Challenges and Policy Options", *Competition & Change*, Vol. 21, No. 5. , 2017.

[10] Jiang yu Wang, "Between Power Politics and International Economic Law: Asian Regionalism, the Trans-Pacific Partnership and U. S. -China Trade Relations", *Pace International Law Review*, Vol. 30, No. 2. , 2018.

[11] Kati Suominen, *"CPTPP as a Global 'Docking Station' for Free Traders? Prospective Members and Potential Gains"*, Center for Strategic and International Studies (CSIS), 2021.

[12] *Sun Ke, Problems and reflections on the development of value of data elements*, Information and Communications Technology and Policy, Vol. 47. No. 6. , 2021.

[13] Robert D. Atkinson, "A U. S. Grand Strategy for the Global Digital Economy", at https://www. itif. org2021-us-grand-strategy-global-digital-economy. pdf. , last visited: 2023. 5. 11.

[14] Joanna J. Bryson , Alan Winfield, "Standardizing Ethical Design for Artificial Intelligence and Autonomous Systems", *Computer*, Vol. 50, No. 5. 2017.

[15] Kenneth W. Abbott, Duncan Snidal, "Hard and Soft Law in International Governance", *International Organization*, Vol. 54, No. 3. , 2000.

[16] Francis Snyder, "The Effective of European Community Law: Institutions, Process, Tools and Techniques", *The Modern Law Review*, Vol. 56, No. 1. , 1993.

[17] Liz Fisher, "Challenges for the EU Climate Change Regime", *German Law Journal*, Vol. 1, No. 1. , 2020.